심리도식치료 임상가이드

개인 및 집단 심리도식치료 프로그램을
구축하고 실시하기 위한 완벽한 자원

심리도식치료 임상가이드

Joan M. Farrell · Neele Reiss · Ida A. Shaw 공저
이은희 · 송영희 공역

학지사

The Schema Therapy Clinicians'Guide:
A Complete Resource for
Building and Delivering Individual,
Group and Integrated Schema Mode Treatment Programs

by Joan M. Farrell, Neele Reiss and Ida A. Shaw

역자 서문

Jeffrey Young이 개발한 심리도식치료(Schema Therapy)는 Beck의 인지치료를 기반으로 하고 이를 심화·보완하여 만성적인 성격장애에까지 적용 가능하도록 한 심리치료 이론입니다. 심리도식치료에서는 초기 아동기에 형성된 심리도식을 전통적인 인지치료에서보다 더 많이 집중해서 탐색합니다. 또한 초기 아동기에 형성된 심리도식을 초기 부적응 도식이라 하고 이러한 심리도식이 성인기까지 지속적으로 이어져서 특정 사건이나 지각을 통해 활성화되면 불안이나 우울 같은 심리적 장애를 나타내게 된다고 보고 있습니다.

역자들은 심각한 증상을 호소하는 많은 성인 내담자를 상담하면서 어린 시절의 기억이 얼마나 중요한가를 몸소 체험하게 되었습니다. 또한 실제 상담 장면에서 대다수의 내담자가 보편적인 핵심적·정서적 욕구가 충족되지 못한 특정 초기 부적응 도식이 발달되어 있는 것을 발견하였으며, 상담 과정에서 좋은 부모가 되어 이를 충족시켜 주고자 노력하고 있습니다.

증거를 기반으로 한 심리도식치료에 매료되어 역자들은 한국판 아동·청소년용 초기 부적응 도식 척도(송영희, 이윤주, 2012)를 타당화하였으며, Rafaeli, Bernstein과 Young(2011/2015)의 심리도식치료 기본서를 번역하여 소개한 바 있습니다. 현재 우리나라에서는 몇 권의 심리도식치료 관련 이론서가 번역되어 소개된 적이 있지만 심리도식치료를 상담 및 심리치료 현장에 구체적으로 적용할 수 있는 치료 매뉴얼은 소개된 바 없습니다. 이 책은 집단과 개인 심리치료 회기들을 병행하여 만성적 심리장애를 겪고 있는 내담자에게까지 적용할 수 있는 구체적인 치료 매뉴얼을 제공하고 있습니다. 특히 초기 부적응 도식이 활성화되어 나타나는 아동 양식(취약한 아동, 화난/충동적 아동)의 욕구를 충족시켜 주고, 부적응적 대처 양식(회피성, 과잉 보상자, 순응적 굴복자)을 대체하고 역기능적 부모 양식(처벌적·요구적 부모)을 타도하여 건강한 양식(행복한 아동, 건강한 성인)을 발전시킬 수 있도록 내담자의 도식 양식의 변화에 중점을 둔 구체적인 개인 및 집단 회기 계획 및 프로그램이 자세하게 소개되어 있어서, 심리치료자들이 치료 상황에 맞추어 유연하게 사용할 수 있을 것으로 보입니다.

심리도식치료 교육을 하다 보면 현장에 적용할 수 있는 심리도식치료의 구체적인 치료 매뉴얼을 요청하는 심리치료자가 많았습니다. 이 책은 이러한 욕구를 가진 심리치료자들에게 자신 있게 권할 수 있는 책으로 생각됩니다. 이 책이 심리도식치료를 실제 상담 현장에 적용하고자 하는 많은 심리치료자에게 실제적인 도움이 되고 치료 지침서로서 활용될 수 있기를 기대합니다.

2018년

이은희, 송영희

서문

심리치료자들이 개인 및 집단 심리도식치료 회기들을 다양한 환자 집단, 치료 시간, 치료 수준에 따라 완전한 치료 프로그램으로 통합시킬 수 있도록 할 획기적인 책의 서문을 쓸 수 있게 되어 매우 기쁩니다.

저자들의 2008년 경계성 성격장애 환자들을 대상으로 한 집단 심리도식치료의 무작위 대조시험에서 매우 좋은 결과가 나왔다는 소식을 들은 이후, 심리도식치료가 환자들에게 더욱 유용해질 가능성이 있다는 것에 매우 흥분해 왔습니다. 미국을 비롯해 전 세계적으로 관리의료제도 분야에서 정신건강 비용 지급이 악화되는 상황을 감안하면 집단 심리도식치료는 개인 심리도식치료와 비교했을 때 비슷하거나 더 우수한 결과를 낳는 비용 효율이 높은 방식으로, 강력한 심리도식접근 치료 전략을 실시할 수 있는 가능성을 지니고 있습니다. 저는 특별히 6개국 14개 지역에서 진행 중인 대규모 임상 연구에 고무되어 있습니다. Arnoud Arntz와 Joan Farrell의 공동 연구에서 경계성 성격장애 환자를 대상으로 하여 회기 수가 다른 두 개인의 회기와 결합된 집단 심리도식치료 모델의 효과와 비용 효율성을 검증했습니다.

심리학자이자 독일 집단 심리도식치료의 선구자인 심리도식치료사 Neele Reiss와 함께한 이 책은 개인과 집단 심리도식치료를 통합해 광범위한 환자 집단(성격장애, 복합 외상, 만성적 어려움을 겪고 있는 사람들, 다른 치료에 실패한 사람들, 더 높은 수준의 관리가 필요한 사람들)에게 적용될 수 있습니다. 필요할 때 인출할 수 있는 '은행 예금 계좌'와 같이 개인 심리도식치료 회기를 환자들이 필요로 할 때 쓸 수 있도록 하는 참신한 개념을 포함하고 있습니다. 이 개념은 경계성 성격장애 복합지역 임상실험을 통해 발전해 왔습니다. 집단 심리도식치료에 대한 첫 책(Farrell & Shaw, 2012)이 출판된 이후, 다른 특성을 가진 환자 집단에 선도적으로 집단 심리도식치료 모델을 적용하는 사례가 전 세계적으로 생겨나고 있습니다.

개인 심리도식치료와 마찬가지로 집단 심리도식치료 또한 범진단적으로 이루어집니다. 특정한 증상에 개입하는 것이 아니라 환자의 도식 양식 개요에 개입하는 것에 집중한다는 점에서 그러합니다. 그러므로 집단 심리도식치료는 개인 심리도식치료와 마찬가지로 경계성 성격장애 이외의 장애에 효과적입니다. 당연히 모든 적용에는 실증적 인증이 필요한데, 기쁘게도 예비 연구 결과들이 매우 유망하게 나타났습니다. 이 통합된 프로그램은 입원, 통원 경계성 성격장애 환자(Reiss et al., 2013a)와 혼합된 정신장애 B군과 C군(Fuhrhans, 2012; Muste, 2012)에 시험되어 왔습니다. 법의학적 환경에서의 사용이 영국에서 평가되고 있습니다. 네덜란드에서는 회피성 성격장애와 사회공포증, 해리성 장애 임상 사례에 대해 인지행동치료와 비교한 심리도식치료 무작위 대조 시험이 이뤄지고 있습니다.

이 책에서 설명하는 집단과 개인 심리도식치료를 통합한 프로그램은 개념적 모델, 치료 동맹, 치료 개입에 있어 제가 제시했던 개인 모델과 일치합니다. 집단 심리도식치료 모델은 집단 구성원들이 건강한 가족이 되도록 격려하는데, 숙련된 두 명의 치료자가 부모로서 꼼꼼하게 지도하여 환자들이 서로 '같은 가족'이 될 수 있도록 합니다. 사랑하는 가족과 유사한 해당 집단이 주는 소속감과 수용감은 심리도식치료의 제한된 재양육과 정서중심 요소를 모두 촉진시키는 것으로 보입니다. 더 나아가 각 집단에 두 명의 공동치료자를 두어 활용하기 때문에 집단 심리도식치료자 중 한 명은 보통 한 명 혹은 두 명의 집단 구성원과 작업을 하면서 자유롭게 집단 내를 돌아다니며 변화를 초래할 새로운 경험적 훈련을 만들어 냅니다. 동시에, 두 번째 치료자는 나머지 집단에게 '안정적인 기반'이 되어 줍니다. 이 치료자는 각각의 구성원들과 계속 진행되는 감정적 연결을 유지하고 모든 구성원의 반응을 살피며 집단 구성원들에게 어떤 일이 일어나고 있는지 그리고 그것이 다른 어떤 일을 불러일으키는지를 설명하고 다른 집단 구성원의 욕구에 집중하도록 집단의 방향을 이동시키는 개입을 합니다. 또한 저는 집단 심리도식치료가 구성원들이 세미나와 같은 환경에서 기술을 배우는 전통적 인지행동치료, 변증법적 행동치료의 집단 형태보다 뛰어나고, 치료자가 한 사람과 개인 작업을 하면 집단의 나머지는 주로 보고 있는 비인지행동치료의 집단보다 뛰어나다는 것에 감명 받았습니다. 집단 심리도식치료 시 집단 구성원들 모두가 참여하는 독특한 훈련에 심상변화 작업과 양식 역할연습과 같은 개인 심리도식치료에서 사용되는 기술들을 적용하여 집단 상호작용과 지지의 힘을 이용할 수 있게 합니다. 이러한 집단 치료적 요소는 이미 심리도식치료의 일부인 광범위한 통합 기술과 결합됩니다. 그리고 이전에 언급했듯이 통제실험 연구의 아주 큰 치료 효과를 설명하게 됩니다. 그리고 현재 진행되고 있는 다른 집단 심리도식치료 연구의 예비 연구 자료에서도 이러한 효과를 보이고 있습니다.

저자들은 개인 심리도식치료를 심화시켜 나갈 때 자신이 가장 높은 가치라고 생각하는 유연성을 유지하면서 심리도식치료에 대해 체계적으로 접근할 수 있도록 설명했습니다. 치료는 구체적이고 잘 정리되어 제시되어 있지만 이 책을 마치 치료적 '요리책'처럼 마냥 기계적으로 따라 하고 사용하는 것은 피하도록 하고 있습니다. 저자들은 각 양식이 떠오를 때의 '제한된 재양육' 개입 전략을 개발하고 깊은 수준에서 변화를 일으키는 정서 집중 작업을 위한 '경험적 순간'을 보유함으로써 심리도식치료의 핵심 요소들을 잃지 않았습니다. 개인 심리도식치료처럼 집단 모델에는 경험적 · 인지적 · 대인관계적 · 행동적 작업이 혼합되어 있습니다. 여기 제시된 프로그램은 심리도식치료 교육, 양식 인식, 양식 관리와 경험적 양식 작업이라는 네 가지 주요 요소로 심리도식치료 개입을 구분합니다. 주요 도식 양식을 대상으로 한 가지 양식씩 각 양식에 해당하는 네 가지 주요 요소별로 회기를 구성합니다. 개인과 집단 회기는 양식에 따라 조정됩니다. 개인 심리도식치료 회기는 치료자에 따라서 인지적 · 경험적 혹은 행동 패턴 깨기 개입이 이루어집니다. 저자들은 심리도식치료를 사용하기 시작하는 초심자가 접근할 수 있도록 특정한 치료자 대본 예시를 제공합니다. 하지만 그대로 따르는 것이 아니고 심리도식치료의 필수 요소인 유연성을 가지고 환자 개개인의 양식과 욕구를 충족하도록 합니다. 이 책의 구조와 유연성의 결합은 심리도식치료 경험의 수준과 상관없이 모든 치료자에게 도움이 됩니다. 이 책은 심리학자, 사회복지사, 정신과 의사, 상담가, 정신과 인턴, 레지던트뿐만 아니라 정신과 간호사까지 포함하는 매우 광범위한 수준의 정신건강 관련 업무 종사자들에게 적용될 수 있도록 쓰였습니다.

저자들이 전 세계적으로 30년 이상 치료자 훈련을 하고 광범위한 환자로 구성된 집단 심리도식치료 집단을 이끌며 얻은 경험이 책 전반에 걸쳐 분명하게 제시되어 있습니다. 이 책은 개인과 집단 심리도식치료법을 통합한 최초의 치료 매뉴얼로서 발행되었지만 치료자들이 그러한 프로그램들을 개발하고 구현하는 데 필요한 가장 중요한 정보를 성공적으로 제공하고 있습니다. 프로그램 회기는 입원환자나 일일치료와 같이 높은 수준으로 관리될 때는 집중적인 형태로 진행되고, 외래환자와 같은 상황일 때는 1년여에 걸쳐 진행될 수 있습니다. 프로그램은 일주일에 여러 번으로 시작해서 점차 강도를 줄이고 나중에는 외래로 옮겨 갈 수 있습니다. 사용자가 이해하고 사용하기 쉬운 이 책은 환자 유인물, 훈련, 과제와 함께 환자 예시, 집단 회기와 개인 회기 설명, 환자들이 쉽게 이해할 수 있는 말로 심리도식치료 핵심 개념을 설명한 치료자 대본 예시를 포함합니다. 이 책에 제시된 자료들은 Wiley 홈페이지에서 다운로드 받아 환자에게 사용할 수도 있습니다.

더 개인적인 이야기를 하자면, 저는 Joan, Ida, Neele의 초대로 뉴욕협회에서 상급 심리도식치료자를 가르치기 위해 방문했을 때 고급 훈련 워크숍에 참여하게 되었습니다. 이때 처음 집단 심리도식치료를 경험해 볼 수 있는 기회를 가졌습니다. 이러한 경험 이후, 집단 심리도식치료의 가능성에 대해 더욱 들뜨고 흥분하게 되었습니다. 그리고 필수 기술을 배우고 나면 나 스스로 이와 같은 집단 심리도식치료를 이끌며 수행하고 싶습니다. Joan Farrell은 정서적

중추로서 '안정된 기지'의 역할을 하며 집단 전체의 '교육자' 역할을 하는 뛰어난 심리도식치료자입니다. 이러한 그의 역할은 충분한 시간과 경험으로 만들어질 수 있는 것으로, 개인적으로 저도 배우고 채우고 싶은 부분입니다. 저를 정말 놀라게 했던 것은 바로 Ida Shaw의 대단한 집단 작업이었습니다. 아마도 그녀의 스타일이 저 그리고 Joan과 정말 달랐기 때문일 것입니다. 그녀가 집단 훈련 시에 보여 주는 진정성, 창의성, 자연스러움의 정도를 전달하기란 너무 어려운 일입니다. 그녀는 게슈탈트, 사이코드라마, 역할극 그리고 그녀 고유의 감정을 잘 전달하는 스타일을 모두 혼합해 접근할 수 있습니다. 엄청난 방식으로 환자가 변화되도록 회유하는 이 접근은 도식 양식 작업의 강렬한 요구에 완벽하게 들어맞는 것입니다. 이 책의 집단 훈련은 심리도식치료자들에게 그녀의 독특한 작업의 일부를 해 보도록 할 것입니다. Neele Reiss는 심리도식치료를 훈련하고 경험적으로 심리도식치료를 입증하는 데 집중하는 '차세대' 심리도식치료자의 관점을 추가했습니다. 그녀는 입원 상황에서 연구된 경계성 성격장애 환자 대상 통합 모형(Reiss et al., 2013a)과 시험공포증이나 섭식장애와 같은 문제에 심리도식치료 개입을 적용한 현재 작업을 합쳤습니다.

저는 이 뛰어난 매뉴얼을 더 복잡하고 만성적이며 치료하기 어려운 환자들을 치료하는 모든 정신건강 전문가에게 적극적으로 추천합니다. 특히 현재의 치료를 대신할 비용 효율성이 좋고 증거 기반의 치료를 찾는 전문가에게 추천합니다. 심리도식치료, 경계성 성격장애와 다른 성격장애, 집단치료와 인지행동치료를 확장한 새로운 접근에 관심이 있는 전문가들에게 이 책은 필수적입니다.

2014년 3월

뉴욕도식치료협회
컬럼비아대학교 정신의학과
Jeffrey Young, Ph.D.

안내 사이트에 대하여

이 책의 안내 사이트는

www.wiley.com/go/farrell입니다.

홈페이지에 방문해서 개인적 용도에 따라 환자 자료를 다운로드하십시오.

차례

1장

서론

이 매뉴얼에서는 통합된 개인과 집단 심리도식치료 프로그램을 제시한다. 이 프로그램은 범진단적으로 다양한 치료 환경과 다양한 길이의 프로그램에서 실행되도록 설계되었다. 임상적 경험에 관심을 가지고 있는 심리치료자들의 실무에 유용하도록 이 책을 썼다. 예시로 제시되는 치료자 대본, 상세한 회기 설명, 개인 및 집단의 회기별 자료가 제공된다.

1. 배경

Young(1990; Young, Klosko, & Weishaar, 2003)의 개인 심리치료에서 시작된 심리도식치료(Schema Therapy: ST)는 인지적·경험적 혹은 정서중심, 행동 패턴파괴 개입이 혼합된 다양한 종류의 심리장애를 치료하기 위한 접근이다. 전략적으로 다른 접근들의 측면을 통합한 종합 모델이지만 그 자체로서 고유의 특별함을 가진다. 심리도식치료의 집단 버전은 계속해서 발전되고 있다(Farrell & Shaw, 2012; Reiss & Vogel, 2010; Muste, Weertman, & Claassen, 2009). 경계성 성격장애의 심리도식 개인치료와 심리도식 집단치료의 효과는 실제적으로 입증되어 왔다(Gisen-Bloo et al., 2006; Farrell, Shaw, & Webber, 2009; Reiss, Lieb, Arntz, Shaw, & Farrell, 2013a; Nadort et al., 2009). 심리도식치료 모델은 범진단적이다. 심리도식치료는 회피성 성격장애, 사회불안장애, 섭식장애, 외상후 스트레스 장애, 자기애, 반사회성 성격장애, 물질남용, 사이코패스에 적용되며 전 세계적으로 연구되고 평가되고 있다. 이는 환자와 치료자 모두에게 긍정적으로 여겨지는 접근이다(Spinhoven, Giesen-Bloo, van Dyck, Kooiman, & Arntz, 2007). 또한 심리도식치료는 비용 효율성을 가지는데, 개인 양식(개인 심리도식치료)의 비용 효율성에 대한 증거가 늘어나고 있다(Giesen-Bloo et al., 2006; Nardort et al., 2009). 그러나 심리도식치료를 포함해 특수한 개인 심리치료들의 효용성이 제한적인데다, 현재의 의료 경제는 임상 상황에 개인 심리도식치료를 폭넓게 적용하기 어렵게 한다. 구조화된 프로그램으로 다수의 집단 심리도식치료 회기와 제한된 수의 개인 심리도식치료 회기가 혼합된 통합 프로그램은 유망한 결과를 내며 평가되어 왔다(Muste, Weertman, & Claassen, 2009; Reiss et al., 2013a). 전략적으로 계획된 개인 회기들과 자주 시행되는 집단 심리도식치료 회기들을 결합하면 더 많은 상황에서 이 유망한 치료를 더 널리 사용할 수 있는 잠재력이 있다.

구조화된 통합 프로그램의 개념은 원래 병원 내의 심각한 환자들에게 사용하기 위해 개발되었지만(Reiss et al., 2013a) 다양한 환자 집단, 치료 환경, 치료 길이 등 다양한 환경에 적용해 시행될 수 있다. 일대일 치료가 적절한 경우는 성격장애나 성격장애적 특성을 지닌 환자, 만성적이거나 복합적 심리 문제를 지닌 환자, 다중 심리외상의 경험을 가진 환자, 다른 치료적 접근이 실패한 환자이다. 통상적으로 이러한 환자들은 더 높은 수준의 치료를 받아야 하며 비극적이게도 그들의 삶의 질에서 삶의 잠재력을 깨닫지 못한다. 심리도식치료의 장점은 특정한 증상이나 장애가 아닌 부적응적 심리도식 양식을 대상으로 한다는 점이다. 따라서 이것은 정신과 진단을 초월하고 진단적 분류의 변화를 일어나게 한다. 이 프로그램은 입원환자, 통원치료, 외래환자의 집중치료는 물론 외래환자의 다양한 회기에 빈번하게 시행될 수 있다. 외래환자 치료를 시작할 때와 같은 집중적 회기 프로그램은 '점프 스타트(다른 차의 배터리에 연결하여 시동 걸기)'를 야기할 수 있다. 이는 견고한 부적응 대처 전략을 가진 환자를 치료하는 것이 오히려 경계성 성격장애처럼 심각하고 때로는 삶을 위협하기까지 하는 장애 증상을 만들어 낸다는 것이다. 이 책에서 제공되는 모든 자료는 개인 심리도식치료에 쓰거나 선별적으로 다른 심리치료 모델에 사용할 수 있다. 예를 들어, 경험적 개입은 인지치료를 증가시키고 성격장애와 복합 심리외상 환자 치료 시 접근의 간극을 채운다.

이 매뉴얼의 프로그램은 개인 심리도식치료(Young et al., 2003) 및 집단 심리도식치료(Farrell & Shaw, 2012)와 이론적으로 일치한다. 심리치료에 대한 대부분의 접근과 마찬가지로 이론은 기술 훈련보다 더 중요하다. 심리도식치료는 준수사항과 기준 능력을 충족시키기 위한 전문 교육이 필요하다. 이 매뉴얼은 개인 심리도식치료, 집단 심리도식치료 및 이 둘의 통합된 조합을 만들어서 입원환자나 통원치료 프로그램 같은 집중적 환경에서 작업하는 사람들을 포함하는 중다 이론적 지향을 하는 심리치료자들이 접근 가능하도록 고안되었다.

이 매뉴얼은 상세하고 차근하게 개인 심리도식치료와 집단 심리도식치료 회기를 통합한 심리도식치료 기본 프로그램 안내를 제공할 것이다. 이 프로그램에는 심리도식치료의 핵심 요소인 제한된 재양육, 심리도식치료 모델에 대한 교육, 양식 인식, 양식 관리와 인지적·경험적·행동적 패턴 파괴 변경 작업이 포함되어 있으며 다양한 증상을 가진 집단에 적용할 수 있다. 12개의 개인 회기와 42개의 집단 회기가 있다. 각 회기마다 목표, 치료자 개입, 관리 방법, 치료자가 적용 가능한 예시 대본, 해당 정보, 심리도식치료 연습과 치료자 과제가 기술되어 있다. 개인 회기는 집단 회기의 활동과 더 중점적으로 다뤄야 할 양식을 보완할 뿐만 아니라 개인적 욕구가 충족될 수 있게 설계되어 있다. 개인과 집단의 균형을 맞추는 방법은 계속해서 논의될 것이다. 상세한 단계는 심리도식치료를 처음 하는 치료자가 자신감을 가지고 회기를 진행하고, 집단 작업과 개인 작업을 효과적으로 조정할 수 있게 할 것이다. 또한 더 숙련된 개인 심리도식치료자들이 심리도식치료 집단을 효과적으로 이끌 수 있게 할 것이다. 이 프로그램은 엄격한 프로토콜이 아닌 유연성과 표준화가 혼합된 체계라고 할 수 있다. 구조화되었지만 유연성을 지닌 형태는 다양한 목적에 기여한다. 이 매뉴얼은 주당 여러 번의 회기를 가질 만큼의 높은 수준의 관리 상황에서 개인 및 집단 심리도식치료를 통합된 구조화된 프로그램으로 시행하기 위한 세부 계획으로 사용할 수 있다. 혹은 심리치료 결과 연구에 대한 연구 규약으로 혹은 개인과 집단 회기를 혼합하여 특정 심리도식 양식에 작업하기 위한 계획이 될 수 있다. 치료자는 집단과 목적에 맞춰 프로그램 전체를 시행할지 혹은 개인 회기나 집단 회기 혹은 두 가지의 혼합을 시행할지를 선택할 수 있다.

2. 각 장 소개

2장은 Young(Young et al., 2003)이 본래 개인에게 적용해 발전시킨 심리도식치료 모델의 기본 개념과 Farrell과 Shaw(2012)가 발전시킨 집단 적용에 대해 설명한다. 심리도식치료의 목적, 치료자의 제한된 재양육적 접근, 모델의 핵심 개념이 이 장에 기술되어 있다. 개인 회기와 집단 회기를 결합하는 통합된 심리도식치료 프로그램에 대한 접근이 논의되고, 치료 프로그램의 일반적 방향과 단계의 윤곽을 보여 준다. 3장에는 치료 프로그램의 몇 가지 핵심 사항(환자, 포함되거나 제외되는 요소들. 치료자, 환경, 즉 물리적 상황과 종합적인 치료팀, 회기의 길이와 치료, 여러 다른 상황에서 프로그램을 수행할 수 있는 가능한 일정과 구성 방식)이 기술되어 있다. 4장은 유인물, 집단 훈련, 회기별 과제와 같은 환자 자료와 예시 치료자 대본에 따른 집단 회기를 보여 준다. 5장은 특정한 내용, 예시 대본, 유인물과 함께 12가지 개인 회기를 제시한다. 6장은 치료자에게 권장되는 심리도식치료 훈련과 슈퍼비전을 설명한다. 책 집필 중 진행 중인 연구에 대해서는 간단히 서술하였으며, 수행된 연구는 요약해 두었다.

이 책은 수행 가능한 전체 프로그램을 제공하고 있다는 점에서 심리도식치료 문헌 분야에 있어 유일무이하다. 특정 장애에 집중되어 있지 않고 치료를 위한 한 가지 양상에 국한되어 있지 않으며 개인과 집단 심리도식치료 모두를 포함한다. 이론적 근거를 가지고 있으며 특정 장애를 중점적으로 다루는 심리도식치료 자료를 원하는 독자들에게 이 책을 추천한다.

2장

심리도식치료의 기본

1. 이론적 모델

이 매뉴얼에서 제시되는 모델은 Young, Klosko와 Weishaar(2003)의 이론, 치료 요소, 목표와 일치한다. 이 책에는 심리도식치료 모델이 요약되어 기술되어 있으며 더 자세한 개인 심리도식치료 모델과 그 적용에 대한 책을 찾아보는 것은 독자의 몫이다. Young 등(2003)의 연구로 생겨난 심리도식치료는 성격장애 환자에게 더 효과적일 뿐 아니라 전통적 인지치료에 반응하지 않거나 재발하는 환자들에게도 효과적이다. 심리도식치료는 구조적·체계적인 접근과 통합된 이론을 기반으로 한다. 심리도식치료는 통합적 치료이기 때문에 인지치료나 정신역동치료, 대상관계 이론, 게슈탈트 심리치료와 같은 다른 심리치료 모델과 공통부분이 있다. 하지만 다른 어떤 모델과도 전적으로 같지는 않다.

심리도식치료를 근거로 한 정신병리의 병인 모델이 [그림 2-1]에 요약되어 있다. 아동기에 필요한 정상적이고 건강한 발달이 충족되지 않으면 부적응 도식이 생겨난다. 충족되지 못한 아동기의 중요 욕구와 선천적 기질, 초기 환경의 영향으로 생겨나는 부적응 도식은 자신, 세계, 타인에 대한 신념이다. 심리도식치료에서는 가소성이나 차이 민감성 모델의 관점에 따라 이러한 상호작용이 생겨난다고 여긴다. 심리도식은 아동기에 생겨나 일생 동안 정교화되는 기억, 신체 감각, 정서, 인지로 구성되어 있다. 이러한 심리도식은 종종 아동기에 적응적인 역할을 한다(예: 학대적인 상황의 생존적 측면에서 어른들에게 결함이 있는 것과는 대조적으로 어린아이들은 스스로에게 결함이 있다고 믿을 때 더 많은

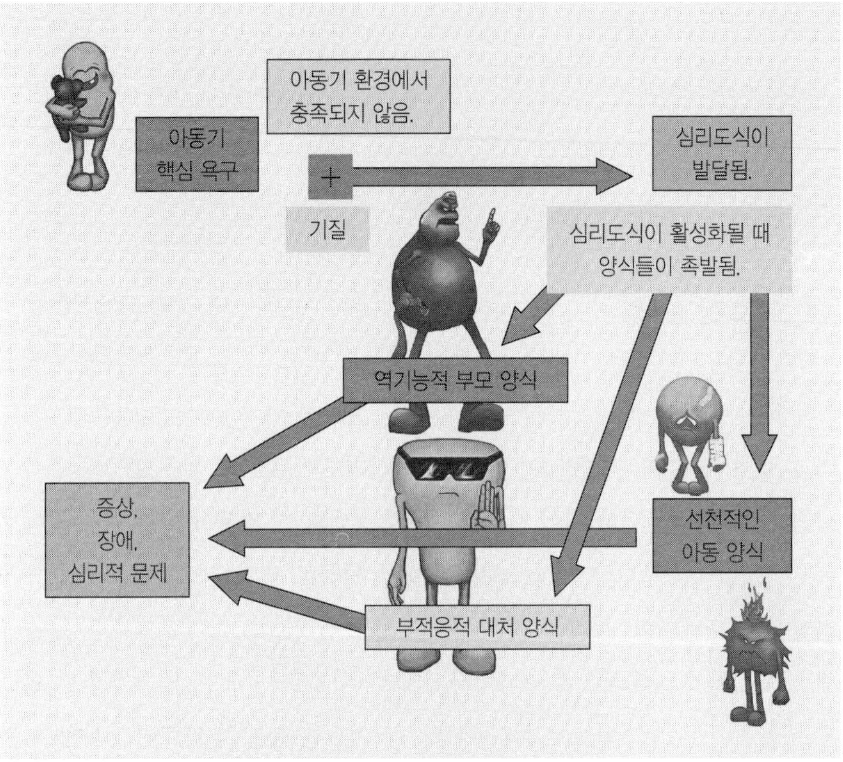

[그림 2-1] 심리도식치료: 심리장애의 원인

〈표 2-1〉 주제 영역에 따라 조직화된 심리도식

분리와 거절	손상된 자율성과 수행
불신/학대 정서적 결핍 결함/수치심 사회적 고립/소외 정서적 억제	의존/무능 손상/질환에 대한 취약성 융합/미발달된 자아 유기/불안정 복종 실패
손상된 한계	**과도한 기대**
특권의식 부족한 자기통제	자기희생 가혹한 기준
기타	
부정성/비관성 처벌	승인 추구/인정 추구

〈표 2-2〉 기본적 심리도식 양식

선천적 아동 양식	취약한 아동 화난/충동적 아동	충족되지 못한 욕구에 대한 선천적 반응
역기능적 부모 양식	처벌적 부모 요구적 부모	초기 타인의 부정적 측면의 선택적 내재화
부적응적 대처 양식	회피성 보호자 과잉 보상자 순응적 굴복자	외상 또는 충족되지 않은 욕구에 대한 생존 반응 남용-도피, 다툼, 두려움으로 굳음.
건강한 양식	행복한 아동 건강한 성인	발달되지 않음.

희망을 불러일으킨다). 성인기까지 부적응 도식은 강력하게 유지되며 주로 개인의 의식적 자각 없이 일어남에도 불구하고 부정확하고 역기능적이며 제한적이다. Young(1990; Young et al., 2003)은 성격장애 환자의 18가지 초기 부적응 도식(Early Maladaptive Schemas: EMS)을 발견했다(〈표 2-1〉 참조). 이 도식들은 심리도식치료 교육 집단(심리도식치료-교육 회기 1~5)을 위한 환자 자료 내에서 각각 정의되었다.

부적응 도식이 활성화되면, 심리도식치료에서 '심리도식 양식'으로 부르는 강렬한 상태가 발생한다. 심리도식 양식이란 사람이 현재 처해 있는 정서적·인지적·행동적 상태이다. 역기능 양식은 다수의 부적응 도식이 활성화될 때 가장 빈번하게 발생한다. 〈표 2-2〉에는 양식의 기본 범주 4가지가 정의되어 있다.

첫 번째 주요한 혹은 선천적인 아동 양식(취약한 아동, 화난 아동, 충동적 아동)은 안전, 양육 혹은 자율성과 같은 아동기의 기본적인 정서적 욕구가 적절히 충족되지 않았을 때 발생한다. 이러한 '아동 양식'은 공포, 무기력 혹은 분노와 같은 강렬한 기분으로 정의되며 아동의 선천적 반응과 관련되어 있다. 두 번째 양식은 역기능적 부모 양식(처벌적 부모 혹은 요구적 부모)이다. 역기능적 부모 양식은 아동기나 청년기 동안 애착 대상(예: 부모, 교사, 또래 등)의 부정적 측면의 선택적 내재화를 반영한다. 세 번째 양식의 범주는 부적응적 대처 양식으로 건강하지 않은 대처 방식(싸움–과잉 보상, 도주–회피, 얼어버림–굴복)을 남용하는 것이다. 모든 양식은 고통, 불안, 공포의 경험으로부터 자신을 보호하려는 목적을 가지고 있다. 이러한 부적응적 대처 양식은 의식적인 자각의 바깥에서 작동되며 심리도식치료의 목표는 환자들이 자신의 대처 방식을 알게 되어 더 건강하고 적응적인 대처 반응을 배우는 것이다. 부적응 대처 양식은 이전에 인지치료에서 빠진 개념인 방어기제 개념을 포함하며 치료자와 환자가 성격장애에 대해 더 이해할 수 있도록 돕는다.

과잉보상 대처 방식은 촉발되는 심리도식이나 심리도식들과 반대되는 행위를 할 때의 양식을 포함한다. 한 가지 예시는 가해자–공격 양식으로 심리도식으로 인해 고통을 겪고 있는 사람이 통증을 호소하며 보복한다. 회피 대처 방식은 육체적·심리적·사회적 철수와 회피를 포함한다. 회피 양식은 분리된 보호자(거리를 두는 사람이나 상호작용 시 쉽게 관심을 잃어버리는 사람에서부터 심각한 분리를 보이는 사람의 범위를 지닌 양식)를 포함한다. 이 양식은 압도적인 공포나 고통스러운 기분으로부터 취약한 아동 양식을 보호하기 위해 작동되는 것으로 환자가 치료를 받기 위해 방문했을 때 매우 흔히 볼 수 있다. 굴복자는 세 번째 대처 방식이며 현재의 도식에 항복하거나 포기하는 것을 의미한다. 예를 들어, 결함도식이 촉발될 때 굴복자 반응은 당신이 스스로 결함이 있다고 생각하고 그에 따라서 무능함을 드러내지 않기 위해 노력하고 도전하지 않을 것이다. 네 번째 범주는 건강하고 기능적인 양식으로 건강한 성인 양식과 행복한 아동 양식이 있다. 건강한 성인 양식은 기능적인 사고와 행동 그리고 성인의 삶 안에서 기능하는 기술을 포함한다. 특히 사회관계망 안에서 행복한 아동 양식은 쾌활하고 즐거운 활동의 원천이다. 많은 환자는 놀이를 하도록 허락받거나 허용되지 않기에 자신이 좋아하는 것과 싫어하는 것을 탐색하거나 또래와의 사회적 상호작용의 기회를 잃게 되었다. 건강한 양식은 성격장애나 그러한 특성을 지닌 환자들에게서 심각하게 미발달되는 경향을 보인다.

양식은 환자가 매우 감정적으로 경험한 사건에 의해 종종 촉발된다. 양식은 극심한 성격장애로 고통받는 환자들이 빠르게 전환할 수 있도록 해서 결과적으로 환자의 대인관계적 문제와 정서적·행동적 불안정성의 원천인 행동의 급작스러운 변화나 눈에 띄게 불균형해 보이는 반응을 야기한다. 양식은 또한 많은 회피성 환자의 경우와 같이 아주 견고하게 확립되어 있기도 하다. 흔한 부정적 대처 반응(공격성, 적대감, 조종, 착취, 지배, 인정 추구, 자극 추구, 충동성, 약물 남용, 응종, 의존, 과도한 자기의존, 강박, 억제, 심리적 철수, 사회적 고립 그리고 상황적·감정적 회피)은 양식의 측면으로 이해될 수 있다.

성격장애 증상은 양식 작동의 면에서 설명되고 이해될 수 있다. 한 가지 예는 경계성 성격장애의 심리도식치료 개념화이다. 취약한 아동 양식의 정서적 상태는 유기 공포라고 할 수 있다. 통제되지 않은 분노의 표현과 함께 나타나는 강력한 분노는 화난 아동과 충동적 아동 양식에서 생겨난다. 충동적 아동 양식은 자해행동의 근원이 될 뿐만 아니라 잠재적 위협성이 있는 행동을 하도록 부추긴다. 역기능적 부모 양식은 또 다른 자해행동의 근원으로, 아동이 실패했다거나 처벌을 받을 만하다고 하는 그들의 요구를 이행하도록 한다. 이 부모 양식은 모든 희망을 없애고 환자를 무가치하게 느끼게 하며 고통스러운 비난을 하도록 해 자살 시도의 근원이 되기도 한다. 분리된 보호자 대처 양식은 무언가를 느끼기 위해 피부를 태우거나 자르는 것과 같은 자해행동을 야기할 수 있다. 분리된 보호자 양식은 견딜 수 없을 정도로 공허함을 느끼거나 자살 시도를 하게 할 수 있는 정도의 공허함을 설명해 준다. 당신이 자신의 감정에 무심하다면, 당신 존재의 중심부인 당신의 정체성은 안정적이지 않을 것이다. 양식전환은 경계성 성격장애 환자들이 보이는 정서적 반응의 일부와 그들의 불안정적 관계를 설명해 준다.

다른 성격장애와 심리적 문제들도 양식 용어로 쉽게 설명할 수 있는데, 이는 사용자 친화적이며 환자들이 이해하기 쉬운 말일 뿐 아니라 치료자의 심리치료적 개입에 중점을 두고 있다. 양식 언어는 정신병리보다는 학습의 역할에 초점을 두기에 환자들이 자신의 변화에 대한 희망을 갖게 한다.

2. 심리도식치료의 목표와 단계

Young 등(2003)은 치료의 주요 목표를 심리도식과 양식을 변화시킴으로써 역기능적 삶의 패턴을 변화시키고 그들의 핵심 욕구를 치료 외적 측면에서 적절한 방식으로 충족시켜 환자를 돕는 것이라고 요약했다. 심리도식치료의 목표는 행동 기술을 가르치는 것을 넘어 근본적인 성격 변화를 포함한다. 이러한 변화는 '양식'이라고 표현되는, 정서와 행동 상태의 과소 또는 과도 변조를 촉발하는 부적응 도식의 강도를 낮추는 것으로 개념화한다. 이러한 극심한 상태의 촉발은 환자들의 잠재력을 깨닫고 삶의 질을 향상시킬 수 있는 적응적 대처 혹은 의사소통 기술의 사용을 방해하는 것으로 보인다. 각 양식 종류에 따른 목표는 다음과 같이 자세히 설명된다.

건강한 성인 양식을 발전시키기 위해서 환자는 다음과 같은 것을 할 수 있다.

① 취약한 아동 양식을 돌본다. 충족되지 않은 아동기의 욕구를 반영하는 공포, 슬픔, 혹은 외로움이 생겨나서 촉발될 때 건강한 성인 능력에 접근할 수 있다.

② 부적응적 대처 양식을 대체하고 안심시킨다. 예를 들어, 양식이 발생할 때 감정을 느끼고, 타인과 연결되고, 자신의 욕구를 표출할 수 있도록 한다. 대처 선택은 회피와 같은 부적응적 대처 양식이 기본값으로 설정되어 있다기보다는 사람의 욕구와 그 사람이 처해 있는 상황의 현실을 충족하는 선택이 만들어지는 것이다.

③ 화난/충동적인 아동 양식의 행동 대신 적절하고 효과적인 방법으로 감정과 욕구를 표현하는 행동을 하도록 한다. 적절하고 효과적인 방법이란, 예를 들면 자기주장을 잘하는 성인의 방식으로 욕구를 표현하는 능력과 건강한 방법으로 분노를 표현하는 능력을 말한다.

④ 처벌적 부모를 타도하고 추방한다. 가혹하고 내면화된 비판을 없애고 다음과 같은 능력으로 대체하도록 한다. 이는 건강하고 긍정적인 방식으로

자신에게 동기를 부여하는 능력과 자신의 실수를 받아들이고 필요할 때에는 실수에 대한 처벌을 받을 수 있는 능력이다. 요구적 부모 양식을 현실적 기대치와 기준에 맞게 조정한다.

⑤ 행복한 아동 양식을 자유롭게 해서 환자가 삶 속에서 자신의 즐거움을 가질 수 있는 환경을 탐색하고 행동할 수 있도록 한다.

심리도식치료는 다음과 같은 목표를 단계별로 접근하고자 한다. 각 장의 단계와 목표를 요약하면 다음과 같다.

① 유대와 정서 조절
- □ 취약한 아동 치유하기
- □ 부적응적 대처 양식 무시하기
- □ 정서조절과 대처 기술

② 도식 양식 변화
- □ 처벌적 부모, 요구적 부모 양식 퇴치하기
- □ 화나고 충동적인 아동을 새로운 방식으로 바꾸기
- □ 한계 지정하기
- □ 위기에 대처하기

③ 자율성
- □ 개별화: 선천적 성향 따르기
- □ 건강한 관계 발달시키기
- □ 접촉의 선택권이 있는 점진적 종료

3. 제한된 재양육

제한된 재양육은 치료자의 방식인 동시에 양식 변화 작업의 요소, 다시 말해 적극적인 구성 요소이다. 제한된 재양육은 '적절한 치료관계의 한계 내에서 아동 양식의 욕구를 충족시켜 주는 좋은 부모로서 행동하는 것'으로 정의된다. 이것은 취약한 아동 양식에 보호, 인정, 위안을, 화난 아동 양식에는 분통을 터뜨리고 들어주는 기회를, 충동적인 아동 양식에는 공감적 직면과 한계 설정을 해 주는 것이다. 제한된 재양육은 심리도식치료의 핵심 요소 중 하나이며 가정된 적극적 구성 요소이다. 제한된 재양육은 보통 '심리도식치료의 핵심'으로 여겨진다.

심리도식치료자의 행동은 '좋은 부모가 했을 법한 행동을 하는 것'으로 요약될 수 있다. 치료 초기, 환자의 아동 양식의 발현 빈도와 건강한 성인 양식의 미발달 정도에 따라 강력한 양육이 필요하다. 이후 환자가 더 건강한 성인이 되어 가면 치료자는 이제 아동기를 벗어나 청년기의 '부모'가 되고 더 나아가 결국 성인의 부모로 역할 변화를 한다. 이 후기 단계에서 환자들은 관계를 유지하기 위해 여전히 치료자를 필요로 하지만 스스로 자기 자신과 서로를 어느 정도 양육할 수 있게 된다. 용어와 설명 및 특정한 심리도식치료 기술의 사용은 발달 단계와 동반되는 질환, 그리고 집단 구성원의 심리적 건강에 맞추어 적용되어야 한다(예를 들어, 경계성 성격장애 환자를 위한 특정 기술과 용어가 자기애성 성격장애 환자에게는 맞지 않을 수 있다). 우리는 취약한 아동 양식과 작업할 때는 어리고 겁먹은 아동에게 이야기하는 부모처럼 말하고 부적응적 대처 양식을 직면시킬때는 훈련 담당 하사관처럼 단호해진다(물론, 단호하면서도 동시에 양식 속의 감정과 욕구를 공감하고 있다는 것을 환자가 알 수 있도록 하는 것을 놓치지 않아야 한다).

제한된 재양육의 목표는 환자와 활발하고 지지적이며 진실된 관계를 만드는 것으로, 그러한 관계는 취약한 환자에게 감정과 욕구를 표현할 수 있는 안전한 환경을 제공한다. 심리치료적 관계 내에서 제공되는 치료자의 제한된 재양육은 소중하거나 가치 있다고 느끼도록 해 주는 안정 애착과 정확한 반영을 통해(환자들은 보통 처음 느껴 보는 경우가 많다) 정서적 학습의 심각한 초기 간극을 채울 수 있게 해 준다. 처음에 치료자는 환자의 채워지지 않은 정서적 욕구를 적절하고 치료적으로 적합한 경계 내에서 충족시키는 형태로 보상해 주려고 노력한다. 충족되지 않은 아동기의 욕구에는 안전, 일관성, 인정, 적절한 경계와 건강한 한계가 포함되어 있다. 시간이 흐를수록 이러한 치료관계의 경험은 환자들이 자신의 욕구를 효과적으로 다루는 것을 배우고 최종적으로 자율적이고 건강한 대인관계 기능을 얻도록 발전시킨다. 욕구에 대한 이러한 접근은 환자의 욕구 충족에 너무 일찍 집중하는 대부분의 다른 모델과 극명한 차이를 보인다. 심리도식치료는 환자가 지닌 건강한 성인 양식의 강도 정도를 평가해서 치료자가 직접적으로 욕구를 채워 주고 새로운 긍정적 경험을 제공하는 초기 단계에서 어린 시절 욕구에 대한 정서 학습의 틈 채우기를 시도한다. 핵심 감정 욕구를 충족하는 과정을 채우는 새로운 경험, 상호작용과 암묵적 태도는 건강한 성인 양식의 구성 요소가 된다. 〈표 2-3〉에 충족되지 않은 아동기 욕구가 포함되었으며, 치료자 개입이 필요한 환자가 해당하는 양식 내의 관계가 기술되어 있다.

집단 심리도식치료 진행 시 몇몇의 제한된 재양육 적용은 필수적이다. 이것에는 부모로서 형제자매 집단을 위한 집단의 집합적 욕구에 초점을 맞추고 균형을 맞추는 것의 필요도 포함된다. 집단 재양육화는 그들이 외동이 아닌 한 환자의 발달 경험과 더 가까운 유사성을 가진다. 이러한 초기 환경과의 유사성은 추가적인(혹은 강화하는) 심리도식치료 경험을 제공할 수 있다. 집단 내에서 욕구는 치료자와 집단 모두로부터 충족된다. 집단 심리도식치료는 '형제자매' 역할을 하는 집단 구성원과의 상호작용과 집단 내에서 '가족'에 속한다고 느끼는 경험을 통해 정서적 학습과 사회화의 추가적 기회를 제공한다. 개인 심리도식치료든 집단 심리도식치료든, 심리도식치료자에게 가장 주요한 과업은 관계와 안전을 구축하는 것이다. 두 가지 치료 방식 모두에서 이것은 치료자의 의사소통을 통한 인정, 수용, 호감, 치료자가 환자에게 관심을 가지고 있으며 환자들이 그것을 중요하게 생각하는지, 치료자가 믿을 만한지와 신뢰성, 일관성으로부터 온다. 치료자가 해야 할 일은 환자들이 집단 내에서 서로 관계를 맺고 유대감을 형성하고 집단 소속감을 발전시킬 수 있도록 촉진하는 것이다.

〈표 2-3〉 환자 양식과 욕구와의 관계에서의 치료자 개입 제안

심리도식 양식	충족되지 못한 아동기 욕구	치료자 개입/제한된 재양육
취약한 아동 • 강렬한 슬픔, 고독, 불안의 감정을 경험. 정서적 고통과 공포가 압도적이 되고 부적응적 대처 양식으로 바뀌게 된다.	• 안정 애착(안전, 예측가능성, 안정적 기반, 애정, 양육, 관심, 수용, 칭찬, 공감, 지도, 보호, 인정 포함)	• 제시된 욕구를 충족토록 하라. 위안, 완화, 안심, 담요 속에 있는 느낌. 취약한 아동과 관련된 발달 수준을 맞추는 분명한 방법, 경청, 공포 완화, 부드러운 어조, 제시된 욕구를 충족토록 하라.
화난 아동 • 공평하지 않은 대우나 충족되지 않았다고 느끼는 핵심 욕구에 대해 직접적으로 분노를 터뜨린다. • 어린아이가 성질을 내는 형태를 취한다.	• 지도, 감정과 욕구의 인정, 현실적인 한계와 자기 통제 • 표현의 자유, 감정과 욕구의 인정	• 경청, 감정 표현, 감정의 발산을 지지, 안전한 분노 표현 지도(예: 줄다리기), 안전을 위해 혹은 부정적 결과를 막기 위해 한계 정하기. 자신의 충족되지 않은 욕구를 알아내도록 돕고 그들이 매우 화가 나 있을 때는 사리를 분별하기가 어렵다는 것을 이해한다.
충동적/훈육되지 않은 아동 • 타인의 욕구(핵심 욕구와는 관련이 없는)나 한계를 고려하지 않고 쾌락을 위한 즉각적 욕망을 기반으로 한 충동적 행위	• 현실적 한계와 자기통제, 욕구와 감정의 인정, 지도	• 관대하지만 확고한 한계를 정하여 지도하고, 건강한 이완 훈련을 가르친다. • 현재 느끼고 있는 욕구를 인지하도록 돕는다.
행복한 아동 – 미발달된 • 사랑받고 연결되며 안심하고 만족하는 느낌이다.	• 자발성과 놀이 • 양육, 관심, 인정, 수용, 탐색하고 노는 것을 격려	• 자신과 자신의 즐거움을 즐기도록 하고 그 즐거움을 미소를 짓거나 소리 내어 웃는 등 시각적으로 드러나게 하며, 그들을 놀이에 초대해서 함께 논다.
처벌적 부모 • 자신과 타인을 제한하고 비판하고 처벌한다. 가혹하고 거부적이며 전부가 아니면 전무의 판단을 한다.	• 역기능적 부모 양식은 아동의 욕구를 억압하고 거부한다. 이는 어느 욕구에나 해당된다(특히, 애정, 양육, 칭찬, 수용, 지도, 인정, 감정 표현).	• 처벌적 부모 양식 메시지를 멈추게 한다. 제한을 두고 최종적으로는 이 양식을 추방한다. • 취약한 아동의 욕구를 지지하고 접속한다.

요구적 부모 • 자신, 가끔은 타인에게 높은 기대와 높은 책임의 수준을 설정하고 그것을 달성하기 위해 자신이나 타인을 압박한다.		• 메시지에 이의를 제기하고 합리적인 기준과 기대에 대해 재평가한다. • 취약한 아동의 욕구를 지지하고 접속한다.
회피성 보호자 • 타인을 거부하고 관계를 끊으며 정서적으로 철수하고, 고립되고 회피한다.	• 충족되지 않은 아동기 욕구는 모두 이러한 부적응적 대처 양식 중 하나를 만들어 낼 수 있다. 그렇기에 어떤 욕구들도 이 양식의 기저가 될 수 있다. 도피, 다툼, 두려움으로 굳어짐의 생존 반응 형태이며 과용되어 자동적이 된다.	• 기저욕구를 찾는다. 취약한 아동은 연결, 감정적 누그러짐의 격려이다. 만약 '화난 보호자'라면 한계를 정하고 이를 통해 연결하려고 노력하라.
과잉 보상자 • 반격과 통제의 대처 방식. 가끔은 어느 정도 적응적이다.	• 즉각적 욕구는 연결과 공감적 직면이다. 장기적 욕구는 성인의 삶과 더 어울리는 건강한 대처를 배우는 것이다. 이것이 치료의 목표이며 건강한 성인 양식을 발달시키는 것이 필요하다.	• 환자가 기저 욕구를 찾도록 돕고 과잉 보상 방식이 그 욕구를 충족시키는지를 평가한다. 환자와 그의 취약한 아동 양식을 연결하고, 집단에 피해를 주는 것을 제한한다.
순응적 굴복자 • 심리도식의 굴복자는 그것이 진실인 양 행동한다. 예를 들어, '자기희생' 도식의 경우 다른 이를 위해 자신의 필요를 포기한다. 만약 '결함/수치심' 심리도식의 경우에는 자신을 실패자라고 받아들이고 노력하지 않는다.	• 부적응적 대처 양식은 중대한 위급 상황에서만 쓰이도록 해야 한다.	• 충족되지 못한 욕구가 무엇인지 명확히 하고, 그에 따른 대처 방식이 욕구와 잘 맞는지 평가한다. 취약한 아동 양식과 연결한다.
건강한 성인–미발달된 • 건강하고 성숙한 방식으로 개인의 욕구를 충족한다. 성인 인생에 필요한 부분을 모두 충족한다. 삶의 즐거움을 즐길 줄 안다. 건강한 관계를 형성하고 유지한다.	• 자율성, 능력, 자아정체성의 승인과 지지 • 아동기의 충족되지 못한 욕구 결함이 건강한 성인 양식이 충분히 발달되지 못하게 한다. 충족되지 못한 욕구가 더 많을수록, 건강한 성인 양식은 덜 발달된다.	• 집단 심리도식치료에서 능력을 사용할 수 있도록 초대하여 사용 기회를 만들어 내고 힘을 인식하게 하여 적절한 긍정적 피드백과 함께 그것들을 지적한다. • 자율성을 인정하고 허용한다.

소속감은 처음에는 집단 구성원들이 아동기 욕구를 충족시키지 못한 공통의 아동기 경험과 공통의 문제와 감정을 경험했다는 것을 공유하는 것으로부터 온다. 시간이 흐르며 소속감은 집단 내에서 정서적 경험을 공유하고 공유된 기억을 발전시키는 형태로 확대될 수 있다. 수 주의 집단면담과 같은 집중적 상황에서는 가족과 같은 집단의 측면이 중요하다. 이러한 '같은 가족' 효과는 심리도식치료의 제한된 재양육을 강렬하게 한다.

각 방식별 애착 형태—개인 심리도식치료의 유대감, 집단 심리도식치료의 소속감—는 모두 안전함이 필요하다. 안전과 믿음은 일관성, 개방성과 신뢰를 필요로 한다. 집단의 경우, 중요한 것은 환자들이 서로를 대할 때나 신체적 행동을 할 때의 경계성, 존중, 약속에 대해 모두가 지켜야 할 확고한 기본 원칙을 만들고 실제로 그 규칙을 지키는 것이다. 치료자는 집단 내 환자들에게 이 원칙이 그들을 안전하게 지켜 줄 것이며 이러한 원칙을 어기지 않아야 한다고 말해야 한다. 이는 갈등을 관리하고 양식이 발현되어 생겨나는 것(예: 가해자-공격 양식 행동)을 포함한 모든 부정적 공격을 막아 준다는 뜻이다. 초기 회기에서는 집단이 갈등을 건강한 방식으로 해결할 힘을 가지고 서로 간의 차이나 오해를 해결할 수 있는 힘을 아직 기르지 못했기 때문에 갈등을 관리하는 것이 중요하다. 집단은 치료자의 지도하에 환자들이 갈등을 해결하고 관계를 관리하는 것을 배울 수 있는 아주 좋은 공간이다. 또한 회기를 구축하는 것은 치료자의 몫이다. 두 방식 모두에서 회기를 구축한다는 것은 양식 작동의 목적을 계속해서 염두에 두면서 집중을 방해하는 장애물을 최소화한다는 뜻이다. 집단 내에서의 장애물은 집단의 다른 이들과 관련이 없는 것이 언급된 것이나 제기된 주제로, 양식 반응이 아닌 것이다. '좋은 부모'로서 집단 심리도식치료자는 모든 이를 위해 한계를 지키도록 해야 하며 모든 환자를 동등하게 대하려고 노력하여 공정하다는 느낌을 주어야 한다.

또한 집단 심리도식치료 모델은 통합적이다. 이는 전략적으로 다른 형태의 집단치료의 측면과 언제나 '좋은 부모'로서의 치료자의 지도를 결합시킨다. 〈표 2-4〉는 집단치료의 주요 모델과 이를 집단 심리도식치료와 통합한 것의

〈표 2-4〉 집단치료 모델

모델	예시	목표	치료자 역할	집단 심리도식치료에서 각 모델 사용
상호작용 혹은 과정 집단	• 대인관계 집단 • 정신분석 집단 • 참만남 집단	• 집단역동을 이용해 문제가 되는 행동을 변화시킨다. 높은 감정과 갈등이 요청된다.	• 집단 외부에서 상호작용을 자극하지만 그것을 유도하지는 않는다. 모든 사람은 언제든지 상호작용을 시작할 수 있다.	• 집단역동을 변화의 원천으로서 이용한다(집단 치유 요인). • 치료자는 집단 구성원 중 한 사람이며 능동적으로 집단원들을 이끌고 지도한다.
인간 지향 집단	• 게슈탈트 • 인지치료 • 사이코드라마 • 문제해결치료	• 개인적인 욕구들과 목표에 따라 작업한다.	• 주인공에게 집중하고 그를 지지한다. • 유익한 집단 상태를 조성한다. • 회기를 구조화한다. • 집단 구성원들은 그들의 목표를 위해 주인공을 돕는다.	• 이 작업은 개인적인 욕구들과 목표에 따라 작업이 이루어지지만, 언제나 집단 구성원들 간의 공통성과 연결되어 있어야 한다. • 집단원들은 개인 작업을 돕고 작업에 참여한다. • 집단 과정에 집중하는 것을 유익한 집단 상태보다 더 우선시한다. • 집단원들은 서로 돕는다.
심리교육적 혹은 특정 장애 집단	• 특정 장애(예: 우울, 불안, 경계성 성격장애)에 대한 매뉴얼화된 집단치료	• 지식과 기술들의 권한 위임(자기 자신의 질병에 대해 전문적으로 알기)	• 정보를 가르쳐 준다. • 기술을 가르쳐 준다. • 회기를 구조화한다. • 집단을 안내한다. • 보통의 환자들에게 중점을 둔다.	• 심리 교육과 안내는 아동 양식에서 제공된다. • 보통 환자보다 모든 환자의 욕구와 목표가 균형 있게 되도록 주의한다. • 경험적 작업이 기술보다 우선시된다.
집단 심리도식치료 상단의 세 가지 모델의 측면을 겹치지 않는 부분까지 모두 결합	• 집단 심리도식치료(Farrell, Shaw & Webber, 2009; Farrell & Shaw, 2012)	• 역기능적인 생활방식이 변화되는 것을 허용하고, 더 적응적인 방식으로 그들의 핵심 욕구를 충족시킬 수 있도록 하는 심리도식 양식의 변화	• 집단 과정과 치료 요인을 이용하는 방식으로 집단을 지도한다. • 집단의 발달 단계에 맞추어 좋은 부모로서 행동한다. • 재양육에 있어서 집단 구성원의 참여를 격려한다.	• 상단의 모든 것은 집단 심리도식치료의 측면이다. 하지만 이 치료는 '좋은 부모' 역할로서의 치료자에 의해 전략적으로 지시되어 있다.

출처: Farrell & Shaw (2012).

요약이다.

집단 심리도식치료 회기에서는 심리도식치료의 목표와 기법에 해당하는 집단치료적 요소(보편성, 소속감, 이타주의, 실존적 요인들, 가족의 교정적 재현, 대리학습, 실제학습, 확장된 정보 출처)를 사용하는 것이 중요하다. 치료자의 과업을 요약해서 말하자면, '단순히 사람들을 모아 각각에게 개인 심리도식치료를 하는 것이 아닌, 집단 심리도식치료를 하는 것'이라고 말할 수 있다. 이상적으로 개인에서 집단 심리도식치료로의 전환은 집단의 가능성을 개인의 치료에 이용하는 것과 집단 모두와도 관련이 있는 개인 작업을 진행하는 것 모두가 필요하다. 집단 치료자는 특정한 개인과 함께 작업하면서도 집단에 집중할 수 있어야 하고 그 집중을 모든 집단 구성원을 포함한 범위로 확장할 수 있어야 한다. 주요 관심은 개인에 적용되는 것이지만 다른 구성원과의 어떠한 개인적 접점을 만드는 것이 필요하다. 이는 두 번째 치료자가 우선적으로 시행할 수 있지만 상담을 끌고 가는 치료자 또는 단독 치료자가 시행할 수도 있다. 집단 심리도식치료에서 두 명의 치료자 모델은 4장에서 설명되며 Farrell과 Shaw(2012)의 연구에서 매우 상세히 설명된다.

집단은 개인 심리도식치료에서는 존재하지 않는 기회와 도전을 치료자에게 제시해 준다. 이 장에서는 우선 집단으로 심리도식치료를 수행할 때 필요한 치료적 틀을 발전시키고 유지하기 위해 필수적인 집단 치료자 행동에 대한 개요를 설명할 것이다. 집단 심리도식치료 모델에서 필수적인 것은 집단의 치료적 요소를 촉진시켜 치료자가 집단의 엄청난 가치를 치료에 사용하는 데 집중하는 것이다. 집단 심리도식치료의 큰 틀은 기본 원칙에 의해 설정된다(집단 환영 유인물 1: 집단 심리도식치료 기본 원칙, 3장 6절 참조). 치료자는 각각의 환자에게 강인하고 일관되며 긍정적이고, 지지적인 존재로 집단을 재양육할 힘을 가진 역할 모델이 되어야 한다. 심리도식치료의 기반에는 안정 애착, 신뢰있는 관계의 달성이 포함되어 있으며 집단치료 시 두 명의 치료자에 의할 때 가장 잘 시행될 수 있다. 이상적인 치료자의 수는 집단 구성원의 발달 수준의 기능에 따라 정해진다. 경계성 성격장애 환자의 경우, 초기 정서학습 결손(예: 안정 애착의 부족, 정서적 인식 결함)으로 아동기 발달 수준에 고착된 사람들을 대상으로 한다. 법의학적 환자들의 경우 안전과 기본 원칙을 유지하는 동시에 공감적 직면과 집단에서 빈번하게 발생하는 과잉 보상 양식을 제한하기 위해서는 두 명의 치료자가 필요하다. 회피성 환자에게는 그를 깜박 잊고 넘어가지 않고 집단에서도 길을 잃지 않게 하기 위해 두 명의 치료자가 필요하다.

만약 환경상 한 명의 치료자만이 가능하다면 회기 구조를 더 빽빽하게 짜서 활동을 늘리는 것이 도움이 된다(예: 숙제 검토, 공동으로 과제 수행하기, 필기 활동을 더 이용하는 것). 만약 집단이 두 명의 치료자로 구성되어야만 한다면 경험적 양식 작업 회기를 제안한다.

우리는 집단 치료자의 역할을 번갈아 지정하거나 심리도식치료 혹은 집단에 대한 숙련도에 따라 각자 다른 치료자의 역할을 설정한다. 이 두 가지 역할은 난이도에 따라 나뉜다. 이는 다음과 같다.

① 작업을 주도하는 치료자
② 모든 환자와 관계를 유지하고 그 순간의 작업과 관련되지 않은 집단 구성원들의 욕구를 관찰하는 치료자

치료자 ②는 집단 내에서 직접적인 눈 맞춤을 통해 관계를 유지하는 역할을 한다. 눈을 맞추려고 했을 때 상대방도 눈 맞춤을 해 온다면 고개를 끄덕이거나 미소를 지음으로써 비언어적인 반응을 할 수 있다. 환자가 눈 맞춤을 하지 않을 때조차 환자들은 자신이 살펴지고 있다는 것을 알고 있으며, 이 사실이 환자들을 안심하게 만든다. 또한 치료자 ②는 치료자 ①이 이끌고 있는 작업을 방해하거나 멈추게 하지 않으면서 괴로움을 겪고 있는 환자의 곁에 가까이 가 앉을 수 있다. 치료자 ②는 괴로움을 겪는 환자에게 기분을 누그러뜨리는 양털 천과 같은 부드러운 직물이나 숄 혹은 다른 편안한 물건을 제공해 집단 공간에서 가지고 있을 수 있도록 한다. 치료자 ②의 역할은, 치료자 ① 못지않게 중요하다. 치료자 ②는 집단 내에서 개인적인 데 초점을 너무 길게 맞춘 나머

지 집단 구성원들이 집중을 잃어 집단과 분리되거나 집단 내 긴장 정도를 낮춰야 할 때 이러한 행위들을 중지시키는 역할 또한 수행해야 한다. 치료자 ②의 개입은 매우 간단한데, 이는 모든 것을 중지시키고 치료자 ①에게 이렇게 말을 하는 것이다. "우리 잠깐 멈추고 나머지 집단 구성원과 현재 상황을 확인해 볼까요? 모두 심호흡을 하고 어깨를 털어 보세요." 이후 간단한 확인과 재집단 과정을 끝낸 후 작업에 돌아가거나 집단의 욕구에 더 잘 부합하는 방향으로 변경하면 된다. 두 명의 집단 치료자의 합동 작업은 Farrell과 Shaw(2012)의 저서에 자세하게 기술되어 있으며, 경계성 성격장애 환자 집단을 이끄는 Farrell과 Shaw DVD 시리즈[『심리도식치료자들이 치료 수행』(Zarbock, Rahn, Farrell, & Shaw, 2011)]에 설명되어 있다. 공동치료자 시스템을 시작하는 단계에서 진행 자료, 활동을 인솔하는 것 등의 여러 가지 측면에서 누가 어떤 역할을 맡을지 미리 계획해 놓는 것이 좋다. 시간이 지났을 때 상대방이 역할 ①을 하고 있다면 당신은 당연히 역할 ②를 맡으면 된다. 치료자들은 집단 심리도식치료의 목표가 모든 환자가 경험적 훈련 내에서 어떤 정의된 역할을 하는 것임을 명심해야 한다. 단순히 지켜보기만 해도 되는 환자는 없다. 집단 내 사람들은 특정한 과업을 관찰하도록 정해진 관찰자 역할을 하거나 고통을 느낄 때 숄을 감싼 채 가만히 자리에 앉아 자기 자신을 돌보도록 해야 할 때도 있지만 그 누구도 집단에서 떨어져 나와 있을 수는 없다.

4. 심리도식치료의 구성 요소

심리도식치료의 독특한 측면 중 하나는 모델의 목표를 달성하기 위해 경험적·인지적·행동적 양식 파괴 개입을 전략적으로 통합했다는 것이다. 경계성 성격장애 환자에게 적용된 심리도식치료의 큰 치료 효과는 얼마간 더 심화적이며 오래 유지되는 성격 변화를 촉진하는 이러한 통합적 접근 덕이다(Giesen-Bloo et al., 2006; Farrell, Shaw, & Weber, 2009). 심리도식치료는 성격장애 치료에 있어 유일한 통합적 접근이다. 다른 접근은 다른 요소들을 소홀한 채 인지적·행동적 혹은 경험적 개입에 기울어 있다. 심리도식치료 모델의 온전함을 유지하는 데 필수적인 것은 세 가지 요소를 포함하는 것이다.

3장

통합된 심리도식치료 프로그램

여기서 설명된 통합된 개인, 집단 심리도식치료 프로그램은 다양한 치료 환경과 기간에 따른 욕구를 충족하기 위해 설계되었다. 입원환자나 통원환자, 외래환자의 집중치료와 같은 집중적 환경에서 집단과 개인 회기가 흔하게 결합되곤 한다. 두 가지 방식에 공동 작용하는 내용과 소재로 구조화된 심리도식치료 프로그램은 이러한 환경을 가장 잘 활용할 수 있게 하며 치료과정을 촉진한다. 경계성 성격장애 환자 집단에 적용된 통제되지 않은 예비시험에서 개인과 집단 방식이 결합된 집중적 심리도식치료 프로그램의 큰 치료 효과가 드러났다(Reiss, Lieb, Arntz, Shaw, & Farrell, 2013a). 집단 심리도식치료가 입원환자나 당일치료, 일 년이 넘는 전통적 치료를 받아 온 외래환자 등의 형태로 시행되었고, 임상적 결과에 있어서는 더욱 효과적이지만 비용 효율성은 아직 조사되지 않았다. 대부분의 치료와 같이, 이 질문에 대한 대답은 더 많은 환자가 치료를 받고 나면 밝혀질 수 있을 것이다.

개인과 집단 형식은 상호적 관계를 갖는 것으로 보일 수 있다. 초기 부적응 도식 주제와 심리도식 양식에 대해 집단 구성원들을 교육시키는 것은 주로 집단 구성 시에 발생한다. 개인 치료는 치료자와 환자에게 이러한 주제들과 어떻게 그들이 개인 각자의 과정에 연관되는지에 대해 자세히 설명할 수 있는 기회를 제공한다. 이러한 심도 있는 이해는 집단과정이 앞으로 나아가는 데 도움이 될 수 있다. 집단 구성원은 개인적으로 그들 자신의 경험 안에서 양식이 어떻게 작동되는지에 대해 익숙해지고 또 이러한 이해를 통해 그들의 동료를 이해할 수 있게 된다. 보통 이러한 공유는 치료자가 제공할 수 있는 사례보다 더 효과적이다.

〈표 3-1〉에 회기별 통합 심리도식치료 프로그램이 제시되어 있다.

〈표 3-1〉 회기별 통합 심리도식치료 프로그램: 집단과 개인

	집단 회기		개인 회기	
치료를 위한 선별과 준비	**그룹 환영하기** • 기본 규칙, 프로그램에 대한 소개 • 연결 작업, 안전지대	**심리도식치료 교육 집단** • 5개의 회기 – 심리도식치료 용어 측면에서의 심리도식치료 모델, 용어, 목표, 문제들	• 선별, 포함과 제외 • 평가 • 프로그램 참여	• 심리도식치료에 대한 소개와 그것이 개인 환자에게 적용되는 회기 • 환자의 문제나 증상들이 심리도식치료 모델로 변환되는 형식 • 심리도식양식 검사 결과에 대해 논의
	집단 회기		**개인 회기**	
치료 요소	**양식 인식**	**양식 관리**	**경험적 양식 작업**	**첫 번째 6개의 회기**
집중 양식	• 양식에 대한 여러분의 경험을 알아보고 그것의 영향력을 확인하는 방법을 배운다.	• 양식을 관리하기 위한 인지적 · 행동적인 전략, 개인적 양식 관리 계획을 개발	• 양식과 아동기 욕구, 심상 고쳐 쓰기, 양식 역할연습을 통한 교정적 · 정서적 경험	• 심리도식치료 개념화하기, 개인적인 환자 프로그램의 목표 및 집단 작업을 개인에게 적용하기, 집단 참여 지지하기
부적응적 대처 양식	• 여러분의 부적응적 대처 양식의 경험과 여러분의 대처 스타일을 알아보고, 어린 시절 경험과의 연관성을 이해한다.	• 부적응적 대처 방식의 빈도와 강도를 감소시킬 수 있는 즉각적이고 건강한 전략들을 발전시킨다. 응급 양식 관리 계획의 일부분이다.	• 부적응적 대처 양식의 기능을 드러내고 그것들이 현재 효과적인지와 안전지대 이미지를 평가하며, 집단 응집과 연결 작업을 위한 경험에 초점을 맞춘 실습과 역할연습	• 심리도식양식 검사 결과, 양식의 기원과 그것들을 촉발하는 요인들에 대한 논의, 부적응적 대처 양식 행동들의 확인, 행동적 실험들, 부적응적 대처 양식을 위한 개인적인 이해득실 목록, 인지적 왜곡, 양식 대화, 부적응적 대처 양식이 건강한 성인 양식이 담당하는 것을 허용하게 하는 협정 만들기

처벌적/ 요구적 부모 양식	• 어떤 역기능적 부모 양식이 있는지 그리고 그것을 '당신이 아닌 것'으로 보는 것을 알아본다.	• 처벌적 부모 양식이나 요구적 부모 양식의 메시지를 멈추도록 하는 즉각적인 전략을 발전시킨다. 응급 양식 관리 계획의 일부분	• 처벌적/요구적 부모 양식 집단 형상 만들기 • '처벌 실험' 좋은 부모가 주는 메시지 대본, 이행 대상 소개	• 역사적 역할극, 형상과 작업하기, 양식 대화, 긍정적인 일정, 정체성 원, 인지적 왜곡, 양식 플래시카드, 심상 재구성하기
취약한 아동 양식	• 당신이 가지고 있는 양식이 무엇인지, 연관된 감정들은 어떤 것이 있는지, 취약한 아동에 대한 동정을 조성하는 것을 알아본다.	• 슬프거나 불안한 감정이 생겼을 때의 취약한 아동 양식의 욕구에 응답하기 위한 건강한 전략의 즉각적인 계획을 발전시킨다.	• 치료자 재구성 예시, 좋은 부모 메시지 대본의 사용 체크, 심상 재구성하기 혹은 개인/집단 다 같이, 좋은 부모가 필요할 때의 기억, 이행 대상	• 취약한 아동 양식의 활동 진정시키기, 제한된 재양육 , 취약한 아동 양식이 좋아하는 것과 무서워하는 것 알아내기, 아동의 욕구와 권리, 심상 재구성하기, 취약한 아동 양식을 위한 플래시카드
화난/충동적 아동 양식	• 현재 사용 중인 양식이 무엇인지 알아보고 기저 욕구를 명료화할 수 있도록 한다.	• 화난/충동적인 아동 양식으로부터 나오는 분노를 안전하게 완화시키고 부적응적 행동에 한계를 걸도록 하는 즉각적인 양식 관리 계획을 발전시킨다. 응급 양식 관리 계획의 일부분	• 신체적 분노 작업 • 분노와 함께 놀기, 분노 완화 게임 팀전, 화난 아동 양식 이미지 만들기	• 양식 역할극, 화난/충동적인 아동 양식 플래시카드, 화난/충동적인 아동 양식 작업에 대한 다른 사람들의 반응, 화난/충동적인 아동 양식의 욕구, 화를 표출하기 위한 건강한 주의, 화난/충동적인 아동 양식의 기저 욕구가 무엇인지 알아보기, 화난/충동적인 아동 양식과 다른 양식 간의 대화
행복한 아동 양식	• 행복한 아동 양식을 불러일으키고, 행복한 아동 양식을 떠올리는 것을 간섭하는 양식은 무엇이 있는지 알아본다.	• 행복한 아동 양식을 강화하기 위한 단기 양식 관리 계획을 발전시킨다.	• 행복한 아동 양식을 불러일으키기 위한 심상	• 행복한 아동 양식을 불러일으키기 위한 방법 알아보기, 회기 중 놀기, 행복한 아동 양식이 좋아하는 것 알기, 행복한 아동 양식에게 긍정적인 피드백 주기, '마음껏 하기 훈련', 행복한 아동 양식을 불러일으키기 위한 심상

건강한 성인 양식	• 건강한 성인 양식이 무엇인지 알아보고 다른 양식들과 함께 목표에 다가가기 위한 기술을 사용하는 것을 배운다. • 치료 프로그램의 첫 번째 6개의 회기에 대한 재검토를 시작한다.	• 건강한 성인 양식에 접근하고 강화하기 위한 단기 양식 관리 계획을 발전시킨다. • 양식 관리 계획을 어떻게 진행할지에 집중하며 재검토를 계속한다.	• 건강한 성인 양식이 부적응적인 양식들을 지휘하는 경험을 위한 양식 역할극, 집단과 치료자의 피드백과 이행 대상을 구슬로 장식하기	• 건강한 성인 양식을 구성하기 시작하기, 가치 구슬 팔찌의 구슬을 이용하여 현재에 있기, 건강한 성인 양식 기술을 이용한 행동적 실험들, 미래의 건강한 인생을 위한 건강한 성인 양식의 역할 알기
	집단들의 2번째 차례 – 같은 양식 속편			**회기 7~12**
부적응적 대처 양식	• 건강한 성인 양식의 관점과 기술의 요점을 인식하기, 낡은 대처 양식을 욕구를 충족시키기에 더 효과적인 전략들로 교체하도록 인식 사용하기	• 부적응적 대처 양식의 촉발을 감소시키고 욕구를 충족시키기 위한 건강한 성인 양식의 기술의 사용을 증가시키기 위한 장기적 양식 관리 계획을 발전시킨다.	• 부적응적 대처 양식들을 줄이기 위한 연결 연습 • 건강한 성인 양식이 부적응적 양식들을 지휘하는 것에 초점을 맞춘 양식 역할극 • 부적응적 대처 양식의 공감적 직면	• 회기 1~6의 작업 계속하기, 개인 심리도식치료–부적응적 대처 양식의 개입 이용하기, 부적응적 대처 양식의 인식과 더 건강한 대처 선택을 할 수 있는 능력 지지하기
처벌적 부모 양식	• 처벌적 부모 양식을 없애고 요구적 부모 양식을 완화시키기 위해 건강한 성인 양식의 인식과 접근을 끌어올리기	• 처벌적 부모 양식을 없애고 요구적 부모 양식을 완화시키기 위한 장기적 양식 관리 계획을 발전시킨다.	• 양식 형상 상징이나 포스트잇 메모("너는 이렇게 말했어야 했어.")를 이용하여 처벌적 부모 양식–요구적 부모 양식 메시지와 작업하기. 좋은 부모 메시지로 대체하기, 처벌적 부모 양식을 추방하는 연습	• 남아 있는 개인 심리도식치료–역기능적 부모 양식 자료들을 이용해 작업하기, 처벌적 부모 양식을 추방하기 위한 추가 작업, 좋은 부모 표상 강화
취약한 아동	• 취약한 아동 양식을 위로하고 안심시키기 위해 건강한 성인 양식의 인식과 접근을 끌어올리기	• 슬픔과 불안에 관련된 취약한 아동 양식의 욕구를 충족시키고 취약한 아동 양식을 치유하기 위한 장기적 양식 관리 계획을 발전시킨다.	• 길거리의 아동 심상–처음엔 이방인, 그다음 자신, 전체로서 집단을 재구성하기	• 남은 개인 심리도식치료 – 취약한 아동 양식 자료들을 이용해 작업하기, 필요하다면 더 어려운 단계의 심상을 재구성하기(예: 심리외상 작업)

화난/충동적 아동 양식	• 적응적 행동이 욕구를 충족시킬 수 있고 화난/충동적 아동 양식이 유도한 행동에 건강한 경계를 설정할 수 있도록 건강한 성인 양식의 접근을 증가시킨다.	• 화난/충동적 아동양식으로부터의 방해를 감소시키고 분노를 단호하게 표출하기 위한 장기적 양식 관리 계획을 발전시킨다.	• 더 큰 분노 완화 작업-풍선들, 무엇이든 이전의 화난 아동 회기에서 쓰이지 않았던 연습들 • 양식 역할극-양식들과 함께하는 화난 아동 양식 대화에 초점을 맞춤.	• 남은 개인 심리도식치료-화난 아동 양식 자료를 이용해 작업하기, 자기주장과 욕구가 충족할 수 있는 능력 평가하기
행복한 아동 양식	• 행복한 아동 양식이 나와 놀 수 있도록 촉진하기 위하여 행복한 아동 양식과 건강한 성인 양식의 접근을 방해하는 양식들에 대한 인식을 증가시킨다.	• 행복한 아동 양식의 접근을 강화시키는 장기적 양식 관리 계획을 발전시킨다.	• 독창적이고 재미있는 연습 만들기, 역기능적 부모 양식을 금지하기 위한 심상, 행복한 아동 양식 심상 작업, 치료 회기 바깥에서 행복한 아동 양식을 깨우는 연습	• 남은 개인 심리도식치료-행복한 아동 양식 자료를 이용해 작업하기, 회기에서 즐겁게 있기, 치료 회기 바깥에서 놀이를 대체할 것 찾기
건강한 성인 양식	• 건강한 성인 양식이 적응적인 방식으로 욕구를 충족시키기 위해 인식을 이용하는 계획을 발전시킨다. 스스로 양식 인식 작업을 통해 어떤 것을 배웠는지 요약하여 생각해 본다.	• 치료 이후에도 계속해서 심리도식치료를 위해서 쓰일 건강한 성인 양식을 강화시키기 위한 장기적 양식 관리 계획을 발전시킨다.	• 건강한 성인 양식하에 있는 경험을 위한 양식 역할극 • 건강한 성인 양식의 현재 상태에 대한 집단과 치료자의 피드백과 함께하는 '가치 구슬 팔찌' 작업 프로그램 연습 종료	• 건강한 성인 양식의 힘에 초점을 맞추어 목표의 진척을 평가하고 치료 과정 재검토하고 요약하기 • 심리도식치료 작업을 지속하기위한 계획 세우기, 치료자는 이행 대상을 줌.

치료 방식들의 가치뿐만이 아니라 프로그램의 모든 요소에 대해 지지하는 것이 중요한다. 어떤 환자는 개인 회기를 선호하고 다른 환자는 집단 회기를 선호할 것이다. 이 프로그램의 치료 시간의 대부분은 집단 회기에 관련되어 있지만, 치료 프로그램의 목표는 치료 방식의 전략적 조합과 모든 심리도식치료 핵심 요소의 포함을 통해 이룰 수 있게 된다. 치료팀의 모든 구성원은 이러한 관점을 일관되게 유지해야 한다. 환자들은 다른 집단에서의 부정적 경험을 가지고 있으며 개인치료가 더 낫다는 인식을 가진 채 이 프로그램을 시작하게 될 수 있다. 하지만 집단치료 동안에 할 수 있는 모든 새로운 경험들과 그러한 치료 방식 안에서 얻을 수 있는 엄청난 이득이 환자에게 효과적으로 잘 설명될 때, 그들은 두 가지 치료 방식을 사용하는 것이 중요함을 이해하게 된다. 이러한 정보는 환자에게 프로그램과 필요조건에 대해 설명하기 위해 제공될 수 있다.

1. 환자 : 누가 좋은 후보자인가

앞서 서술했듯이, 심리도식치료는 가장 어려운 환자를 포함해 광범위한 환자에게 적용될 수 있다.

- **이 프로그램에서 다룰 수 있는 환자**: 성격장애나 특성을 지닌 환자, 복합 외상 혹은 다른 치료에 반응하지 않는 만성적 문제를 지닌 환자로 집단 심리도식치료에 참여할 의욕을 가지고 있으며 치료 기간에 열심히 할 수 있는 환자
- **이 프로그램에서 제외하여야 하는 환자**: 일생 동안 제1축 정신증 진단을 받은 환자(가끔 잘못 진단되는 심각한 경계성 성격장애의 일시적 정신증적 일화에 근거한 것은 제외)로 아동기 ADHD 기준에 해당되며 약물요법으로 조절되지 않는 증상을 가진 환자, 집단에서 사용될 언어를 말하거나 읽는 것이 불가능한 환자, 지능지수(IQ)가 80 이하인 환자

이러한 수준 이하의 환자는 집단 활동을 따라가는 것에 어려움을 느껴 좌절감을 느끼게 되는 경험에 근거해 이런 IQ 기준을 사용하게 되었다. 이러한 어려움은 흔히 받아들이기 힘든 차이로 여겨지며, 그 결과 그러한 환자를 돕는 것은 어렵다는 식의 결함과 실패 도식을 작동시킨다. 낮은 IQ를 지닌 동일한 집단을 진행할 수도 있지만 이에 대해서는 아직 평가된 적이 없다. 1989년 모든 경계성 성격장애 환자 집단과 함께 프로그램을 시작했을 때, 많은 동료들은 우리의 판단에 의문을 가졌으나 20여 년이 지난 후, 우리의 혁신을 설명해 줄 자료를 갖게 되었다.

2. 집단 심리도식치료 회기

프로그램의 집단 심리도식치료 모델은 Young(Farrell, Young, & Shaw, 2011)이 발전시킨 심리도식치료 이론과 모델에 이론적으로 일치한다. 목표와 치료자 접근은 동일하며 심리도식치료 개입은 집단 내에서 수행되는 것에 적용되었다. 집단 심리도식치료는 Farrell과 Shaw(2012)가 만든 치료 매뉴얼에 충분히 설명되어 있다. 이 치료 프로그램의 집단 회기는 4장에서 개별적으로 설명될 것이다. 각 회기별 예시 대본을 포함한 자세한 치료자 원고 부분이 제공되며 각 회기별 환자 자료(유인물, 훈련, 치료 과제) 또한 제공된다. 본 매뉴얼은 독자에게 유인물 제시와 이 책에서 설명되는 치료 과제를 제공하도록 설정되어 있다. 환자 유인물과 과제는 또한 인터넷 안내 사이트(www.wiley.com/go/farrell)에서도 제공된다. 여러분의 필요에 따라 다운로드할 수 있는 자료가 있다.

집단 심리도식치료는 2장 2절에 설명된 개인 심리도식치료 단계를 따른다. 하지만 이러한 단계들은 자연적으로 일어나는 치료 집단의 단계에 영향을 받는데, 여기에는 유대감 형성과 응집력, 갈등, 규범 설정과 작업 집단(Yalom & Leszcz, 2005)이 해당된다. 집단 심리도식치료에서는 치료자들이 적극적으로 각 단계의 긍정적 측면을 장려한다. 집단 치료자는 집단 내 유대감과 집단의 작업 단계를 촉진하기 위하여 적극적으로 행동해야 한다. 아울러 집단에서의 한계를 설정하고 의사소통의 경로와 갈등을 새롭게 하여야 한다. 집단 내에서 불가피하게 발생하게 될 갈등의 한계 설정과 공감적 직면은 반드시 치료와 성장으로 이어질 수 있도록 한다. 건강한 성인 양식이 발달하고 더 강력해짐에 따라서 심리도식치료의 자율적인 단계가 시작된다. 환자들이 건강한 성인 양식에 점점 가까워짐으로써 작업 집단 단계가 촉진된다. 이 단계 초기에는 종종 치료자들이 환자들을 이끌어 주거나 환자들에게 자신의 건강한 성인 양식의 일부를 빌려 주어야 한다. 이후 치료자들은 한발 물러나고 환자들이 자신의 건강한 성인 기술을 시험해 볼 수 있도록 하는 것이 중요하다. 분명히 개인 집단은 이 단계들을 통해 그들 자신의 경로를 도모할 것이다. 또한 이 단계들은 선형적이지 않다. 집단은 가끔 유대나 갈등 단계로 돌아오는데, 특히 집단 활동 중에 어려운 사건이나 삶의 어려운 사건을 마주치게 될 때 그러하다.

집단 자체는 모델링과 대리학습의 많은 기회를 갖게 해 주는 대인 간 학습의 중요한 근원이다. 환자들이 다른 사람들에게 미치는 영향을 진정으로 이해하고 변화의 동기를 갖기 위해서는 동료들이 그들에게 화난 아동 양식 상태에서 짜증 내는 것을 관찰해야 한다고 자주 말한다. 심리도식치료 집단은 지지적 가족의 기능을 가지는데, 보통 환자들은 이러한 경험이 처음인 경우가 많다. 집단 내에서 수용됨을 경험하는 것은 취약한 아동 양식의 정서적 수준에 엄청난 치료 효과를 가진다. 집단은 더 건강한 관계를 형성하고 유지하며 경계를 탐색하고 의사소통 기술을 발전시키며 서로 욕구가 다를 때 갈등이 일어나면 어떻게 협상하고 해결하는지를 실습하는 장소이다. 성격장애는 많은 부분의 대인관계적 요소를 지녔기 때문에 필요한 교정적 정서 경험을 제공하기 위한 목적에 걸맞는 환경은 풍부한 대인관계적 상호작용 환경이라고 주장되기도 한다.

각기 다른 역량을 가지고 다른 훈련을 받은 치료자와 함께 하는 수 주의 집단 회기로 구성된 집중 프로그램 요구를 맞추기 위해 우리는 심리도식치료 집단 회기의 4가지 타입을 발전시켰다. 모든 초점은 주로 하나 혹은 둘의 심리도식치료 요소에 맞춰져 있으며 결합 시에는 기본적인 경험적 · 인지적 · 행동적 심리도식치료 개입을 포함한다. 집단 회기의 4세트는 심리도식치료 모델에 대한 교육, 양식 인식, 양식 관리, 경험적 양식 작업이다. 다음은 간단하게 집단 회기와 회기 내 심리도식치료 요소를 설명한 부분이다.

1) 환영 회기

집단치료 시작 회기로, 이름이 말해 주듯이 환자들이 편안함을 느끼고 집단 내에서 중요한 구성원이라는 것을 전달하는 게 목표이다. 치료팀의 모든 치료자는 이 회기에 참석해 자기 소개를 하고 환자들이 질문을 할 수 있는 기회를 갖도록 한다. 환자들에게 프로그램과 기본 규칙(환영 집단 유인물 1: 집단 심리도식치료 기본 규칙)을 설명하고 집단 회기 내에서 어떤 것을 기대하는지를 이야기한다. 심상 연습과 첫 번째 안전지대 연습(집단 환영하기 유인물 2: 비눗방울 안전지대 기법), 관계성을 촉진하는 체험적 연습(4장 2절과 치료자 지침-집단 환영하기: 집단 정체성 팔찌 참조)을 소개한다.

2) 심리도식치료 교육 회기

심리도식치료는 심리도식치료 모델과 그것이 어떻게 심리적 문제와 그들의 치료를 설명할 수 있는지에 대한 설명으로부터 시작된다. 이러한 과정은 환자들이 알아듣기 쉬운 말로 설명되어서 치료자와 환자가 소통할 수 있어야 한다. 환자에게 이러한 정보를 제공하면 협업을 촉진하고 힘을 북돋아 준다. 각 회기가 50~60분 정도인 다섯 가지의 심리도식치료 교육 회기가 있다. 환자들을 위한 심리도식치료 교육 유인물은 심리도식치료-교육 1부터 심리도식치료-교육 5의 이름으로 제공된다.

3) 양식 인식 회기

이 회기에서는 환자들이 자신의 양식 경험을 이해하고 촉발 상황과 양식, 근원적 욕구를 알아낼 수 있도록 하는 것이 목표이다. 인지적 혹은 생리적 요소와 같은, 다른 양식의 요소를 설명하는 것은 환자들 자신이 속해 있는 양식을 인식할 수 있도록 돕는다. 현재 상황을 아동기의 기억과 연결시키는 것은 그들의 심리도식과 양식의 근원을 이해하는 데 도움이 된다. 환자들 자신이 현재 속해 있는 양식을 인지하여야만 그 양식을 유지하지 않을지 혹은 건강한 성인 양식을 사용할지와 같은 의도적인 결정을 내릴 수 있다. 여기에는 50~60분이 소요되는 12개의 양식 인식 회기가 있다. 양식 인식을 위한 환자 유인물은 양식에 따라 양식 인식 1에서 양식 인식 12까지로 이름 붙여져 있다. 각 회기별 치료자 지시 사항은 4장 4절에 제시되어 있다.

4) 양식 관리 회기

양식 변화 과정에서 가장 중요한 단계는 '인식'이지만 단순히 그것만으로는 충분하지 않다. 다음은 양식 관리 계획이라고 불리는 단계인, 환자와 함께 평가하는 인지 작업이다. 이는 주요한 양식 반응이 효율적으로 욕구를 충족시키는가에 대해 평가하고 대안적 행동 계획을 구성하고 평가한다. 양식 변화 계획을 사용하고 발전시키는 부분에서는 주로 인지적 · 행동적 · 경험적 기법들을 이용해 개입한다. 이 요소 내에서는 부적응 양식 행동을 유지하는 신념과 행동과 같은 변화를 방해하는 요소들을 모두 명확히 식별하고 헤쳐 나가도록 한다. 이러한 작업의 한 가지 예로는 심리도식과 양식을 유지하게 하는 인지적 왜곡의 교정이다. 이러한 집단에서 발전된 행동적 패턴 파괴 작업을 하도록 하는 양식 관리 계획을 적용하는 일은 환자로 하여금 치료 환경 밖에서의 행동으로 일반화하도록 만드는 치료적 변화를 가능하게 한다. 이 구성 요소에는 12개의 집단 회기가 있으며, 각각 90분씩 소요된다. 양식 관리 유인물이 제공될 것인데, 양식 관리 1부터 양식 관리 12까지 있다. 각 회기를 위한 치료자 지시 사항은 4장 5절에 제시되어 있다.

5) 경험적 양식 작업 회기

경험적 양식 작업은 시각적 심상, 심상 재구성하기, 양식 대화, 양식 역할극(사이코드라마와 비슷한 심리도식치료 개입), 그리고 긍정적 경험을 상징화하는 창의적 작업을 포함한다. 정서적 수준에서 양식을 변화시키기 위해 우리는 환자들과 '경험적 해독제'를 개발한다. 환자들은 이렇게 말하곤 한다. "내가 결함이 있다거나 버려진 게 아니라는 것을 머리로는 알지만 결함이 있고 버려진 것처럼 느껴져요." 이러한 진술은 더 깊은 수준의 변화를 이끌어 내기 위해서는 양식의 정서적 수준을 대상으로 해야 한다는 것을 간략하게 보여 준다. 결함이 있지 않거나 실패하지 않았다는 것을 '아는 것'이 그러한 느낌을 없애 주는 것이 아니다. 수반되는 수치심, 자기혐오, 거절에 대한 두려움과 같은 것의 느낌(암묵적 지식)은 환자들을 비참하고 불행하게 하며 그들이 인지적·행동적 기술을 배웠다 할지라도 그들의 능력을 발휘할 수 없게 한다. 심상 재구성하기와 소속감을 갖는 경험, 집단 내에서의 수용을 경험한 것은 기본적인 가족관계와 유사하게 많은 교정적 정서학습 경험을 제공한다. 경험적 작업 양식 회기 내의 창의적이고 상징화된 작업에서는 심리도식과 모순되는 일화를 감정적으로 재경험할 수 있고 기억하기 쉽게 해 주는 그림이나 읽기 자료 등을 사용한다. 양식에 따른 경험적 양식 작업 유인물은 경험적 양식 작업 1에서 경험적 양식 작업 12에 제시되어 있다. 그리고 이 회기를 수행하는 치료자 지시 사항은 책 4장 6절에 제시되어 있다.

3. 개인 심리도식치료 회기

프로그램에는 Young의 개인 심리도식치료처럼 인지적·경험적·행동적 패턴 파괴 회기를 모두 통합하고 포함한 12번의 개인 회기가 있다. 12번의 개인 회기와 42번의 집단 회기라는 비율은 집단 심리도식치료 방식이 부적응 양식에 영향을 미치는 특정한 효과성과 대부분 나라의 현재 정신 건강관리 시스템에서의 두 가지 방식이 가진 상대적인 유용성을 반영하는 것이다. 이는 특별히 입원환자, 통원환자, 집중 외래환자 상황에서 그러하다. 통합된 프로그램 내에서 개인 회기는 집단에서 행해졌던 작업을 향후 개인적으로 적용하는 데 쓰인다. 즉, 환자를 도울 때 심리도식치료적 측면에서 그들의 특정한 증상과 심리적 문제를 이해하고 환자들의 부적응적·역기능적·건강한 양식에 대한 견해를 알아내는 것, 환자 치료 계획으로 사용하기 위한 심리도식치료 사례 개념화를 발전시키는 것이다. 심각한 심리외상 내력을 가진 환자의 경우 집단 심리도식치료에서 가능한 것보다 더 많이 그들의 경험을 공유해야 할 필요가 있다고 여겨진다. 심리외상에 대한 심리도식치료적 접근은 이러한 심리외상을 재경험하기보다는 심상 재구성하기를 이용해 심리외상의 경험의 결말을 재작성하도록 한다. 학대당했던 경험을 한 번도 말해 본 적 없는 환자가 거기서부터 이야기를 시작하고자 하는 욕구를 느낄 때가 있을텐데, 바로 이러한 때가 재구성을 하기에 알맞은 시간이다.

어떤 환자들은 개인 회기에서 심상 재구성하기 하는 것을 더 편안하게 느끼기도 하고 가끔은 집단 내의 모든 사람이 이러한 재구성 작업을 수행하기엔 시간이 부족할 수도 있다. 개인 회기는 모든 환자가 재구성 작업을 할 수 있도록 확실하게 해 준다. 또한 개인 회기를 통해 환자들이 교육 자료를 더 쉽게 이해하고 자기 자신에게 적용할 수 있으며 집단에서보다 더 상세하게 과제를 점검할 수 있다. 어떤 집단과제는 개인 회기에서 더 심도 있게 논의되기도 한다. 또한 개인 회기에서 회기간에 환자가 집단 작업을 이해하고 있는지, 자신에게 적용할 수 있는지, 숙제로 내준 집단 과제를 잘 수행하고 있는지를 확인할 수 있다. 함께 건강한 성인 방식을 구축하기 위해서 두 가지 방식으로 공동 작업한다. 우리는 타인의 반응들과 그들이 우리에게 붙이는 이름표를 통해 처음으로 자신에 대해 학습하게 된다. 집단은 초기의 잘못된 정보를 수정하고 건강한 피드백을 받아들이는 좋은 장소이다. 피드백과 동료가 붙여 준 새로운 긍정적 이름표는 '결함/수치심' 또는 '실패'와 같은 부적응 양식에 대한 강력한 저항이 될 수 있다. 이러한 피드백과 관련된 집단 교정적 정서 경험은 개인 회기에서 더 발전될 수 있으며 자신에 대해 더 긍정적인 정체감을 갖도록 할 수 있다. 환자 유인물과 양식에 따른 과제는 5장에 설명되어 있으며 웹사이트(www.wiley.com/go/farrell)에도 같은 자료가 있는데, 이는 양식의 축약형과 회기 번호에 따라 이름 붙여진 개인 심리도식치료이다.

12번의 개인 회기 사용에 대한 두 가지 주요 접근은 다음과 같다.

① 12주든 12개월이든 전체 치료 기간에 걸쳐 개인 회기를 배치하라. 회기는 치료 기간 전체에 걸쳐 고르게 배치되거나 초반에 더 자주 배치되고 이후에는 점차 횟수를 줄여 가며 환자들이 가족처럼 견고한 집단을 이루도록 할 수 있다.

② 환자들이 12번의 회기를 마치 '은행 계좌'처럼 그들이 원할 때 예금을 인출하듯 언제 개인 회기를 쓸지 정할 수 있게 한다. 이러한 개인 회기 인출은 15~50분 단위로 가능하다.

〈표 3-2〉에는 목표와 주안점, 심리도식치료의 각 요소에 대한 환자 자료가 제시되어 있다.

〈표 3-2〉 치료 요소, 목표와 주안점, 환자 자료 목록

요소	목표와 주안점
집단 환영하기 1회기, 각 50~60분	• 소중하며 환영받는 느낌을 경험하게 한다. • 치료자들를 만난다(어떤 환경 내의 치료팀). • 집단 내의 동료들과 치료자들과 처음으로 관계를 맺는다. • 프로그램의 기본 규칙을 이해한다. • 초기 집단 회기에서 경험하기를 기대하는 것이 무엇인지 이해한다.
심리도식치료 교육 5회기, 각 50~60분	• 심리도식치료 기본 개념과 모델을 이해한다. • 심리도식치료 용어를 배운다. • 그들의 심리적 문제에서 충족되지 못한 아동기의 핵심 욕구와 양식의 역할을 이해한다. • 프로그램의 목표를 이해한다.

양식 인식 집단 12회기, 각 50~60분	• 타고난 아동, 부적응적 대처, 역기능적 부모와 건강한 양식들의 경험을 이해한다. • 이러한 양식들이 존재하는 것을 확인할 수 있다. • 양식들의 촉발자극과 양식들의 기저에 있는 욕구들을 확인한다. • 그들의 매일 양식 활동을 모니터한다.
양식 관리 집단 12회기, 각 90분	• 양식을 관리하는 인지적 · 행동적 · 경험적 전략과 기술을 발전시키고 기저의 욕구를 충족시키는 건강한 행동을 발달시킨다. • 양식 관리 계획을 만들고 이를 연습한다. 1~6회기에는 직접적이고 단기 위주의 양식 관리에 집중하고 7~12회기에는 장기 양식 관리에 집중한다.
경험적 양식 작업 집단 12회기, 각 90분	• 심리도식치료의 경험적 양식 변화 작업 • 심상 재구성하기, 양식 역할극, 치료자 주도의 교정적 정서 경험들을 포함한 심상 • 친밀한 가족 유사체에서의 소속과 수용의 경험 • 다른 집단 구성원들과의 제한된 재양육 관계 확장 • 대부분의 경험적 양식 작업 집단 회기는 과제가 없으며, 확장된 치료자 지시 사항과 예시 대본이 있다.
개인 심리도식치료 12회기, 각 50~60분	• 심리도식치료 개념화, 치료 목표 양식과 요약된 양식-문제-치료 계획이 개인 회기에 완성된다. • 제한된 재양육, 안전, 유대관계에 집중 • 개인 심리도식치료 개념화 • 더욱 발전된 심리도식치료의 경험적 · 인지적 · 행동적 양식 변화 작업 • 집단 회기의 자료를 어떻게 개인에게 적용할지에 대한 더 세부적인 작업 • 양식 문제나 심리적 외상에 대한 추가적인 심상 재구성하기 • 환자의 집단 내에서의 관계와 공유의 능력 • 집단 행동을 방해하는 행동이나 빠진 회기에 대한 논의 • 금전, 주택과 같은 집단과 관련되지 않은 위기 • 유인물을 사용하지 않는 경험적 실습으로 이뤄진 대부분의 개인 회기

4. 치료 프로그램 전달 옵션

다수의 시간 구성이 개인 심리도식치료와 집단 심리도식치료 모두에서 사용된다. 최초의 무작위 대조군 연구(Farrell, Shaw, & Webber, 2009)에서 8개월 동안 심리도식치료에 없던 주간 90분의 30회기의 집단 회기에 개인 심리치료를 20개월가량 추가했을 때의 효과를 평가했다. 따라서 앞서 말한 심리도식치료 8개월의 기간을 포함한 총 치료 소요 기간은 약 2년 정도였다. 개인 심리도식치료의 임상실험은 3년간 주 2회를 하다가 나중에는 개인 회기에 대해 매주 평가되었다. 입원환자를 대상으로 한 예비 연구에서 3개월간 진행된 약 120시간의 집단과 12~18시간의 개인 심리도식치료 프로그램에 대해 평가되었다. 그 결과, 치료 프로그램의 형태나 길이에 상관없이 모두 높은 치료 효과를 보였다. 이러한 연구는 6장에서 소개될 것이다. 이 매뉴얼에 소개된 전체 프로그램은 집단 심리도식치료 42회기(54시간)와 개인 심리도식치료 12시간으로 구성되어 있다. 90분간 진행되는 집단 회기는 모든 사람이 집중력을 잃지 않도록 하기 위해서 10분간의 휴식 시간을 가질 수도 있다.

프로그램은 1주에 1~2회기가 진행되며 집중적인 입원치료, 통원 프로그램, 집중 외래 프로그램 혹은 일반 외래 프로그램의 형식을 충족시키기 위한 다양한 형태로 실행될 수 있다. 〈표 3-3〉은 이러한 선택 사항에 따른 프로그램을 보여 준다.

전체 프로그램 요소를 단독으로 사용하거나 집단 회기와 별도로 개인 회기를 하는 것에 대한 효과는 평가되지 못했지만 이러한 방식 또한 사용할 수 있다. 초기 예비 연구에서는 외래 지역 정신보건센터 내에서 경계성 성격장애 환자에게 개인 회기 없이 집단 회기만을 제공하려 시도했다. 이는 환자의 욕구를 적절히 충족시키지 못한 것으로 밝혀졌고 그 결과 정해진 기간에 빼낼 수 있는 '예금 계좌'와 같은 개인 회기를 추가하게 되었다. 이러한 치료가 너무 과해 보인다면, 환자에게 계획된 치료가 제공되지 않았을 때의 정신보건 서비스의 역학 자료를 살펴보면 된다(Comtois et al., 2003). 심리도식치료는 증상을 제어하는 것만이 아닌 회복의 목표를 가진 접근이라는 것을 유념하여야 한다. 집단 심리도식치료는 비용 효율성을 가지며 광범위하게 이용될 가능성을 가지고 있고 근거 자료 또한 점점 늘어나고 있다. 특히 공공 정신보건 환경에서 경계성 성격장애 환자에게 증거기반 선택지의 공급을 초과하는 경계성 성격장애 치료 수요의 문제를 해결하는 데 도움이 될 수 있다.

전반적으로 프로그램의 42개의 집단 회기와 12개의 개인 회기를 모두 사용하는 것이 최적이라고 생각하지만 이것이 모든 상황에 가능하지 않을 수 있다.

〈표 3-3〉 통합 심리도식치료 치료 프로그램 형태와 길이

형태	시간	주	환영 회기 5회기 심리도식치료 교육	12회기 양식 인식	12회기 양식 관리	12회기 경험적 양식 작업	12회기 개인 심리도식 치료
입원	10	6	• 1주에 6회기 모두	• 1주에 2회기	• 1주에 2회기	• 1주에 2회기	• 1주에 2번
입원	5	12	• 1주에 6회기 모두	• 1주에 1/4회기	• 1주에 1/4회기	• 1주에 1/4회기	• 1주에 1/4회기
통원	5	12					
집중외래	5	12					
통원	2.5	26	• 1주: 환영, 심리도식 치료 교육 1~2 • 2주: 심리도식치료 교육 3~5	• 1주에 1/2회기 3, 5, 7, 9, 11, 13, 15, 17, 19, 21, 13, 15	• 1주에 2/2회기 3, 5, 7, 9, 11, 13, 15, 17, 19, 21, 13, 15	• 1주에 1/2회기 4, 6, 8, 10, 12, 14, 16, 18, 20, 22, 24, 26	• 1주에 2/2회기 4, 6, 8, 10, 12, 14, 16, 18, 20, 22, 24, 26
주 2회 외래	2.5	26					
매주 외래	1.5	52	• 1주: 환영, 심리도식 치료 교육 1 • 2주: 심리도식치료 교육 2~3 • 3주: 심리도식치료 교육 4~5	• 주: 5, 9, 13, 17, 21, 25, 29, 33, 37, 41, 45, 49	• 주: 6, 10, 14, 18, 22, 26, 30, 34, 38, 42, 46, 50	• 주: 7, 11, 15, 19, 23, 27, 31, 35, 39, 43, 47, 51	• 주: 4, 8, 12, 16, 20, 24, 28, 32, 36, 40, 44, 48, 52

* 모든 전체 프로그램은 집단 심리도식치료 42회기와 개인 심리도식치료 12회기로 구성되어 있다. 이는 단기의 6주 입원 혹은 통원 프로그램으로 압축되거나 1년여의 연장된 외래치료가 될 수 있다.

어떤 입원 상황은 오직 4주나 6주의 기간만이 주어지기도 하며 그러한 경우 이 프로그램의 첫 6주 분만이 시행될 수 있을 것이다. 강조하건대, 여기서 제시되는 양식 변화의 네 가지 요소(제한된 재양육과 결합됨)는 심리도식치료 프로그램의 기준을 지키기 위한 최소한의 필수적 요소이다.

5. 집단 회기의 구조적 측면

2명의 치료자가 8명의 환자를 담당하는 것이 이상적인 집단 규모이다. 경험이 매우 많은 치료자라면 10~12명의 환자까지도 가능하다. 치료자가 1명이라면 6명의 환자가 좋다. 이는 12명의 환자와 1명의 치료자가 작업했던 실제 상황의 경험을 근거로 말하는 것이다. 단순히 수의 문제가 아니라 집단의 발달 정도, 환자들이 가지고 있는 건강한 성인 양식의 강도 그리고 집단의 구성이 규모의 차이를 만드는 요소이다. 물론 치료 환경의 현실적 요구에 따라서 보통 그 수가 결정된다. 선행 예비 연구들(Reiss et al., 2013a)에서 예산 삭감 때문에 11명의 경계성 성격장애 환자 집단에 1명의 집단 치료자와 2명의 집단 치료자의 치료 효과 크기를 비교할 수 있는 기회가 있었다. 11명의 환자 집단에 1명의 치료자가 있을 경우, 다른 접근법에 의한 경계성 성격장애 치료에 비해 확실한 호전이 있었지만 2명의 치료자가 있는 경우의 결과보다는 훨씬 낮은 결과를 가져왔다.

연구 상황과 달리 대부분의 의료 상황에서는 모든 집단 구성원이 함께 시작해서 12주 후에 한꺼번에 끝이 나는 완벽하게 폐쇄된 집단을 운영하기가 어렵다. 그러한 이유로 이 책에서는 6주씩 나누어서 시차적으로 입회할 수 있도록 두 번의 입회 지점을 선택할 수 있는 프로그램으로 준비하였다. 이러한 계획된 새 환자 추가를 용이하게 하기 위해서 프로그램에는 각각 6주로 이뤄진 두 개의 주기가 있다. 집단은 당신의 환경에 따라, 임상적 훈련이냐 조사 연구이냐에 따라 개방되거나 폐쇄된다. 실험을 실시할 때에는 폐쇄 집단을 운영한다. 임상 실습에서 집단은 보통 개방되어 있다. 각각의 접근에는 장단점이 있으며, 설명이 될 수 있는 접근법에 따른 비교연구가 없기 때문에 각기 다른 효과성에 대해 추측할 수 있을 뿐이다. 폐쇄 집단의 한 가지 장점은 환자들이 모두 동시에 내용을 학습하고 동일 집단에서 더 긴 기간 있을 수 있어 응집력을 촉진할 것으로 기대된다는 것이다. 12주의 폐쇄 집단은 더 쉽게 자체 구축될 수 있다. 이전의 6주간의 경험을 공유한 집단에 들어오면 새로운 환자는 가끔 소외감을 느끼거나 이미 있던 구성원들에 비해 자신이 부정적이라고 생각하고 결함도식을 작동시킬 수도 있다. 시차 입회에서는 기존 환자들이 이미 이해하고 있는 것에 대해 새로운 환자에게 답을 해 주는 집단 시간이 필요하다. 하지만 시점 1(처음)에 들어온 환자가 6주간 프로그램에 익숙해진 이후, 새로 들어온 환자에게 '언니나 형' 혹은 '멘토'가 되도록 하면 열린 집단의 치료 효과를 관찰할 수 있었다. 또한 먼저 들어온 환자들은 결함과 실패 도식을 긍정적으로 바꿀 수 있는 유능감을 느끼는 경험을 할 기회를 갖게 된다. 많은 환자는 멘토가 되는 것이 그들이 가치 있거나 능력 있다는 느낌을 받은 첫 경험이었다고 말한다. 또한 새로 들어온 환자들은 먼저 들어온 환자들의 역할로 인해 지지적인 형제자매를 경험하거나 수용, 친밀함의 욕구를 충족하는 경험으로 그들의 취약한 아동 양식이 치유되는 경험을 하게 된다.

계속되는 개방 집단에게는 미리 예정된 추가 지점을 주어야 한다. 환자가 추가될 때마다 새로 오는 환자에게 입회과정에서 최소 두 번은 친구라는 지지를 제공하는 것을 추천한다. 집단 내에서 조기 탈퇴가 생길 경우, 집단이 만들어진 첫 4주 이내에 이를 대체할 환자를 추가할 수 있다. 입원환자의 경우는 8명의 환자를 동시에 받는 것이 어려울 수 있다. 이에 대한 한 가지 방법으로는 4명의 환자를 한 번에 추가하는 것으로 같은 수의 기존 환자와 새로운 환자를 구성할 수 있다.

6. 평가와 안내

프로그램 평가를 위해 환자들은 치료팀과 한두 번의 개인적 만남을 갖는다. 이러한 만남에서 특정 프로그램과 환경에 대한 기준을 사용하여 그들의 가입 포함 여부가 평가된다. 그들은 단축형 심리도식 양식 검사(Schema Mode Inventory: SMI; Lobbestael, van Vresswijk, Spinhoven, Schouten, & Arntz, 2010; Reiss et al., 2012)를 실시해서 이 만남에 그 검사를 가지고 와야 한다. 이러한 검사들은 심리도식치료 목표를 정의하는 데 도움이 되며 프로그램을 위한 결과 측정으로 이용된다. 또한 심리적·현실적 문제의 측면에서 치료 기간에 충실할 수 있는 동기와 능력을 시험한다. 환자들의 참여를 방해할 수 있는, 그들의 영역으로부터 벗어나는 일이나 직업, 라이프 스타일(결혼, 아이 출생)의 변화를 기대하지 않는다는 것을 확실히 하고자 한다. 인생에서는 예상치 못한 일이 일어나지만 예상할 수 있는 일들에 대해 조사하는 것이 더 중요하다. 그들이 집단을 구성하는 노력과 우리가 그들에게 집단을 구성하도록 하는 노력의 진지함을 확실히 알리고 사람들이 너무 일찍 집단을 떠나게 될 때 집단에 미치는 부정적 효과에 대해 설명한다. 우리가 선별한 환자 중 약 80%가 집단에 들어오게 된다. 우리가 시행한 첫 외래환자 연구에서는 14개월의 연구 기간에 탈락자가 전혀 없었다(Farrell et al., 2009). 입원환자를 대상으로 한 통합 프로그램 예비 연구들에서는 90% 이상이 잔류했다(Reiss et al., 2013a).

심리도식치료를 위해 환자를 준비시키는 과정으로서 그들의 심리도식 양식 검사 결과를 간단하게 확인하고 집단 구성을 포함해 왜 이러한 프로그램이 그들에게 추천되는지에 대해 이야기한다. 그들을 위해 특별히 적용되는 집단의 장점을 설명하기 위해서는 충분한 환자 정보가 필요하다. 이러한 정보를 기반으로 하여 환자들에게 집단 활동을 위해 잘 알고 노력해야 하는 정보를 환자들에게 제공하고자 한다. 이전에 겪은 모든 집단치료 경험에 대해 좋든 나쁘든 상관없이 그것에 대해 질문하고, 심리도식치료 집단이 어떨 것인지, 왜 그것이 지금까지와는 다른 경험이 될 것인지에 대해 설명한다. 많은 환자, 특히 경계성 성격장애 환자는 다른 집단치료에서 겪은 많은 부정적 집단 경험의 예시를 말하곤 한다. 우리는 그들에게 집단 심리도식치료에 대한 희망을 불어넣어야 하기 때문에, 그들에게 유사한 문제를 겪은 사람을 어떻게 도왔는지, 진행되고 있는 연구에서 기대되는 결과가 무엇인지를 묻고 치료자 자신의 경험들을 설명한다. 우리는 가끔 심리도식치료 결과 연구에 대한 보도 자료를 제공한다[국제심리도식치료협회 웹사이트(www.isstonline.com/)에서 이용 가능하다]. 우리는 환자들의 우려를 확인하고 그들이 가진 두려움에 대해 논의하며 안심을 할 수 있도록 한다. 종종 환자가 가진 부적응적 대처와 역기능적 부모 양식 때문에 집단 초기 시기에 어느 정도 어려움을 겪을 것이라는 사실을 설명하고 집단 내에서 그러한 문제를 함께 해결할 것이라고 알려 준다. 그들에게 이러한 감정들에 대해 미리 경고하고 이러한 일이 생겨난다면 그것을 그냥 흘려보내는 것이 그것의 의미를 이해하는 데 더 도움이 된다고 말해 준다. 특히 집단 구성 요소에 있어서는 이렇게 문제를 그냥 흘려보내는 것이 정상적인 초기 노력에 과민 반응을 보일 가능성을 낮춰 준다. 그들이 집단에 바라는 점에 대해 논의하고, 집단 내 다른 환자들의 높은 만족도와 연구에서 밝혀진 매우 큰 긍정적 효과에 대해 이야기한다. 집단치료의 독특한 장점을 검토하고 동의를 얻기 위한 상의를 한다. 각 회기를 녹화한다면 녹화의 목적(예: 연구, 훈련, 치료자의 검토, 환자들의 검토)을 설명하고 서면 동의를 받는다. 이 회기는 심리도식치료에 있어 예견적 사회화의 기능을 한다.

다음에 제시되는 것은 초기 불편과 회피와 같은 보편적 주제를 다루는 방법의 예시이다.

치료자 대본 예시

집단치료는 개인치료와 다르며 전체 집단 욕구를 충족시키기 위해 해야 할 초기 조정 사항들이 있습니다. 서로를 알아야 하고, 함께 어떻게 작업을 해 나갈 것인지 알아야 하며, 그 과정에서 우리 모두 겪을 수 있는 불편감에 어떻게 대처할지 알아야 합니다. 당신의 초기 집단 경험(가족, 학교 혹은 이웃)이 대처하기 어려운 것이었다면, 이 집단에서 처음으로 힘들다는 느낌을 받게 되었을 때 떠나고 싶은 충동을 느낄 것입니다. 이러한 종류의 회피는 불편한 감정에 대처하는 방식이지만 당신을 정체되게 만듭니다. 그래서 이러한 회피 반응은 집단에서 함께 작업하게 될 부적응 대처 반응 중 하나입니다. 따라서 당신이 그러한 반응을 집단 내에서 실제로 하게 된다면, 우리는 이에 대해 함께 이야기하고 당신이 더 편안함을 느낄 수 있는 건강한 방식을 찾을 것입니다. 지금 설명하고 있는 것은 이 집단에서 얻을 수 있는 중요한 기회 중 하나입니다. 치료자의 도움을 받으며 시간이 지나면, 사람들은 그들이 원했지만 한 번도 가져보지 못했던 이해, 정서적 지지, 소속감을 느낄 수 있게 된답니다. 이러한 종류의 소속감은 당신이 겪을 수 있는 공허감을 채워줄 수 있습니다. 따라서 정상적이고 건강한 욕구를 충족시키지 못했던 여러분 안의 일부인 아이가 자라면서 인정, 수용, 애정 등의 욕구를 충족시킬 수 있는 집단이 일종의 건강한 가족이 될 수 있습니다. 이로 인해 당신 안의 작은 아이가 치료됩니다. ”

집단 내에서 편안함을 느끼기 시작하려면 약 6회기 정도의 시간이 걸리며 그 기간에는 탈퇴 결정을 내리지 않아야 한다고 강조한다. 또한 프로그램에 필수적으로 출석해야 한다. 외래환자는 회기에 출석하지 못할 경우 지정된 사람에게 연락해야 한다. 만약 연락하지 않는다면 연락을 받게 될 것이다. 이러한 연락은 우선적으로 집단 구성원들이 담당하게 된다. 회기에 빠진 구성원과 연락을 주고받는 역할은 환자들 내에서 1개월 단위로 돌아가며 한다.

만약 집단 구성원이 참석 지침을 따르지 않는다면 집단 내에서 그 사람과 함께 이야기를 나눠야 한다(혹은 만약 문제가 결석이라면 그 사람 없이도 이야기를 나눌 수 있다). 구성원들은 집단을 어떻게 다룰지에 대해서 이미 알고 있을 것이다. 공감적 직면을 먼저 한 다음, 필요하다면 한계 설정을 하도록 하라. 당연히 결석 이유를 고려하고 이러한 대응들이 이루어져야 한다. 예를 들어, 병원에 입원하거나 아프거나 혹은 아픈 친척, 친구를 간호해야 하는 구성원은 단순히 "잊어 버렸어요." "가고 싶지 않았어요." "대신 영화 보러 갔어요."라고 말을 한 구성원과는 다른 반응을 받아야 한다. 첫 번째와 같은 이유들은 괜찮지만 그것은 타인을 돌보는 예시에 대한 분석으로서 '자기희생' '건강한 경계' 그리고 '자신을 돌봐야 할 필요'에 대한 사안이 될 수 있다. 집단 회기를 '잊어버린' 환자의 경우, 압도적 스트레스로 인한 것일 수 있기 때문에 처음에는 전화 알림을 통해 도와준다. '오고 싶지 않은' 환자의 경우 자세히 살펴볼 필요가 있으며 '대신 영화를 보러 간' 환자의 경우는 공감적으로 직면시켜야 한다. 결석한 사람이 집단에서 중요한 사람이거나 그 결석이 집단에 영향을 미치는 사람일 경우, 그 사람과 소통할 때는 모든 이가 쪽지를 적는 기술을 쓴다. 이 쪽지는 그 사람이 돌아올 때, 결석했던 사람의 의자 위에 놓아둔다. 결석을 한 것에 대한 건강한 가책(예: 그날 잠을 자고 싶어서 결석한 환자의 경우) 때문이든 혹은 회피적 환자의 안심이든 이러한 책략은 결석률을 줄여 준다.

외래환자는 2~3회기를 연속적으로 빠지고 전화나 다른 연락이 되지 않으면 연락해 달라고 강조하여 쓰인 서신을 받게 된다고 공지 받는다. 모든 집단 구성원은 치료자와 함께 이 서신에 서명을 한다. 이러한 연락에 응답이 없다면 더 이상 프로그램에 속해 있지 못하며 다음에 치료를 받고 싶다면 다시 지원해야 한다는 서신을 받게 될 것이다. 입원환자의 경우 신체적인 질병으로 인해 회기 참석을 못해도 위와 같은 일에서는 면제가 되지만, 그럼에도 불구하고 모든 회기에 참석하기를 기대한다는 이야기를 듣는다. 만약 그들이 2~3회기를 연속으로 빠지면 동일한 논의와 재약속 과정이 시행된다. 이 경우에 그들은 자신의 출석 문제를 논의하기 위해서 치료팀을 만날 수도 있다. 또한 프로그램을 잘 따르지 않으면 중도탈락을 할 수도 있다. 이는 특정 상황에서 환자들이 계속해서 입원해 있더라도 병원 내의 다른 치료 프로그램을 통해 치료받도록 프로그램이 바뀔 것이라는 뜻이다.

첫 오리엔테이션 회기에서 집단 기본 규칙의 복사본을 환자들에게 주고 읽어 본 후 문의 사항이 있으면 마지막 회기에 오라고 말한다. 기본 규칙들은 집단 환영하기의 경우와 같다. 그것은 수년 동안 환자들과 함께 만들어 온 안전하고 효과적으로 집단이 작동되기 위한 지침이라고 설명한다. 이러한 지침은 대부분의 집단에 성공적으로 작용했지만 혹시 어떤 것이 안전하지 않다고 여겨 특정 집단에서 바꾸어 쓰고자 한다면 그에 대해 충분히 논의하여 적용할 수 있다. 우리의 기본 규칙의 예는 다음과 같으며, 환자 자료 '환영 집단 유인물 1: 집단 심리도식치료 기본 규칙'에서 찾아볼 수 있다.

집단 환영 유인물 1: 집단 심리도식치료 기본 규칙

집단 회기의 목표는 다음을 포함한다.

- 당신이 가진 심리적 문제를 이해하고 어떻게 회복할지에 대한 새로운 방법을 제공한다.
- 당신의 삶을 어떻게 더 잘 기능하고 더 행복하고 더 충족되도록 변화시킬 수 있는가.
- 당신의 정서적 안정성, 위안 수준, 당신에게 해로운 방식으로 행동하지 않고 고통을 견딜 수 있는 능력을 늘리도록 돕는다.

○

이는 시간이 걸리고 당신이 많은 노력을 들여야 하는 엄청난 목표이다. 이 프로그램에서는 당신의 느낌, 욕구, 생각(아동기 경험이 현재에 미치는 영향)에 대해 이해하고 배울 수 있도록 도울 것이며 당신이 안정되고 지지적인 집단 환경 내에서 건강한 대처 기술을 시험해 볼 수 있도록 한다.

집단 기본 규칙은 어떤 것들을 금지하기 위한 단지 불필요한 요식이 아니라 모든 이에게 집단을 안전하고 지지적인 환경으로 만들기 위해서 사용한다. 이 규칙은 수년 동안 당신과 같은 환자들의 많은 집단과의 협의로 만들어져 왔다. 기본규칙을 통해 모두가 무엇을 기대해야 하는지 또 그들과 구성원, 치료자에게 기대하는 것은 무엇인지 알 수 있다. 만약 그들과 관련한 문제가 생긴다면 그들은 집단 내에서 언제든 논의할 수 있다. 만약 이 집단과 맞지 않는 것이 있다면 안전에 대한 원칙이 유지된다는 조건하에 이를 어떻게 바꿀지에 대해 논의할 것이다. 우리는 이 규칙들이 이 집단에 작동하기를 바란다.

1. 출석

구성원은 모든 회기에 참석해야 하며 제시간에 와야 한다. 수년 동안 집단은 누군가 긴급한 이유나 자신이 통제할 수 없는 일일 때(예: 공사나 사고 때문에 교통 정체를 겪어 늦어짐)를 제외하고, 10분 이상 늦으면 집단치료 도중에 참여할 수 없다고 정했다. 지각한 사람은 중간 휴식 시간이 올 때까지 참여하지 못하고 기다려야 한다. 휴일이나 계획된 휴가, 긴급 상황 혹은 예상치 못한 갈등은 집단 회기에 빠질 수 있는 충분한 이유로 여겨진다. 만약 긴급 상황이 생겨나면 미리 연락을 해서 집단이 당신의 안전을 걱정하지 않도록 해야 한다.

2. 집단 구성원으로서 당신의 책임

집단 구성원으로서의 당신 책임의 하나는 바로 '시도하는 것'이다. 훈련은 당신의 정서와 양식에 대해 배울 수 있도록 하며 당신이 그것을 약간 통제할 수 있는 느낌을 받도록 도와준다. 구성원들은 회기 내에서 자기 자신을 관리해야 한다. 이는 당신이 아직 할 수 없을 것 같은 훈련을 집단에서 하게 될 때, 당신이 그 훈련을 하지 않으면 그에 대한 책임이 자신에게 있다는 뜻이다. 보통 대부분의 회기에서 함께하는 과제들이 있을 것이다. 이러한 과제들은 당신이 집단에서 배운 것을 집단 바깥에 있는 당신의 삶의 상황에 적용하고 시작할 수 있도록 돕는다. 이 '시도'는 바로 집단, 개인 과제를 수행할 때 최선을 다하는 것이며, 만약 어떤 이유들로 당신이 최선을 다할 수 없다면 그 이유를 우리 모두에게 알려 주어 우리가 당신을 도와줄 수 있도록 해 주어야 한다.

3. 다른 구성원에 대한 존중

구성원들은 다른 구성원의 신체적 · 정서적 공간을 존중해야 한다. 이는 누구도 허락 없이는 다른 구성원을 만질 수 없으며, 누군가 질문에 답하고 싶지 않다면 이는 존중될 것이라는 뜻이다. 예를 들어, 타인에게 소리 지르기, 타인에게 욕하기, 물건을 던지기, 신체적 상해로 위협하기는 절대 허락되지 않는 명백하게 무례한 행동이다. 정서적 부분에 있어서 다른 구성원에게 질문을 할 때, 만약 당신 자신이 그 질문을 받았을 때 대답할 의지가 있으며 상대방이 질문을 듣고 "그 질문에 지금 대답하는 것은 불편하다."라는 대답을 수용할 수 있는 질문만 하도록 허용된다. 다른 이가 취약한 아동 양식에 속할 때 그들에게 친절하게 대하는 것 또한 중요하다. 당신이 분노와 언어적 분출을 조절하기 위해 노력하고 있는 것을 알고 있다. 그렇기에 이러한 행동이 집단 내에서 일어난다면 치료자들은 이러한 행동을 조절할 수 있도록 도와줄 것이다. 당신에게 문제행동의 징조가 있다는 것만으로 쫓겨나지는 않을 것이다. 우리는 문제행동을 조절하기 위해 당신에게 집단 내의 안전 지역이나 집단 공간 바깥에서 중간 휴식을 갖도록 요구할 것이다.

4. 집단 치료자의 역할

모든 구성원은 치료자가 안전을 유지하고 한계를 정한다는 것을 알아야 한다. 이 말은 간혹 당신에게 기본 규칙을 상기시키고 이 규칙에 어긋나는 행동을 멈추도록 요구할 것이라는 뜻이다. 이러한 방식으로 집단 내의 치료자와 환자의 역할은 다르다. 심리도식치료의 집단 치료자들은 좋은 부모처럼 행동하는 역할을 해야 한다. 이는 집단 구성원이 속해 있는 양식에 따라 달라진다. 만약 당신이 취약한 아동 양식에 속해 있다면, '좋은 부모'는 치료관계라는 한계 안에서 당신이 원하는 것을 찾아내어 욕구를 충족시켜 주려 노력하거나 당신이 욕구를 충족시키도록 돕는 역할을 할 것이다. 예를 들어, 취약한 아동 양식의 사람은 보통 두렵거나 상처받은 느낌을 표현한다. 치료자는 당신이 보호, 안심, 위로 혹은 진정을 느낄 수 있도록 행동할 것이다. 만약 당신이 충족되지 않은 욕구에 대한 아동의 타고난 반응이라고 보는 '화난 혹은 충동적 아동 양식' 상태라면 '좋은 부모'로서의 치료자가 해당 양식에 필요한 한계를 설정해 줄 것이다. 화난 아동 또한 잘 들어줘야 할 필요가 있으며 가끔은 분노를 표출할 필요가 있다. 감정을 터뜨리는 것은 타인을 공격하는 것과 다르다. 때때로 감정 표출을 집단 내에서 하기에 집단에게 많은 지장을 줄 수도 있다. 그러한 경우 치료자 중 한 명이 환자와 함께 잠시 집단을 떠나서 감정 표출이 다 끝난 후에 다시 돌아올 수도 있다. 충동적인 아동은 그 자신의 관계를 망가뜨릴 행동을 멈춰야 한다. 대처 양식은 집단 내에서도 촉발될 수 있다. 만약 구성원이 회피 대처(집단 활동 피하기, 화가 났을 때 집단을 떠나기, 멍해 있기, 집중하지 않기)를 사용한다면, 치료자는 이를 공감적 방법으로 알려 주며 직면시킬 것이다. 굴복자 양식 또한 동일하다. 치료자는 이것을 지적한 뒤 그 행동이 실제로 성인의 삶에서 그들의 욕구를 충족시키는가를 검토할 수 있도록 도와준다. 가해자-공격과 같은 과잉보상 양식에는 치료자들이 가장 엄격한 제한으로 대응해야 할 필요가 있다. 이러한 양식은 그들이 집단 환경을 망가뜨릴 때 이를 직면시키지 않고는 더 나아질 수 없으며 세상에서 가장 말썽인 사람들의 양식이다. 심지어 징역형을 살게 되거나 다시는 돌이킬 수 없는 행동으로 모든 친구나 가족을 잃을 수도 있다. 치료자가 좋은 부모와 같이 행동하면 환자는 아동기의 실제 부모와의 관계에 따라 다양한 다른 반응을 보일 수 있다. 때때로 치료자들이 예전의 병적인 대처 행동을 하게 하는 도식이나 양식들을 끌어낼 수도 있다. 이러한 일이 생겨나면 환자들은 무엇이 자신을 촉발하는지와 어떻게 그들의 욕구를 표현하여 어떻게 건강한 성인 양식에 도달할 수 있는지에 대해 배울 중요한 기회를 갖게 된다.

5. 비밀유지

모든 구성원은 사생활과 모두의 안전을 위하여 비밀을 유지해야 한다. 집단 내에서 어떤 일이 일어나더라도 이 일은 여러분의 개인 심리치료사와 함께가 아니라면 집단 바깥에서는 절대 반복될 수 없다. 동료에게 그가 알지 못하는 집단 내에서 일어난 일을 설명하지 말라. 하지만 치료자는 필요시에는 이러한 행동을 할 책임이 있다. 집단 내에서 배울 수 있는 실제 훈련과 기술은 다른 이들과 공유될 수 있다.

6. 약물/집단 떠나기

집단 시작 전에 진정제를 먹지 말라. 실제 긴급 상황일 때를 제외하고는 집단을 떠나지 말라. 집단 시작 전 미리 화장실을 다녀와서 집단 시간을 잘 지킬 수 있도록 하라. 만약 당신이 정말로 떠나야 한다면, 집단에게 최대한 피해를 주지 않는 선에서 무슨 일이 생겼는지를 알려 주어야 한다. 누군가 떠나는 것은 집단을 방해하는 효과를 줄 수 있다. 사람들은 그들 스스로가 한 말 때문에 누군가가 떠날까 봐 종종 두려움을 느낀다. 긴급하지 않은 이유로 집단을 떠나는 사람이 있다면 이는 매우 무례하다 느껴질 수 있다.

7. 집단에 몰입하기

당신은 심리도식치료 프로그램에 매우 열심히 몰입해야 한다. 집단치료는 간혹 좌절을 줄 수 있고 당신은 다른 구성원들에게 강한 감정이나 반응을 가지게 될 수도 있다. 당신은 언제든지 이 프로그램에 참여할 수 있는 8명 중 한 명이다. 이 통합 프로그램은 제한된 효용성을 지닌다. 당신은 집단 내에 머무르는 것에 가장 중점적으로 노력해야 하며 우리는 당신에게 우리의 시간과 자원을 투자할 것이다. 당신은 이 프로그램에 들어오기 위해서 꽤 오랫동안 기다려야 했을지도 모른다. 다른 사람들도 자신의 차례가 되기를 기다리고 있다는 것을 알아야 한다. 당신은 당신에게 제공된 전문적 치료를 받을 수 있는 이러한 기회를 이용할 책임이 있다. 당신이 여기 있는 이유는 당신을 이곳에 부탁한 사람이 당신이 이곳에서 크게 도움을 받을 수 있다고 생각하기 때문이며, 심리도식치료 프로그램 팀 또한 당신의 그러한 개선의 가능성에 동의했기 때문이다. 당신이 이 프로그램을 끝마친다면 분명히 이 프로그램이 당신에게 도움이 되었을 것이라고 확신하게 될 것이다.

(제시된 이 규칙들은 환자에게 제공된다.)

7. 치료 프로그램의 환경

1) 집중적 환경의 다원적 팀

환자들이 입원 상황이나 주간보호 상황에서 안전함을 느낄 수 있도록 하기 위해 다양한 직업을 가진 많은 사람이 함께 일을 하고 어떤 스태프는 교대로 작업을 하거나 대체할 수 있는 사람을 두기도 한다. 따라서 각 치료팀 구성원의 사진과 짧은 설명으로 이뤄진 앨범을 만들어 놓는 것이 도움이 된다(예: '내 이름은 ~입니다. 나는 ~일을 하고 있습니다.' 환자들과 통상적으로 공유되는 다른 정보들도 함께 적어 둔다).

치료팀은 보통 다른 직업과 교육 배경을 지닌 구성원들로 이뤄지기에 환자에게 어떻게 접근하고 상호작용할지에 대해 서로 다른 생각, 간혹 상반되는 생각을 갖게 된다. 때때로 이러한 점으로 인해 충돌이 일어나기도 하지만 환자들이 건강한 방식으로 논쟁을 해결하는 것을 연습하고 그들이 습득한 새로운 기술을 다른 환경의 다른 사람들에게 시도해 볼 기회를 가질 수 있기도 하다. 하지만 치료팀과 심리도식치료를 시행할 때, 심리도식치료 접근법에 따른 제한된 재양육은 꼭 지켜져야 한다. 예를 들어, 왜 치료팀 중 한 치료자는 취약한 아동 양식일 때의 그들에게 기분을 누그러뜨리는 물건을 주고, 다른 치료자는 행동 분석을 하고 그들의 공간에 보내서 과제를 마치도록 하는지 환자들이 이해하기란 매우 어렵다. 심리도식치료 훈련을 받지 않은 상태라면 몇몇 스태프는 제한된 재양육을 환자들의 응석을 받아 주는 것이 너무 해이하게 있는 것 등으로 오해한다. 심리치료자가 제한된 재양육은 당시의 환자가 가진 양식과 맞아야 한다는 것을 명확하게 알려 주는 것은 아주 중요하다. 취약한 아동 양식이라면 진정, 보호, 안심, 인정과 같은 것들이 필요하지만 화난 혹은 충동적 아동 양식이라면 강력한 지침과 허용치 설정이 필요하다. 일관성은 많은 환자들이 경험해 보지 못한 아동기 욕구이며 치료적 환경에서 매우 중요한 필수 사항이다. 치료자들의 행동과 치료자들 간의 사소한 차이는 생겨나겠지만 모든 치료팀 구성원은 같은 보편적 목표(2장 2절 참조)를 가져야 하며 심리도식치료 모델을 따라야 한다.

프로그램과 관련된 치료팀의 모든 구성원은 이 매뉴얼을 읽어야 한다. 입원 상황 시 제한된 재양육 환경의 측면에서는 다원적 스태프 구성원들로 패러다임이 변화하는 것으로 보이기도 한다. 이러한 변화의 이유를 이해하는 것은 모든 팀 구성원이 일관성을 가질 수 있도록 한다. 치료자 예시 대본을 포함하여, 우리는 이 프로그램의 각 회기마다 심리도식치료 내용을 매우 꼼꼼하게 설명하려고 노력했다. 도움이 될 수 있는 다른 심리도식치료 자료들은 Young, Klosko와 Weishaar(2003), Farrell과 Shaw(2012), Arntz와 Jacob(2012)이다. 당연히 심리도식치료 슈퍼비전은 초심 치료자가 프로그램을 시행할 때 큰 도움이 된다. 치료자에게 추천하는 훈련과 슈퍼비전에 대해서는 6장에 서술되어 있다.

회기 외, 근무 시간 외에도 개인 및 집단 치료자를 이용할 수 있다고 환자에게 설명한다. 외래환자들에게 긴급할 때 당신에게 연락할 수 있는 번호를 제공하고자 할 때는 당신의 실제 혹은 임상적 환경에서의 이용 가능성에 대한 일반적인 정책을 따르기를 제안한다. 입원환자의 경우 스태프 구성원들이 24시간 내내 근처에 있을 것이다. 하지만 치료팀 구성원에게는 아무 때나 연락해 도움을 구할 수 없다. 종종 환자들, 특히 경계성 성격장애 환자들은 당신에게 접근하는 것에 제한이 있다는 사실에 불행함을 느낀다. 그들의 안위를 걱정하고 있다는 것을 표현하고 환자들에게 긴급 수단을 어떻게 써야 하는지 확실히 알려주도록 한다. 또한 우리가 제한을 하는 본질과 균형 잡힌 삶의 필요성에 대해서도 설명한다. 치료자의 이용 가능성에 대한 입장에 대해서는 치료자와 통화가 가능한 것과 여기에 설명된 것과 같은 계획을 비교했을 때의 심리도식치료 효과 차이에 대한 Nadort 등(2009)의 연구에 설명되어 있다. 이 연구에서는 두 조건에 따른 유의한 차이를 발견해 내지 못했다. 또한 치료 초기에 생명을 위협하는 위기들을 겪는 환자들을 위한 안전 계획을 만들었다. 이는 환자들이 다양한 양식을 체험하며 겪을 수 있는 안전 문제에 대한 일종의 책임감을 부여하게 된다. 취약한 아동 양식 환자의 경우는 휴일 때문에 회기 중 공백이 생길 때 이행 대상, 음성녹음, 메모 등을 이용하여 그들이 어려움을 겪을 때 우리가 곁에 있다는 것을 느끼게 해 준다.

2) 물리적 환경

환경적 변수는 치료에 영향을 줄 수 있으며 환자들에게 주의를 기울여야 한다. 심리도식치료 모델로 작업하는 치료자의 경우 가장 중요하게 살펴봐야 할 환경적 변수는 치료가 진행되는 방의 인테리어 장식이다. 치료 공간에서 환자는 편안하며 환영받는 느낌을 받아야 한다. 제한된 재양육 분위기를 만들기 위해서는 따뜻한 간접 조명과 편안한 의자가 필요하다. 보통 개인적 훈련에서는 이러한 것이 충족되지만, 입원환자나 통원치료 환경에서는 치료실을 보호시설

같지 않게 보이도록 만드는 데 많은 신경을 써야 한다. 집단 심리도식치료에서 경험적 훈련을 할 때에는 보통 몸을 움직이게 되는데, 이러한 활동을 위한 충분한 공간이 중요하다. 이상적으로는 각 집단마다 두 치료자가 필요하다. 집단 내에서는 의자를 원형으로 배열하고 치료자는 원형상 서로 마주보도록 배치하는 것이 이상적이다. 이렇게 하면 치료자들이 서로 쉽게 신호를 알아차릴 수 있다. 그럼에도 불구하고 명심해야 할 것은 환자가 스트레스를 받거나 경험적 훈련이 필요할 때 치료자는 의자를 환자 쪽으로 돌려야 하며 모든 때에 다른 치료자의 맞은편에 앉지 못할 수도 있다는 것이다. 다른 치료자와 마주보고 앉아야 한다는 규정보다 더 중요한 것은 환자의 욕구를 충족시키는 것이다. 만약 집단에 한 명의 치료자만이 있다면 위치를 주기적으로 바꿔서 다른 환자들이 당신 곁에 앉을 수 있도록 한다.

환자들에게 안전하다 느끼게 해 주는 치료 물건을 가져오게 한다. 그들에게 이러한 치료 물건의 예시를 들어 주고, 치료실은 그들을 안정시키고 안전한 기분을 느끼게 하는 데 쓰일 베개, 담요, 동물 인형, 그림, 포스터, 책 등으로 가득 차 있게 한다. 편안함을 느끼는 것은 환자들이 자신의 부적응 대처 양식들을 극복하는 데 도움이 된다. 입원 혹은 통원 상황에서 환자들이 포스터, 창작물, 개인 물건들로 개인실과 치료실을 꾸밀 수 있도록 하는 것은 도움이 된다. 만약 치료팀 내에 창작치료자나 직업치료자가 있다면 환자와 함께 작업할 수 있는 기회이다. 환자들에게 그들의 치료용 유인물을 정리하는 데 사용할 서류철을 주면 좋다. 환자들은 자신의 서류철을 각자 꾸미는 것을 좋아하며 이러한 목적으로 창의적 재료를 사용하는 것에 고마워한다. 이러한 식으로 환자들과 작업을 하는 것은 치료자가 친밀감을 형성할 좋은 기회이다. 입원이나 통원 치료 단위에서의 스태프 구성원들은 환자들과 소통할 많은 기회를 가지며 각 환자들마다 각기 다른 정도로 친해질 수도 있다. 음식을 같이 만들거나 함께 바비큐 준비하기, 게임하기, 함께 영화 보기와 같은 활동들은 치료적 활동이 될 수 있다. 일상의 상호작용, 공유 활동 그리고 치료 요소의 전체 영향력은 보통 각각을 다 합친 것보다 더 큰 영향력을 가진다.

〈표 3-4〉 심리도식치료자 도구상자

모든 목적	화난/충동적 아동
• 칠판, 플립차트 • 종이 • 펜, 연필 • 판지 • 잡지-콜라주 • 물감, 붓 • 녹음기와 녹음테이프	• 줄다리기용 수건 • 물건을 묶고 잡을 수건 • 찰흙, 컬러 찰흙 • 스트레스볼 • 벽에 튕길 수 있는 큰 공 • 매트리스나 소파를 내리칠 테니스 라켓 • 불고 터뜨릴 풍선
모든 목적	**화난/충동적 아동**
• 유인물 정리할 링바인더 • 색인 카드 • 스트레스볼 • 찰흙, 컬러 찰흙 • 털실뭉치 • 페인트 색깔 샘플지	• 짓밟을 버블랩(에어캡, 뽁뽁이) • 찢어 버릴 전화번호부(미국의 경우 몇 인치 쯤 되는데 더 얇은 것도 가능)
취약한 아동	**행복한 아동**
• 담요 • 숄 • 동물 인형 • 티슈 • 아동용 책 • 음악-마음을 누그러뜨리는 • 목걸이용 끈과 구슬	• 크레파스, 색연필 • 컬러링 북 • 퍼즐 • 인형 • 플레잉 카드 • 게임 • 풍선 • 춤추기 위한 행복한 음악

* 양식에 따른 목록은 아이디어를 제시한 것으로 어떤 양식에나 어떤 도구로든지 사용할 수 있다. 제한이 있지 않으니 창의적으로 다양하게 활용하라.

심리도식치료와 경험적 요소와 환경을 위해서 다양한 재료가 필요하다. 〈표 3-4〉는 추천 목록이다. 목록 중 어떤 항목의 목적은 경험적 개입에 대한 설명이 되어 있는 4, 5장 이후 명확해질 것이다.

4장

집단 심리도식치료 회기

심리도식치료 프로그램은 주당 하나의 양식이 진행되는 입원환자 프로그램이든 4주마다 하나의 양식이 진행되는 주간 외래환자 프로그램이든 상관없이 모두 한 번에 하나의 양식만을 다루게 된다. 우리가 초점을 맞추는 양식들의 일반적인 순서는 다음과 같다.

① 부적응적 대처 양식
② 역기능적 부모, 처벌적 부모 그리고 요구적 부모 양식
③ 취약한 아동 양식
④ 화난 그리고/혹은 충동적 아동 양식
⑤ 행복한 아동 양식
⑥ 건강한 성인 양식

이 주기는 두 번 반복된다. 하나 이상의 주된 변화가 있는 양식 범주(예: 부적응적 대처 양식과 역기능적 부모 양식 등) 내에서 이 요법의 요소들은 당신의 환자 집단에게 가장 일반적인 양식을 고를 수 있도록 설계되어 있다. 이것은 각 변형 양식에 회기 중 일부 시간을 쓰거나 두 번째 주기에서 변형 양식을 바꾸어 수행할 수 있다. 취약한 아동 양식에 있어서 달라지는 것은 주된 감정의 톤이다. 예를 들면, 슬픔, 두려움, 외로움, 학대당한 느낌 그리고/또는 그 조합들이 일반적이다. 다시 말하자면, 당신의 집단 구성에 따라서 취약한 아동 양식의 초점이 결정된다. 우리는 양쪽에 몇 가지 작업을 제공하기 위하여 화난 아동 양식과 충동적 아동 양식을 결합하였다. 각 양식마다 구성되는 회기들은 모

두 권장되는 순서가 있다. 즉, 양식 인식, 양식 관리, 경험적 양식 작업이 그것이다. 인식은 양식 관리나 경험적 양식 작업으로 넘어가기 위해 필수적이다. 〈표 4-1〉은 집단에 따라 그들이 사용해야 할 각 치료 과제와 유인물 리스트이다. 표에는 그것들을 어디서 찾을 수 있는지 알 수 있는 페이지 번호 또한 포함되어 있다.

〈표 4-1〉 회기, 양식, 장소에 따른 집단 유인물, 훈련, 과제 목록

집단 환영하기 1회기, 각 50~60분	집단 환영하기 유인물 1	집단 심리도식치료 기본 규칙	65
	집단 환영하기 유인물 2	비눗방울 안전지대 기법	106
심리도식치료 교육 집단 5회기, 각 50~60분	심리도식치료 교육 회기 1	심리도식이란 무엇인가	112
	심리도식치료 교육 회기 2	당신의 양식 경험을 찾아보라 1	119
	심리도식치료 교육 회기 3	당신의 양식 경험을 찾아보라 2	126
	심리도식치료 교육 회기 4	심리도식치료	134
	심리도식치료 교육 회기 5	양식 확인하기	138
양식 인식 집단 12회기, 각 50~60분	양식 인식하기 과제 1	나의 부적응적 대처 양식을 인식하기	145
	양식 인식하기 과제 2a	나의 처벌적 부모 양식을 인식하기	146
	양식 인식하기 과제 2b	나의 요구적 부모 양식을 인식하기	147
	양식 인식하기 과제 3	나의 취약한 아동 양식을 인식하기	148
	양식 인식하기 과제 4	나의 화난 아동 양식을 인식하기	149
	양식 인식하기 과제 5	나의 행복한 아동 양식을 인식하기	150
	양식 인식하기 과제 6과 12	나의 건강한 성인 양식에 접근하기	157
	양식 인식하기 과제 7	나의 대처 양식과 나의 건강한 성인을 연결시키기	159
	양식 인식하기 과제 8a	나의 건강한 성인 양식이 처벌적 부모 양식을 추방하도록 하기	161

양식 인식 집단 12회기, 각 50~60분	양식 인식하기 과제 8b	나의 건강한 성인이 나의 요구적 부모가 합리적 기준으로 전환하도록 하기	163
	양식 인식하기 과제 9	나의 건강한 성인이 나의 취약한 아이를 돌보도록 협력을 요청하기	165
	양식 인식하기 과제 10	나의 건강한 성인이 나의 화난 아이의 욕구를 잘 듣도록 협력을 요청하기	167
	양식 인식하기 과제 11	나의 건강한 성인 양식이 나의 행복한 아동 양식의 말을 들음으로써 나의 정체성에 대해 배우게 하기	169
양식 관리 집단 12회기, 각 90분	양식 관리 회기 1	부적응적 대처 양식의 힘을 약화시키기	178
	양식 관리 회기 2	당신의 처벌적이고 요구적인 부모 양식과 싸우기	196
	양식 관리 회기 3	당신의 취약한 아동 양식의 슬픔과 불안 감정을 돌보기	202
	양식 관리 회기 4	당신의 화난 아동 양식 관리하기	209
	양식 관리 회기 5	당신의 행복한 아동 양식을 발달시키기	215
	양식 관리 회기 6	당신의 건강한 성인 양식을 강화시키기	221
	양식 관리 회기 7	부적응적 대처 방식의 힘을 감소시키기 – 장기 전략	190
	양식 관리 회기 8	당신의 역기능적 부모 양식에 맞설 장기 전략	227
	양식 관리 회기 9	당신의 취약한 아동 양식의 욕구를 충족시키기 위한 장기 전략	231
	양식 관리 회기 10	당신의 화난 아동 양식을 관리하기 위한 장기 전략	236
	양식 관리 회기 11	당신의 행복한 아동 양식을 강화시킬 장기 전략	239

양식 관리 집단 12회기, 각 90분	양식 관리 회기 12	당신의 건강한 성인 양식을 강화시킬 장기 전략	243
경험적 양식 작업 집단 12회기, 각 90분	훈련 경험적 양식 작업 1− 부적응적 대처 양식 1	경험중심 훈련	252
	과제 1 경험적 양식 작업 1과 7− 부적응적 대처 양식 1과 2	심리도식 양식 대본	256
	과제 2 경험적 양식 작업 1과 7 − 부적응적 대처 양식 1과 2	안전지대 이미지	268
	유인물 경험적 양식 작업 2− 역기능적 부모 양식 1	처벌과 강화: 우리는 어떻게 배우는가?	277
	훈련 경험적 양식 작업 2− 역기능적 부모 양식 1	처벌적, 요구적 부모 양식과의 투쟁: '좋은 부모'라면 사랑하는 아이에게 할 만한 이야기	286
	과제 경험적 양식 작업 과제 2와 8− 역기능적 부모 양식	훈련: 좋은 부모 대본 상기하기	289
	과제 경험적 양식 작업 3과 9− 취약한 아동 양식 1과 2	훈련: 취약한 아동 양식의 심상	307
	과제 경험적 양식 작업 4와 10− 화난 아동 양식 1과 2	분노 분출 훈련	320
	과제 경험적 양식 작업 5−행복한 아동 양식 1	행복한 아동 양식을 위한 심상 훈련	328
	과제 경험적 양식 작업 6과 12− 행복한 아동 양식 1과 2	당신의 건강한 성인 양식 개발하기	337
	과제 경험적 양식 작업 11−행복한 아동 양식 2	당신의 행복한 아동이 놀게 해 주기	332

심리도식치료의 매뉴얼과 구조화된 프로그램을 쓰기 위해서는 아주 중요한 단서 조항이 있다. 아무리 우리가 각 회기를 위한 주요 양식, 목표 그리고 계획을 명시해 놓더라도 환자들이 주로 속해 있는 각 양식(혹은 다수의 양식)은 반드시 검토하여야 한다.

예를 들어, 지금은 화난 아동 양식의 주기이고, 당신은 당신의 양식 관리 집단을 시작했을 때 당신의 환자 대부분이 그들의 취약한 아동 양식하에 있는 것을 깨닫게 될 것이다. 그렇다면 그것을 무시하고 당신의 계획대로 진행할 것인가? 심리도식치료에서는 당신이 그들의 욕구를 어떤 방법으로든 전달하지 않는 한 그렇게 하면 안 된다. 이것은 당신이 본 것을 인정하고, 그들의 현재 욕구를 즉시 물어봄으로써 완료된다. 아마 그들의 대답은 분노나 고통의 일종일 것이다. 그러므로 당신은 화난 아동 양식 회기로 나아가기 전, '비눗방울 안전지대' 훈련 등의 방법을 통해 그들을 진정시킬 보호 전략을 사용할 수 있다. 다음 단계로 넘어가기 전, 그 중재가 어느 정도 성공적이었는지 확인한 후 화난 아동 양식으로 가라. 최악의 경우는 당신이 회기의 대부분을 취약한 아동 양식에 쏟아부어 화난 아동 양식 훈련 작업을 단축시켜 버리는 것이다. 화난 아동 양식은 아직 충족되지 않은 욕구에 대한 반응이므로 취약한 아동 양식의 욕구를 전달하는 것이 화난 아동 양식을 더 산만하게 할 수 있다. 취약한 아동 양식은 화난 아동 양식에 비해 더 심층적인 경험이므로, 이런 방식으로 당신은 양식 전환 작업의 핵심 수준에 도달할 기회를 이용하게 된다. 만약 완료되지 않은 중요한 화난 아동 양식 작업이 있다면, 당신이 미래의 치료과정에서 그 집단이 화난 아동 양식에 있다는 것을 발견하여 치료할 가능성이 매우 높다. 심리도식치료는 전략적인 작업이기 때문에 회기 중 과정 집단이나 정신역동적 집단의 방식으로 어떤 일이 있든 상관하지 않고 계속 강행하는 것을 추천하지 않는다. 심리도식치료의 목표에 부합하는 적절한 예로는, 당신이 진행하는 회기의 특정 계획을 조정할 동안 현재의 양식을 전달하는 것이다. 다시 말하자면, 만약 당신이 현재 양식을 무시하고(특히 취약한 아동 양식) 당신의 계획을 지속적으로 이어 나간다면, 당신은 분명 집단원들의 저항에 부딪히게 될 것이다. 그리고 당신이 현재 욕구에 대답해 주지 않으면 당신은 또한 제한된 재양육의 가장 중요 원칙을 위반하게 되고, 환자들을 경험시키는 것도 무효화된다. 여기에 설명된 융통성 같은 것들은 심리도식치료의 한 양상으로서 치료자들이 집단을 가르치는 것보다 더 높은 단계의 기술을 필요로 한다. 하지만 심리도식치료를 아주 효과적으로 만드는 것도 이 유연성이며(Farrel, Shaw, & Webber, 2009), 치료자와 환자의 만족도도 아주 높다(Reiss et al., 2013b; Spinhoven et al., 2007).

심리도식치료가 처음인 실무자들도 권장 회기 순서를 거의 비슷하게 따라할 수 있으며 여기 설명되어 있는 해당 환자의 내용 자료를 이용할 수 있다. 숙련된 심리도식치료자들도 양식에 따른 자료를 이용하기 원할 수 있다. 인지치료자들은 제공된 경험적인 훈련을 시도할 수 있을 뿐만 하니라 그들 또한 매뉴얼에 제공된 인지적·행동적 기법들을 사용할 수 있다. 심리도식치료의 연습이 되어 있지 않은 집단 치료자도 심리도식치료의 개념적 모델을 탐색하고 집단 훈련을 시도할 수 있다. 우리는 최대한 유연성 있게 사용하기 위해서 치료자를 위한 원고와 환자들의 자료 예시를 수집했다. 이 매뉴얼에 소개된 모든 환자의 자료는 수많은 내담자 그룹에서 시험되었으며 그들의 답변과 집단 후 토론에 근거하여 수정되고 다듬어졌다. 우리는 환자들이 이 자료들을 모아 워크북으로 보관할 수 있도록 환자들에게 철할 수 있는 폴더를 주는 것을 권장한다.

1. 집단 심리도식치료를 위한 일반적인 치료자 팁

1) 일반적인 치료자 팁

(1) 기본적인 팁

- 항상 다정하고, 진심 어리며, 수용적이고, 현재에 충실하라. 자기 자신이 되고 자신의 직관을 믿으라.

- 당신 스스로 좋은 부모라면 어떻게 할 것인지 자문하라. 그리고 '좋은 부모'처럼 행동하라. 환자들이 자신의 욕구를 확인하도록 도와주라. 그 요구를 충족시키도록 노력하고, 그들이 스스로 그들의 욕구를 충족시킬 수 있도록 도와주라.
- 당신이 그들을 좋아한다는 것을 전달하라.
- 환자들을 이름으로 기억하라.
- 환자들의 정서적 경험을 인정하라.

(2) 교향곡 지휘자처럼 되라

- 안전함과 심리도식치료의 구조를 유지하는 부분을 담당하라.
- 집단을 지휘하는 데는 타이밍이 중요한다. 곡 내에서 각 멤버들을 구별하고 그들의 최선을 이끌어 내어 공동의 결과물을 만들어 내는 교향곡 지휘자를 생각하라.
- 한 사람이 화음이 맞지 않으면 단계적 확대를 막기 위해 빠르게 개입하라.
- 흐름이 끊기지 않도록 비언어적인, 다른 이들이 기다릴 수 있는 부드러운 제스처를 이용하라.
- (특히 초기에) 구조화를 제공하라.
- 유능성: 해야 할 일이나 추가적인 외부 도움을 요청할 시기를 알고 있어야 한다.
- 창조적이고 직관적이 되라.
- 집단 전체를 응집력 있게 짜라.

(3) 치료자의 양육 방식

- 어떤 것이 안전한지에 대한 임상적 판단의 한계와 집단의 기본 원칙을 정할 때는 항상 민주적으로 진행하라.
- 협력적으로 하라. 공동 지도자나 집단의 일원에게 조언을 요청하라(예: 집단의 구성원이 합당한 이유로 10분 지각했을 때, "자, 이 상황에 대해 어떻게 할지 결정하려고 해요. 우리는 무엇을 하면 좋을까요?").

- 감정적 처리를 하게 하거나 환자가 대답을 위해 생각하는 시간을 줄 때는 인내심을 가지라.
- 그룹을 전체로서 격려하고 응원하며 상호작용하는 치료자 방식을 사용하라.
- 전반적인 정신적 고통 수준에 주의를 기울이고, 만약 필요하다면 정신적 고통 감소 훈련을 사용하라.
- 심리적 고통(예: 초조)을 조절하기 위한 공간과 중간 휴식 시간을 사용할 수 있도록 하라.
- 집단 구성원들에게 심리적 고통을 증가시킬 만큼 많은 시간은 아니지만 질문에 답할 충분한 시간을 주도록 하라.
- 개념을 설명할 때 이전 회기들의 예시들을 사용하라. 만약 허락을 받았다면 환자들의 예시를 써도 좋다.
- 환자들로 하여금 지금이 어떻게 다른지 그리고 더 나은 결과를 내기 위해서 어떻게 다르게 행동하고 있는지를 말로 표현하게 하라.
- 왜곡된 인식에 대응하여 정확한 현실 검증에 대해 숙고하되 그들의 감정에 의문을 제기하지 말라.
- 수용과 인간으로서 자신에 대한 가치 평가 그리고 역기능적 행동이 실제로 그들의 욕구를 충족시키는지에 관한 의문에 대해 의사소통하라. 사람과 행동을 분리하도록 노력하라.
- 그들의 에너지를 끌어내고 집단에 대한 그들의 업적과 공헌을 인정하라.

(4) 응집력을 촉진하여 '가족'을 만들라

- 집단 구성원에 대한 조금의 개인적인 정보들을 엮어 그들이 스스로 몰두하고 있는 느낌과 당신이 그들을 신경 쓰고 있음을 느끼게 해 주는 교훈적인 재료로 만들라. 요약부터 만들라. 예를 들면, "그래서 폴라와 크리스티 둘 다 움추린 요구적 부모가 되는 것이 자연스러운 편이군요? 크리스탈린과 스콧, 카일, 캐슬린이 가끔 화난 보호자 양식에 있을 동안 켈리와 레베카는 회피성 보호자가

일반적인 대처 스타일이고요. 제가 맞게 말했나요? ”

- 그들을 자신의 집단에서 공유한 적 있던 그들의 경험에서 나온 예시를 통해 이끌어 내거나 혹은 당신이 이미 알고 있던 개인 회기의 예시가 있다면 공유해도 되는지 허락을 받으라. 당신이 어떤 것을 참조하려 하는지 그들에게 알려 줄 때는 아주 신중한 태도로 해야 하지만, 당신이 허락을 받기 전까지는 너무 많이 드러내지 않도록 하라. 예를 들어, “수, 제인이 방금 얘기한 것과 관련된 수 씨의 경험을 우리 집단과 조금만 공유해도 괜찮을까요?”
- 관련된 질문으로 그들을 끌어오라. “여러분들 중에서는 그런 것을 겪으신 분 없으세요?”
- 그들이 질문에 고개를 끄덕거리면 그 사람들을 기억했다가 그때 혹은 나중에 질문하거나 언급하라. 예를 들면, “폴라 그리고 캐슬린도 아까 보니 어떻게 쓸모없는 처벌적 부모가 아이 같은 느낌을 내게 하는가에 대해 이야기할 때 고개를 끄덕끄덕하시던데, 두 사람도 그런 경험을 해 보셨나요?”

(5) 치료자의 전반적인 스타일에 대하여

- 목표를 가지되 회기에 대한 계획에 융통성을 가지라. ‘일할 수 있는 기회’를 이용하라. 경험적인 순간들을 포착하라.
- 적극적인 자세와 즉각적으로 토론하기를 계속해서 유지하라. 보통 길이의(혹은 짧더라도) 침묵은 일반적으로 그것이 불러일으키는 불안과 버림받은 감정 때문에 사람들을 더 강한 부적응적 대처 양식으로 이끌어 준다. 단, 긴 시간 동안 ‘강의’하듯 말하지 말라. 만약 당신의 집단이 당신의 노력에 반응하지 않는다면 멈춘 후 ‘양식 점검’과 같은 과정을 통하여 의견을 전달하라. ”지금 이 주제에 대한 이야기를 하다 보니, 여러분과 많은 거리감이 느껴지고 있는 것 같아요. 여러분에게 무슨 일이 일어나고 있나요?”라고 말하는 것처럼 아주 간단하게 의견을 전달할 수 있다.
- 즉각적으로 토론하라. 공허한 침묵이 계속되도록 내버려 두면 안

된다. 대화 주제, 질문, 훈련 등의 무언가 계속해서 할 것을 가지고 있어야 한다.

- 열정적으로 참여하라. 계속해서 눈을 맞추고, 고개를 끄덕이면서 항상 함께하라.
- 비언어적 행동을 이용하라. 예를 들면, 앞쪽으로 기대 있다거나 팔을 포옹하듯 벌리는 등의 포용적인 몸짓을 하라.
- 강요하기보다 요청하라. 그들이 잘 참여할 수 있도록 하라. 예를 들어, 초반에는 환자들이 직접 관여하지 않더라도 그냥 넘어가도록 해 주라.
- 흥밋거리를 전달하라. "그것의 어떤 점이 좋았는지 우리에게 조금만 더 말해 주실 수 있을까요?"
- 그들의 감정에 꼬리표를 붙이지 않도록 주의하라. 그들이 그들 자신의 '정서 표시'를 찾을 수 있도록 도와주라.
- 양식 경험의 선택적 자기개방을 이용하라. 이것은 우리를 인간처럼 보이게 해 주며, 취약한 환자들에게 대개 의지를 불어넣어 준다.
- 모든 사람에게 골고루 관심을 주라. 당신이 할 수 있는 만큼 최대한으로 공평해지라.

(6) 마음속에 항상 기본적인 심리도식치료 개입 방식을 가지고 있으라

- 언제나 '양식'을 인식하고, 근원적인 욕구가 무엇인지 전달하라.
- 취약한 아동을 지지하고 수용하는 태도를 가지라.
- 감정을 터트리도록 화난 아동을 허용해 주고 귀 기울이는 것을 느끼게 하라.
- 충동적 아동 양식에 대한 한계를 설정하라.
- 대처 양식들에 공감적으로 직면시키라. 만약 '가해자 공격'이나 '화난 보호자 양식'이 나타나면, 다른 것들에 미치는 부정적인 영향의 한계를 즉각적으로 설정하라.
- '역기능적 부모 양식'을 제한하고 초기 돌보미들의 부정적 측면을 내재화하기보다는 그것이 부모가 아님을 확인하도록 하라(Farrell & Shaw, 2012).

2) 한 치료자가 작업의 일부분을 이끌 때 다른 치료사는 집단 전체에 집중하기

(1) 만약 누군가 굉장히 고통스러워 보인다면, 다가가서 "당신은 안전해요." "당신은 괜찮아요." "그냥 말을 들어보세요." 등의 무언가 안심시킬 만한 말을 하면서 시선을 마주치라.

(2) 우리가 이야기의 내용을 다루고 있을 때, 누군가 다른 사람이 의미 있는 눈 맞춤이나 고개 끄덕임 등으로 리드할 때 집단을 관찰하라.

(3) 만약 당신이 아닌 다른 사람이 주도권을 가지길 원한다면 '코 만지기' 신호를 이용하라. 그렇지 않다면 당신이 개입할 것인지 아닌지 알기가 어렵다. 이런 종류의 집단에서 우리는 환자들이 개입해 집단을 초점에서 벗어나게 할 정도로 침묵을 해서는 안 된다. 그러고 나면 이것은 우리가 어려운 내용에 집중하려 할 때 마치 회피처럼 작용할 것이다. 이러한 집중에 대한 손실이나 회피를 미리 예방하는 것이 그것을 원상복귀시키는 것보다 더 쉽기 때문에 개입의 속도가 너무 느려져서는 안 된다. 이 환자들의 집단은 너무 긴 침묵에는 잘 반응하지 않는다.

(4) 반대로, 파트너가 환자들이 생각해 봐야 할 어떤 것을 말한 다음에 너무 빠르게 개입하지 않도록 하라. 각각의 작업이 진행되고 있을 때 시류에 편승하지 말라. 그것은 나머지 집단 사람들을 내버려 두는 것이나 마찬가지다. 만약 당신 파트너의 심리도식이 어딘가 잘못된 것 같거나 그들이 잘못 이해하고 서투를 때만 개입하라.

3) 모순되는 요구에 대처하기

대가족의 '부모'로서 우리는 모든 '아이'를 고려해야 한다. 집단 내에서 분노를 어떻게 표현할 것인지 그 경계를 명확하게 정해야 모두가 안전하고 아무도 상처받지 않기 때문에 이는 아주 중요하다. 분노가 표현되고 있을 동안 다른 집단 사람들 모두가 다 안전해야 한다. 당신의 집단과 집단 작업실의 크기에 따라 별개의 방에서 치료자들 중 한 명과 함께 분노 분출이 일어나야 한다. 개인적일 수 있는 두려움을 방지하기 위해 그 전이든 후든 분노가 어떤 것인지 집단을 위해 밝히라. 당연히, 이것은 집단 구성원들 사이의 분쟁을 반영할 수도 있고, 만약 그렇다면 그것은 집단 내의 어떤 중재와 해결을 필요로 한다. 가끔씩 그것이 불가능하고 그 중재가 치료자들 사이에 발생해 집단에게 알려질 수도 있다. 집단 내에서 각 개인이 노출되고 취약하다는 느낌이 들기 때문에, 공감적 직면은 사적으로 이루어져야 한다. 다른 경우에, 만약 집단 내에서 반복적으로 지장을 주는 행동이 발생하면 공감적 직면이 행해질 필요가 있다. 우리는 공감적 직면을 시작하기 전에 준비를 시키는 것이 도움이 되어 공감적이고 건설적인 동안은 다른 구성원들이 관여할 공간을 허용할 수 있게 한다는 사실을 알아냈다. 만약 공감적 직면으로 시작된 무언가가 환자에게 '패거리로 공격하는' 것으로 변하면 치료자가 개입해야 한다. 집단은 집단 내에서 일어난 '화난 아이가 성질내는' 행위가 그 구성원들에게 어떤 영향을 끼치는지 피드백할 수 있다. 치료자들 또한 그들에게 영향을 주기 위해 '선택적 자기개방' 같은 피드백을 줄 수 있다. 치료자들의 피드백은 "우리는 당신을 사랑하지만, 이렇게 계속되는 언어적 폭력에 상처받고 화가 나요."와 비슷한 형태일 것이다. 의도와 효과 그리고 귀인에서 행위자-관찰자 차이에 대한 간결한 토론은 피드백을 제공하기 위한 기초 작업에 유용할 수 있다. 성격장애 환자들과 집단 활동을 할 때에는 그들이 인지적 수준에서 의도와 효과의 차이에 대해서 이해하고 자신이 행한 모든 행동에 책임져야 한다는 것이 중요하다. 우리는 분노를 표현하되 더 건설적이고 조절된 방법을 연습하도록 지도한다. 예를 들어, 작은 불편함에는 더 부드럽고 적게 정도로 분노를 표현하도록 하는 것 등이다.

치료자들은 집단 내에서는 그들이 돕지 못할 일은 아무것도 없다고 강조해도 괜찮다. 마지막 수단으로 모두가 집단의 상호작용을 재개할 수 있는 지점에 도달할 때까지는 한 치료자가 한 명의 환자와 작업하고 다른 치료자가 나머지와 작업하는 상황을 취할 수도 있다.

4) 당신의 이야기를 작은 부분으로 혹은 양식에 따라 공유하는 법 배우기

집단 회기를 진행하면서, 우리는 이미 짤막하게 아동기의 힘든 경험을 나누었다. 이 방식으로 시간이 지나면 환자들의 '이야기'도 공유될 것이다. 이 정보를 공유하기 위한 집단초점적 접근은 한 개인에게 일정 시간을 할애하는 개인적인 심리치료 방법과는 반대이다. 또한 집단적인 접근은 동등하게 행해지는 인간 중심적 집단의 예시와도 다르다. 아주 가끔, 집단의 한 구성원이 아주 강력하게 자신의 이야기를 나누고자 할 때도 있다. 만약 그 이야기가 그의 학대받음에 대해 너무 상세하지 않다면 '어린아이는 그 아이가 학대받은 것에 대해 비난받아서는 안 된다.'는 이야기의 중요한 기본 지점이 될 수 있으며, 우리는 그것을 간단하게 짚고 넘어갈 것이다.

만약 환자들의 이야기가 초반 회기 때부터 너무 많이 노출되면 그들은 되돌아오기까지 너무 당황스러워하고 집단에 압도된다. 따라서 이를 예방하기 위해서 우리는 회기를 천천히 진행하는 데 주의를 기울여야 한다. 이러한 사람들의 노출을 제한하는 방법은 우리는 그들이 그것을 다시 경험하길 바라지 않기 때문에 우리가 고통스럽거나 심리적 외상으로 남을 경험들의 상세한 곳까지 들어갈 필요가 없다고 지적하는 것이다. 우리는 치료에 중요한 것은 그 경험의 결말이 바뀌었고, 그러므로 '마땅히 일어났어야 했을 일(예: 그들을 보호해 줄 좋은 부모님이 그곳에 있어야 했던 것)'을 머릿속에서 상상해 이야기를 재구성하는 것이라고 설명한다. 환자들은 그들이 모든 것을 말해야 한다고 요구당해 왔고 일반적으로 그 같은 행동을 통해 압도당하는 것이나 타인을 압도하는 것을 두려워한다.

5) 집단 참여를 형성하기

어떤 환자들(예: 회피성 환자)은 처음부터 내용을 언어적으로 공유하는 것을 상당히 꺼리지만 어떤 것에 반응하기 위해 혹은 당신이 "버림받음과 관련한 두려움을 경험해 보신 분이 계시다면 손을 들어 주세요."라고 모두에게 질문할 때 고개를 끄덕일 것이다(대개 아주 약간일 뿐이니 자세히 보라). 이 상담 자료에 대해 이야기를 나눌 때 나오는 이러한 조짐은 집단을 더 상호작용하는 곳으로 만든다. 환자들에게 즐거움을 전달하고 그들이 집단에 속해 있다는 느낌을 받을 수 있도록 각 환자들의 특징을 기억해 놓으라. 당신이 집단원들 사이의 유사점과 차이점 모두를 보여 주기를 원한다면 환자들의 경험의 보편성과 개인적 차이를 언급하라.

6) 강한 감정을 완화하기

우리는 심리도식치료 집단이 감정을 표현하기에 안전한 장소가 되길 바란다. 하지만 집단이 작업 중일 때는 때때로 그 강도를 잠시 완화시키거나 격렬해지면서 생기는 충돌을 예방해야 할 때가 있다. 우리는 그럴 때 간단하게 모든 행동을 멈추고 이렇게 제안한다. "모두 깊게 숨을 들이쉬고 내쉰 후 이 작업을 진행하기 전에 우리가 모두 안전한 기분이 드는지 잠깐 확인해 봅시다." 이것은 감정을 분출하는 것을 멈춰야 할 환자들과 따로 이야기를 해야 할 필요가 없으며, 자신을 보호해야 하는 다른 이들에게도 다음 단계로 나아갈 것인지 혹은 그들에게 필요한 일을 할 것인지 선택할 수 있는 기회를 준다. 우리가 집단 구성원들에게 주고 싶은 메시지는 심지어 각자 원하는 것들이 다르다 할 지라도 그들이 필요한 것을 얻을 수 있도록 그들 모두를 위한 방법을 찾는다는 것이다. 이 메시지는 우리가 환자들에게 말하고자 하는 소중한 중심적 생각이다. 이것은 치료자가 우리가 심호흡을 할 수 있도록 행동을 멈추고 우리의 양식을 관리하거나 생각할 시간을 잠시 가질 수 있도록 치료자에게도 허용될 수 있다.

7) 강렬한 기억, 플래시백, 해리를 다루기

(1) 강렬한 감정, 기억, 재경험 또는 플래시백을 경험하고 있는 환자가 그의 안전지대 이미지로 돌아갈 수 있도록 도와주라. 그러면

서 "모든 분은 여러분의 안전지대 이미지로 돌아갈 수 있고, 여러분이 여기(출석한 치료자들의 이름) 다른 모든 집단 여러분과 함께 이곳에 있어요. 우리 집단의 모든 분은 안전한 사람들이에요. 여러분은 안전한 사람들 사이에 둘러싸여 있고, 과거의 그 누구도 여러분을 다치게 할 수 없어요."라고 말하라. 이것은 누군가 개인적으로 한 환자를 고통스러운 회상으로부터 나올 수 있도록 도와주는 현실 인실 교육으로서 도움이 될 것이다. 당신이 생각하기에 여러분의 특정 집단원들이 지금의 현실에 있을 수 있도록 촉진할 모든 것을 추가하라.

(2) 그들을 위협하거나 상처를 주는 모든 것을 막아 줄 '좋은 부모'의 역할을 경험하게 하라. 여러분은 집단 사람들로 하여금 그들 주변을 보호하듯 감싸는 이미지를 떠올리게 하면서 그들이 취약한 아동 양식을 위해 목격자를 제공하고 추가적인 보호를 하고 있다고 말하라.

(3) 우리는 초기 자극들을 인지하는 것이 해리된 환자들을 해리로부터 예방하기 위해 감각과 촉각 개입을 사용하였다. 몇몇 환자의 경우, 치료자 중의 한 사람이나 특정 동료의 건너편에 앉아 계속 눈을 맞추고 있는 것이 그들이 현재에 있을 수 있는 것을 돕기도 한다. 어떤 환자들은 이러한 목적을 위해 치료자들의 옆에 앉아 플리스 천 조각을 같이 나눠 잡고 있는 것이 견고한 연결을 만드는 데 이용되기도 한다. 연결되어 있는 것은 해리를 예방할 수 있다. 만약 어떤 환자가 해리되어 고통을 당하면서 적극적으로 반응하지 않는다면, 우리는 치료자의 도구 중 하나인 숄을 그에게 둘러 주고, 필요하다면 집단 사람들에게 그/그녀는 지금 안전한 상태에 있다고 설명해 주라. 집단 내에서 단 한 명이나 두 명 만이 이러한 것을 경험한다면, 우리는 해리된 환자들이 다시 집단과의 연결을 유지할 수 있도록 돌아온 시점에 이것이 회피성 보호자의 한 예라고 설명해 줄 수 있다(해리에 대한 더 상세한 논의는 Farrell & Shaw, 2012 참조).

8) 취약한 아동 양식을 위한 제한된 재양육

우리가 취약한 아동 양식에 다가가는 이 회기에서, 치료자들은 더 따뜻하고 배려하는 톤의 목소리로 말하도록 특별히 주의하고, 환자들에게 부탁받거나 그들에게 허락을 받았을 때의 포옹을 포함한 여러 가지 편안한 위로를 제공해야 한다. 신체적 접촉은 민감한 부분이지만, 취약한 아동 양식하의 환자에게는 아주 중요한 것이다. 요컨대, 이 모든 접촉이 절대로 성적인 뉘앙스를 주지 않고 지지적인 성격만 띠도록 하는 것이다. 취약한 아동 양식의 환자와 소통할 때, 이 소통의 방식은 좋은 부모가 주는 접촉의 방식과 같아야 한다. 이 말은 가까운 직장 동료가 주는 가벼운 포옹(어떤 문화에서는)이나, 등 또는 어깨를 두드리는 것(무릎이나 허벅지는 안 된다), 잠시 동안 손을 잡아 주는 것을 넘어서선 안 된다는 뜻이다. 이러한 돌봄 접촉이 어디까지 허용되는지는 여러분의 집단이 속한 문화적 · 윤리적 설정 그리고 여러분의 개인적 편안함에 따라 달라진다. 제한된 재양육에 적절한 애정은 또한 언제나 심상에서 행해질 수 있다. 성차 역시 고려해야 한다.

9) 치료 과제

우리는 과제를 융통성 있는 방법으로 사용한다. 특히 초기 회기에서는 단순히 과제를 완성하는 것만이 유일한 만족스러운 반응은 아니다. 예를 들면, 만약 여러분이 과제를 완성해 가면서 '그것에 대해 생각'하는 것이나 장벽을 알아차리게 되는 것은 아주 중요한 일이다. 과제(예: 분리된 보호자 양식 또는 다른 양식을 촉발시키는 주제)에 대한 이러한 접근은 회피성 환자들를 격려하는 방법으로써 쓰이고 실패와 결함/수치심 심리도식이 있는 사람들로 하여금 시도라는 위험을 감수하도록 할 수 있기 때문에 아주 중요한다. 만약 과제를 계속해서 하지 않았을 경우, 그에 대해 특정인에 국한하지 않고 모든 사람이 다 같이 일반적인 방법으로 논의할 수 있다. 지지적인 태도로 집단 내에서 그에 대해 논의하는 것은 다른 동료들이 그들의 경험으로부터 무엇이 힘든 점인지 그리고 해결책으로는 무엇이 있을지 아이디어를 얻게 해 주기 때문에 도움이 될 것이다. 그들이 문제가 있을 때 치료자와 집단으로부터 도움을 받는 경험은 불신/학대 심리도식과 역기능적 부모 양식에 효과적인 해독제이다. 이것은 집단 내에서 과정과 경험을 이용하는 내용의 예시이다.

집단 치료자들의 과업에 대한 상세 설명과 집단 심리도식치료에서 두 명의 치료자가 팀으로서 협업하는 것에 대한 조정은 Farrell과 Shaw(2012)의 연구에서 찾아볼 수 있다.

2. 집단 환영 회기

이 집단의 목적은 제목과 같이 심리도식치료 프로그램에 참여하는 환자들을 환영하는 것이다. 이 집단은 프로그램을 소개하는 역할을 하며 환자들에게 우리가 평가 단계에서 간략하게 검토했던 주제를 상기시켜 준다. 또한 이 집단에게 이 과정은 격려하는 말을 하고 희망을 불러일으킬 수 있는 좋은 기회이다.

회기 시작하기

안녕하세요. 치료 프로그램 중의 하나인 심리도식치료 집단에 오신 여러분에게 정말 따뜻한 환영인사를 드리고 싶습니다. 여러분이 여기 와 주시고 또 우리의 프로그램과 이 집단의 구성원으로 참가하시게 된 것을 기쁘게 생각합니다. 우리는 아직 서로를 잘 모르지만, 시간이 지날수록 이 집단이 여러분 모두에게 건강한 가족처럼 안전한 장소가 될 수 있도록 저희 치료자들이 열과 성을 다할 겁니다. 저희는 여러분과 함께 이 작업을 진행하는 것을 정말로 기대하고 있습니다. 저는 (이름)입니다. 그리고 이 프로그램을 시작하는 첫 번째 작업으로 우리는 곧 서로에게 자신을 소개하는 시간을 가질 것입니다. 이 첫 번째 집단 회기과정은 먼저 여러분이 환영받는 느낌을 가질 수 있도록 하고, 이 프로그램을 진행하면서 여러분이 어떤 효과를 기대할 수 있을지에 대해서 이야기를 나누며 여러분이 가지는 모든 의문점에 대해서 저희가 모두 대답해 주는 것입니다. 우리가 여기에서 안정과 존중을 확립하는 방법은 여러분이 이 프로그램에 입회할 때 받은 기본 원칙에 명시되어 있습니다. 이 작업은 조금 나중에 진행될 것이고, 지금은 먼저 우리를 모두 연결시켜 줄 짧은 작업부터 시작하도록 하겠습니다. ”

“

집단 작업 1: 집단 친밀감 작업

지금부터 우리는 이 털실뭉치를 이용할 거예요. 먼저, 단단한 연결을 위해 털실을 제 손에 두 번 두를 거예요. 그러고 나서 저는 이 실뭉치를 여러분 중 한 명에게 드릴 거예요. 제가 털실을 드릴 때, 저는 제 이름을 말하고 이 프로그램에서의 제 역할을 말할 거예요. 다른 치료자(필요하다면 치료자들) 모두 저와 같이 행동할 거예요. 저는 여러분 모두가 우리에게 여러분의 이름과 고향이 어딘지 말해 줬으면 좋겠어요. 털실이 손을 조이지 않을 정도로 넉넉하게 손 둘레로 두르고, 그 실뭉치를 다른 사람에게 건넬 준비가 되면, 건넬 사람과 눈을 맞추고 그 실뭉치를 던져 주세요. 그러면 상대방도 실뭉치를 잘 받을 수 있을 거예요. 마지막으로 실뭉치를 받은 분은 치료사 2에게 털실을 던져 주세요."

환자들과 치료자들이 털실 공을 앞, 뒤, 양 옆으로 가볍게 던지며 주고받으면 결국 그들의 손에 묶여 있는 털실로 만들어진 '연결(친밀감) 거미줄'이 원형으로 만들어진다. 모두가 털실로 한 번씩 연결되고 나면, 원의 가장자리를 따라 서로서로 또 다른 연결을 만든다. 그러고 나서 추가된 연결에 대해서 이야기한다(모두가 두 번 이상 연결될 수 있을 만큼 충분한 양의 털실 공을 준비한다).

"이제 우리는 두 번째 연결을 만들어 볼 거예요. 털실을 여러분 손에 한 번 더 감은 뒤 여러분의 오른편에 있는 분께 실뭉치를 넘겨 주면서 여러분의 이름을 한 번 더 말해 주세요. 털실이 치료자 2에게 도착하면, 그/그녀는 그 뭉치를 제게 던져 줄 거예요. (이 작업이 끝난 뒤) 우리가 지금 만든 이 이 모든 연결에 주목해 보면서, 이 연결의 힘을 느껴 보세요. (치료자들은 연결선들을 장난스럽게 잡아당기면서 집단원들과 눈을 마주치고 미소 짓는다.) (드물지만 연결선이 끊어진 경우에는 빠르게 끊어진 실들을 다시 매듭 지어 잇고 "다행히도, 만약 이렇게 연결선이 끊어져도 바로 회복시킬 수 있어요."라고 말한다.) 나중에 여러분이 집단 내에서 여러분의 위치에 대한 기억이 필요할 때를 위해 마음의 눈으로 우리의 연결 그물망을 사진 찍듯이 찍어서 기억해 두세요. 이 연결선들을 보면서 우리가 모두 어떻게 연결되어 있는지 이해하세요. 여러분 모두는 하나하나 이 집단에게 소중합니다. 여러분은 우리의 집단을 강하고 결속력 있게 만드는 데 중요한 존재들이며, 꼭 필요한 사람들이에요."

작업의 다음 단계는 치료자가 집단 구성원들에게 그들의 연결선 중 하나가 이 집단의 어떤 것을 대표하거나 어떤 식으로 기여하고 싶은지 물어보는 것이다. 치료자 2(누구든 상관없음. 지금까지의 작업에서 집단을 많이 진행하지 않은 자)가 자신과 그룹을 잇는 선 중 하나를 잡아당기면서 말한다.

"저는 이 실이 '신뢰'를 표현하는 줄이라고 말하고 싶어요. (그러고 나서 오른편의 환자를 본다.) ○○ 씨의 선은 우리 집단에 있어서 어떤 것을 상징하는 줄이었으면 좋겠나요? (이 작업은 모두가 한 번씩 자기 순서를 가질 때까지 반복한다. 끝난 후, 치료자는 다시 연결점들을 가리킨다.) 이제 우리의 연결선들의 힘을 다시 한 번 느껴 봐요. (장난스럽게 줄을 튕긴다.) 자, 이제 제가 이걸 하면 어떤 일이 일어날지 주의를 기울여 주세요. (치료자 1이 털실을 놓아 버린다.) 자, 느껴지세요? 만약 여러분 중 누군가가 이렇게 놔 버리면 어떡하죠? 이것은 어떻게 일어난 일이고, 우리의 연결선에 무슨 일을 한 걸까요? (응답을 위해 시간을 가진다.) 이건 우리 중 하나가 이곳에 오지 않았을 때 생기는 일이에요. 연결이 없어져 버리는 거죠. (잠시간의 토의 후) 자, 이제 우리의 연결선을 다시 연결해 봅시다. 우리가 이렇게 하니까 어떤 기분이 드세요? [환자들이 방금 전에 만났음에도 불구하고 대부분 연결이 끊긴 것 같다고 말한다. 만약 아무도 이것을 말로 하지 않는다면 치료자는 에너지 또는 심지어 온도의 손실이나 차이의 반응(덜 따뜻하다)을 시범 보일 수 있다.] 우리는 항상 이것을 같은 자리에 잘 가지고 있을 수는 없지만, 만약 우리가 우리의 연결이 정말로 강화되어야 한다고 느끼면 우리는 이것을 다시 꺼낼 수 있어요. 지금은 이것을 우리 앞의 바닥에 내려놓도록 해요. 우리는 집단 내에서 우리의 연결에 대한 주의를 계속해서 가질 수 있는 몇몇 방법이 있습니다. ”

치료자 팁

이것은 환자들에게 대개 긍정적인 작업이다. 만약 문제가 생긴다면 심리도식치료 모델의 면에서 처리하라. 예를 들어, 만약 누군가 연결과 관련해 불편함을 느낀다면, 강요하지 않는 대신 무엇이든 그들이 할 수 있는 수준에 맞추어 연결할 수 있도록 도와주라. 집단 안에 앉은 채로 연결선을 그들의 몸이 아닌 의자에 묶을 수도 있고, 혹은 집단을 전체로 묶는 것에 대해 불안함을 느끼고 그들이 편안하게 느끼는 치료자나 동료 집단원이 있다면 그 사람과 털실을 이용해 연결되도록 해 주라. 창조적이 되라. 여러분이 완수해야 할 것은 연결의 첫 부분이다.

회기의 중간 부분

안정 애착을 바탕으로 하여 작업하는 것은 심리도식치료의 중요한 개념이고 유대로부터 치료가 시작되기 때문에 우리는 '연결'을 강조한다. 이 시점에서 우리는 환자들에게 그들의 집단 내 회원 자격을 상징하는 무언가 만질 수 있는 것을 주고자 한다. 많은 유형의 변화가 시도되었고 여러분이 여러분의 환경이나 집단에 따라 선택하거나 발전시킬 수 있도록 그것들을 이 책에 목록으로 적어 두었다.

변형 1: 각 환자들에게 집단 연결을 대표하는 털실을 하나씩 준다. 꼭 사용된 털실과 같은 털실을 잘라서 주되, 환자들과 치료자들을 연결해 주던 바로 그 부분일 필요는 없다. 우리는 우리가 사용했던 털실을 잘랐을 때 환자들이 우리가 그들의 연결을 끊었다고 느꼈던 것을 경험을 통해 배웠다. 네덜란드의 심리치료자들은 이것을 환자들이 털실을 마치 팔찌처럼 손목에 감는 것처럼 변경했다. 그들은 환자들에게 절에서 만든 실로 팔찌를 만들어 그것이 없어질 때까지 하고 다니는 아시아의 관습에 대해서 이야기해 주었다. 그 집단은 그 생각을 아주 좋아했고 만약 그것들이 닳아 없어지면 새로운 실로 연결을 다시 만드는 작업을 하자고 추가했다. 이 환자들은 다음 회기에 그들의 치료사들이 집단 실팔찌를 아직도 차고 있는 것을 보고 아주 놀라움을 표했다. 그들은 이 집단이 치료자들이 계속해서 실팔찌를 하고 있을 만큼 의미가 있다는 것에 놀라워했다. 이 이야기는 팔찌 작업이 치료자들과 연결되었다는 집단원의 감정을 강화시키거나 더 깊게 만든다는 것을 암시한다.

변형 2: 각 환자들에게 실에 뀔 수 있도록 집단을 대표하는 유리구슬을 주고 원형으로 당신의 옆자리에 앉은 사람에게 그 구슬이 꿰어진 팔찌를 손목에 묶어 달라고 하라. 우리는 이것을 멤버십 구슬이라고 부르는데, 이는 남성과 여성 환자들 모두에게 아주 인기가 많다. 우리는 몇 년 후에 다시 만난 사람이 여전히 그들의 유리구슬을 키 체인이나 지갑에 달린 끈에 가지고 다니는 것을 봤다(치료자 지시 사항-집단 환영하기: 집단 정체성 팔찌를 보라). 이 변형은 다른 집단 경험이나 행사에 대해서 추가 구슬을 넣는 것으로 후속 진행될 수 있다. 예를 들어, 여러분의 안전한 장소를 상징하는 구슬 하나, 여러분의 작은 취약한 아동을 기억하기 위한 것 하나와 같이 말이다.

변형 3: 우리는 그들의 집단이 그림을 그리거나 사진을 찍거나 혹은 거미줄을 그리고 그것을 커다란 종이에 옮겨서 문자 그대로 표현하도록 거미줄 선을 그리도록 했던 예술치료자들과도 작업한 바 있다.

치료자 지시 사항 – 집단 환영하기: 집단 정체성 팔찌

점진적 이행 대상

비싸지 않지만 형태와 색깔, 크기가 다양한 구슬을 당신이 표시하고 싶거나 기억에 남기고 싶은 사건들이나 시간대에 환자들에게 나눠 준다.

1. 이 집단의 멤버십을 상징하는 첫 구슬
2. 그들의 안전지대를 대표하는 구슬
3. 치료자들로부터 얻는 '좋은 부모' 구슬
4. '역기능적 부모'를 돌파할 힘을 가지게 됨을 대표하는 구슬(이 중의 한 구슬은 그들의 건강한 성인 양식을 대표하게 될 것이다.)
5. 자신의 '취약한 아동'에게 부드럽게 대해야 한다는 사실을 기억하기 위한 구슬
6. '행복한 아동'을 위한 구슬. 이것은 놀이의 집단 기억과 관련될 수 있다.
7. '건강한 어른'의 여러 가지 힘이나 성취물에 대한 의식을 대표하는 구슬. 집단 응집력을 위해 아무도 소외받지 않도록 이것을 집단 구성원 전부에게 주라. 이것을 진짜로 유지하기 위해서 구슬은 집단 구성원이 강해지거나 요구하기 위해 작업하는 힘이나 능력을 대표할 수도 있다.
8. 구슬은 또 다른 여러 가지 경험을 위해 주어질 수 있다. 예를 들어, 집단이 긍정적인 작업 단계에 들어섰을 때, 갈등을 집단으로서 잘 해결했을 때 등
9. 각자 다른 성장 단계를 표시하기 위한 구슬. 개인적인 것뿐만 아니라 집단으로서도 가능하다.
10. 구슬은 전통적인 물체의 일종으로 안심을 위해서 휴일이나 방학 전에 줄 수 있다.
11. 모든 환자와 치료사는 검토 지점에서 구슬을 바꿀 수 있다. 예를 들어, 개념화가 완료된 경우 등

집단 심리도식치료가 어떻게 작동하는지, 그리고 집단 구성원에게 무엇이 요구되는지에 대한 정보

우리는 다음으로 집단이 어떻게 작동하는지, 어떤 것을 예상해야 할지, 그리고 집단 구성원에게 무엇이 요구되는지에 관해 논의할 것이다. 우리는 프로그램 평가 회기에서 그들에게 주어질 정보를 말한다(3장 6절). 아래 절은 우리가 만들고자 하는 핵심들을 열거해 놓은 것이다. 그 정보에 맞도록 당신은 당신의 집단이나 환경에 따라 가감할 수 있다.

심상 소개

다양한 형태의 심상은 심리도식치료의 경험적 작업 중 아주 중요한 부분이다. 이와 같이 심상화할 수 있는 능력은 환자들을 촉진시키는 중요한 능력이다. 안전한 이미지를 사용할 수 있는 능력은 환자들이 그들의 집단 회기 중 부적응적 대처 양식들의 사용을 중단시킬 수 있는 토대를 마련한다.

치료자 대본 예시: 집단 심리도식치료에 관하여

우리는 그들에게 집단의 성공에 대해 그들이 얼마나 중요한지 그리고 그들이 우리 모두와 집단에게 모두 중요하다고 말합니다. 우리는 또 그들에게 우리는 여러분 모두에게 관심을 가지고 있고 그들이 '가족'이라는 집단의 일부분이 되길 바란다고 말합니다.

- 우리는 그들에게 같은 문제를 가지고 있는 환자들이 집단 경험에 대해 말한 적이 있다고 말합니다. 즉, 그들이 소속되고 이해받고 받아들여진, 그리고 난생 처음으로 '나 같은 사람들이 또 있구나.' 하는 느낌을 가지게 되었다는 말입니다. 우리는 이러한 긍정적인 느낌이 발전되기 위해

서는 시간이 걸리고 처음의 부정적인 반응은 방어적 대처 반응들의 결과일 수 있다고 첨언합니다.

- 우리는 심리도식치료의 개념을 제한된 재양육으로 설명했고 치료자의 역할은 모두를 안전하도록 지키고, 그들이 필요할 때에는 한계를 설정하며, 모든 언어적 공격이나 공격성을 예방하는 것이라고 설명했습니다.
- 우리는 그들에게 기본 규칙들을 지지적 태도로 상기시키고 그들에게 우리가 긍정적인 집단 환경을 위해서 그들이 잘 따라와 줄 수 있도록 지지해 줄 것이라고 말합니다.
- 우리는 집단과 다른 구성원에 대한 그들의 헌신과 존중(예: 비밀보장, 시간 맞추기, 중간에 끼어들지 않기, 욕하지 않기, 좋은 의사소통 기초)의 중요성을 강조합니다.
- 우리는 집단 내 치료자의 역할을 설명합니다. 우리는 때로는 오케스트라의 지휘자와 같고 다른 경우에는 심판과 같습니다. 우리는 그들에게, 우리의 목표는 그들이 아동 양식에 있을 때 좋은 부모가 사랑하는 아이를 위해 하는 것처럼 반응하는 것이라고 말합니다. 그래서 우리는 그들이 보이는 서로 다른 양식들에 반응하여 다양한 역할을 해 볼 것입니다. 만약 그들이 취약한 아동 양식에 있다면 우리는 수용적이고 지지적일 것이며, 화난 아동 양식에 있을 때는 그것들에 대해서 듣고 그것들이 발산될 수 있게 하되, 그들이 그들의 화를 비파괴적인 방식으로 돌리고 취한 행동으로부터 분노 감정을 분리시킬 수 있도록 돕습니다.
- 기본 규칙들은 3장 6절에 열거되어 있으며 환자들을 위한 유인물은 '집단 환영 유인물 1: 집단 심리도식치료 기본 규칙'입니다.

우리가 이 회기에서 만들 몇몇 상태의 예시는 다음과 같습니다.

우리는 이 집단이 마치 건강한 가족이 하는 것처럼 여러분에게 중요한 지지가 될 수 있도록 하고 싶어요. 하지만 그러려면 시간이 좀 걸리고 우리 모두 다 같이 작업해야 해요. 여러분은 아마 여러분 자신이 저희 치료자들을 비롯한 집단의 다른 사람들에게 반응하고 있는 사실을 알아챘을 거예요. 여러분이 이 동료 집단 구성원들과 우리가 진짜 당신을 알 수 있도록 첫인상을 넘어선 열린 마음을 가지고 있었으면 해요. 집단을 구성하는 과정은 가끔 불안을 야기할 수도 있습니다. ”

'대체' 대처 전략들은 우리가 우리의 환자들이 그들이 아는 대처 방식을 버린다고 예상되기 전에 반드시 향상되어야 한다. 결국 그것은 그들을 아동기에 남아 있도록 하는 생존 전략들이며, 아동 양식들이 현재 촉발될 때 발생하는 압도되거나 놀라는 감정 또 고통스러운 감정들로부터 그들을 보호하는 것을 그들이 계속해서 경험하도록 한다. 안전한 심상은 환자들에게 강렬한 감정이 발현되었을 때 분리된 보호자같은 부적응적 대처 방식에 머무르는 대신 현재에 머무를 수 있도록 하는 대체 대처 전략들 중의 하나이다. 환자들에게 '심상'를 가르칠 때 그들은 자주 그들의 시각화하는 능력의 부족에 대해 주장하며 마음챙김 집단 내에서 그들의 '실패'에 대해서 말하기 시작한다. 그래서 우리는 우리 안의 모든 아이가 좋아할 만한 생생한 이야기로 시작해 보고자 한다. 당신이 원하는 모든 종류의 아이스크림과 그것의 모양과 양을 마음껏 선택할 수 있는 아이스크림 가게 방문하는 이야기 말이다.

“ 치료자 대본 예시: 아이스크림 가게로의 방문

제가 지금부터 이야기를 하나 들려 드릴 텐데요. 여러분은 눈을 감거

나 밑을 내려다보는 상태로 들으면서 생겨나는 모든 감정에 주의를 기울이면서 들어주셨으면 합니다. 오늘 우편함에 제가 제일 좋아하는 아이스크림 가게에서 제가 아이스크림 무료 증정 콘테스트에 당첨된 사실을 알리려고 보내온 카드가 하나 있었어요. 거기엔 제가 원하는 사람 아무나 10명을 데리고 오면 우리가 원하는 것은 무엇이든지 먹을 수 있다고 적혀 있었어요. 그래서 저는 여기 계신 여러분 모두를 초대했어요. 그래서 우리는 그 상점에 갔고, 상점 주인은 우리를 정말 친절하게 환영해 주며 제게 시작하라고, 가서 마음껏 먹으라고 말해 주었죠. 그래서 저는 제 첫 번째 아이스크림 콘을 골랐어요. 저는 초콜릿에 담근 와플 콘을 집고 캐슈넛 옷을 입혔죠. 제일 밑으로 들어갈 첫 번째 스쿱은 초콜릿 아이스크림으로, 그다음 스쿱으로는 카라멜 아이스크림을 얹었고 바닐라 빈도 약간 얹었어요. 잘게 썬 킷캣 초코바가 있길래 그것도 추가했고, 푹신한 마시멜로 토핑도 얹었죠. 그 상태로도 이미 훌륭했지만, 저는 한 국자의 핫 퍼지도 추가하고 휘핑 크림과 잘게 자른 캐슈넛도 맨 위에 얹었어요. 이제 여러분 차례예요. 원하는 것은 무엇이든 고르고 원하는 대로 아이스크림에 넣어 보세요. (1~2분 정도 기다린다.) 자, 모두들 마음속에 원하는 아이스크림을 다 골랐나요? (수긍하며 고개 끄덕이기를 기다린다.) 눈을 뜨시고 이제 여기 우리 모임으로 다시 돌아오세요. (그리고 당신 옆의 환자를 보고 물어본다.) 뭘 고르셨나요? (이 정보를 공유하기 위해 빠르게 한 바퀴 돈 뒤에 치료자 1이 말한다.) 여러분은 방금 '심상화'를 해냈어요! 와, 여러분 모두가 다 해낼 수 있었어요! 정말 멋지지 않나요? 우리는 여러분이 할 수 있다는 것을 알고 있었어요. (그들의 능력에 대해 아주 긍정적으로 말한다.) ”

우리는 가끔 그들이 고른 것에 대해 자발적으로 설명하지 못하는 환자들을 만난다. 그들은 해결책이 상점에 가서 사 온 에스프레소 한 잔이라고 생각하는 거식증 환자일 수도 있고, 그들이 포함될 만한 자격이 없다고 생각하는 몇몇의 환자일 수도 있다. 그에 대한 답(왜 그러는지)은 치료자가 그렇게 생각해서이거나 혹은 치료자가 그들을 초대하지 않아서이다. 만약 계속되는 저항이 있다면, 우리는 그들에게 그들이 자격이 있으며 그들을 위해 그들도 그렇게 느낄 때까지 침착하게 있을 것이라고 말한다. 중요한 것은 어떤 부정적인 반응이든 우리가 그들과 함께 움직이며 충격을 줄일 것이고, 우리의 생각에 사로 잡히지 않고 그들이 느끼지 못하는 것을 확신시키려고 시도하지 않는다는 것이다.

치료자 팁

이야기는 커다란 열정을 가지고 아주 극적으로 말해야 한다. 환자들은 자신도 모르게 이야기에 매료되는 경향을 가지고 있다. '열정적'이라는 단어에 매우 주의해야 한다. 집단 치료자로서 우리가 지도한 작업 내에서 우리의 행복한 아동 양식의 기쁨과 즐거운 감정이 개방되고 진실해졌을 때, 환자들은 감정에 몰입하기가 더 쉬워진다. 이것은 마치 우리가 그들의 '행복한 아동'이라고 부르는 부분이 바깥으로 나와 놀게 하고, '게임'을 재밌어 보이게 하는 것이다. 치료자로서 상호작용 과정에서 자신의 감정을 쏟을 수 있고 그런 마음이 되어 있는 것은 효과적인 심리도식치료에 있어 매우 중요하다. 심리도식치료자들의 성격과 기질 그리고 심리도식 프로필이 모두 다른 것처럼, 그들이 환자들과 관계를 맺는 방법은 매우 다양하다. 우리 세 저자는 그 스타일이 서로 확연히 구별된다. 환자들은 여러 경우와 다른 욕구에 따라서 우리에게 반응을 보인다. 여러분에게 가장 중요한 것은 진솔해지는 것 그리고 당신 자신에게 진실된 것이다. 당연히 당신은 당신의 심리도식들과 양식들이 촉발될 때를 인식하고 있어야 한다. 그것은 슈퍼비전에 관련된 6장에서 다뤄질 것이다.

집단원들에게 그들이 심상화를 할 수 있다는 시범을 보인 후, 첫 번째의 '안전한 이미지'로 넘어간다. 이것을 고른 이유는 그것이 다른 심리도식을 불러일으키는 어떤 상황과도 연결되지 않을 것이고, 이는 집단을 안전하게 하나로 묶도록 하고 안전한 곳이 이 실제 집단이라는 사실을 연결시켜 주기 때문이다. 나중에 우리는 환자들이 개인적인 안전지대 이미지를 발전시킬 수 있도록 조력한다.

집단 훈련 2: 집단 안전 비눗방울

우리가 환자들에게 소개할 첫 번째 안전 이미지는 우리가 여러 종류의 환자들과 작업하면서 찾아낸 간단한 이미지이다. 이것은 거대한 '마법 안전지대'를 집단 전체를 둘러싸도록 두는 심상 작업이다. 이것은 안전과 보호가 처음에는 치료사들로부터 올 필요가 있다고 제안하는 심리도식치료의 발달적 접근과도 잘 맞다.

치료자 대본 예시

여러분의 눈을 감거나 아래를 내려다보시면서 천천히, 깊게 심호흡하면서 여러분의 몸과 마음에 있는 모든 긴장을 내려놓아 보세요. 우리가 우리 집단 모두가 편안하게 들어가도 충분할 만큼 거대하고 투명한 비눗방울 안에 있고 그것이 이 공간을 가득 채우고 있다고 상상해 보세요. 무지개 빛깔의 정말 아름다운 비눗방울이에요. 여러분은 심지어 그것에 멋진 향기가 있다는 것을 알게 됩니다. 이건 바깥의 모든 것으로부터 우리를 지켜 줄 마법 비눗방울이에요. 건강하지 않은 부모의 목소리나 비판은 이 벽을 뚫고 들어오지 못해요. 이것은 터트릴 수 없어요. 아무도 들어올 수 없거든요. 하지만 여러분은 여러분이 원할 때는 언제나 들어오거나 나갈 수 있고 여러분이 움직일 때 가지고 갈 수도 있어요. 이 비눗방울 안에 여러분이 좋아하는 어떤 편안한 물건이든 가지고 들어오세요. 여러분은 비눗방울 안에 여러분을 안정시키거나 여러분이 강력하고 안전한 느낌을 갖도록 도와주는 물건은 무엇이든 가지고 들어올 수 있어요. 아무도 이 안에 무엇인가를 해치기 위한 물건은 가지고 들어올 수 없어요. 지금 여기 집단 공간 안에 있는 비눗방울은 안전한 보호막을 의미합니다. 두 번째 치료자와 저는 여러분이 여기에서 피해당하지 않도록 할 것입니다. 우리는 여러분을 보호할 거고 언제나 곁에서 여러분을 지켜 줄 거예요. 여러분 모두는 우리에게 소중하고 여러분이 여기 있을 때는 언제나 안전하다는 사실을 알아 두세요. 그냥 비눗방울과의 연결을 느끼면서 따뜻함 그리고 안전함 속에서 있어 보세요. 몇 분간 이런 감정에 집중하면서 깊게 그리고 천천히 심호흡하세요. 우리가 다시 눈을 뜰 때, 이 비눗방울이 계속해서 우리 주변을 보호하면서 있도록 하세요. 만약 여러분 자신만의 비눗방울이 필요하다면, 여러분 한 사람만을 둘러싼 작은 비눗방울을 상상하면 됩니다. 그것은 심지어 여러분이 집에 가져가도 됩니다. 오늘 여러분이 떠나기 전에 모두 다 함께 한 번 더 연결해 볼 거예요. ”

집단 환영하기 유인물 2: 비눗방울 안전지대 기법

집단 바깥에서 비눗방울 안전지대 기법 쓰기

비눗방울 기법 1

당신이 안에 있기 딱 맞을 정도의 크기의 비눗방울을 상상해 본다. 당신이 좋아하는 색 무엇이든지 골라서 만들고 싶은 만큼 예쁜 비눗방울을 상상한다. 그 비눗방울은 당신이 맘껏 드나들어도 터지지 않는 마법의 비눗방울이다. 당신은 당신을 안정시킬 수 있거나 강력하고 안전한 기분이 들도록 도와주는 어떤 것이든 그 비눗방울 안으로 들고 들어갈 수 있다. 당신은 다른 사람들을 그 안에 들어오게 할 수도 있고, 그냥 혼자 있기로 정할 수도 있다. 딱 한 가지, 안에 들고 가지 못하는 것은 당신에게 해로운 것이나 건강에 해로운 것이다. 당신은 당신의 비눗방울 안에 있을 때 안심할 수 있고 편히 쉴 것이기 때문에 그런 것들은 필요하지 않을 것이다.

당신이 비눗방울을 상상할 수 있게 된 후에 당신의 비눗방울 안에 뭐든지 원하는 것을 가지고 들어갔다면, 그 비눗방울이 당신이 원하는 방향으로 둥둥 떠다닌다고 상상해 본다. 당신이 자신의 안전 비눗방울 안에서 떠다닐 때 당신은 아마도 눈을 감고 싶고, 심지어 평화로운 음악을 듣고 싶을 것이다. 건강하지 않은 부모의 목소리나 비판은 이 마법 비눗방울을 통과할 수 없다. 당신은 당신의 비눗방울 안에 원하는 만큼 혹은 필요한 만큼 오래 있을 수 있다. 가장 좋은 것은 당신이 비눗방울 바깥으로 나와도 안전하게 있을 수 있을 때까지 있는 것이다. 이 비눗방울에서 나온 다음에는 다른 일을 하기 전에 몇 분 정도 휴식을 취하도록 한다.

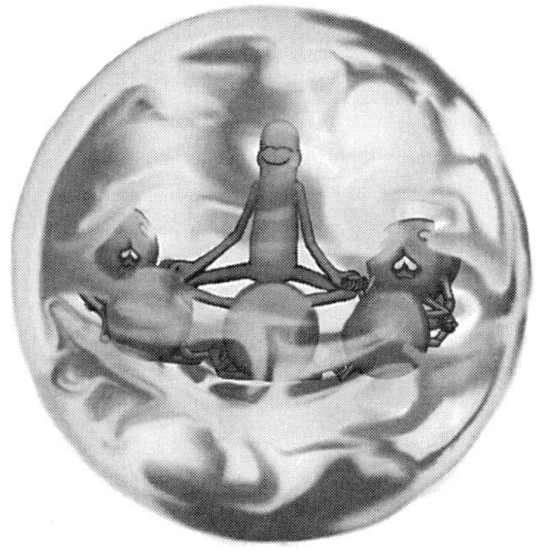

비눗방울 기법 2

이 기법을 사용하기 위해서 비눗방울을 상상해 본다. 단, 이번에는 당신이나 당신의 소지품을 넣는 것이 아니다. 그 대신, 당신을 괴롭히는 어떤 것이든지 그 비눗방울 안에 넣는다. 예를 들어, 당신은 아마도 당신을 괴롭히는 목소리들을 넣을 수도 있고, 당신에게 해를 끼치는 당신 자신의 충동들을 넣고 싶을 수도 있다. 요점은 그 안에 부정적인 것을 넣는 것이다. 당신이 없애고 싶은 모든 것을 다 넣었다면 이제 잘 봉인해서 어디론가로 보내 버린다. 눈을 감은 후 그 비눗방울이 높이 떠올라 당신이 더 이상 볼 수 없을 때까지 멀리 사라지는 것을 상상해 본다. 그 부정적인 것들로부터 당신의 기분이 안전하게 느껴졌을 때, 눈을 뜬 후 하루를 천천히 다시 시작한다.

두 개의 기법을 모두 매일 연습하고 이 '심상 기법'을 쓰면서 느꼈던 당신의 경험을 일기장에 적는다.

치료자 팁

심상을 이용한 혹은 다른 경험적 훈련을 할 때 환자들은 이것이 '바보 같다.' 혹은 심지어 '말도 안 된다.'라고 말하고 시도하는 것을 거부하며 이 훈련에 참여하는 것을 반대할 수도 있다. 우리는 이것 때문에 언쟁을 벌이며 끝내는 것을 피해야 한다. 우리는 다음과 같이 이야기해야 한다.

"○○ 씨가 이것이 바보 같다고 느낀 감정을 제게 이야기해줘서 정말 기뻐요. 그건 용기가 필요한 거거든요. 정말 잘했어요. ○○ 씨가 아직 시도해 보지 않았기 때문에 이것이 바보처럼 느껴질 수 있다는 것을 저도 이해해요. 그렇다면 한 번 시도해 본 후에도 계속 같은 느낌이 드는지 한 번 해 볼까요? 우리는 이것이 많은 사람에게 도움이 된다는 사실을 알아냈거든요. ”

그러면 대개 그들은 시도하게 된다.

다른 불만은 바로 “저는 도저히 비눗방울을 잘 못 사용하겠어요.”이다. 그렇다면 좀 더 마음을 끌기 쉬운 물체를 상기시킨다. “좋아요. 그렇다면 모든 안전대책을 취할 수 있는 새로 나온 험머 차는 어때요?” 이것은 요새가 될 수도 있고 여러분이 생각하는 모든 것 또는 환자가 원하는 것이 될 수 있다. 중요한 것은 그들의 반대를 무시하지 않고 그들과 함께 작업하고 융통성 있게 대하는 것이다. 우리는 ‘아무 싸움에나 휘말리지 않고’ 대개는 그들이나 다른 사람들에게 위험한 상황으로부터 그들을 제한한다. 그들과 언쟁하는 것은 보통 그들의 화난 아동 양식이나 부적응적 대처 양식을 촉발시켜 그곳에 도달하는 것을 더 어렵게 한다. 다른 대안책은 개인의 안전 비눗방울을 제안하는 것이다. 같은 이미지이지만 그들 자신을 위한 분리된 비눗방울을 가진다. 이것은 집단을 위한 일종의 연결을 가질 수 있으며 각자의 비눗방울에 있는 사람들도 언제나 그들이 원하는 때에 마음껏 들어올 수 있다.

아주 가끔씩 아무것도 시도하지 않으려는 환자가 있을 수도 있다. 다음은 그들에게 어떻게 말해야 하는지에 대한 예시이다.

“좋아요, 오늘은 그것을 존중하겠습니다. 하지만 이 다음에는 저를 존중해 주는 날로 해서 훈련을 시도해 보는 거예요. 어때요?” 혹은 이런 식으로 접근할 수도 있다. “스스로를 보살피는 건 좋은 일이에요. 혹시 우리가 작업을 진행할 동안 ○○ 씨가 안전하게 느낄 수 있도록 하는 베개나 담요가 도움이 될까요?”

보통 그들은 안정되는 물건을 선택하고 여러분은 그것을 결합하여 심상 속으로 집어넣을 수도 있다. 예를 들면 다음과 같다.

“자, 우리는 모두 이 안전한 비눗방울 안에 함께 있어요. 담요를 두르고 있는 ○○장을 보세요. 정말 평화롭고 고요해 보

> 이네요."
> 점진적인 단계를 통해 여러분은 그녀를 비눗방울 안으로 당길 수 있다. 예를 들어, 그녀가 더 가까이에서 심상을 보게 하고 그녀의 손을 뻗어 안전 비눗방울이든 뭐든 여러분에게 떠오른 창의적인 생각에 닿도록 하라. 만약 계속해서 시도한다면, 두 개의 아이디어에서 멈춘 후 그녀가 방 안에 그저 안전하게 있을 수 있도록 하라. 그녀는 처음에는 참여할 수 없겠지만 점점 그것을 인식하게 되면 그것은 아주 간단하게 이루어질 것이다.

3. 심리도식치료 교육 5회기

심리도식치료의 초반부에, 환자들은 심리도식과 양식 그리고 심리도식치료의 측면에서 그들의 현재 문제점을 어떻게 이해할지와 같은 심리도식치료의 핵심 개념에 대해 배워야 한다. 심리도식치료 교육 집단에서 환자와 치료자에게 필요한 훈련과 이를 이루기 위한 유인물을 제공한다. 자료들은 집단 회기 사용과 치료 과제를 의도하여 만들어졌다. 일반적으로 심리도식치료 교육 집단은 치료를 시작하는 집단이다. 우리는 심리도식치료 교육 집단의 두 번째 회기가 열리기 전까지 다른 요소 회기를 시작하지 않을 것을 권한다. 그것이 끝난 후 부적응적 대처 양식과 관련된 다른 집단들이 시작되게 된다. 집중치료 환경에서, 치료의 첫 주에 하루에 한 시간씩 심리도식치료 집단을 교육하는 것은 바람직한 일이다. 외래환자 환경에서 각 주마다 한 번의 집단만이 가능할 때도 우리는 다른 요소들로 옮겨 가기 전에 심리도식치료 교육 회기로 시작하기를 권한다. 이런 식으로 프로그램에 접하는 방식은 환자들로 하여금 안전하다는 느낌을 받도록 하며 그들에게 생소할 치료 모델에 압도되지 않도록 한다. 심리도식치료 언어는 환자들이 사용하기 쉽고 짧은 시간 동안 그들이 이 용어들을 이해하고 사용하게 한다. 각 개인과 환자들은 또한 그들의 양식을 위한 이름들을 떠올리게 되는데, 이것은 격려되는 일이다. 분리된 보호자 양식은 '정신 못 차린 사람'이 되고 처벌적 부모 양식은 '벌 주는 사람' 등이 될 것이다.

심리도식치료 교육의 첫 번째 회기에서 환자들은 어떤 심리도식과 양식들이 있고 그것이 어떻게 발달되는지에 대해 배운다. 환자들은 심리도식이 스며들듯이 존재해 있고 우리가 보고, 느끼고, 세계와 우리 자신 그리고 타인을 경험하는 특정 방식을 형성하는 특질 같은 구조라는 것을 이해해야 한다. 심리도식은 인지적 · 정서적, 심지어 생리적 요소들과 같은 다수의 요소를 가지고 있다. 심리도식은 우리가 우리의 세계를 구성하는 것을 돕지만 만약 그것이 역기능적이 되면 우리가 환경의 변화에 적응하는 것을 힘들게 만들기도 한다. 게다가 환자들은 정상적인 아동기의 욕구가 만족되지 않았을 때 역기능적 심리도식이 발달되는 것을 이해해야 한다. 유인물 '심리도식치료 교육 회기 1: 심리도식이란 무엇인가'를 보면 아동기의 핵심 욕구가 확인되고 환자들은 이러한 욕구들이 그들의 아동기에 충족되었는지 그렇지 않은지에 대해 이야기를 나누도록 격려된다. 이것은 그들의 욕구가 충족되지 못한 것에 대한 충격을 갑자기 느낀 몇몇 환자에게는 매우 감정적일 수 있다. 집단 내에서의 시간은 한정적이기 때문에 만약 그들이 그들의 아동기에 대해 더 알고 싶고 그들 각각의 충족되지 않은 아동기의 욕구에 대해 더 작업하고 싶을 때는 언제나 환자들을 다시 개인 심리도식치료 회기로 되돌아가도록 의뢰하는 것이 가능하다.

보통 회기 1에서 15개의 심리도식을 모두 진행하기에는 시간이 부족하곤 하다. 회기 1의 자료 끝 부분에 모든 도식의 목록이 있다. 환자들이 치료 과제로 심리도식에 관해 읽어 오게 하기를 권장한다. 만약 환자들이 그들 자신의 심리도식에 대해 매우 특정한 질문을 해 온다면, 그들을 개인 심리도식치료에 의뢰하라.

심리도식치료 교육 회기 1: 심리도식이란 무엇인가

심리도식은 '패턴'이다

심리도식은 어린 시절과 청소년기에 발달하고, 살면서 계속해서 반복 활성화된다. 심리도식은 시간이 흐를수록 더 단단하고 엄격해지기 때문에 우리의 반응은 점점 더 융통성이 없어진다. 심리도식이 불러오는 결과들 중 하나는 이렇게 심리도식에 의거한 반응들이 현재 우리가 살고 있는 현실 상황의 요구에는 사실 잘 맞지 않는다는 것이다.

심리도식에는 적응적 심리도식과 부적응적 심리도식이 있다

부적응 도식은 다음과 같이 한다.

- 자신을 스스로 상처 입힌다.
- 우리가 겪은 적 있는 어떤 것으로부터 비롯된다(예: 비판, 무시, 불인정, 학대, 과보호).
- 우리가 이러한 해로운 상황 속에 반복해서 있게 만들어 우리의 인생을 지배한다(예: 건강하지 못한 애정관계에 계속해서 머무르고 있는 것).
- 우리가 자기패배적이고 우리의 아동기 발달과정에서 우리에게 상처를 주었던 상황과 비슷한 상황에서 융통성이 없는 방식으로 반응하게 만든다.
- 성인으로서 살아가면서 만나는 중요한 상황들의 요구를 성공적으로 충족시키기 어렵게 만든다.

심리도식치료에서는 이것들을 초기 부적응 도식 혹은 EMS라고 부른다.

심리도식은 어떻게 발달되는가

심리도식(EMS)은 자신의 기질과 충족되지 않은 어린 시절의 욕구가 상호작용하여 발달된다

- '기질'은 유전적으로 타고나는 것이다. 이것은 사람이 세계에 대해 반응하는 각자의 특정한 방법이다. 이것은 우리가 태어날 때부터 이미 '내장'되어 있는 신경생물학적 측면이다. 어린아이일 때 우리는 우리의 기질을 조절하지 못한다. 한 연구에 따르면 정신장애를 가진 사람들은 더 예민하고 반응이 빠른 기질을 가지고 있다.
- '충족되지 않은 욕구'는 어렸을 때 나를 돌봐 주었던 사람이 얼마나 잘 돌보았는지 그리고 나의 기본적이고 정상적인 욕구와 자라난 환경이 잘 맞았는지를 나타낸다.

어린 시절의 정상적인 '욕구'는 무엇인가

아동발달 연구에 따르면, 모든 아이가 공통적으로 가지고 있는 다섯 가지의 중요한 욕구가 있다.

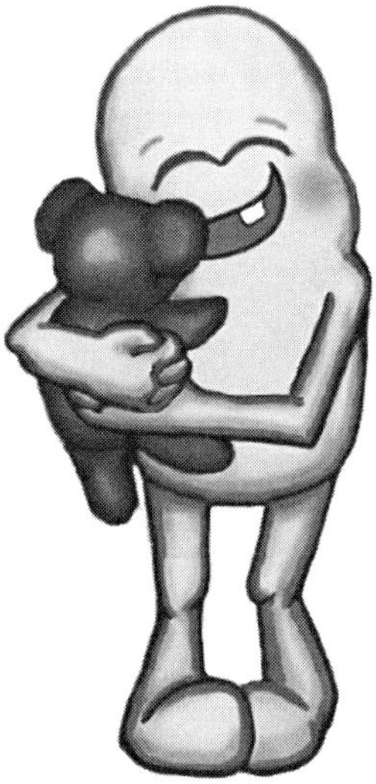

1. 안정 애착(안전함, 안정감, 보살핌, 수용 · 소속감을 포함)
2. 자율성, 유능감 그리고 정체감(나이에 맞는 과업들을 스스로 할 수 있도록 허용받는 것 그리고 자신에 대해 정확한 피드백을 받는 것)
3. 자유(자신의 감정과 욕구를 표현할 수 있는 것)
4. 자발성과 놀이(자기표현과 인생을 즐길 수 있는 능력)
5. 현실적인 한계(나이에 걸맞은 자기통제력을 배우는 것)

너무 적거나 너무 많은 욕구 충족은 부적응적 도식을 발달시킨다!

부적응적 심리도식이 어떻게 발달되고 우리에게 지금 어떻게 영향을 줄까

1. 만약 당신이 유기 도식을 가지고 있다면…
   …어렸을 때 당신은 당신을 돌보는 사람으로부터 안전, 보안, 혹은 예측 가능성에 대한 욕구를 충족받지 못했다.
   …성인이 되었을 때 만약 당신에게 안정감과 정서적 지지나 연결, 힘 혹은 당신이 결사적으로 바라는 보호를 해 줄 사람이 없고 스스로 그 요구를 충족시키지 못한다면 심리도식이 촉발될 때 당신은 안전하지 못하고 홀로 있다고 느낀다.
2. 만약 내가 결함 심리도식을 가지고 있다면, 나는…
   …인생의 중요한 측면에서 내가 어딘가 결점이 있고, 가치가 없고, 나쁘고, 무능하고, 혹은 쓸모없다고 느낀다.
3. 만약 내가 불신/학대 심리도식을 가지고 있다면, 나는…
   …다른 사람들이 내게 거짓말을 하고, 속이고, 상처를 주거나 학대하고, 조종하고, 수치를 주거나 나를 이용할 것이라고 생각한다.
4. 만약 내가 정서적 박탈 심리도식을 가지고 있다면 나는…
   …정서적 지지와, 관심, 이해, 공감 그리고 도움에 대한 내 욕구가 다른 사람들에 의해 절대로 충분히 충족되지 않을 것이라고 생각한다.
5. 만약 내가 통제 부족 심리도식을 가지고 있다면, 나는…
   …자기통제에 큰 어려움이 있다. 예를 들면, 나는 내 감정과 충동을 지나치게 크게 표현한다.
   …혹은 목적을 달성하기 위한 좌절에 대한 낮은 인내심을 가진다. 예를 들어, 나는 지속적인 노력을 하는 것을 싫어한다.

6. 만약 내가 고립 심리도식을 가지고 있다면, 나는…

…세상으로부터 고립된 감정을 가지고 있다고 느끼거나 다른 사람들과 나는 다르다고 생각하거나 나는 그 집단 중 일부가 아니기 때문에 속해 있지 않다고 생각한다.

7. 만약 내가 의존/무능 심리도식을 가지고 있다면, 나는…

…다른 사람으로부터 많은 양의 지원을 받지 못한다면 나는 매일매일을 살아내기 힘들 것이라고 생각한다.

8. 만약 내가 질병/손상에 대한 취약성 심리도식이 있다면, 나는…

…내가 막을 수 없는 재난에 대해서 끊임없이 두려워한다.

9. 만약 내가 융합 심리도식을 가지고 있다면, 나는…

…인생에서 한 명 또는 그 이상의 사람에게 너무 큰 애착을 가지고 내 자신의 흥밋거리나 사회생활이 없을 만큼 그들과 가깝게 지내려고 노력한다.

10. 만약 내가 실패 심리도식을 가지고 있다면, 나는…

…운동이나 학교 혹은 직장 등 어떤 것을 수행하는 영역에서 내가 이미 실패했거나 혹은 곧 실패할 거라고 확신한다.

11. 만약 내가 과대성 심리도식을 가지고 있다면, 나는…

…내가 다른 사람보다 낫거나 특별하다고 생각하거나 다른 이들보다 더 많은 권리를 가지고 있다고 확신한다.

12. 만약 내가 복종 심리도식을 가지고 있다면, 나는…

…왠지 그래야만 할 것 같은 기분에 다른 사람들에게 통제권을 쉽게 넘겨 준다(예를 들면, 결과에 대한 두려움에서).

13. 만약 내가 자기희생 심리도식을 가지고 있다면, 나는…

…일상생활에서 내 행복을 희생해서 다른 사람들의 욕구를 충족시키기 위해 과도하게 애를 쓴다.

14. 만약 내가 관심 추구 심리도식을 가지고 있다면, 나는…

…승인, 칭찬 혹은 다른 사람의 관심을 받기 위해 과도하게 애를 쓰거나 자신의 진짜 감정을 발달시키는 것을 희생하고 다른 사람들과 어울리려고 노력한다.

15. 만약 내가 부정성 심리도식을 가지고 있다면, 나는…

…내 모든 인생에 있던 모든 부정적인 측면에 집중한다(예를 들어, '물이 반만큼 차 있는 물잔' 이야기가 인생에 적용된다든가).

16. 만약 내가 정서적 억제 도식을 가지고 있다면, 나는…

…나의 자발적인 감정, 행동, 또는 의사소통을 지나치게 억제한다. 대개 혐오의 감정이나 수치스러운 감정을 피하려고 하거나 내 충동에 대한 통제를 잃는 것을 피한다.

17. 만약 내가 가혹한 기준 심리도식을 가지고 있다면, 나는…

…나 자신이나 남들의 비판적인 시선을 피하기 위해 행동과 성취에 대한 매우 높은 자신의 기준에 자신을 충족시키려고 쉼없이 일해야 한다고 스스로 확신한다.

18. 만약 내가 처벌 심리도식을 가지고 있다면, 나는…

…사람들이 실수를 하면 아주 강력하게 벌을 받아야 한다고 스스로 확신한다.

- 심리도식은 한 사람이 투쟁하는 '이슈'나 문제적 측면이다.
- 심리도식은 항상 활성화되어 있지 않다. 도식은 어떤 것—대개 당신이 속한 상황이나 누군가와의 상호작용—에 의해 켜지거나 꺼진다.
- 우리의 심리도식이 활성화되었을 때, 감정이나 느낌, 생각, 행동 그리고 가끔은 기억까지도 아주 강렬한 상태가 되도록 촉발된다.
- 심리도식치료에서 이 상태들은 '양식'이라고 부른다. 이 프로그램의 대부분의 작업은 이 양식에 초점을 맞춰서 진행될 것이다.
- 이 자료는 여러분이 여러분 자신에 대해서 생각할 수 있도록 하기 위해 이 심리도식 목록을 제공한다. 여러분은 당신의 개인 치료사와 논의해 개인적인 치료 계획을 발전시킬 수 있다.

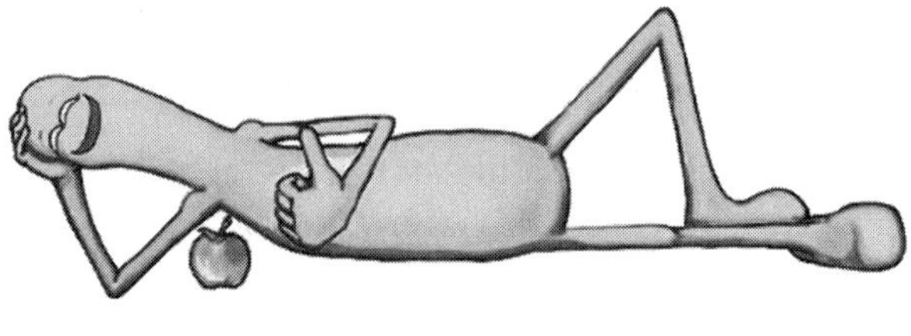

심리도식 양식들에 대한 설명

심리도식 양식들은 우리가 모두 경험하는 시시각각 변하는 정서적 상태들과 대처 방식들이다. 때때로 우리의 심리도식 양식들은 우리가 특별히 예민한 어떤 생활 상황(우리의 '정서적 버튼')에서 촉발된다. 심리도식 양식은 심리도식이 활성화되면 촉발된다. 심리도식 양식들은 각 개인들의 기능들을 인계받거나 조절하기 위한 강렬한 정서들과 함께 또는 따로 엄격한 대처 방식들로 구성되어 있다.

우리가 속해 있는 양식은 빠르게 변할 수 있고, 양식들은 다른 양식들과 겹칠 수 있다. 우리는 이것을 '양식전환'이라고 부르는데, 이는 정신증 장애가 있는 사람에게 아주 흔하다. 양식전환은 아주 무섭고, '미친' 것 같고, 압도되는 느낌이고, 사람을 지치게 한다.

우리가 집중할 양식

1. '부적응적 대처 양식'은 어린 시절 상처받고, 고통스럽고, 무시당하고, 학대당하는 것과 같은 감정으로부터 우리 자신을 지키기 위해 사용하던 생존 전략이다.
   - 회피 양식
   - 과잉 보상 양식
   - 굴복 양식
2. '아동 양식'은 우리의 이러한 욕구들이 충족되지 못할 때 생긴다.
   - 취약한 아동 양식
   - 화난/충동적 아동 양식
3. '역기능적 부모 양식'은 아동기에 당신을 돌봐 주던 사람들의 부정적인 측면을 내면화한 것이며, 그 시절 그들에 대한 경험과 함께 오는 감정이다.
   - 처벌적 부모 양식
   - 요구적 부모 양식
4. '건강한 양식'은 우리가 성인으로서 살고 있는 이 환경에 적응적인 반응이며 아동기의 창의적이고 즐거운 측면에 접근할 수

있는 능력이다.

– 건강한 성인 양식
– 행복한 아동 양식

양식 가족과 만나 보세요!

심리도식치료 교육 회기 2, 3과 같은 다음 두 개의 회기는 심리도식 양식에 대해 더 깊이 다가간다. 유인물의 구조는 비슷하다. 목표는 각 환자를 위한 각 양식의 인지적·정서적·생리적 그리고 행동적 요소를 이해하는 것이다. **회기** 2는 부적응적 대처 양식들과 선천적 아동 양식들과 역기능적 부모 양식들에 집중한다. 역기능적 부모 양식들을 소개할 때, 우리는 이 부정적이고 비판적인 내면화의 근원이 부모가 될 필요는 없다는 사실을 명료하게 해야 한다. 이것은 초기 양육자, 아동기 가해자 혹은 청소년기 또래 집단의 비판적이거나 벌주는 목소리일 수도 있다. 만약 이것이 부모라면, 그들이 '완전히 나쁘다'는 뜻이나 그들이 진짜 부모와 모두 연을 끊어야 한다는 것이 아니라 우리가 말하는 부모의 선택적인 부정적 측면으로서의 가족에 대한 충성심으로 고심하는 일부 환자에게 도움이 될 것이다. **회기 3**은 건강한 성인 양식이나 행복한 아동 양식과 같은 건강한 양식들에 대해 설명한다. 만약 그것들이 아주 약하거나 자주 경험하지 않았다 해도 모든 사람이 행복한 아동과 건강한 성인 양식을 가지고 있다는 사실을 확실히 하는 것은 아주 중요하다. 만약 여러분이 그것들을 목격한 바가 있다면 그들에게 그들의 행복한 아동이나 건강한 성인 양식의 실례를 제시하는 것은 도움이 될 것이다. 만약 당신이 환자의 건강한 어른 행동을 한 번도 목격한 적이 없다면 그들이 건강한 성인 양식 행동의 예시로서 치료에 참여했다는 사실을 언제나 들 수 있다. 치료적 한계 이내의 범위에서 여러분 자신의 양식 경험에 대한 자기개방을 포함한 각 양식의 일반적인 생각, 행동, 또는 감정에 대한 예시를 들도록 하라. 자기개방은 심리도식치료사가 그들이 진실된, 가끔은 취약한 '진짜 사람'임을 입증하는 방법 중 하나이다. 우리 모두가 양식들을 경험한다는 점을 강조하는 것이 중요하지만, 만약 양식이 엄격해지거나 빈번해지고 일상생활에서의 건강한 기능과 자신의 성인적 욕구를 충족시키는 데 방해한다면, 그들은 치료가 필요한 것이다.

심리도식치료 교육 회기 2: 당신의 양식 경험들을 찾아보라 1

1. 부적응적 대처 양식

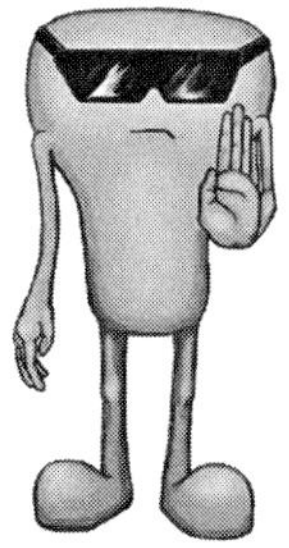

- 대처 양식에서, 여러분은 모든 감정을 멀리할 수 있다. 이것은 생존이나 학대적 상황에서 도움이 되지만 만약 이 방법을 너무 자주 사용하면 만성적으로 내면의 공허함을 느끼게 될 수 있다.
- 이 양식을 많이 이용하는 것의 또 다른 문제점은 이 대처 양식 내에서 여러분은 고통스러운 감정뿐만 아니라 긍정적인 감정마저 느낄 수 없다는 것이다. 심지어 치료 회기 중에도!

- 대처 양식 내에서 여러분은 아마도 욕구와 감정을 차단할 것이다. 사람들로부터 정서적으로 분리되려 하며 그들의 도움을 거부한다. 수줍고, 멍해지고, 산만해지고, 연결되지 않은 것 같고, 주체성이 상실되고, 공허하거나 지루한 느낌이 든다. 산만한 것을 추구하며, 스스로 자신을 위로하고, 혹은 과잉되기 위해 스스로를 자극하는 행동을 한다. 사람들이나 활동들에 시간을 투자하는 것을 피하기 위해 냉소적이고, 냉담하거나 부정적인 자세를 보인다.

만약 내가 나의 부적응적 대처 양식 내에 있다면, 나는 다음과 같이 느낀다(감정).

- ____
- ____
- ____

만약 내가 나의 부적응적 대처 양식에 있다면, 나는 다음과 같이 생각한다(생각).

- ____
- ____
- ____

부적응적 대처 양식에서 내가 일반적으로 하는 행동

- ____
- ____
- ____

부적응적 대처 양식을 촉발하는 일반적인 상황

- ____________________
- ____________________
- ____________________

3가지 종류의 부적응적 대처 양식

부적응적 대처 양식은 생존이 위협받을 때 나오는 사람들의 자동적인 긴급 반응인데, 이 반응의 모든 종류가 지금부터 우리가 살펴볼 부적응적 대처 양식(도주, 싸우기, 얼어 버림)에 속해 있다. 이것들은 당신의 중요한 욕구가 충족되지 않더라도 살아갈 수 있도록 당신의 아동기 때부터 발달되어 왔다. 이것들이 나타났다는 것은 긴급 상황이라는 뜻이지만, 당신은 그것을 너무 많이 이용하고 있다. 지금 그것을 사용하는 것은 타인과의 거리감을 유지하고, 대인관계 문제를 일으키고, 모든 감정을 멀리하며 인생의 요구에 성공적으로 대처할 수 있는 당신의 능력을 제한한다. 대처 양식들은 아동 양식들, 특히 취약한 아동 양식이 많이 시달리는 것으로부터 보호하고자 한다.

회피 – 도주

- 연관된 반응 전략: **도주**
- 회피하거나, 달아나거나, 스스로를 위로하거나, 심리적 위축, 해리를 통해서 방어한다.
- 이 보호자를 가지고 있는 사람이 쓰는 전략은 잠을 자거나 온라인 채팅을 하거나 혹은 그냥 나타나지 않는 것이다.

과잉 보상 – 싸우기

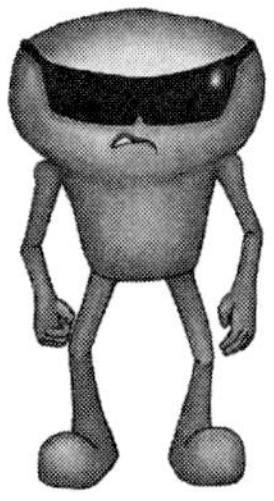

- 연관된 반응 전략: **싸우기**
- 다른 사람들에게 쌀쌀맞거나 불친절하거나 적대적으로 대함으로써 방어하고, 그렇게 하여

그들을 멀리 밀어냄으로써 상처받는 것을 막는다.
- 사람들을 괴롭히고 공격한다. 만약 그 사람이 상처를 입는다면 다시 상처를 줌으로써 보복한다.
- 비꼬거나 냉소적일 수 있으며, 가끔씩 섬뜩한 농담을 던지기도 하며 수동 공격적일 수도 있다.
- 자기과대성: 마치 다른 사람보다 자신이 낫다고 믿고 행동한다.

굴복 - 얼어버림
- 연관된 반응 전략: **얼어 버림**
- 이 대처 방식은 당신의 심리도식들에 굴복하거나 받아들이는 것이다. 예를 들어, 결함에 굴복하는 것은 당신 스스로가 결함이 있다고 인정하는 것이다.
- 일종의 포기 같은 것이다.

2. 취약한 아동 양식

- 이 양식은 애착과 안정에 대한 욕구가 가장 강할 때 나타난다.
- 이 양식은 우리에게 가장 큰 영향을 미칠 수 있고 대처 양식들을 촉발하는 심리도식을 포함하고 있다.

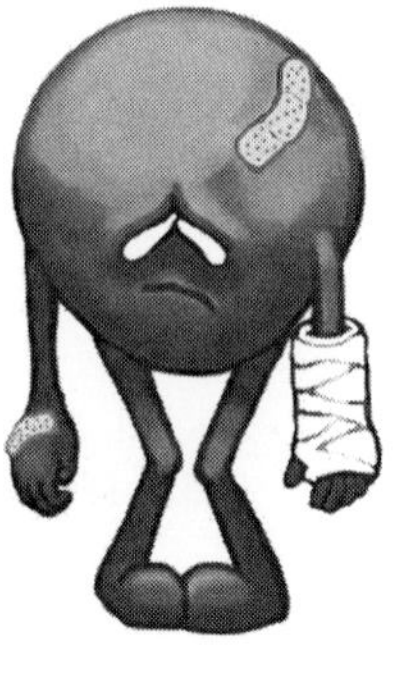

- 이 양식하에서 사람들은 다음 감정 중 일부나 전부를 느낀다. 외로움, 고립됨, 슬픔, 오해를 받는, 지지받지 못하는, 결함이 있는, 불우한, 압도되는, 무능한, 자신을 의심하는, 궁핍한, 무력한, 희망이 없는, 겁먹은, 불안한, 걱정되는, 부당하게 희생자가 된 것 같은, 쓸모없는, 사랑받지 못하는, 사랑받을 만하지 않은, 헛된, 방향을 잃은, 깨질 것 같은, 약한, 패배당한, 억압당한, 힘이 없는, 버려진, 배제당한,

비관적인.

만약 내가 취약한 아동 양식에 있다면, 나는 다음과 같이 느낀다(감정).

- ______________________
- ______________________
- ______________________

만약 내가 취약한 아동 양식에 있다면, 나는 다음과 같이 생각한다(생각).

- ______________________
- ______________________
- ______________________

취약한 아동 양식에서 내가 일반적으로 하는 행동

- ______________________
- ______________________
- ______________________

취약한 아동 양식을 촉발하는 일반적인 상황

- ______________________
- ______________________
- ______________________

3. 화난/충동적 아이 양식

- 이 양식하에서 사람들은 다음 감정들 중 일부나 전부를 느낀다. 격렬하게 화나는, 격분한, 극도로 화가 난, 좌절된, 짜증을 내는(왜냐하면 취약한 아동의 가장 핵심적인 정서적 혹은 신체적 욕구가 충족되

지 않았기 때문)

- 화난 아동 양식하에서 당신은 현재의 상황의 것이 아닌 오랫동안 숨겨져 있던 강한 감정을 털어놓을 수도 있다.
- 충동적 아동 양식하에서 당신은 화난 아동이 느낄 법한 감정을 느낄 수도 있지만 그와 동시에 당신의 욕구를 충족시키기 위해서 이기적으로 행동하거나 통제되지 않는 방식으로 행동해 '버릇없이' 보일 수도 있다.
- 화난/충동적 아이 행동은 때때로 다른 사람들과의 문제를 일으키기도 한다.

만약 내가 나의 화난/충동적 아동 양식에 있다면, 나는 다음과 같이 느낀다(감정).

- ____________________________
- ____________________________
- ____________________________

만약 내가 나의 화난/충동적 아동 양식에 있다면, 나는 다음과 같이 생각한다(생각).

- ____________________________
- ____________________________
- ____________________________

화난/충동적 아동 양식에서 내가 일반적으로 하는 행동

- ____________________________
- ____________________________
- ____________________________

화난/충동적 아동 양식을 촉발하는 일반적인 상황

- ____
- ____
- ____

이러한 양식들을 위한 심리도식치료의 목표

당신의 '건강한 어른'을 강화시키고 발전시켜 그/그녀가 다음과 같은 것들을 할 수 있게 된다.

1. 부적응적 대처 양식들을 재확인하고 대체한다.
   - 당신의 예전 대처 양식이 당신이 아동기에 살아남을 수 있도록 도와줬지만, 지금의 욕구를 충족시킬 순 없다는 사실을 인식하라.
   - 이 양식이 당신의 어른으로서의 삶을 제한한다는 사실을 인식하라.
   - 만약 그것들이 다시 떠오르면 막으려 하지 말고 그 감정들을 경험하라.
   - 다른 이들과 연결하여 안정적인 관계를 만들라.
   - 당신의 욕구를 표출하라.
2. 당신의 취약한 아동을 보살피고 보호한다.
   - 당신의 안전과 보살핌, 자율성, 자기표현 그리고 연결과 관련된 충족되지 못한 욕구들을 처리하라.

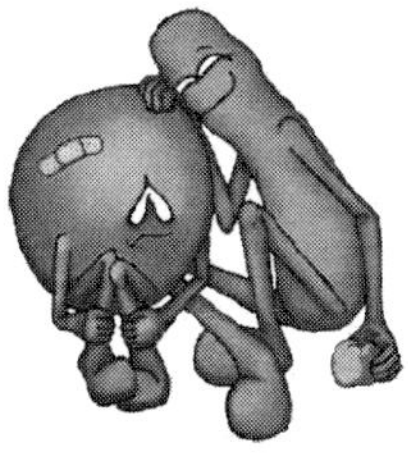

   - 좋은 부모가 사랑하는 아이를 위해 할 법한 일을 하라.
   - 스스로를 위로할 수 있도록 하라.
   - 놀랐거나 도전을 하게 되었을 때 취약한 아동을 지지할 수 있도록 하라.

3. 화난 아이의 욕구와 감정을 인정하고 충동적인 아이의 행동을 건강한 행동으로 바꾼다.
   - 화난 감정을 느끼는 것과 충동적으로 행동하는 것의 차이를 알아보라.
   - 화난 아이의 욕구를 상황의 한계 속에서 충족시킬 수 있도록 적극적으로 행동하라.
   - 분노를 표출하기 위한 건강한 방법을 배우라.

심리도식치료 교육 회기 3: 당신의 양식 경험을 찾아보라 2

1. 처벌적/요구적 부모 양식

- 이러한 양식 내에서 당신은 당신의 아동기와 청소년기의 처벌적이거나 방임적인 양육자나 권위자들(부모, 교사, 코치, 또래 친구, 불량배 등)의 초기 메시지나 견해에 의해 지배된다.
- 이 양식들은 당신이 어렸을 때 경험했던 모든 내면적 분노와 증오, 거부감 등을 모두 포함한다.
- 처벌적 부모 양식에서 당신은 당신이 벌을 받거나 비난받을 만한 사람이라고 느낄 수 있으며 때때로 이러한 감정하에서 스스로 비난하고 벌을 주거나 학대하는 등의 행위를 하기도 한다(예: 자해).

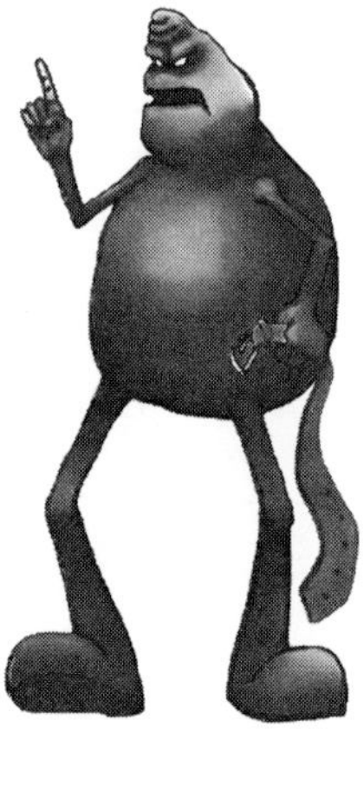

- 요구적 부모 양식하에서 당신은 당신이 완벽해야 하고, 아주 높은 수준의 성취를 이뤄야 하고, 모든 것이 질서정연하게 있어야 한다고 생각하며, 높은 지위를 위해 분투하고, 자기 자신의 욕구보다 타인의 것을 더 우위에 놓거나 능률적이 되어야 하거나 시간 낭비를 피하려고 한다. 당신

은 감정을 표현하거나 즉흥적으로 행동하는 것이 잘못되었다고 느낀다.

- 이 두 가지 견해의 차이점은 처벌적 부모 양식이 어떻게 규칙들이 집행되는지에 중점을 두는 반면, 요구적 부모 양식은 집행이 아닌 기준 및 규칙 자체에 중점을 두는 데 있다. 처벌적 부모는 요구하거나 요구하지 않을 수 있으며, 요구적 부모는 벌을 주거나 주지 않을 수 있다.

○ 만약 내가 나의 처벌적/요구적 부모 양식에 있다면, 나는 다음과 같이 느낀다(감정).

- ________________
- ________________
- ________________

만약 내가 나의 처벌적/요구적 부모 양식에 있다면, 나는 다음과 같이 생각한다(생각).

- ________________
- ________________
- ________________

○ 처벌적/요구적 부모 양식에서 내가 일반적으로 하는 행동

- ________________
- ________________
- ________________

처벌적/요구적 부모 양식을 촉발하는 일반적인 상황

- ________________

- ____________________
- ____________________

2. 건강한 성인 양식

- 이 양식하에서 우리는 우리의 취약한 아동 부분을 양육하고, 인정해 주며, 지지해 주고, 화나고 충동적인 아동 부분을 제한하며, 우리의 행복한 아동 부분을 촉진하고 지지해 준다. 또한 부적응적 대처 양식들과 싸우며 결과적으로 부적응적 대처 양식들을 대체하고, 부적응적 부모 부분을 무력화시키고 완화시킨다.
- 건강한 성인은 우리의 역할 책임감과 과업에 대한 욕구를 돌볼 때 균형을 잡을 수 있게 하며 인생을 즐길 수 있도록 하는 양식이다.
- 정신질환을 가진 사람들은 흔히 그들의 건강한 어른 양식을 발달시킬 때 필요한 지지적 아동기 환경을 가지지 못했을 수 있다. 하지만 이것은 심리도식치료의 작업을 통해 바뀔 수 있다. 건강한 성인은 심리도식치료에서 강화하고 발달시키고자 하는 부분이다.

만약 내가 나의 건강한 성인 양식에 있다면, 나는 다음과 같이 느낀다(감정).

- ____________________
- ____________________
- ____________________

만약 내가 나의 건강한 성인 양식에 있다면, 나는 다음과 같이 생각한다(생각).

- ______________________________
- ______________________________
- ______________________________

건강한 성인 양식에서 내가 일반적으로 하는 행동

- ______________________________
- ______________________________
- ______________________________

건강한 성인 양식을 촉발하는 일반적인 상황

- ______________________________
- ______________________________
- ______________________________

3. 행복한 아동 양식

- 이 양식하에서 우리는 사랑받고, 만족스럽고, 연결되어 있고, 충족되고, 성취하고, 보호받고, 칭찬받고, 보람 있고, 양육되고, 지도받고, 이해받고 있고, 인정받고, 자신감이 있고, 유능하고, 적절한 정도로 자율적이거나 스스로를 믿을 수 있고, 안전하고, 끈질기고, 강하고, 조절하고, 적응성이 있고, 낙관적이고 자발적인 느낌을 가진다.
- 만약 우리가 이 양식하에 있다면, 우리의 주요한 감정적 욕구들은 지금 충족되어 있다.

• 정신질환을 가진 사람들은 흔히 그들을 행복하거나 즐겁게 해 주도록 도와줄 아동기 환경을 가지지 못한 경우도 있다. 따라서 그들은 때때로 그들이 어떤 것을 즐기는지 모르기도 하며, 그들의 온 인생을 통틀어 어떠한 취미나 여가 활동을 개발한 적이 없기도 하다. 행복한 아동 양식에 대해서 배우고 발달시키는 것은 당신의 건강한 성인에게 필요한 즐겁거나 재미있는 감각을 느낄 수 있게 한다.

○ 만약 내가 나의 행복한 아동 양식에 있다면, 나는 다음과 같이 느낀다(감정).

• ____________________
• ____________________
• ____________________

만약 내가 나의 행복한 아동 양식에 있다면, 나는 다음과 같이 생각한다(생각).

• ____________________
• ____________________
• ____________________

○ 행복한 아동 양식에서 내가 일반적으로 하는 행동

• ____________________
• ____________________
• ____________________

행복한 아동 양식을 촉발하는 일반적인 상황

• ____________________

- ______________________________
- ______________________________

이 양식들을 위한 심리도식치료의 목표

당신의 건강한 어른을 강화시키고 발달시킴으로써 그/그녀는 다음과 같은 것들을 할 수 있게 된다.

1. 역기능적 부모 양식들을 제거한다.

1) 처벌적 부모를 타도하고 추방하라.
- 이 양식의 원천을 인식하고 그것이 진짜 당신이 아니라는 것을 안다.
- 당신을 방어하기 위해 마음의 문을 걸어잠그는 대신 이 목소리를 무시하는 법을 배운다.
- 스스로를 벌주는 것을, 적절한 후회를 경험하거나 보상을 하거나 책임을 지거나 필요하다면 변화를 주는 식의 건강한 반응으로 대체하라.
- 처벌보다는 긍정적인 일을 강화하는 것이 더 낫다는 것을 인식하라.

2) 요구적 부모를 합리적인 기준으로 변환시키라.
- '충분하다'는 것을 받아들이는 법을 배우라.
- 자신에게 휴식을 주는 법을 배우라.
- 당신에게 의미 있는 성취를 위해 일하라.

2. 건강한 양식들을 더 발달시킨다.

1) 건강한 성인 양식을 발달시키면 당신은 다음과 같은 것들을 할 수 있게 된다.

- 당신이 필요할 때 이 부분에 접근할 수 있게 된다.
- 당신의 가능성을 자각한다. 당신의 힘을 인식한다. 진심 어린 칭찬을 받아들인다.
- 건강한 관계를 만들고 유지한다.
- 정확하고 안정적인 정체성을 형성한다.

2) 행복한 아동 양식을 발달시키면 당신은 다음과 같은 것들을 할 수 있게 된다.

- 게임이나 퍼즐 같은 즐거운 활동들에 참여하게 된다. 취미에 관심을 갖고 만족감을 얻는다.
- 창의적인 자극과 반응을 위한 표현 수단을 가진다.
- 다른 사람들과 즐겁게 있는 법을 배우고 더 많이 웃게 된다.

과제

오늘 나의 양식 분포 그림: 여섯 가지 심리 양식이나 당신의 부분들의 정확한 크기를 나타내기 위한 선을 그려 보라.

앞으로 심리도식치료에서 작업해 나갈 건강한 분배 방식은 다음과 같이 생겼을 것이다.

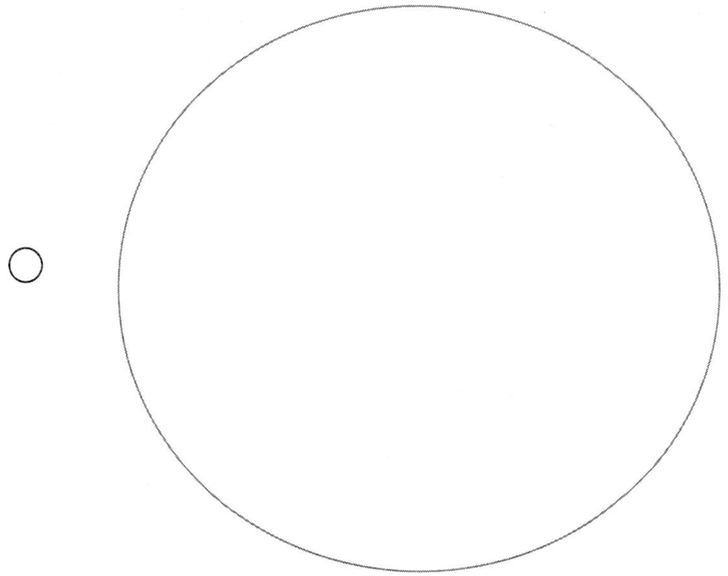

심리도식치료 교육 회기 4는 심리도식치료에서 쓰이는 주요 개입을 설명하고 있다. 심리도식치료는 인지적·경험적 그리고 행동적 패턴 파괴 작업을 통합하였는데, 이 통합은 모델의 고유한 특성 중 하나이다. 환자들은 인지적이고 행동적인 개입에 더 익숙한 경향을 보이기 때문에, 여기에서 집중할 것은 경험적 개입들과 세 가지를 모두 통합한 작업이다. 심상 재구성하기를 포함한 심상을 이용한 작업은 설명 · 논의되었다. 우리는 훈련을 통해 환자들에게 그들이 '심상화'할 수 있고 그것은 고통스럽거나 압도되는 경험이 아니라는 것을 입증해 준다. 이것은 이번 회기를 위한 치료자 노트에 자세하게 설명되어 있다.

회기 5는 행복한 아동 양식에 집중한다. '자동차' 게임을 이용하여 계속해서 양식에 대해 배운다. 이것들은 치료자 노트에 설명되어 있다. 마지막 회기에서 중요한 것은 양식들과 그들 자신의 양식에 대해 배우는 환자들의 관심에 대해 이야기할 때 편안함을 키우는 것이다. 이것은 양식 경험을 가지고 있는 것에 대해 비난하는 느낌이나 '나쁜' 상태로 있지 않도록 돕고 그들 자신을 볼 때보다 덜 정신병리 지향적인 방법을 이용하도록 한다. 그들은 그들이 심리 진단을 받든 그렇지 않든 간에 그들 주위의 사람들이 언제나 다양한 양식하에 있다는 사실을 이해하기 시작한다. 이 접근은 또한 심리도식치료 집단이 발전시키고자 하는 중요한 치료적 요인인 보편성을 촉진한다.

심리도식치료 교육 회기 4: 심리도식치료

당신의 심리도식과 양식들을 다음과 같은 것들을 통해 발견할 수 있다.

- 당신의 아동기의 경험들에 대해 논의하기
- 당신의 평소 행동과 감정에 대해서 질문 던져 보기
- 어떤 양식이 활성화되는지 머릿속으로 연습해 보기
- 당신의 심리치료사 또는 집단 구성원들이나 다른 사람들을 만날 때 심리 도식이나 양식이 언제 활성화되는지 주목하기
- 강한 감정적 반응은 가끔 중요한 도식이나 양식의 활성화를 알려 주는 지표일 수 있다. 당신이 속해 있는 상황보다 당신의 반응이 더 커 보일 때를 말하지만, 그것은 당신의 인생 속 경험의 맥락에서는 이해할 만하다. 이러한 강렬한 반응들은 공포, 분노 혹은 대처 양식의 활성화일 수 있으며 어떤 심리도식이 활성화되었으며 어떤 양식이 촉발되는지를 유추할 수 있는 단서로도 쓰일 수 있다.

• 예시:

____

____

____

심리도식치료 기법

심리도식치료는 인지적 · 경험적 그리고 행동적 기법이나 방법이다. 주된 기법들은 다음에 설명된 것과 같다.

1. 인지적 기법들은 우리의 생각과 추론의 방법이다.

- 장단점 목록: 현재 양식의 장점이나 이점 혹은 단점이나 손실에는 무엇이 있을까?
- 나의 양식을 지속시키기 위해 만들어 내는 인지적 왜곡에는 어떤 것들이 있을까?(예: 흑백논리, 재앙화, 독심술 등)
- 다른 양식들 간에 대화를 나누라. 치료자와 동료들을 포함한 모든 집단 구성원이 '내 양식 행동' 역할을 연기해 보고, 개인 회기에서는 내가 나의 모든 양식 역할을 체험해 보기 위한 '빈 의자 훈련'을 해 본다.
- 양식을 배우기 위한 학습용 플래시카드를 이용한다.
- 양식 체크하기: 당신이 어떤 양식이 발생했다는 것을 느꼈을 때를 녹음하라.

2. 경험적 기법들은 우리의 감정을 경험할 수 있도록 도와주는 방법이다.

이것이 왜 중요할까?

취약한 아동 양식은 우리가 '뿌리'라고 부르는 고통스러운 감정과 기억을 가지고 있다. 취약한 아동 양식하의 당신은 뿌리 상황에서의 의식적 기억을 가지고 있을 수도 있고 그렇지 않을 수도 있다. 당신은 단지 무서운 또는 고통스러운 감정을 자각하고 있을지도 모른다. 고통스러운 경험의 기억이 떠오를 때, 그것이 언제나 특정한 형식으로 나타나지는 않는다. 때때로 우리는 과거의 기억과 연관된 상황들을 전혀 모르는 채로 그저 그 기억의 감정적 부분만 떠올리기도 한다. 이것은 아주 어린 시절에 기본적인 욕구가 충족되지 않았거나 학대당하거나 무시당했던 뿌리 경험이 있을 때 일어나는 일이다. 기억에 대한 연구에 따르면, 여섯 살 이전의 사건은 그것의 세부적인 내용을 완전하고 정확하게 기억할 수 없다. 게다가 그 사건의 일부가 강렬한 감정과 동반되었을 때는 그 기억 내용을 저장하는 데 방해를 받을 수도 있다. 따라서 당신이 바로 당장 그것의 뿌리를 확인하지 못한다고 해서 뭔가 잘못되었다고 걱정할 필요는 없다. 만약 당신이 말하기 전에 그 사건이 있었다면, 그것은 언어적으로 저장되지 않았을 것이다.

심리도식 양식의 '뿌리' 경험을 알아차리라. 그래서 당신의 건강한 성인 양식이 당신의 어린 시절 기억들 중 당신을 진정시키고 위안을 주는 경험들로 심리적 해독제를 만들어 당신이 더 건강하고 행복한 삶으로 나아갈 수 있게 한다.

심상 훈련을 하면 어떤 일이 벌어질까?

- 심상 훈련을 할 때 여러분은 흔히 취약한 아동으로 끝날 수도 있지만, 그것은 아주 중요하다! 그것이 치유하기 위하여 접근될 필요가 있는 양식이라는 의미이다.
- 대처 양식들은 자동적으로 고통스럽고 상처받은 느낌을 받지 않으려고 할 것이다. 그것은 극단적이거나 긴급한 상황에서는 도움이 되는 일이지만 심상 훈련 도중이나 치료 회기 중에는 전혀 도움이 되지 않는다.

심상 훈련 작업은 어떻게 하는가?

- 심상 훈련은 치료자가 당신에게 설명하는 경험을 가능한 한 완벽하게 의도적으로 만들어 내는 작업이다.
- 상상한 이미지가 마음에 와 닿도록 눈을 감고 마음의 눈으로 보려고 해 보라.
- 말을 할 때는 1인칭의 현재 시점으로 말하라("나는 ~를 보고 있어요.").
- 당신이 상상한 이미지를 설명할 때는 마치 당신의 마음의 눈으로 보고 있는 영화 장면을 설명하듯이 최대한 상세하게 설명하라.
- 당신이 실제 상상 속의 세계에 있다면 느낄 수 있는 것(향기, 맛, 소리 등)을 경험하려고 해 보라.
- 당신의 상상이 만약 영화라면, 영화에 나오는 사람들은 어떻게 생각하고, 느끼고, 경험할까?
- 이것들을 모두 한 후 당신의 집단 사람들이나 개인 심리치료사에게 상상 경험에 대해 이야기하라.
- 당신은 고통스러운 경험을 다시 체험할 필요가 없다. 우리의 목표는 어떤 나쁜 일이 벌어지기 전의 이미지를 멈추고 당신의 아동 부분의 욕구를 충족시킬 수 있는 결말로 이야기의 끝을 바꾸는 것이다.

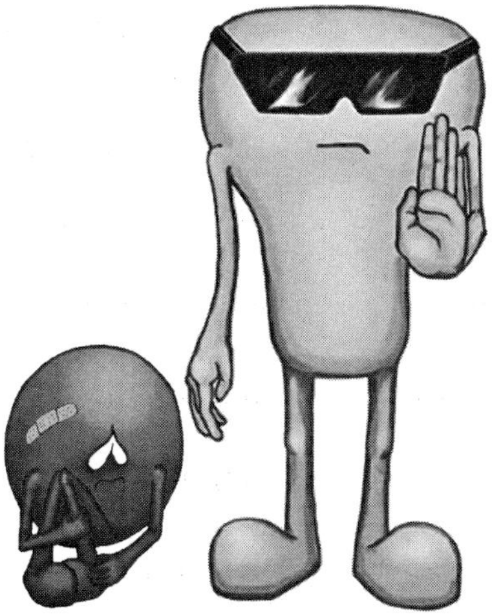

3. **행동적 기법들은 우리의 오래된 버릇을 깨부수고 새로운 기술을 발달시키게 하는 것이다.**

불행하게도, 어떤 일의 인지적인 부분을 행하고 당신의 생각을 바꾸거나 혹은 당신의 감정을 바꾸기 위해 어떤 일의 경험적 부분을 행하는 것만으로는 충분하지 않다.

심리도식치료의 목표는 다음과 같다.

- 당신을 건강하지 못한 행동과 형태로 이끄는 양식을 건강한 성인의 기술들로 대체하는 방법만이, 당신이 심리치료를 통해 얻은 당신 삶에서의 긍정적인 효과를 온전히 인식할 수 있게 한다.

심리도식치료는 당신의 삶에 중요한 긍정적 변화를 가져오기 위한 세 가지 필수적 요소를 모두 포함하고 있는 특별한 요법이다. 그래서 심리도식치료의 연구는 정신질환을 가진 사람들에게 긍정적 변화를 많이 일으키고 그들의 삶의 질을 향상시키는 것으로 나타났다.

심리도식치료 교육 회기 5: 양식 확인하기

1. 나의 ○○ 양식은 무엇일까? 게임

이제 여러분이 양식들을 구별하도록 연습할 수 있는 게임을 할 것이다. 이것은 마치 옛날 미국 TV 쇼에서처럼 각각 다른 직업의 사람들이 들어오면, 쇼의 패널들이 그들의 직업을 맞히기 위해 그들에게 질문을 하는 것과 비슷한 게임이다. 이 게임에서 우리가 맞혀야 하는 것은 사람이 아닌 양식이다. 모든 집단은 TV 쇼의 패널들처럼 그 사람에게 당신이 누군지, 무엇인지, 어딘지, 언제인지, 왜 그러는 것인지 육하원칙에 따라 물어볼 수 있다. 그리고 앞에 서 있는 참가자는 양식으로서 그 질문에 대답해야 한다. 패널 여러분은 양식 그 자체에 대한 특정한 질문을 할 수 없지만 다른 질문은 모두 해도 좋다. 예를 들면, "어렸을 때 많은 친구들이 있었나요?" "가장 좋아하는 활동은 무엇인가요?"와 같이 질문할 수 있다. 제안되는 질문들이 적혀 있는 카드도 있다.

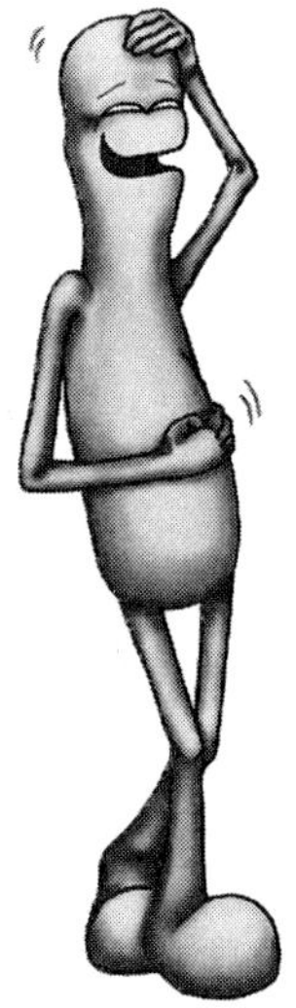

2. 영화의 장면

우리가 당신에게 보여 주는 영화 장면에서 주인공들의 양식을 확인하라. 확실히 정할 수 없다면 부담없이 추측해 보라.

영화 장면 1

나는 다음과 같은 행동과 신체적 반응을 보았다.

- ____________________
- ____________________
- ____________________
- ____________________

나는 그 사람이 다음과 같이 생각하고 느꼈다고 생각한다.

- ____________________
- ____________________

- ____________________
- ____________________

그 사람은 아마도 ____________ 양식하에 있었을 것이다.

영화 장면 2

나는 다음과 같은 행동과 신체적 반응을 보았다.

- ____________________
- ____________________
- ____________________
- ____________________

나는 그 사람이 다음과 같이 생각하고 느꼈다고 생각한다.

- ____________________
- ____________________
- ____________________
- ____________________

그 사람은 아마도 ____________ 양식하에 있었을 것이다.

영화 장면 3

나는 다음과 같은 행동과 신체적 반응을 보았다.

- ____________________
- ____________________
- ____________________
- ____________________

나는 그 사람이 다음과 같이 생각하고 느꼈다고 생각한다.

- ______________________________
- ______________________________
- ______________________________
- ______________________________

그 사람은 아마도 ______________ 양식하에 있었을 것이다.

영화 장면 4

나는 다음과 같은 행동과 신체적 반응을 보았다.

- ______________________________
- ______________________________
- ______________________________
- ______________________________

나는 그 사람이 다음과 같이 생각하고 느꼈다고 생각한다.

- ______________________________
- ______________________________
- ______________________________
- ______________________________

그 사람은 아마도 ______________ 양식하에 있었을 것이다.

영화 장면 5

나는 다음과 같은 행동과 신체적 반응을 보았다.

- ______________________________

• ____________________

• ____________________

• ____________________

나는 그 사람이 다음과 같이 생각하고 느꼈다고 생각한다.

• ____________________

• ____________________

• ____________________

• ____________________

그 사람은 아마도 ____________ 양식하에 있었을 것이다.

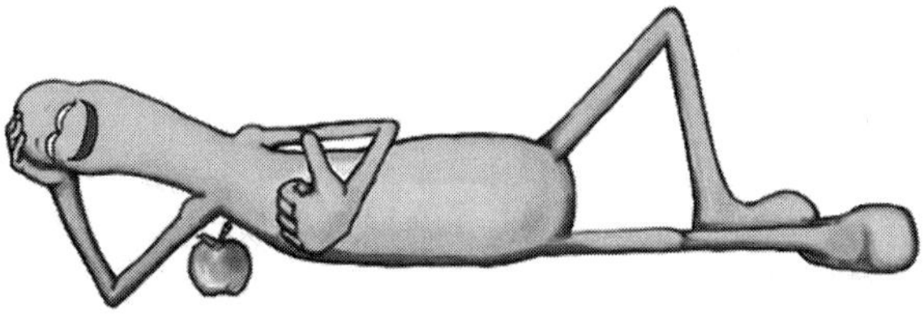

4. 12개의 양식 인식하기 회기

심리도식치료 교육 집단에서 양식들의 개념에 대한 소개가 끝난 후, 환자들은 그들의 일상생활에서 그들 자신의 양식에 주의를 기울이는 법을 배워야만 한다. 인식하기에는 의식적 요소(나는 무엇을 생각하고 있는가?), 정서적 요소(나는 지금 어떻게 느끼고 있는가?), 생리적 요소(나는 내 몸의 변화를 알아차릴 수 있는가?) 그리고 경험적 요소(내가 해야 하는 반응은 무엇인가?)가 있다. 이 회기들의 목표는 환자들로 하여금 그들이 행동하기 전에 양식이 촉발되었다는 것을 인식하도록 하는 것이다. 처음 6개의 회기는 양식들의 인지적·

정서적 그리고 생리적 요소에 대한 인식과 그들의 현재 촉발 상황들 그리고 양식과 연결된 과거의 경험에 집중한다. 두 번째 6개의 회기는 양식 바꾸기 작업에 이 인식을 사용하는 데 집중한다. 양식 인식하기 집단에서 환자들에게 양식과 관련하여 가르치는 방법들 중 하나는 바로 다른 환자들의 양식 경험들의 예시로부터 보고 듣는 것이다. 이 경험을 위해 그들은 첫 번째 회기 전에 '양식 인식하기 과제 1: 나의 부적응적 대처 양식 인식하기'를 모두 완성해야 한다. 환자들은 지난 심리도식치료 교육 회기의 말미에서 이 유인물을 모두 받았을 것이다.

이 회기들은 건강한 성인 양식에 대한 인식, 양식의 밑바닥에 있는 욕구를 충족시키는 데 필요한 인지, 감정 그리고 기술들(예를 들어, 역기능적 양식을 더 건강한 대처행동으로 교체하기 위한)을 활성화한다. 양식 인식하기의 두 번째 주기에서는 양식 행동을 바꾸기 위해 인식을 사용하는 것에 집중한다.

양식 인식하기의 1~4회기는 각각 집중해야 할 양식과 관련된 예시를 보여주는 유인물에 대해 토의하는 것으로 시작한다. 예시를 제공하는 것은 환자들의 '틀릴 것 같은' 또는 '바보 같아 보이는' 것에 대한 두려움을 줄여 주어 과제에 대한 더 적절한 이해가 가능하도록 하고, 그들이 치료를 마칠 가능성을 증가시킨다. 예시는 양식이 촉발되는 상황, 관련된 생각과 감정 그리고 신체적 반응, 양식의 기저 욕구 그리고 현재 경험과 아동기의 유사 경험과의 연결점을 확인한다. 만약 환자들이 관련된 아동기의 기억을 생각해 내지 못하면, 우리는 그 대신 기저 욕구에 집중한다. 아동기 기억을 떠올리지 못하는 것은 회피성 대처 양식의 결과이거나 양식의 기저 기억이 언어 습득 전 발달단계로 돌아가는 것의 징후일 수 있다는 것에 주의하라. 이러한 경우, 대처 방식의 기저 욕구는 안전일 것이다. 중요한 것은 기억의 틈을 메우도록 만드는 것을 피하는 것이다.

회기 1은 부적응적 대처 양식에 집중한다. 환자 집단에서 가능한 상당한 차이를 허용하기 위해 우리는 어떤 부적응적 대처 양식을 특정하지 않았다. 환자들은 단순히 그들의 양식을 적고, 만약 필요하다면 심리도식치료 교육 자료를 재참조하면 된다.

회기 2는 역기능적 부모 양식(처벌적 부모 양식과 요구적 부모 양식)에 집중한다. 우리는 이 회기를 위해 두 개의 유인물을 제공하는데, 처벌적 부모 양식에 집중하는 것과 요구적 부모 양식에 집중하는 것이 있다. 만약 당신의 집단 내 환자가 둘 중 하나에 더 큰 어려움을 느낀다면, 그 양식에 집중하라. 아동기의 경험과의 연관성을 만들 때, 당신은 역기능적 부모 양식과 연결된 환자 삶의 중요한 형태에서 아이디어를 얻을 수도 있다. 이것은 특히 환자의 개인치료사와 같은 다른 치료자들과 공유해야 하는 중요한 정보 종류의 예시이다.

회기 3은 취약한 아동 양식에 집중한다. 취약한 아동의 심리도식치료 개념은 현재의 감정에 기반을 둔 것부터 취약성을 만들어 내는 잊힌 아동기의 본성까지 다양하다. 유인물의 예시는 외로운 취약한 아동 양식에 집중하지만, 당신은, 예를 들어, 수치스러운 또는 두려운/유기된 취약한 아동 양식과 같이 만약 당신의 환자가 경험하는 기본적인 감정이 다르다면 다른 예시로 대체할 수도 있다.

회기 4는 화난 아동 양식에 집중한다. 화난 아동 양식을 위해 만약 환자들이 열파나 머리의 열, 홍분, 근육 긴장, 턱 당김 등의 신체적 신호에 주의하는 것을 배운다면 특별히 더 도움이 될 것이다. 만약 환자가 그의 화난 아동 양식하에 있을 때, 그들은 대개 생각하기 어려워하기 때문에 신체적 신호는 인식의 신호로서 특별히 도움이 된다.

회기 5는 행복한 아동 양식에 집중하며 유인물이 조금 바뀐다. 심리적 어려움을 가진 환자들은 때때로 그들 자신이 행복한 아동 양식을 경험할 수 있도록 스스로에게 허락하는 것에 어려움을 느낀다. 이러한 이유로 유인물에서는 우리가 행복한 아동 양식을 경험하는 것을 방해하는 양식에 대해 살펴볼 것이다. 부정적 아동기 기억들은 방해 양식들과 연관되어 있을 수 있다. 환자 집단 중 드문 사례로, 긍정적 아동기의 기억이 떠오른다면 이런 것들 또한 공유될 수 있다.

양식 인식하기 과제 1: 나의 부적응적 대처 양식을 인식하기

일	당신이 처해 있던 상황은?	생각	감정	신체적 반응	욕구	상황과 연관된 아동기의 기억
예시	집단 토의	그 사람들이 무슨 말을 하는지 하나도 이해하지 못했다. 그냥 내가 너무 멍청하다. 아무도 내가 이렇게나 멍청한지 모를 거다.	내가 너무 취약한 것 같은 느낌을 받았고 무서웠다.	내 몸을 느끼지 못할 정도로 점점 몽롱해졌다.	압도당하지 않기, 안전감을 느끼기 위해 분리된 보호자	초등학생 때와 연관되었다. 애들이 나를 따돌리면서 나한테 멍청하다고 말했다. 그때 이후로 이런 감정을 가끔 느낀다.
월						
화						
수						
목						
금						
토						
일						

양식 인식하기 과제 2a: 나의 처벌적 부모 양식을 인식하기

일	당신이 처해 있던 상황은?	생각	감정	신체적 반응	욕구	상황과 연관된 아동기의 기억
예시	취업 면접에서 떨어졌다.	실패자가 된 것 같고, 평생 패배자로 살 것 같은 생각이 들었다.	너무 부끄러웠고, 자괴감이 들었으며, 혐오스러웠다.	배가 아픈 느낌이 들었다.	내 안의 처벌적 부모에게 그만 말하라고 말해 줄 사람이 필요했다. 그 면접은 내게 큰 도약이었고 취직을 못 했어도 참 잘했다고 내게 말해 줄 누군가가 필요했다.	유치원 때 선생님이 내가 신발끈을 묶는 게 서투르다고, 나보고 나쁘고 멍청한 꼬마애라고 말했던 기억과 연관되어 있다.
월						
화						
수						
목						
금						
토						
일						

양식 인식하기 과제 2b: 나의 요구적 부모 양식을 인식하기

일	당신이 처해 있던 상황은?	생각	감정	신체적 반응	욕구	상황과 연관된 아동기의 기억
예시	내 방을 치워야 했다.	방을 완전히 깨끗하게 치우는 게 아니라면 아예 시작할 필요가 없다는 생각들이 질주했다.	중압감을 느꼈다. 무슨 감정인지 설명하기 어렵다.	온몸이 긴장됐다. 머리가 어지럽기 시작했다.	누군가 나보고 기본적인 것만 하라고 말했으면 좋겠다. 오늘은 진공 청소기로 청소를 하고, 쓰레기를 버리고, 부엌 조리대를 닦고, 화장실만 청소하라고. 그것만 해도 엄청 많아서 하고 나서는 쉬어야 될 것 같다. 내일 해야 할 일 네 가지를 더 고를 수 있다.	항상 나를 완벽한 가정주부로 만들고 싶어 하고, 한 번도 쉬려 하지 않던 우리 엄마와 관련이 있다.
월						
화						
수						
목						
금						
토						
일						

양식 인식하기 과제 3: 나의 취약한 아동 양식을 인식하기

일	당신이 처해 있던 상황은?	생각	감정	신체적 반응	욕구	상황과 연관된 아동기의 기억
예시	나는 내 방에 있었다. 친구에게 전화가 와서 우리 약속을 취소했다.	이제 그 애가 나를 좋아하지 않는다고 생각했다.	취약한 느낌이 들었고 슬펐다.	울었다. 뱃속이 울렁거렸다.	고립감을 느끼지 않는다.	엄마가 일을 가실 때 자주 혼자 남겨졌던 기억과 연관되어 있다.
월						
화						
수						
목						
금						
토						
일						

양식 인식하기 과제 4: 나의 화난 아동 양식을 인식하기

일	당신이 처해 있던 상황은?	생각	감정	신체적 반응	욕구	상황과 연관된 아동기의 기억
예시	중요한 업무 약속을 성사시켜야 했다. 그것은 나에게 엄청난 스트레스였고 어려운 일이었는데 친구는 내가 과장하는 거라고 말했다.	'난 니가 싫어! 너한테 다시는 아무것도 말 안 할 거야!' 하고 생각했다.	진짜 화났다.	머리가 뜨거워지는 기분이었다. 아래턱에 긴장감이 느껴졌다.	이게 나한테 어렵다는 사실을 친구가 알았으면 좋겠고 나를 응원해 줬으면 좋겠다.	우리 가족이 내게 매사에 너무 예민해하면 안 된다고 했던 기억과 연관이 있다. 가족들이 내가 잘못됐거나 내 감정들이 잘못된 거라고 말하는 것처럼 느껴졌다.
월						
화						
수						
목						
금						
토						
일						

양식 인식하기 과제 5: 나의 행복한 아동 양식을 인식하기

일	당신이 처해 있던 상황은?	생각	감정	신체적 반응	방해하는 양식(당신의 욕구는 지금 충족되고 있다는 사실을 잊지 말라)	상황과 연관된 아동기의 기억
예시	룸메이트가 피자를 시켜 자기들과 같이 피자를 먹으면서 영화를 보자고 제안했다.	오예!	행복했다.	웃었다. 몸속이 따뜻해지는 느낌이었다. 손을 가만히 둘 수가 없었다.	요구적 부모 양식이 우선 조 과제부터 끝내라고 말했다.	친구들이 같이 놀자고 했는데, 아빠가 내가 내방을 청소하지 않았기 때문에 나는 갈 수 없고, 놀기부터 하는 건 게으른 거라고 말했던 것과 연관이 있다.
월						
화						
수						
목						
금						
토						
일						

치료자 노트: 양식 인식하기 집단 1~6

이것은 우리가 '양식을 인식하는 훈련'을 환자들에게 어떻게 전달할 것인지에 대한 예시 대본이다. 이 예시 회기는 부적응적 대처 양식 때 쓰이는 것이다. 2~5회기 때 여러분은 이 자료를 해당 회기의 주요 양식에 맞추어 유사한 방식으로 전달할 것이다. 여러분은 같은 예시 대본을 해당 회기에 맞는 양식으로 대체하여 쓸 수 있다. 여기에는 이러한 회기들 중 빈번하게 일어나는 쟁점에 대한 약간의 치료자 팁도 함께 제공된다.

“ 안녕하세요. 여러분이 모두 와 주셨네요! 여러분을 또 보게 되니 정말 반갑습니다. 우리는 양식을 인식하기 위해 모인 집단과정이고요. 오늘 우리는 여러분이 이 양식하에 있을 때의 인식을 개선하는 데 중점을 둘 것입니다. 다시 말해서, 여러분이 여러분의 양식을 어떻게 관찰할 것인지에 대한 이야기입니다. 하지만 시작하기 전에, 바닥에 닿은 여러분의 발을 느끼면서 몇 번 깊게 심호흡을 해 보시고, 우리 모두와 함께 이 집단과정에 최대한 집중해 주세요.

여러분이 받으신 건 하루에 세 번씩 여러분의 양식을 관찰해서 기록할 유인물입니다.

우리는 한 번에 하나의 양식에만 집중할 거예요. 여러분의 세 번의 집단과정과 개인상담 과정 내내 그때마다 우리가 집중하는 이 양식이 항상 가장 강조될 거예요. 오늘 우리가 중점을 둘 양식은 바로 부적응적 대처 양식들이에요. (집단원들이 여기에 집중할 집단 이름을 쓰도록 한다.) 그래서 오늘은 우리가 이 양식하에 있을 때 벌어지는 상황들에 대해서 중점적으로 이야기를 나눠 볼 겁니다. 먼저 다 같이 예시를 보면서 시작해 볼까요? ”

환자들에게 이번 회기의 '양식을 인식하기' 유인물을 나눠 준다. 환자들의 질문과 집단 구성원들을 토론에 참여시킬 수 있도록 촉진하는 상세한 예시 대본이다. 다음은 우리가 이 예시를 어떤 식으로 전달할지에 대한 예시이다.

“ 자, 여러분이 집단 회기에서 토론을 해야 한다고 상상해 보세요. 만약 여러분이 부적응적 대처 양식하에 있다면, 아마도 이렇게 생각하겠죠. '그 사람들이 무슨 말을 하는지 하나도 이해하지 못하겠어. 그냥 내가 너무 멍청해. 아무도 내가 이렇게나 멍청한지 모를 거야.' 여러분은 아마도 여러분이 점점 몽롱해져서 더 이상 여러분의 몸을 느낄 수도 없을 정도라는 것을 눈치챌 거예요. 부적응적 대처 양식이 가지고 있는 이런 '가면' 뒤에서 여러분은 너무 취약하고 무서운 기분이 들고 압도되지 않고 싶은 욕구와 안전함을 느끼고 싶은 욕구가 들 거예요. 혹시, 부적응적 대처 양식하에서 이런 기분이나 생각 혹은 신체적인 느낌을 가진 분 계신가요? ”

부적응적 대처 양식하에서 이러한 생각, 감정 혹은 신체적 느낌을 느껴 본 적 있는 모든 사람을 인정시키라. 그들을 모두 참여시키기 위해서 고개를 끄덕이는 사람 또한 그 사실을 인정한 것으로 한다. 환자들이 집단 내에서 이야기를 할 때까지는 시간이 걸리기 때문에, 중요한 것은 비언어적 참여를 포함해서 그들의 작은 참여부터 다독이며 진행하는 것이다.

"우리의 최근 경험은 비슷했던 과거의 경험들과 연관되어 있습니다. 말하자면, 한 집단 내의 경험은 또 다른 집단 내의 경험과 연관되어 있을 수 있다는 것입니다. 예를 들면, 초등학생 때 다른 친구들에게 따돌림을 당했던 경험 같은 것 말이에요. 이렇게 과거의 경험과 고통스러운 기억 간의 연결고리는 현재의 여러분의 감정과 반응을 더 크게 만들 수 있어요. 여러분은 단지 현재의 집단 경험뿐만 아니라 예전에 따돌림당했던 기억의 감정에도 반응하고 있는 거예요."

"이 말이 이해되시나요? (만약 누군가가 '아니요'라고 대답한다면) 어떤 부분이 어려운지 아실 수 있으시겠어요? (그 지점에 대해서 정확하게 설명해 주거나 그룹 내의 다른 사람에게 그들의 말로 요약해 달라고 부탁한다.) 또 다른 질문은 없으신가요? (그들의 모든 질문에 대해서 검토한다.)

여러분 중 월요일에 '부적응적 대처 양식'을 경험해 보신 분이 계신가요? 여러분의 상황에 대입해 봅시다.

(이 작업을 이번 주의 모든 요일에 한다. 환자들이 스스로 말하고 차례로 돌아가도록 하고, 말하기를 원한다면 누구나 말할 수 있도록 예시를 보여 준다.)"

"[집단 종료하기] 여러분 모두 오늘 정말 잘하셨어요. 이건 다음 주를 위한 유인물이에요. (환자들에게 '양식을 인식하기 2' 유인물과 주간 체크표를 나눠 준다.) 이건 다음 주까지 해 올 과제예요. 오늘부터 여러분 안의 취약한 아동 양식을 체크하면서 이 유인물을 채워 오면 정말 멋질 것 같아요. 만약 저희가 없을 때 궁금한 점이 있거나 도움이 필요하다면, 간호사나 개인 심리치료사에게 물어봐도 괜찮아요. 여기 와 주셔서 정말 너무 기뻤습니다. 조심히 가시고 남은 하루 행복하고 즐겁게 지내세요. ”

여러분의 집단과 스타일에 맞도록 내용을 최소한으로 수정한 이 대본은 양식 인식 과제 2~6에 쓰일 수 있다.

회기 6과 12는 건강한 성인 양식에 집중한다. 이러한 회기들을 위한 유인물(양식 인식하기 과제물 6과 12: 나의 건강한 어른 양식에 접근하기)은 양식 행동을 변화시키는 데 집중한다. 우리는 환자들이 가지고 있는 적응적 양식으로 초점을 이동시켜 그들의 레퍼토리 속의 건강한 성인 양식 행동에 대한 인식을 증가시키도록 한다. 이 회기들이 진행될 때까지 집단의 권장 순서를 따르는 경우 환자들은 약간의 양식 관리와 경험적 양식 작업 회기를 갖게 된다. 그 회기들은 그들에게 부적응적이거나 역기능적 양식 행동을 바꾸기 위해 쓰일 도구와 함께 제공될 것이다. 먼저, 환자들은 그들이 작업하고 싶은 양식이 어떤 것인지 선택하는 것과 인식 용어로 그 양식을 설명하는 것을 요청받는다. 다음으로, 그들은 해당 양식을 촉발시킬 수 있는 상황을 만들어 보도록 요청받는다. 환자들이 특정 양식을 촉발시키는 상황에 대해 적어 둔 심리도식치료 교육 유인물을 참고할 수 있다. 특정 양식 촉발 상황이 선택된 다음, '좋은 부모로서의 관점'이 발달된다. 우리는 '좋은 부모'를 언제나 아동 양식들을 돌보는 태도와 긍정적인 관점을 가지고 있으며 우리의 부정적 대처 양식들의 기원과 기본적인 생존 기능에 대해 이해할 수 있는 건강한 성인 양식의 한 부분으로서 개념화한다. '좋은 부모의 관점'은 흔히 환자들이 가지고 있고 다른 사람들, 특히 어린아이를 다룰 때 쓰이는 것이지만 그들 자신에게 적용하지는 않는다. 우리는 이러한 타인을 대하는 태도의 존재가 그것을 그들 자신을 위해 쓸 수 있게 되기 전의 과도기적 단계라고 본다. 우리는 이것을 그들의 취약한 아동 양식을 돌볼 수 있는 부분인 건강한 성인 양식의 일부인 '좋은 부모' 태도라고 본다. 좋은 부모의 관점이 확인되고 나면, 건강한 어른의 관점으로부터 나온 행동의 계획은 발달될 수 있으며 계획에 따라 행동하는 데 필요한 기술이 확인된다. 긍정적인 결과들이 그 계획으로부터 기대되며 모든 예상되는 장애물이나 부정적 결과가 토의될 수 있다. 우리는 환자들이 특정 상황에서 그들이 그들의 역기능적 양식을 바꾸기 위한 계획 짜기를 시작하길 바란다. 우리는 그들이 적절한 상황이 나타날 때까지 기다리기보다 그들이 계획을 주도적으로 짜도록 격려한다. 이 회기에 대한 유인물은 양식 변화를 위한 행동적 실험을 발달시키기 위한 개인 심리도식치료에도 쓰일 수 있다.

회기 7, 8 그리고 10도 그들의 문제가 있는 양식인 부적응적 대처 양식들(회기 7, 유인물-양식 인식하기 과제 7: 나의 대처 양식과 나의 건강한 성인을 연결시키기), 역기능적 부모 양식들(처벌적 부모 양식을 위한 회기 8a와 요구적 부모 양식을 위한 8a, 유인물-양식 인식하기 과제 8a: 나의 건강한 성인 양식이 나의 처벌적 부모 양식을 추방하도록 하기, 양식 인식하기 과제 8b: 나의 건강한 성인이 나의 요구적 부모가 합리적 기준으로 전환하도록 하기) 그리고 화난 또는 충동적인 아동 양식들(회기 10, 유인물 – 양식 인식하기 과제 10: 나의 건강한 성인이 나의 화난 아이의 욕구를 잘 듣도록 협력을 요청하기)을 쫓아내기 위해 건강한 성인 양식 기술에 대한 인식을 이용한다는 점에서 같은 곳에 중점을 두고 있다. 이러한 회기들을 위한 유인물에 있는 과제는 건강한 성인 양식 과정에서의 과제(회기 6, 12)와 비슷하다. 환자는 상황과 욕구, 인식, 건강한 성인의 관점과 기술, 결과에 대해서 적어야 한다. 다시 말해서, 이러한 회기를 진행할 때 어떤 양식에 대해 작업할 것인가 하는 것은 환자들의 상태를 고려하여 치료자들이 선택하는 것이다.

회기 9에서는 건강한 성인 양식 기술들을 취약한 아동 양식에 적용한다. 유인물(양식 인식하기 과제 9: 나의 건강한 성인이 나의 취약한 아동을 돌보도록 협력을 요청하기)는 슬픔, 두려움, 외로움, 수치스러움 그리고 그 외의 감정에 대한 다른 뉘앙스에 대한 다른 기법들을 사용하는 작업을 한다는 점에서 다른 취약한 아동 양식 종류들과 구별된다. 개발된 양식 관리하기 집단 계획들을 참조하는 것이 여기에 도움이 될 것이다.

회기 11은 행복한 아동 양식을 방해하는 양식과 행복한 아동 양식에 접근하기 위한 건강한 성인 양식의 기술들을 사용하는 데 집중한다(유인물-양식 인식하기 11: 나의 건강한 성인 양식이 나의 행복한 아동 양식의 말을 잘 들음으로써 나의 정체성에 대해 배우게 하기).

회기 12는 회기 6과 같다.

5. 12개의 양식 관리 회기

이 집단의 첫 번째 초점은 개별화된 **양식 관리 계획**를 발전시키는 것이다. 이것은 촉발되는 부적응적 양식에 맞서기 위한 환자들의 인지적·행동적 그리고 경험적 전략에 대한 개인적인 설정을 목록화한 계획이다. 양식 관리 계획은 플래시카드나 다른 사용 가능한 형태로 준비될 수 있다. 입원환자들 중 몇몇은 계속해서 볼 수 있도록 그들의 공책이나 지갑에 끈을 이용해 달아 둘 수 있는 아주 작은 카드를 만들기도 한다. 양식 관리 회기들은 환자들이 그들의 욕구를 적응력 있고 건강한 방법으로 충족시킬 수 있도록 하고 행복한 인생을 살기 위한 필요한 기능들을 수행할 수 있도록 하는 건강한 성인 양식과 연결되어 있도록 한다. 우리가 제공하는 양식 관리 요소에는 환자들이 특정 상황에서 사용할 수 있는 경험적 기법들에 대한 부분이 포함되어 있다. 경험적 양식 작업은 분

양식 인식하기 과제 6과 12: 나의 건강한 성인 양식에 접근하기

일	**작업 중인 양식** 여러분이 작업하고 있는 양식은 어떤 것인가? 부적응적 대처, 처벌적/요구적 부모, 취약한 아동, 화난 아동	**양식에 대한 인식** 생각? 감정? 신체적? 기저 욕구는?	**계획된 상황** 어떤 상황에서 여러분의 건강한 성인이 작용하는가?	**좋은 부모의 관점** 실제의 사실과 다른 대안적 해석에는 무엇이 있는가?	**건강한 성인 양식의 계획** 여러분의 계획은 무엇인가?	**건강한 성인 양식의 기술** 여러분의 계획이 이루어지도록 하기 위해 여러분의 건강한 성인 양식이 사용할 수 있는 기술에는 어떤 것이 있나?	**결론** 계획은 잘 이루어졌는가?
예시	취약한 아동	내 생각에는 아무도 나를 좋아하지 않는 것 같다. 슬프다. 나는 울며 내 방 안에 숨어 있다.	나는 내가 앞으로도 계속해서 외로움을 느낄 거라는 것에 대해 누군가와 이야기를 한 후에 이 양식에서 작업할 수 있다.	만약 네가 좋아하는 누군가와 토의한 후에 동의에 이르지 못한다면 슬퍼도 괜찮아. 그건 더 이상 아무도 너를 좋아하지 않는다는 뜻이 아니야. 내가 그렇듯 많은 사람들이 너를 좋아해.	나는 누군가와 연결된 느낌을 갖기 위해 내 친구들 중 한 명에게 전화할 계획을 세운다.	나는 전화를 거는 것에 대한 장단점 표를 만들 것이다. 나는 전화하기 가장 좋은 사람이 누군지 고려할 것이다. 나는 내 치료사가 내게 의욕을 느끼게 하기 위해 내가 외롭다고 느낄 땐 친구들과 연락하라고 했던 말을 생각할 것이다.	계획이 성공했다. 나는 내게 힘을 주려는 치료사의 말을 머릿속으로 떠올린 후 친구에게 전화를 했다. 통화가 끝난 후 나는 외로운 기분이 들지 않았다.

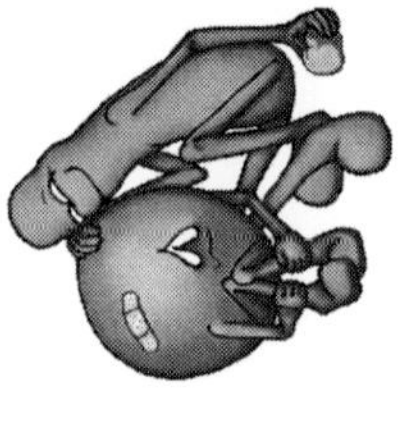

월	
화	
수	
목	
금	
토	
일	

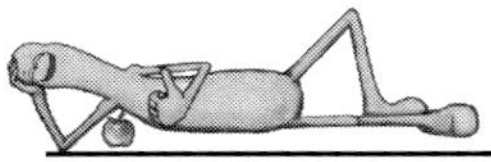

양식 인식하기 과제 7: 나의 대처 양식과 나의 건강한 성인을 연결시키기

일	상황 당신은 어떤 상황에 처해 있었는가?	욕구와 기저 양식	인식 신체적인 혹은 정서적인 인식은? 생각은?	건강한 성인의 관점 당신이 든 생각은? 마음속에 당신의 '좋은 부모님'을 간직하라. 당신은 어떤 선택지를 가지고 있는가?	건강한 성인의 기술 인지적 · 행동적 또는 경험적 기법을 시도해 보라.	결과 그 기술이 가지고 있는 모든 긍정적 혹은 부정적인 효과를 모두 기록하라. 당신은 다른 양식으로 넘어갔는가?
예시	집단 토론	압도당하지 않는다고 느끼기, 안전하다고 느끼기 (취약한 아동 양식)	몽롱해져서 몸이 느껴지지 않는다. 벗어나고 싶다.	집단은 계속해서 안전했다. 나는 현재로부터 분리되거나 거기에 머무를 수 있다.	안전 비눗방울을 이용하라.	나는 안전 비눗방울을 이용하기로 했다. 나는 집단 안에 있을 수 있었고 분리된 보호자 양식의 장단점에 대해서 배웠다.
월						
화						
수						
목						
금						

토

일

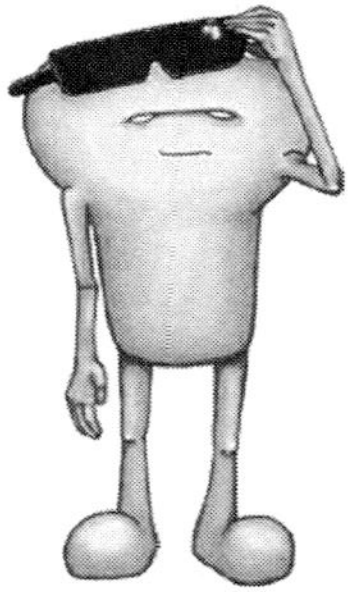

양식 인식하기 과제 8a: 나의 건강한 성인 양식이 나의 처벌적 부모 양식을 추방하도록 하기

일	상황	욕구와 기저 양식	인식	건강한 성인의 관점	건강한 성인의 기술	결과
	당신은 어떤 상황에 처해 있었는가?		신체적인 혹은 정서적인 인식은? 생각은?	당신이 든 생각은? 마음속에 당신의 '좋은 부모님'을 간직하라. 당신은 어떤 선택지를 가지고 있는가?	인지적 · 행동적 또는 경험적 기법을 시도해 보라.	그 기술이 가지고 있는 모든 긍정적 혹은 부정적인 효과를 모두 기록하라. 당신은 다른 양식으로 넘어갔는가?
예시	취직 면접을 봤는데 떨어져서 취직을 하지 못했다.	내 처벌적 부모 양식에게 그만하라고 하고, 면접에 가는 건 내게 아주 큰 발전이며, 잘했다고 말해 줄 누군가가 필요했다(취약한 아동 양식).	수치심과 죄책감을 느꼈다. 난 내가 패배자라는 생각이 들었다. 배가 아픈 것 같았다.	나는 취직하지 못했다. 하지만 면접까지는 해냈다. 나는 포기를 하거나 아니면 또 다른 면접을 보려고 노력할 수 있다.	나는 내 처벌적 부모 양식에게 그만하라고 했다. 나는 또 내 자신에게 그 면접에 가는 것은 내게 아주 큰 도약이었고, 거기서 아주 잘 해냈다고 말해 줬다. 나는 내가 취업 면접을 알리는 초대 편지를 받으면 어떨지 상상해 봤다.	실패한 기분이 덜 들었다. 내 처벌적 부모 양식은 입을 다물지 않았지만, 그 목소리가 그렇게 크지도 않았다. 나는 내 취약한 아동 양식으로 바뀌었지만 나는 내 스스로를 진정키려고 애썼고, 그다음에 다른 직장에 지원서를 보낼 수 있었다.
월						
화						
수						

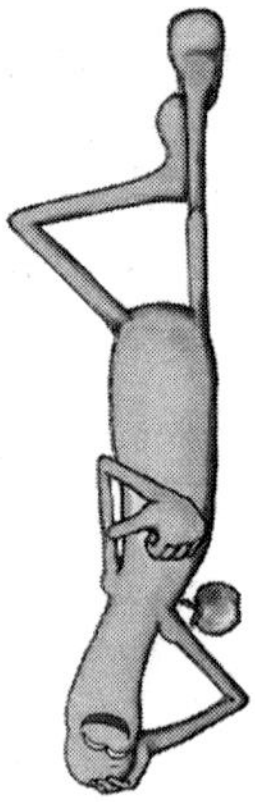

목	
금	
토	
일	

양식 인식하기 과제 8b: 나의 건강한 성인이 나의 요구적 부모가 합리적 기준으로 전환하도록 하기

일	상황 당신은 어떤 상황에 처해 있었는가?	욕구와 기저 양식	인식 신체적인 혹은 정서적인 인식은? 생각은?	건강한 성인의 관점 당신이 든 생각은? 마음속에 당신의 '좋은 부모님'을 간직하라. 당신은 어떤 선택지를 가지고 있는가?	건강한 성인의 기술들 인지적 · 행동적 또는 경험적 기법을 시도하라.	결과 그 기술이 가지고 있는 모든 긍정적 혹은 부정적인 효과를 다 기록하라. 당신은 다른 양식으로 넘어갔는가?
예시 	나는 내 방을 청소해야 했다.	나는 내 요구적 부모 양식의 엄격한 기준에 대한 도움과 보호가 필요했다.	강요당하는 느낌이 들었다. 내 생각들이 스쳐갔다.	나는 당장 입어야 할 옷만 세탁하고, 나머지 빨래는 다음에 아니면 또 다른 날에 할 수 있다. 아니면 시간이 오래 걸리겠지만 모든 빨래를 다 할 수도 있다.	나는 내게 오늘은 꼭 해야 할 일만 하고 좀 쉬라고 말해 주는 아주 따뜻하고 지지적인 부모를 상상했다.	중압감이 덜했다. 나는 딱 한 짐의 빨래만을 했다. 그리고 나서 쉬었다. 내가 생각하기에 내가 스스로에게 쉴 수 있도록 허락해 줬을 때 그 일을 다시 하는 게 더 쉬워지는 것 같다.
월						
화						
수						
목						
금						

토

일

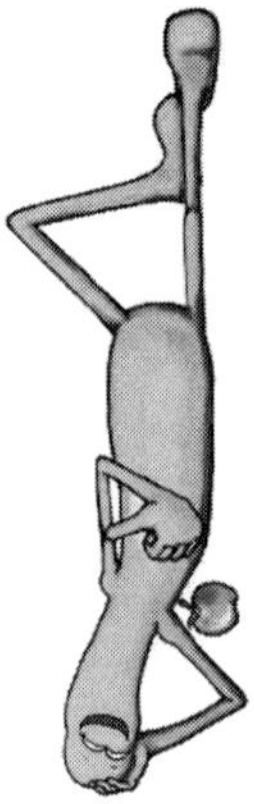

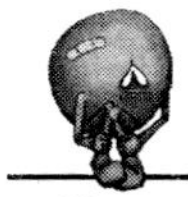

양식 인식하기 과제 9: 나의 건강한 성인이 나의 취약한 아이를 돌보도록 협력을 요청하기

일	상황	욕구	인식	건강한 성인의 관점	건강한 성인의 기술	결과
	당신은 어떤 상황에 처해 있었는가?		신체적인 혹은 정서적인 인식은? 생각은?	당신이 든 생각은? 마음속에 당신의 '좋은 부모님'을 간직하라. 당신은 어떤 선택지를 가지고 있는가?	인지적 · 행동적 또는 경험적 기법을 시도하라.	그 기술이 가지고 있는 모든 긍정적 혹은 부정적인 효과를 모두 기록하라. 당신은 다른 양식으로 넘어갔는가?
예시	나는 내 방에 있었다. 친구가 전화해서 오늘 약속을 취소했다.	혼자 버려진 것처럼 느끼지 않는다.	나는 슬펐고 취약하다고 느꼈다. 나는 울었다. 내 생각에 그녀는 날 더이상 좋아하지 않는 것 같다.	그녀는 내게 전화를 해서 그녀가 일을 해야 한다고 말했다. 그녀는 내게 거짓말을 한 적이 없다. 나는 내 방에 박혀 숨어 있거나 뭔가 나를 진정시킬 만할 일을 할 수 있다.	나는 나 자신을 달래기 위해 핫초코를 먹을 수 있다. 그리고 나서 그녀에게 전화해 그녀의 방문 시간을 재조정할 수 있다. 나는 그녀가 나를 신경 쓰고 배려한다고 말해 주는 이미지를 다시 그려 볼 수 있다.	나는 실망감이라는 감정을 안전하게 경험할 수 있었다. 나는 간신히 내 스스로를 안정시켰고, 그다음에 친구에게 전화를 걸었다. 그녀는 그녀가 토요일에 우리 집에 들를 것이며, 계획을 바꾸어서 미안하다고 말했다.
월						
화						
수						
목						

금	
토	
일	

양식 인식하기 과제 10: 나의 건강한 성인이 나의 화난 아이의 욕구를 잘 듣도록 협력을 요청하기

일	상황	욕구	인식	건강한 성인의 관점	건강한 성인의 기술	결과
	당신은 어떤 상황에 처해 있었는가?		신체적인 혹은 정서적인 인식은? 생각은?	당신이 든 생각은? 마음속에 당신의 '좋은 부모님'을 간직하라. 당신은 어떤 선택지를 가지고 있는가?	인지적 · 행동적 또는 경험적 기법을 시도하라.	그 기술이 가지고 있는 모든 긍정적 혹은 부정적인 효과를 모두 기록하라. 당신은 다른 양식으로 넘어갔는가?
예시	나는 중요한 약속을 잡아야 했다. 나는 그게 정말로 어려운 일이라는 걸 알고 있었지만 내 친구는 그저 어려움을 과장하는 거라고 여겼다.	이해받고 인정받는다.	머리에서 열이 났다. 나는 굉장히 화가 났다. 나는 내 친구에게 소리를 지르고 싶었다.	나는 내 친구가 이 일이 내게 힘든 일인 것을 이해해 주길 바랐고, 그녀가 나를 지지해 주기를 바랐다. 나는 그녀에게 당장 소리를 지르거나 아니면 내 화를 다른 어딘가에 터트리고 난 다음 이 문제에 대해 이야기를 나눌 수 있다.	나는 내 방으로 가서 화를 분출하기 위해 베개를 칠 수 있다. 그러고 나서 나는 내 친구에게 돌아가 그녀에게 나의 과거 경험 때문에 이 상황이 그녀가 생각한 것보다 내게 훨씬 더 힘들 수 있다고 말하고, 만약 우리가 전화 통화를 할 동안 그녀가 나를 지지해 준다면 내게 정말 도움이 될 거라고 말할 수 있다.	내가 자초지종을 설명하자 친구가 이해해 주었다. 그녀는 심지어 도와주겠다고 말했다. 그러고 나니 내 처벌적 부모 양식이 나타나 모든 것에 도움을 받는 내가 멍청하다고 말했다. 그게 좀 힘들었다.
월						
화						

수	
목	
금	
토	
일	

양식 인식하기 과제 11: 나의 건강한 성인 양식이 나의 행복한 아동 양식의 말을 들음으로써 나의 정체성에 대해 배우게 하기

일	상황	행복한 아동 양식을 인식하기	방해하는 양식	건강한 어른의 관점	건강한 어른의 기술	결과
	당신은 어떤 상황에 처해 있었는가?	당신의 생각과 느낌은 어땠는가? 신체적인 변화나 어렸을 때의 기억은?	당신의 행복한 아동 양식을 힘들게 한 양식은 어떤 것이었는가? 그것이 어떻게 작용했는가?	당신의 아이디어는 무엇이 있었는가? 이 상황은 당신이 행복한 아동 양식으로 있어도 되는 상황인가? 만약 그렇다면 간섭하는 다른 양식들을 어떻게 처리할 수 있을까?	당신의 행복한 아동 양식을 되찾기 위해서 인지적 · 행동적 또는 경험적 기술을 시도하라.	당신 스스로와 당신의 정체성에 대해서 어떤 것을 배웠는가?
예시	내 룸메이트들이 내게 피자를 시켜 같이 먹으면서 영화를 보겠냐고 물어봤다.	나는 '오,예!' 하고 생각했다. 나는 행복감을 느꼈고, 그들이 내게 물어볼 때 내 얼굴에 미소가 번지는 걸 느낄 수 있었다. 나는 내 뱃속이 따뜻해지는 느낌을 받았다. 나는 내 손을 가만히 둘 수 없었다. 나는 내 손에 커다란 피자 조각을 들고, 다른 애들과 같이 소파에 앉아 영화를 보며 깔깔대는 상상을 했다. 어렸을 때 사촌들과 놀며 웃었던 그 느낌이 기억났다.	내 요구적 부모 양식은 내게 숙제를 먼저 하라고 말했다. '할 일 먼저 다 하고 놀 것!' 그리고 내 요구적 부모 양식은 피자는 나를 살찌게 만들 거라고 했다. 그리고 내 처벌적 부모 양식 역시 또 나오려고 했다.	나는 내일 오전 내내 숙제를 할 시간이 있다. 그리고 나는 피자가 건강에 좋지 않아서 매일 먹을 수 없다는 것을 안다. 하지만 가끔가다 한 번 먹는 건 괜찮은데다 그것 때문에 당장 뚱뚱해지진 않을 것이다. 나는 지금 행복한 아동 양식에 있어도 괜찮다고 믿는다.	나는 내 룸메이트들이 함께 하자고 제안했던 그 순간을 떠올리며 그때 느꼈던 뱃속의 따뜻한 느낌과 소파에 앉아 피자를 들고 영화를 보는 것을 상상했던 그 장면에 집중했다.	나는 그들과 재밌게 놀고, 피자먹고, 영화를 봤다. 나는 내가 그들과 재밌게 놀 수 있다는 것, 피자를 먹는 것과 다 같이 모여 앉아 웃긴 영화를 보는 것을 좋아한다는 것을 배웠다. 나는 그것을 할 때 행복감을 느꼈다.

월

화

수

목

금

토

일

치료자 노트: 양식 인식하기 집단 7~12

이 다음에 오는 것은 나머지 절반의 양식 인식하기가 환자들에게 작용하는 것을 우리가 어떻게 보여 주는지에 관한 예시 노트이다. 이 예시 회기는 9회기 '취약한 아동 양식'에 대한 것이다. 7~12회기에서 당신은 자료를 다른 각각의 주요 양식들과 비슷하게 보여 주게 될 것이다. 당신은 또한 이 예시 노트를 이용하여 당신의 회기에서 사용된 양식으로 대체하여 사용할 수도 있다. 우리는 또한 이 회기들에서 자주 일어나는 사안들을 처리할 수 있는 몇 가지의 '치료자 팁'을 제공하고자 한다.

"안녕하세요! 저는 여러분이 여기에 있어서 정말 기쁘고 여러분을 보게 되어 정말 반갑습니다. 이것은 양식 인식하기 집단입니다. 첫 번째 회기에 우리가 하나의 양식을 점검할 때 우리는 동시에 각 양식에서 당신이 경험하는 것에 대한 인식을 향상시키는 것에 집중할 것입니다. 두 번째 회기에 우리는 적응적인 혹은 건강한 양식을 강화하는 방법과 함께 건강한 성인 양식의 도움을 받아서 부적응적 또는 역기능적 양식의 욕구를 충족시키거나 관리할 수 있는 방법에 대해서 집중할 것입니다. 하지만 시작하기 전에, 우리는 당신이 당신의 발바닥이 땅에 닿아 있는 것을 느끼고, 크게 숨을 들이쉬고, 여기에 우리 모두와 함께 있는 것에 모든 신경을 집중해 주셨으면 합니다.

여러분은 자신의 상황과 건강한 성인 양식 관점에 대한 자신의 인식과 건강한 성인 양식 기술들을 적을 수 있는 연습문제지를 받았을 것입니다. 게다가 여러분은 오늘 되돌아볼 자신의 건강한 성인 양식 사용 결과를 여기에 적도록 요청받았을 거예요. 지금부터 알게 되겠지만, 우리는 한 번에 하나의 양식에만 집중할 겁니다. 우리가 집중하는 양식이 어떤 것이든지 그것이 당신의 모임 회기 그리고 개인적인 회기의 가장 중요한 강조점이 될 것입니다. 오늘 우리는 취약한 아동 양식(여기에 초점을 맞춘 집단을 작성하십시오)에 집중해 볼게요. 따라서 오늘 우리는 당신이 이 양식 안에 있을 때의 상황에 집중하게 될 거예요. 먼저 이 예시를 함께 검토해 보는 것으로 시작해 보겠습니다. ”

그들에게 회기에 대한 양식 인식 유인물을 나누어 주라. 여기서 당신은 이 예시를 자세히 아주 꼼꼼하게 검토하고, 환자들의 물음에 대해서 대답하고, 모임 참여자들이 이 토론에 참여할 수 있도록 하라. 다음은 우리가 예시를 어떻게 보여 줬는지에 대한 예이다.

“ 자, 이제 연습문제지를 봐 주세요. 다 같이 이 예시를 검토해 봅시다. 여러분이 당신의 방에 있는데 친구에게 전화가 와서 방문을 취소했다고 상상해 보세요. 만약 여러분이 취약한 아동 양식에 있었다면, 여러분은 아마 여러분의 친구가 당신을 더 이상 좋아하지 않는다고 생각하거나, 배 안에서 뭔가 울렁거리는 느낌이 들고, 울기 시작할 거예요. 여러분은 아마 취약한 느낌과 슬픔을 느끼고 혼자 있지 말아야 할 필요를 느끼겠죠. 혹시 여러분 중에 이런 취약한 아동 양식에 있을 때 이런 생각이나 느낌 혹은 신체적인 감각을 경험해 보신 분 없으신가요? ”

취약한 아동 양식하에 있을 때 이런 느낌이나 생각 혹은 신체적인 감각이 있었다는 것을 나타낸 모든 사람을 인정해 주라. 고개를 끄덕인 것 또한 인정한 것이지만, 이 치료의 관점에서는 '당신의 경험에 대해서 조금 말해 주실 수 있을까요?'와 같은 말을 통해 언어적 반응을 요청하는 것이 좋다. 만약 새로운 사람이 이 모임에 왔다면 그것 또한 인정해 주라.

> 이제, 마지막 세 칸을 봅시다. 첫 칸은 바로 '건강한 성인의 관점'에 대한 것입니다. 이 상황을 해결하기 위한 어떤 아이디어를 당신의 '건강한 성인의 관점'에서 얻었습니까? 당신이 생각하는 '좋은 부모'가 제안할 것을 검토해 봅시다. 여러분에게는 어떤 선택지가 있나요? 자, 예시 아이디어를 한번 봅시다. 이 사람은 친구가 직전 상황에서 어떻게 행동했는지에 따라 선택지를 스스로 평가할 수 있겠죠. 그녀는 그녀가 가진 선택지에 대해 생각해 볼 수 있습니다. 예를 들어, 그녀는 그녀의 방에 숨거나 자기 자신을 위로할 수 있어요. 여러분이 생각하기에 혹시 이 사람이 생각할 수 있거나 행동할 만한 다른 아이디어는 없을까요?

그들이 언급한 다른 아이디어들과 대안들을 검토한 다음 그들과 다 함께 이 대안들이 효과가 있을지 그리고 그들이 제시한 행동들이 가져올 수 있는 모든 부정적인 결과에 대해서 평가해 본다.

> 그 다음 칸은 인지적 · 행동적 혹은 경험적인 건강한 성인의 기술에 초점을 맞춥니다. 예를 들어, 이 사람은 자신을 위로하기 위해서 핫초코를 마실 수 있어요. 그러고 나서 그 친구에게 전화를 걸어서 방문 일정을 새롭게 짤 수 있죠. 여러분이 생각하기에 이 사람이 생각하거나 행동할 만한 다른 아이디어는 뭐가 있을까요?

그들이 언급한 여러 가지의 인지적 · 행동적 그리고 경험적인 기술들을 검토하고 그것이 실제로 효과가 있을지 다 함께 평가해 본다.

" 우리가 하고 있는 게 지금 여러분 모두에게 이해되고 있나요? (만약 누군가 '아니요'라고 대답한다면) 어떤 것이 명확하지 않은지 혹시 알고 있나요? (그 지점에 대해서 정확하게 설명해 주거나 집단 내의 다른 사람에게 그들의 말로 요약해 달라고 부탁한다.) 또 다른 질문은 없으신가요? (그들의 모든 질문에 대해서 간단하게 검토한다.) "

" 마지막 칸은 취해진 행동의 결과에 대해 초점을 맞춥니다. 우리 예시의 이 사람은 실망을 안전하게 경험해 낼 수 있었고, 자신을 침착하게 관리할 수 있었습니다. 그 친구는 토요일에 방문하겠다고 했습니다.

가끔씩 이 건강한 성인 양식의 기술을 사용한 결과로 양식이 바뀌는 일이 일어나기도 합니다. 그리고 그 말은 만약 그 바뀌는 것이 처벌적 부모 양식처럼 건강치 못한 양식일 때 여러분은 건강한 성인 양식 기술들을 더 많이 사용해야 한다는 말이 됩니다. 이 예시에서 이 사람은 건강한 성인 양식에 머물러 있는 것처럼 보이네요. "

자신의 인식 관찰을 돌아보기

> 좋아요. 자, 이제 여러분이 지난주에 겪었던 경험 몇 가지를 살펴볼까요? 이번 주에 취약한 아동 양식을 경험하신 분 계신가요?

먼저 자원한 환자부터 시작해서 돌아가면서 나머지에게 요청하는 방식으로 말하기를 원하는 모두가 순서대로 말하게 한다. 그 목적은 그들 각각에서 하나의 예시를 끌어내고자 하는 것이다.

치료자 팁

집단에서 당신이 시간을 제한하지 않고 각 환자가 사용하는 시간의 균형을 맞추기는 미래의 참여를 방해하고 '오 세상에, 내가 너무 많이 말해서 치료자가 나한테 뭐라고 할 거야.' 하는 걱정 때문에 어려울 수 있다. 우리는 처음부터 "여러분 각자의 예시들을 하나씩 들을 수 있는 시간이 있어요." "저는 여러분이 하는 말에 대해서 굉장히 흥미가 있지만, 여러분이 모두 한마디씩 할 때까지 자신의 말을 잠깐 미루세요."와 같은 말을 함으로써 말하기에 더 편한 상황을 만들어 내려고 노력해야 한다. 그 사람이 심지어 "저는 이제 우리가 다시는 그 예시처럼 되지 않을 것이고 지금 그럴 시간도 없어요. 이렇게 되서 참 유감이네요. 우리가 시간을 가지는 것보다 토론하는 것이 더 유용할 것 같네요. 다음 주에는 우리가 집중하고 싶은 것과 더 잘 부합하는 것을 준비해 오실 수 있나요?"라고 말한다고 하더라도 다시 돌아가는 것은 정말로 중요하다. 하지만 아무리 우리가 친절하게 시도하고 인정하려고 노력해도 누군가는 때때로 상처받거나 화가 날 것이다. 이런 일이 일어날 때, 우리는 이것을 양식 촉발의 예시라고 보고 그 회기의 내용에 적절하다면, 그 양식이 어떤 것인지 물어본 뒤 그것이 과거를 기반으로 한 반응인지, 현재를 기반으로 한 반응인지에 상관없이 연관된 어린 시절의 기억을 돌아보게 한다.

"오늘 정말 너무들 잘하셨어요! 이건 다음 주를 위한 연습문제지와 관찰표예요. 연습문제지는 간단히 읽어 보시고 오면 다음 주의 양식 인식 집단에서 상세하게 검토하게 될 거예요. (그들에게 다음 양식 인식의 연습문제지와 주간관찰표를 준다.) 이건 다음 주까지 해 오실 숙제입니다. 여러분이 오늘부터 여러분 자신의 건강한 성인 양식을 관찰해서 여러분의 '과제 이름'의 빈칸을 모두 채워 오셨으면 해요. 만약 한 개 이상의 양식 변화가 있다면 여러분에게 두 개의 연습 종이를 드릴 테니 하나는 처벌적 부모 양식으로, 그리고 다른 하나는 요구적 부모 양식(또는 부적응적 대처 양식)으로 쓰세요. 여러분이 만약 모든 양식을 다 경험했다면, 두 개의 자료들을 함께 써 오시거나, 원하는 하나의 양식에 집중해도 괜찮아요. 만약 질문이 있거나 도움이 필요하면, 제가 없을 때는 간호사나 여러분의 개인치료사 같은 다른 사람들에게 도와달라고 해도 상관없어요. 여기까지 와 주셔서 정말 감사합니다. 조심히 가시고, 오늘 남은 하루도 행복하게 보내세요!"

여러분의 집단과 스타일에 맞도록 내용을 최소한으로 수정한 이 대본은 양식 인식 회기 7~12에 쓰일 수 있다.

리된 집단이지만 세 가지 종류의 기법들을 구분하는 것은 어려우며 겹치는 부분도 있기 때문에 다소 임의적이다. 가장 큰 차이점은 **경험적 양식 작업** 회기에서는 그 순간에 치료자가 안내하는 경험적 개입들을 통한 변화에 초점을 맞추고 있으며, 교정적 정서 경험을 제공한다는 것이다. 이 구성 요소들의 경험적 기법들은 경험적 양식 작업 집단 내에서의 경험, 특별히 재구성된 이미지를 상상하고 상기해 내는 것을 이용할 수 있는 환자의 능력에 초점을 맞춘다.

양식 관리의 **회기 1**은 부적응적 대처 양식들에 집중한다. 심리도식치료에서 대처 방식의 목표는 부적응적 대처 양식들을 완전히 없애는 것이 아니라 그것이 언제 촉발되는지를 알게 되고 낡은 반응 방식으로 현재의 상황에서 여러분의 욕구를 충족시키게 할지 혹은 새로운 대처 전략이 필요한지 선택할 수 있도록 하는 것이다. 부적응적 대처 양식은 여러 가지의 다른 대처 전략을 가지고 있다. 많은 경우에 문제는 대처 전략의 사용 자체가 아니라 한 전략의 과도한 사용으로부터 온다(예를 들어, 가끔 우리는 특정 대립을 피하기를 선택할 수 있지만 만약 우리가 모든 대립을 피한다면 유용하지 않다). 다른 대처 전략들은 어김없이 부정적 영향들을 가지고 있고 제거되어야 할 필요가 있을 수 있다(예: 불법 약 복용). 부적응적 대처 양식들은 극도로 위협받는 상황에서의 사용이 의도된 생존 대책이다(예: 싸움, 도주 또는 얼어버림). 우리의 환자들이 가지고 있는 문제는 그들이 그것을 그들을 위협하는 생존 상황에서가 아닌 일상생활의 상황에서 쓰고 있다는 것이지만, 환자들은 그들의 핵심 욕구가 충족되지 않아 생존에 위협이 있었던 어린 시절의 상황과 연관해 그런 식으로 느끼게 되는 것이다. 우리는 이러한 대처 전략을 부적응적 대처 양식이라고 분류하는데, 그들이 현재 인생의 상황과 잘 맞지 않고 욕구가 충족되도록 효과적으로 도와주지 않기 때문이다. 생존 상황에서는 그것들이 필요하며 그러한 목적을 위해 남겨 둘 수 있지만, 그것의 효과가 과도하고 금방 고갈되기 때문에 일상생활에서 쓰는 것은 맞지 않다.

회기 1은 부적응적 대처 양식과 이러한 양식에 관한 심리도식치료의 목적에 대한 짧은 소개와 함께 시작한다. 그러고 나서 우리는 환자들로 하여금 그들이 부적응적 대처 양식으로부터의 메시지를 들을 상황을 상상하도록 요청받는 경험적 훈련을 사용한다(양식 관리 회기 1: 부적응적 대처 양식의 힘을 약화시키기). 이것은 환자가 양식을 더 잘 인식하도록 해 준다. 우리는 그 후 환자들에게 해당 상황에서 그들의 건강한 성인 양식이 그들의 부적응적 대처 양식에게 무슨 말을 할지 물어본다. 이후 단기적으로는 부적응적 대처 양식과 함께 사용하는 행동적 · 인지적 기술들에 대해 작업한다. '단기적으로'라는 말에서 알 수 있듯이 우리는 환자가 그들의 부적응적 대처 양식이 작동되었다는 사실을 인지했을 때 즉시 쓸 수 있는 기술에 초점을 맞출 것이다.

양식 관리 회기 1: 부적응적 대처 양식의 힘을 약화시키기

모든 부적응적 대처 양식은 정서적 고통으로부터 여러분의 '아동 양식'을 지키기 위해 발달되었다. 이러한 정서적 고통은 타인과 같은 바깥에서 올 수도 있고, 역기능적 부모 양식 같은 자신 내부에서 올 수도 있다.

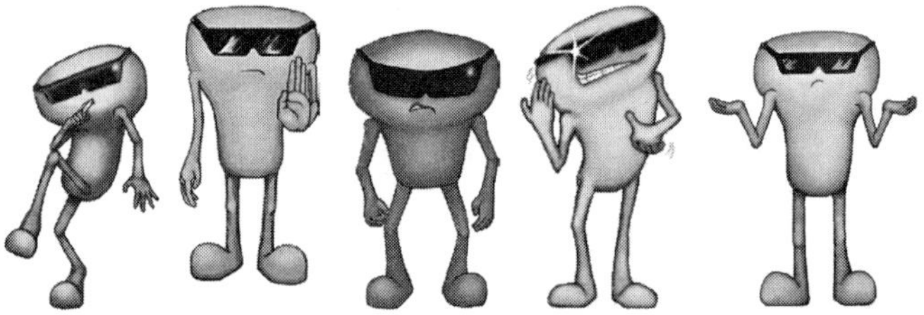

우리의 목표는 여러분이 어떤 종류의 부적응적 대처 양식을 가지고 있든지에 상관없이 여러분 자신의 건강한 성인 양식의 도움으로 그것의 힘을 줄이는 데 있다. 부적응적 대처 양식은 때때로 어떤 생존 상황에서 필요할 때가 있기 때문에 그것을 완전히 없애고자 하는 것은 아니다. 만약 이러한 양식들이 너무 강력해진다면 그 양식은 여러분을 통제하는 자동적인 대처 양식이 될 것이고, 여러분은 전혀 위급하지 않은 상황과 다른 사람들 그리고 심지어 다른 양식들에게까지도 건강한 성인 대처 전략을 쓰는 능력을 잃게 될 것이다.

이 회기의 핵심은 여러분이 지금 현재 속해 있는 상황에 가장 잘 맞는 대처 전략을 여러분 스스로 선택할 수 있게 하는 힘을 기르는 것이다. 우리는 여러분이 어떠한 양식이 여러분을 장악해 버렸을 때 이러한 오래된 부적응적 대처 양식들을 다룰 전략들을 발전시키는 것을 도울 것이다.

○ 여러분이 여러분의 부적응적 대처 양식으로부터 어떤 메시지를 듣는 상황을 상상해 보라.

여러분의 건강한 성인 양식은 여러분의 부적응적 대처 양식에게 어떤 말을 해 줄 수 있을까?

____

____

____

____

____

____

____

____

○

부적응적 대처 양식 약화시키기: 단기 행동적 인지적 전략

만약 여러분이 부적응적 대처 양식 안에 갇혀 있고 그것으로는 여러분의 욕구가 충족되지 않는다는 것을 알아차렸다면, 여러분이 할 수 있는 것과 건강한 생각들의 목록을 만들어 보라. 오늘 우리는 단기의, 더 즉각적인 전략들에 대해서 살펴볼 것이다. 그리고 우리가 이 양식에 대해서 작업할 다음 시간에는 이 양식의 지배를 감소시키는 장기 전략에 대해 집중할 것이다.

	회피성 보호자 감소시키기	순응적 굴복자 감소시키기	과잉보상 감소시키기
예시	내 회피성 보호자가 나를 계속해서 집 안에 가두었다. 나는 정말로 참석하고 싶었던 새로 온 심리치료사와의 약속이 있다.	내 순응적 굴복자는 친구가 예고 없이 문자메시지로 약속을 취소하자 내 친구에게 내가 어떻게 느끼는지 말하는 것을 멈추게 했다.	내 과잉보상자는 내가 직업 센터에서의 중요한 약속을 놓쳤을 때 치료사가 내게 필요한 이해를 주지 못하도록 했지만 사실 나는 그것에 대해 상당히 냉소적이었다.
단기 행동 전략	나는 저번 치료를 함께했던, 항상 나를 지지해 줬던 다른 환자에게 전화해서 내가 해낼 수 있다고 말해 달라 할 수 있다.	나는 친구에게 당장 전화해서 그녀의 그 행동이 나를 화나게 했다고 말할 수 있다. 또한 나는 그녀에게 네가 그런 식으로 약속을 취소한다면 '나와 더 이상 친구로 지내고 싶지 않은 것이 아닐까' 하고 걱정하게 된다고 말할 수 있다. 나는 그녀에게 나를 안심시켜 달라고 부탁하고 새 약속 날짜를 함께 논의할 수 있다.	나는 아직 치료사에게 약속을 놓친 이유를 말할 수 없지만 그것에 관심이 없어서가 아니라고 말할 수 있다. 나는 치료사에게 내가 겪었던 어려움에 대해 이야기하는 데 도움이 되었던 비슷한 상황을 생각나게 해 달라고 부탁할 수 있다. 나는 또한 그녀가 나를 비판하거나 거부하지 않는다는 사실을 상기할 수 있다.
당신의 전략			
예시	내 회피성 보호자는 나를 입사 면접에 가지 않도록 했다.	내 순응적 굴복자는 나의 새로운 남자친구가 내게 공부하는 데 시간을 덜 쓰고 돈 버는 데 집중하라라고 말한 이후, 기말시험을 대비해 공부하는 것을 방해했다.	내 과잉보상자는 내가 저지른 실수를 스스로 인정하지 못하도록 했다.

단기 인지적 전략	나는 내가 가야 하는 열 가지의 이유를 생각해 보고, 그곳에 가도 나에게 아무런 끔찍한 일도 일어나지 않는지에 대해 생각해 볼 수 있다.	나는 시험에서 정확히 무엇이 평가될지 생각해 볼 수 있다. 나는 한 주의 시간을 공부 시간과 자유 시간으로 나누어 그것에 너무 압도당하지 않도록 할 수 있다. 나는 내 남자친구에게 공부하는 것이 내게 얼마나 중요한지 명료하게 이해시키기 위한 방법을 생각해 볼 수 있다.	나는 내가 왜 그 실수를 했는지 그리고 왜 그런 식으로 행동했는지에 대해서 생각해 볼 수 있다. 나는 내가 일부러 그런 실수를 하지 않았을 거라는 사실을 자각하고, 다음에 비슷한 상황이 왔을 때는 어떻게 대처해야 할지 생각해 볼 수 있다.
당신의 전략			

당신의 부적응적 대처 방식의 힘을 감소시키기: 단기 경험적 기법

경험적 심리도식치료 집단에서 우리는 정서나 경험을 바탕으로 한 수준에서 부적응적 대처 양식에서 벗어나기 위한 몇 개의 기법을 시도해 보았다. 우리는 이 프로그램이 진행되는 동안 이러한 기법들을 계속해서 시도해 볼 것이다. 이 기법들은 경험 집중 연습, 심상을 통한 재구성 연습, 양식 대화 등을 포함하고 있다. 여러분이 여러분의 부적응적 대처 양식들 중 하나에 갇혔고 그것으로는 당신의 욕구가 충족되지 않았다는 사실을 알아차렸을 때 사용할 수 있는 여러분의 경험적 기법 목록을 만들라.

예시	내 회피성 보호자는 사회복지사에게 내가 저녁에 다시 술을 마시기 시작했다는 사실을 말하지 못하도록 한다.	내 순응적 굴복자는 치료사의 제안대로 진행되는 연습을 그저 따라가라고 했고 그것이 나를 너무도 두렵게 한다는 사실을 말하지 못하게 한다.	내 과잉보상자는 내가 새로운 사람들을 만날 때마다 내가 아주 적대적으로 보이도록 한다.

단기 경험적 기법	내가 저번에 다시 술을 마시기 시작했다고 그녀에게 고백했을 때 그녀가 나를 도와줬던 기억을 떠올릴 수 있다. 우리 부모님과는 다르게, 그때 그녀는 내게 소리지르지 않았지만 내가 다시 술을 끊을 수 있도록 도와주겠다고 했다. 우리는 함께 남은 술을 버렸고 그날 저녁에 무엇을 할지 함께 계획을 짰다.	나는 그녀가 내게 나의 순응적 굴복자에 대해 말할 때 그녀는 정말로 나의 취약한 어린아이를 위해 그 곳에 있기를 원했고, 과거의 내게 순응적 굴복자가 얼마나 중요했는지를 이해한다고 말해 주었던 우리의 첫 번째 상담 회기를 떠올릴 수 있다. 나는 또한 이 치료가 내 속도에 맞춰 진행될 것이고 그것은 나를 실제로 안심시킬 것이라고 했던 그녀의 말도 기억할 수 있었다.	나는 사람들이 내게 너무 빠르게 다가오면 과잉보상자가 나타난다는 사실을 인식했다. ‘경험 집중 연습들’을 기억할 수 있었다. 나는 또한 그들 앞으로 걸어갈 때의 느낌이 어떠한지 그리고 내가 나를 더 잘 조절할수록 그 기분이 점점 나아진다는 것도 기억할 수 있었다. 아마 나는 새로운 사람들과의 신체적 접근을 조절하고 내가 그들과 있는 것이 안전하다고 느끼는지 여부를 확인할 수 있는 시간을 통해 내 과잉보상자를 이겨 낼 수 있을 것이다.
당신의 전략			

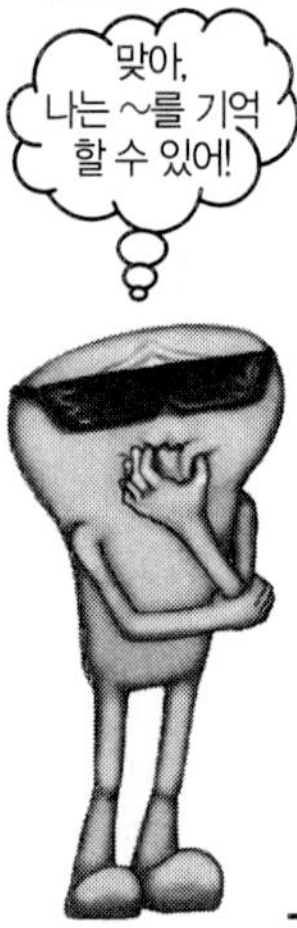

내 부적응적 대처 방식을 위한 단기 양식 관리 계획

이 회기에서 우리는 여러분의 건강한 성인 양식이 여러 가지 종류의 부적응적 대처 양식을 관리하기 위한 단기적인 혹은 즉각적인 행동적 · 인지적 그리고 경험적 전략과 기법들을 수립하였다.

아래, 여러분이 경험해 본 각각의 부적응적 대처 양식을 위해 여러분이 선택한 전략과 기법들을 이용하여 '양식 관리 계획표'를 완성해 보라. 현재 여러분이 처해 있는 상황과 변화를 돕기 위해 플래시카드나 긴급 계획을 짜도 괜찮다.

회피성 보호자	순응적 굴복자	과잉보상자

여러분에게 맞는 다른 전략들을 찾으면 더 많은 기법을 당신의 계획에 추가하라.

여러분의 양식 관리 계획이 오늘 혹은 몇 주 안에 완성될 거라고 생각하지 말라. 여러분은 이 치료과정에서 새로운 기법을 발견할 때마다 이 계획에 추가할 수 있다. 우리는 여러분의 양식 관리 계획이 모든 상황에서 100% 완벽하게 작용할 거라고 말하지 않는다. 누구도 그렇게 할 수 없기 때문이다. 우리가 여러분에게 말하고 싶은 것은 여러분의 부적응적 대처 양식보다 훨씬 더 낫거나 덜 나쁜 결과를 가져올 것이라는 것이다. 양식 관리 계획은 각 특정 종류의 상황과 어울려야 하며,

계속해서 시험되고 미세하게 조정되어야 한다. 처음 계획에 다른 것을 추가하기 위해서는 치료사나 치료 프로그램 팀 또는 동료의 도움을 받아야 하겠지만, 시간이 지날수록 여러분의 건강한 성인이 이러한 모든 건강한 대처 기법들을 내면화하여, 여러분은 그것들에 접근하기가 더 쉬워지고, 그것들을 수시로 사용하는 것을 기억할 것이다.

치료자 노트: 양식 관리 집단 1~6

다음은 양식 관리 작업을 환자들에게 제공하는 방법에 대한 예시 대본이다. 이 예시 회기는 부적응적 대처 양식들에 관한 것이다. 2~6번째 회기에서 여러분은 다른 주요 양식들과 비슷한 방식으로 이 자료들을 전달하게 될 것이다. 여러분은 똑같은 예시 대본을 여러분의 회기의 양식에 맞도록 대체하여 쓸 수도 있다. 우리는 또한 이 회기들에서 자주 일어나는 사안들을 처리할 수 있는 치료자 팁도 준비했다.

> 안녕하세요. 여러분이 모두 와 주셨네요! 여러분을 또 보게 되니 정말 반갑습니다. 이것은 양식 관리 집단입니다. 이 집단의 회기에서는 우리가 자신의 현재의 욕구를 충족시키지 못하는 양식에 갇혀 버렸다는 사실을 알아차렸을 때 쓸 수 있는 특정 기술에 중점을 두고 작업할 것입니다. 하지만 시작하기 전에, 바닥에 닿은 여러분의 발을 느끼면서 몇 번 깊게 심호흡을 하시고, 우리 모두와 함께 이 집단과정에 최대한 집중해 주세요.
>
> 이것은 오늘 우리가 작업할 유인물입니다. 우리는 한 번에 하나의 양식에만 집중할 것입니다. 우리가 집중할 양식은 여러분

의 집단과 개인 회기에서 중점적으로 다뤄질 것입니다. 양식 관리의 각 회기마다 우리는 각기 다른 양식이나 양식의 집합에 집중할 것입니다. 오늘은 부적응적 대처 양식들입니다(여기에 초점을 맞춘 집단을 작성하십시오). 이제 사람들이 경험할 수 있는 부적응적 대처 양식에는 다른 종류가 있다는 사실을 기억하세요. 그 모든 종류의 문제는 바로 그들이 여러분의 건강한 성인 양식을 대신해서 여러분이 현재 있는 상황에서 어떤 행동이 가장 효과적일지 고르는 것을 장악해 버린다는 것입니다. 따라서 우리는 오늘 여러분의 부적응적 대처 양식들을 관리할 전략에 대해 작업할 것입니다. 시작하기 위해, 여러분이 부적응적 대처 양식하에 있는 상황을 하나 상상해 보세요. 여러분 모두 머릿속에 그림이 그려졌나요? (1분 정도 기다린다.) 좋아요, 그러면 오늘의 유인물을 살펴봅시다. ”

환자들에게 회기를 위한 양식 관리 유인물을 준다. 환자들이 말하는 바를 기억해 두라. 고개를 끄덕이거나 참여하는 것을 칭찬하는 것으로 말하는 것을 강화하라.

“ 첫 번째 질문을 보고 여러분이 방금 상상한 상황에 대해 생각해 보세요. 여러분의 건강한 성인 양식이 부적응적 대처 양식에게 뭐라고 말해 줄 수 있을까요? 좋은 생각이에요. 자, 이제 그걸 적어봅시다. 또 다른 생각은 없나요? 네, 좋아요. 그것도 적어 봅시다. ”

여기서 환자들의 질문에 대답하고 토론 시 집단원들의 참여를 촉진하기 위한 세부적인 예시를 자세히 살펴본다. 다음은 우리가 어떻게 그 예시들을 환자들에게 전달하는지에 대한 예이다.

> 자, 이제 다른 페이지를 봅시다. 우리가 필요한 것은 부적응적 대처 양식 중 하나가 장악한 것을 알아차렸을 때 쓸 수 있는 단기 혹은 즉각적인 전략들의 목록이에요. 오늘 우리는 여러분이 부적응적 대처 양식에 갇혀 버렸을 때 여러분을 바로 도울 수 있는 것에 대해 알아볼 겁니다. 다음 시간에 우리는 이 양식으로 작업할 때 여러분이 장기간에 걸쳐 양식의 빈도와 강도를 줄이고 건강한 성인 양식에 접근할 수 있는 것에 집중할 것입니다.
>
> 이제 회피성 보호자의 예시로 넘어가 볼까요?
>
> '내 회피성 보호자는 나를 내 방에 가두었다. 나는 정말로 참석하고 싶었던 새로운 심리치료사와의 약속이 있었다.'
>
> 이와 같은 상황을 경험한 적이 있는 분이 계신가요?

부적응적 대처 양식하에 있을 때 이런 느낌이나 생각 혹은 신체적인 감각이 있었다는 것을 나타낸 모두를 인정해 주라. 환자들이 집단 내에서 이야기하는 시간 중에 고개를 끄덕이는 것 또한 인정의 한 방법이므로 비언어적인 참여를 포함하여 작은 단계들로 그들의 참여를 격려하는 것은 아주 중요하다.

> 좋아요. 이제 그 상황을 벗어날 행동적 기법을 봅시다.
>
> '나는 내가 해낼 수 있을 거라고 늘 이야기하며 나를 언제나 지지해 주는 친구에게 전화할 수 있을 것이다.'
>
> 좋은 생각이네요. 혹시 여러분은 이렇게 해 본 적이 있나요? 그랬다면 어땠나요? 정말 잘됐네요. 좋아요, 이 상황에서 벗어나기

위해서 할 다른 일들에는 또 뭐가 있을까요? 다른 생각을 하신 분은 없으신가요?"

만약 환자들이 다른 행동적 기술들을 생각해 내지 못하면, 그들에게 장단점 목록, 괜찮아질 때까지 영감을 주는 음악 듣기, 홀로 있지 않도록 강아지를 데리고 놀기 등과 같은 것들을 제안하라.

"맞아요. 다들 좋은 아이디어예요. 이제 다음에 여러분이 부적응적 대처 양식 상황에 처했을 때 다른 대처 전략을 선택할 때 참고할 수 있도록 그것들을 적어 봅시다.

이제 다음 예시를 볼게요.

'내 회피성 보호자가 내가 취업 면접을 보지 못하도록 한다.'

이 상황에서 여러분이 회피성 보호자 양식에서 벗어날 수 있도록 도와줄 수 있는 인지적 기술은 무엇인가요?

예시에서는 '현실 체크하기'가 제안되어 있네요.

'왜 내가 가는 것이 좋고 그곳에서 내게 어떤 끔찍한 일도 일어나지 않을 열 가지 좋은 이유를 생각해 볼 수 있다.'

여러분이 회피성 대처 양식하에 있다면 여러분 자신에 대해 다시 생각하게 하는 다른 것들에는 어떤 것들이 있을까요?"

만약 환자들이 다른 인지적 기술들을 생각해 내지 못한다면 그들에게 장단점 목록, 긍정적인 자기대화 등을 제안한다.

"여러분이 이렇게 많은 것을 생각해 내다니 정말 대단합니다. 정말 잘하셨어요. 자, 다음에 여러분이 부적응적 대처 양식 상황에 처했을 때 다른 대처 전략들을 선택할 수 있도록 이제 그것들을 적어 봅시다. ”

이것을 유인물에 있는 모든 양식들에 대해 한다. 모든 환자가 자원하여 돌아가며 말하는 방식으로, 나머지 사람에게 예시를 보이고 싶어 하는 모든 사람이 말하도록 해야 한다.

다음으로, 각 환자들을 위한 양식 관리 계획을 상세하게 검토하라. 다음은 예시를 전달하는 예입니다.

“ 자, 이제 마지막 페이지를 보세요. 여기에서 우리는 여러분이 매일 사용하는 자신의 부적응적 대처 양식을 위한 양식 관리 계획을 발전시키려고 합니다. 누가 회피성 대처 양식을 가지고 있나요? (고개를 끄덕이는 사람들을 알아둔다. 그중 한 사람을 고른다.)

○○ 씨부터 시작해도 괜찮을까요? (허락을 기다린다.) 오늘 우리가 이야기한 기법 중에 ○○ 씨의 회피성 대처 양식을 위한 양식 관리 계획에 쓰고 싶은 기법 세 가지는 무엇인가요? (이것을 회피성 대처 양식을 가진 환자들 모두에게 진행한다.)

누가 순응적 굴복자 양식을 가지고 있나요? (고개를 끄덕이는 사람들을 알아둔다. 그중 한 사람을 고른다.)

○○ 씨부터 시작해도 괜찮을까요? (허락을 기다린다.) 오늘 우리가 이야기한 기법 중에 ○○ 씨의 순응적 굴복자 양식을 위한 양식 관리 계획에 쓰고 싶은 기법 세 가지는 무엇인가요? (이것을 순응적 굴복자 양식을 가진 환자들 모두에게 진행한다.)

누가 과잉보상적 대처 양식을 가지고 있나요? (고개를 끄덕이는 사람을 알아둔다. 그중 한 사람을 고른다.)

○○ 씨부터 시작해도 괜찮을까요? (대답을 기다린다.) 오늘 우리가 이야기한 기법 중에 ○○ 씨의 과잉보상적 대처 양식을 위한 양식 관리 계획에 쓰고 싶은 기법 세 가지는 무엇인가요? (이것을 과잉보상적 대처 양식을 가진 환자들 모두에게 진행한다.) ”

○

“ [집단 마치기] 모두들 오늘 정말 잘해 주셨어요! 자, 오늘 집단의 치료 과제는 오늘부터 다음 주 우리가 만날 때까지 여러분의 건강한 성인 양식이 여러분의 부적응적 대처 양식을 처리하는 것을 모니터하는 거예요. 빈칸없이 최대한 많이 적으려고 노력해 보세요. 이건 다음 주를 위한 연습문제지입니다. 오늘 여기 와 주셔서 정말 감사합니다. 수고하셨어요.
조심히 돌아가시고, 남은 하루 푹 쉬도록 하세요. ”

여러분의 집단과 스타일에 맞도록 내용을 최소한으로 수정한 이 대본은 양식 관리 회기 2~6에 쓰일 수 있다.

7~12회기에서는 각 양식을 잘 다룰 수 있는 장기 기술들에 대한 작업을 한다. 이 회기들은 환자가 이것이 즉각적으로 도움이 되는 것이 아니라 장기적으로 양식의 빈도와 강도를 줄일 수 있도록 만들어졌다. 7회기에서 세 가지의 대처 양식을 구분했다. 이는 분리된 보호자와 순응적 굴복자와 같은 회피성 대처 양식, 가해자-공격과 자기과장자와 같은 과잉보상 대처 양식이다. 첫째, 모든 양식에 대한 예시 상황과 행동적·인지적 기술이 개발되었고 부적응적 대처 양식들을 위한 경험적 기법이 같은 식으로 개발되었다. 7회기의 유인물 마

지막 페이지(양식 관리 회기 7: 부적응 대처 양식의 힘을 감소시키기–장기 전략)를 보면, 이러한 전략 및 기법, 기술들이 환자가 사용하는 부적응적 대처 양식의 방식에 따라 양식 관리 계획에 정리되어 있다. 환자는 다음 주 치료 시에 시도해 보고 싶은 인지적·행동적 혹은 경험적 기술들을 기록한다.

양식 관리 회기 7: 부적응적 대처 양식의 힘을 감소시키기 – 장기 전략

만약 여러분이 부적응적 대처 양식들 안에 갇혀 있으며 그것이 여러분의 욕구를 충족시키지 못하다는 것을 알아차렸다면, 여러분이 할 수 있는 행동과 생각들의 목록을 만들어 보라. 오늘은 여러분이 여러분의 부적응적 대처 양식을 더 영구적으로 감소시키기 위해 오랫동안 할 수 있는 것만을 선택해서 적으라. 이것은 또한 여러분의 심리도식들을 수정하는 것을 도울 수 있다는 사실도 기억해 두라.

	회피성 보호자 줄이기	순응적 굴복자 줄이기	과잉보상자 줄이기
예시	내 회피성 보호자가 나를 내 방에 가두었다.	내 분리된 보호자는 내가 나와 친밀한 사람들에게 내 경계가 무엇인지 말하지 못하도록 한다.	내 공격적인 보호자는 나를 진심으로 신경 쓰는 사람들과 인간관계를 맺지 못하게 한다.
장기적 행동 패턴 파괴 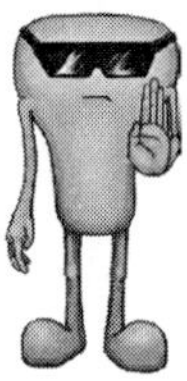	나는 한 주에 세 번씩 공원에 가서 20분씩 앉아 있을 수 있다. 만약 내가 그 활동을 2주간 연이어 할 수 있게 된다면, 나는 매주 한 시간씩 카페에 가기 시작할 것이고 계속해서 발전해 나갈 수 있다.	누군가 내가 설정한 경계를 넘어 버려 내 순응적 굴복자가 장악했다는 것을 알게 되었을 때 나는 그것에 대해 적기 시작할 수도 있다. 그리고 나는 내 경계를 넘은 사람들 중 가장 편안하다고 생각되는 사람과 그것에 대해 이야기를 나	나는 스포츠 동호회에 드는 등 의도적으로 새로운 인간관계를 시작하려고 노력할 수 있다. 나는 스포츠 활동이 끝난 후 친구가 되고 싶은 사람이 있다면 그 동호회 사람을 만나려고 시도할 수 있다. 나는 그들이 주목한 긍정적인 특

		눠 볼 수 있다. 만약 그것이 잘되면, 좀 더 불편하게 느껴졌던 다른 사람과도 이야기 나누는 일을 또 시도해 볼 수 있다.	성에 특별한 관심을 기울일 수 있었다.
관련 심리 도식	'유기'	'정서적 억제'	'정서적 박탈'
당신의 전략			
당신의 관련 심리 도식			
예시	내 회피성 보호자가 내가 취직하지 못하게 한다.	내 순응적 굴복자는 내가 시험에 떨어질 것을 알고 있기 때문에 중간고사 시험 공부를 잘 해 내지 못할 거라고 말한다.	내 과잉보상자는 나 자신의 약점이나 다른 사람의 강점을 깨닫지 못하게 한다.

장기 인지적 전략	나는 특정 직업에 대한 나의 역량에 대해 생각해 볼 수 있다. 그것과 다른 직업에 대한 장단점에 대해 고민해 볼 수 있다.	나는 부정적 예측에 대해 대화를 나누었던 집단을 떠올릴 수 있고 내가 스스로 공부하지 않아서 실패한 나 자신의 모습을 설정했다는 사실을 알아차렸다. 나는 노력하지 않는 것은 실패의 가장 확실한 방법이라는 사실을 다시 한 번 생각할 수 있다. 나는 예전에 시험을 잘 통과했고 완전히 실패하지 않았다는 것을 스스로 상기했다. 나는 내 중간고사 준비를 시작할 수 있다.	나는 나를 포함한 모두가 약점이 있다는 사실을 고려해야 한다. 만약 내가 나의 단점을 부인한다면 '나는 뭐든지 다 알아.'라는 식으로 행동해 난처해질 것이다. 나는 다른 사람의 강점에 대해 생각하고 그들을 부정적으로 판단하지 않으려고 할 수 있다. 나는 나 자신과 타인을 볼 때 보다 균형 잡힌 시각을 가지려고 노력할 수 있다.
관련 심리 도식	'가혹한 기준'	'실패/무능'	'결함/수치'
당신의 전략 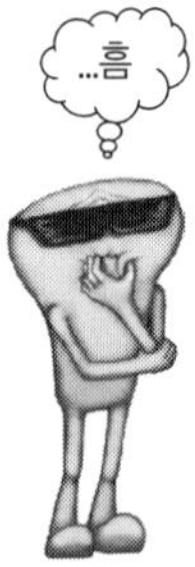 			
당신의 관련 심리 도식			

예시	내 회피성 보호자가 다른 사람들과 어떤 활동도 못하게 한다.	내 순응적 굴복자는 내 자신의 감정을 느끼지 못하게 한다.	내 과잉보상자는 나의 친구들이 무슨 일이 일어날 것이라고 말하면 그들에게 정말 못되고 나쁘게 군다. 그리고 그들은 그것을 다 끝마치지 못한다.
장기 변화를 위한 경험적 기법	나는 내가 치료 집단 안에서 안정을 느꼈던 기억을 상상해서 떠올릴 수 있다. 상상 속에서 나는 휴식 시간에 다른 사람들과 이야기하며 즐거웠던 것을 재경험할 수 있다. 나는 이러한 순간들에서 느꼈던 뱃속의 따뜻한 느낌에 다가갈 수 있고 회사(또는 일할 때, 치료 중)에서 다른 사람들과 있을 때 이 느낌을 하루에 세 번 정도 느낄 수 있도록 훈련할 수 있다.	나는 이와 연결된 어릴 적의 기억에 접근할 수 있다. 그러고 나서 나는 내 치료사에게 이 기억들을 재구성할 수 있도록 도와달라고 할 수 있다. 그리고 나는 그 재구성한 기억을 아이팟에 녹음해 그것을 들음으로써 그 기억을 떠올릴 수 있다. 나는 그 뒤에 현재의 감정에 천천히 접근하고, 심지어는 나와 가장 친한 사람들에게 내가 어떻게 느끼는지 말할 수 있다.	만약 이와 비슷한 일이 발생하면, 나는 내 친구들에게 그것에 대해 반응하기 전 자신에게 집단에 배운 '안전 비눗방울'을 떠올릴 몇 분을 준다. 그러고 나서 내 다른 양식의 욕구를 점검하기 위하여 마음속으로 양식대화를 할 수 있다. 그러고 나서 나의 건강한 성인 양식이 내 우정을 해치지 않을 적절한 행동을 선택할 수 있을 것이다.
관련 심리 도식	'고립'	'정서적 억제'	'특권의식'
당신의 전략			

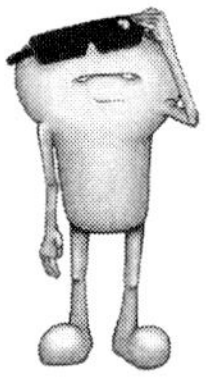

당신의 관련 심리 도식

우리는 지금까지 여러분의 건강한 성인 양식이 모든 종류의 부적응적 대처 양식의 힘을 줄이기 위하여 사용할 수 있는 장기의 행동적 · 인지적 · 경험적인 전략, 기법 혹은 기술들에 관해 연습했다.

아래에 여러분이 다음 몇 주간 경험하고 시도해 보고 싶은 각각의 부적응적 대처 양식을 위해 양식 관리 계획을 만들라. 이것은 여러분이 변화를 위해 작업할 때 플래시카드의 역할로서 쓰일 수 있다.

내 부적응적 대처 양식들을 위한 장기 양식 관리 계획

회피성 보호자	순응적 굴복자	과잉 보상자

뭔가를 시도하면서 여러분에게 가장 효과적인 것을 찾아 자신의 계획에 새로운 기법들을 추가해 보라.

여러분의 양식 변화 계획이 오늘 혹은 몇 주 안에 완성될 거라고 생각하지 말라. 장기 전환에 쓰이는 기법들은 여러분의 인생 전반에 걸쳐 언제나 새롭게 생겨날 수 있다. 여러분은 치료 기간에 새로운 기법들을 찾을 때마다 언제나 더 추가할 수 있다. 우리는 여러분의 양식 변화 계획이 모든 상황에서 100% 완벽하게 작용할 거라고 말하지 않는다. 아무도 그렇게 할 수 없으니까. 어떤 것들은 다른 것들보다 더 고치기 어렵기도 하다. 우리가 여러분에게 말할 수 있는 것은, 길게 보고 계속해서 노력한다면 그것이 여러분의 부적응적 대처 양식보다 훨씬 더 나은 결과를 가져올 것이라는 것이다. 양식 관리 계획들은 각 특정 종류의 상황과 어울려야 하며, 계속해서 시험되고 미세하게 조정되어야 한다. 처음 계획에 다른 것을 추가하기 위해서는 치료사나 치료 프로그램 팀 또는 동료의 도움을 받아야 하겠지만, 시간이 지날수록 여러분의 건강한 성인이 이러한 모든 건강한 대처 기법들을 내면화하여 여러분이 그것들에 접근하고 여러분의 계획에 충실하도록 떠올리는 것은 점점 쉬워질 것이다.

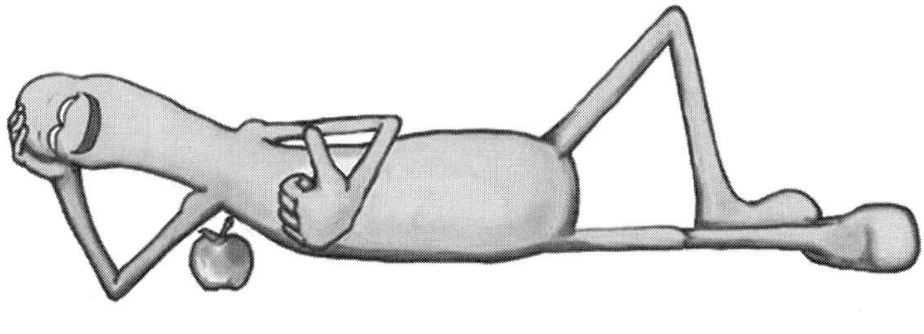

집중치료 환경에서 치료팀에게 이 양식 관리 계획 복사본을 주어서 모두가 볼 수 있게 하는 것이 도움이 된다. 입원치료 환경에서는 다른 복사본을 쉽게 볼 수 있도록 한꺼번에 모아 놓으면 환자와 스태프들에게 도움이 된다.

회기 2는 역기능적 부모 양식에 집중한다. 이전 양식에서 같은 단계를 경험했다. 그들의 건강한 성인 양식이 역기능적 부모 양식에게 어떻게 이야기하는지를 묻는 것이 단 하나의 다른 점이다(양식 관리 회기 2: 당신의 처벌적이고 요구적인 부모 양식과 싸우기).

양식 관리 회기 2:
당신의 처벌적이고 요구적인 부모 양식과 싸우기

처벌적이고 요구적인 부모 양식은 압력과 자기혐오를 자아내고 종종 부적응적 대처 양식을 촉발시킨다.

우리는 심리도식치료에서 여러분의 건강한 성인 양식을 강화시키고, 여러분이 자신의 처벌적 부모 양식에 대항할 수 있도록 연습시키며, 자신의 요구적 부모 양식의 요구를 합리적인 수준까지 감소시킬 수 있는 방법을 찾도록 할 것이다.

여러분의 역기능적 부모 양식들로부터 어떤 이야기를 듣는다고 상상해 보라.

여러분의 건강한 성인 양식은 여러분의 처벌적 부모 양식에게 뭐라고 말할 수 있을까?

여러분의 건강한 성인 양식은 여러분의 요구적 부모 양식에게 뭐라고 말할 수 있을까?

심리도식치료의 목표들 중 하나는 이러한 역기능적 부모 양식이나 당신이 스스로 가지고 있는 자기비판의 부정적인 영향으로부터 여러분을 자유롭게 하는 것이다.

당신의 처벌적이고 요구적인 부모 양식과 싸우기: 단기 행동적·인지적 전략

여러분이 여러분의 처벌적이고 요구적인 부모 양식 속에 갇혀 있고 이것이 여러분에게 좋지 않다는 사실을 깨달았을 때 어떤 것을 말하거나 행동하는지를 기록해 보라.

	당신의 처벌적 부모 양식과 싸우기	당신의 요구적 부모 양식과 싸우기
예시	오늘은 월요일 아침이고, 여러분의 할 일 목록이 꽉 차 있다.	
	당신의 처벌적 부모 양식: "넌 이걸 다 해낼 수 없을 거야! 이 패배자 같으니라고. 넌 어떤 것에도 쓸모가 없어."	당신의 요구하는 부모 양식: "넌 무슨 일이 있어도 모든 것을 다 끝내야만 해! 네가 얼마나 늦게까지 깨어 있는지는 상관없어, 쉬지 마. 오늘 이것을 모두 완벽하게 끝내지 못할 이유는 없어!"
단기 행동적 전략	난 아주 크고 명료한 목소리로 말할 수 있다."그만해! 넌 잘못됐어! 나는 내 인생에서 많은 힘든 시기를 잘 이겨 냈으며 나는 그것을 다시 할 수 있어. 나를 이런 식으로 망신을 주는 너의 말을 듣지 않을 거야. 그러면 나는 한 번에 하나의 일을 시작할 수 있어."	나는 시간표를 만들어 한 번에 하나의 일을 할 수 있다. 나는 휴식 시간을 정해 놓고 휴식을 취할 것이다. 나는 일의 우선순위를 정해 오늘 해야 할 긴급한 일과 내일이나 그 이후에 마칠 수 있는 일을 할 것이다.

당신의 전략		
예시	당신은 시험에서 떨어졌다.	
	당신의 처벌적 부모 양식: "너는 너무 멍청해서 그 어떤 것을 하더라도 성공하지 못할 거야. 너는 아무것도 할 수 없고 쓸모없어."	당신의 요구적 부모 양식: "너는 더 많이 공부했어야만 했어! 너는 단 1분이라도 딴짓을 해서는 안 됐어. 이제 재시험을 보기 전까지 쉬지 않고 계속해서 공부만 해야 해!"
단기 인지적 전략	나는 내 자신에게 이렇게 말할 수 있다. "난 시험에 떨어졌어. 하지만 그 사실이 나를 실패자로 만드는 것은 아니야. 난 시험에 준비할 시간이 부족했고, 할머니가 위독하셔서 집중하기도 힘들었어. 게다가 시험 문제도 예상치 못한 문제들이었어. 내가 시험에 떨어진 건 내가 처한 여러 가지 상황이 힘들어서이지 내가 무능력하고 쓸모없어서가 아니야. 또한 나는 대학을 졸업할 때 시험을 잘 준비해서 좋은 성적을 거뒀던 적도 있어. 난 내 처벌적 부모 양식의 이야기를 귀담아듣지 않을 거야. 그 이야기는 틀렸어."	나는 내 자신에게 이렇게 말할 수 있다. "나는 재시험을 보기 위해서 공부를 열심히 해야겠지만 공부와 휴식 사이의 균형을 잘 맞춰야 하고, 시험 날의 컨디션을 위해 충분히 잠을 자 둬야 해. 또 이건 이번 학기의 첫 번째 시험이었으니 이 점수를 만회할 다른 기회들이 아직 남아 있다는 사실을 기억해 두자. 다음 시험 때는 이번 시험을 힘들게 했던 상황들은 더 이상 없을 거야."
당신의 전략		

당신의 처벌적이고 요구적인 부모 양식과 싸우기: 단기 경험적 기법

경험적 양식 작업 집단에서 우리는 경험적인 혹은 정서 중심적인 수준에서 처벌적이고 요구적인 부모 양식에 맞설 수 있는 기법들을 연습했고, 우리는 치료의 과정을 통해 더 많은 것을 시도할 것이다. 이러한 기법들은 처벌 강화 연습이나 형상 연습 등을 포함하고 있다. 여러분의 집단과 함께 역기능적 부모 양식을 멈추거나 그들의 비중을 줄이고 싶을 때 쓸 수 있는 전략들의 목록을 만들어 보라.

예시	당신의 친한 친구가 당신에게 언제나 당신의 편만 들 수는 없다고 말한다.	
	처벌적 부모 양식: "아무도 너를 좋아하지 않아. 너는 울보 같아! 너는 다른 사람들에게 짐만 될 뿐이라고. 네가 그냥 죽었다면 더 좋았을 거야."	요구적 부모 양식: "내가 말했잖아, 네가 친구한테 전화할 일이 없게 더 열심히 건강관리를 했어야 했다고. 넌 더 운동을 많이 해야 해, 알아들었어?"
단기 경험적 전략들	나는 우리가 했던 심상 작업을 떠올릴 수 있다. 그때 나는 내 처벌적 부모 양식이 내가 한 모든 것에 대해서 기분을 나쁘게 만들었던, 1학년 때의 학교 선생님의 목소리라는 사실을 알아냈다. 또 나는 그 선생님이 나를 대했던 것처럼 나를 대하고 싶지 않은 것에 대해 대화했던 치료 회기도 생각할 수 있다. 나는 그때 느꼈던 에너지를 다시 느끼며 내 처벌적 부모에게 "입 다물어." 라고 말할 것이다.	나는 내 요구적 부모 양식을 인형이라고 생각하고 그것에게 그만하라고 말하는 광경을 상상할 수 있다. 나는 집단의 다른 모든 사람이 내 요구적 부모 양식 인형에게 그녀가 잘못되었고 입을 다물어야 할 것이라고 말할 때 느꼈던 감정이 떠오른다. 나는 내 건강한 성인 양식을 다시 느끼며 친구에게 몇 번이나 전화해야 적당할지 고민할 것이다. 매일은 아니고 한 주에 세 번 정도가 적당할 것 같다.
당신의 전략		

내 처벌적이고 요구적인 부모 양식과 맞서기 위한 단기 양식 관리 계획

우리는 지금까지 여러분의 건강한 성인 양식이 처벌적이고 요구적인 부모 양식에 맞설 수 있도록 하는 단기 행동적 · 인지적 · 경험적인 전략, 기법 혹은 기술들을 알아봤다.

아래에 여러분이 선호하는 전략들과 기법들을 이용해 여러분이 경험한 각각의 부모 양식에 대응하는 양식 관리 계획을 만들어 보라. 이 계획표를 여러분이 변화를 위해 노력하는 동안 플래시카드나 긴급 계획으로 쓰일 수 있도록 항상 간직하라.

처벌적 부모 양식	요구적 부모 양식

시도해 보면서 무엇이 당신에게 가장 잘 맞는지 알아보고 자신의 계획에 더 많은 기법들을 추가해 보라.

여러분의 양식 관리 계획이 오늘 혹은 몇 주 안에 완성될 거라고 생각하지 말라. 새로운 기법들은 이 프로그램이

진행되는 동안 그것을 찾을 때마다 항상 추가할 수 있다. 우리는 여러분의 양식 관리 계획이 모든 상황에서 100% 완벽하게 작용할 거라고 말하지 않는다. 아무도 그렇게 할 수 없으니까. 우리가 여러분에게 말할 수 있는 것은 길게 보고 계속해서 노력한다면 이것이 여러분의 역기능적 부모 양식보다 훨씬 더 나은 결과를 가져올 것이라는 것이다. 양식 관리 계획은 각 특정 종류의 상황과 어울려야 하며, 계속해서 시험되고 미세하게 조정되어야 한다. 처음 계획에 다른 것을 추가하기 위해서는 치료사나 치료 프로그램 팀 또는 동료의 도움을 받아야 하겠지만, 시간이 지날수록 여러분의 건강한 어른이 이러한 모든 건강한 대처 방식 전략들을 내면화하여 여러분이 그것에 접근하고 그것들을 사용하기 위하여 떠올리는 것은 점점 쉬워질 것이다.

회기 3은 취약한 아동 양식에 집중한다. 슬픈 아동과 불안한 아동을 구분하며, 취약한 아동 양식에 대한 간단한 소개가 다시 한 번 주어진다. 이 회기의 경험적 훈련은 환자가 취약한 아동 양식 상황을 상상하게 하도록 하는 것이다. 어떤 환자들은 슬픈 상황을 고를 것이고 다른 환자들은 불안한 취약한 아동 양식 상황을 고를 것이다. 환자에게 그들의 취약한 아동이 그 상황에서 어떤 말을 듣는 것이 필요한지 물어본다(양식 관리 회기 3: 당신의 취약한 아동 양식의 슬픔과 불안 감정을 돌보기). 환자들은 답변을 훈련 서식에 기록한다. 이후, 취약한 아동 양식의 욕구를 충족시키는 단기적 혹은 즉각적인 행동적·인지적 기법 작업을 한다. 슬픔과 불안의 취약한 아동 양식이 서로 다른 해결책을 갖기 때문에 계속해서 두 가지를 구분하도록 한다. 또 예시가 제시되고 환자의 개인적 상황들과 해결책들을 열거한다. 경험적 기술들에서도 같은 작업을 한다. 마지막 페이지에서 각각의 환자가 그들의 취약한 아동 양식을 위한 양식 관리 계획을 기록한다.

회기 4는 화난 아동 양식에 집중한다. 이 양식에서는 기술이 두 가지 목표를 충족시켜야 한다는 것이 중요하다. 화난 아동 양식 환자는 손해를 끼치지 않는 방법으로 분노를 터뜨릴 필요가 있으며 그들의 욕구를 더 잘 충족할 수 있는 대인관계 기술이나 사회적 능력을 배워야 할 필요가 있다. 이 회기도 같은 과정으로 진행된다. 환자에게 어떤 화난 아동 양식 욕구를 들어주고 주의를 기울여야 하는지 묻는다(양식 관리 회기 4: 당신의 화난 아동 양식 관리하기). 치료자는 또한 "당신의 어린 시절 경험을 보자면, 왜 이것이 당신을 그렇게 화가 나게 하는지(혹은 여기에 왜 그렇게 강력한 느낌을 받는지) 이해가 되네요."와 같은 형태로 또는 단순하게 "제길, 그거 정말 짜증나네요."와 같이 환자의 감정을 인정해 준다. 화난 아동 양식을 위한 인지적 기술은 제한적이라는 것을 알려 주는 것이 중요하다. 환자가 화난 아동 양식에 해당될 때 그들의 아드레날린 수준이 낮아지기 전까지는 그들의 인지적 자원에 접근하는 것 자체가 어렵다. 대조적으로 경험적 기술은 화난 아동 양식에 매우 잘 적용된다. 경험적 기술로는 풍선을 터뜨리는 상상을 하거나 치료자와 줄다리기 게임 하기 등이 있다.

양식 관리 회기 3: 당신의 취약한 아동 양식의 슬픔과 불안 감정을 돌보기

여러분이 취약한 아동 양식을 경험하고 있을 때, 여러분의 주요 감정은 아마도 슬픔, 불안 혹은 그 두 가지가 합쳐진 것일 것이다. 취약한 아동 양식이 슬픔이라면, 그 사람은 아마 외롭거나 절망적인 감정 혹은 슬픔과 관련된 비슷한 감정을 함께 느낄 것이다. 만약 취약한 아동 양식이 불안이라면, 그 사람은 두렵거나 겁에 질린 혹은 불안과 관련된 다른 감정을 느낄 수 있다. 취약한 아동 양식의 상황 속에서 슬픔과 불안의 감정을 복합적으로 느끼는 것도 물론 가능하다. 두 가지의 감정이 합쳐진 것들 중 하나는 '버림받은' 느낌이다. 게다가 가끔 취약한 아동 양식하에서 여러분은 그저 정서적 고통만을 경험할 뿐 그것을 설명하기 어렵기도 한다. 이러한 일은 아주 초기 단계의 취약한 아동 양식을 겪고 있는 사람들에게 흔하게 나타난다.

취약한 아동 양식에게 필요한 욕구가 무엇인지 알아보기 위해서 연관된 감정들에 대해 알아보도록 하겠다. 슬프거나 불안한 어린아이들은 그들을 편안하게 해 주고 안심시킬 좋은 성인 부모가 필요하다. 심리적으로 문제가 있는 많은 사람은 어린 시절에 그들이 슬프거나 불안할 때 그들을 안심시켜 주고 지지해 줄 성인이 없었다. 그래서 그들은 그러한 감정들에 대처하는 방법을 배우지 못했다. 가끔 그들은 슬프거나 두려운 채로 있는 것이 좋지 않다는 것만 배우기도 한다. 그러므로 그들은 취약한 아동 양식하에 있을 때 어떻게 해야 하는지 모른다.

여러분의 취약한 아동 양식이 가져오는 슬픔에 대해 말하자면, 그/그녀에게 가끔은 슬퍼도 괜찮다고 말해 주는 것은 아주 중요하다. 그저 "슬퍼도 괜찮아. 만약 나한테 그런 일이 있었으면 나도 정말 슬펐을 거야. 네가 지금 슬프고 외로운 걸 정말로 이해할 수 있어."와 같이 표현될 수 있다. 좋은 부모는 슬픈 아이를 말과 행동(따듯하게 포옹해 주기, 숄로 몸을 감싸 주기, 안고 흔들어 주기, 따뜻한 코코아 주기 등)으로 잘 달래 준다. 이러한 것들은 여러분의 건강한 성인 양식이 배워야 할 것들이다. 처음에는 조금 어색할 수 있지만 이러한 것들이 취약한 아동 양식에게 필요한 욕구를 충족시켜 줄 것이다.

여러분의 취약한 아동 양식이 가져오는 불안에 대해 말하자면, 그/그녀에게 안전과 보호를 주는 것은 아주 중요하다. 예를 들면, "난 항상 여기에서 너를 위해 있을 거야. 내가 널 보호해 줄게. 나는 네게 일어나는 모든 나쁜 것들로부터 너를 지켜 줄게."라고 말할 수 있다. 또한 어떤 상황에서는 여러분의 취약한 아동이 적응할 수 있는 방법으로 두려움을 다루는 데 도움이 되는 지침을 취약한 아동 양식에 제공하는 것이 도움이 된다. 예를 들면, 취약한 아동이 두려워하는 것이 위험한 것이 아니라는 것을 보여 주거나, 그 위험을 제거하는 것이다.

두 가지의 경우 모두 여러분이 취약한 아동 양식 감정을 오랫동안 억제했을 때, 그것을 느끼는 것 자체가 어떤 의존성을 불러올 수 있다. 심리도식치료에서 여러분의 치료사가 여러분의 취약한 아동 양식을 위한 좋은 부모로서 행동하는 것은 치료과정의 자연스러운 부분이다. 이것은 여러분의 취약한 아동 양식이 그들의 어린 시절에 갖지 못했던 건강한 역할을 경험하고 배울 수 있게 한다. 시간이 지나면서 여러분이 스스로 건강한 성인 양식의 좋은 부모적 측면을 발달시키게 될 것이고, 여러분 스스로 취약한 아동의 욕구를 충족시킬 수 있을 것이다. 이 과정은 시간이 걸리며 치료자의 '좋은 부모 행동'을 받아들일 수 있는 열린 마음이 필요하다. 그 이후에 여러분은 여러분의 좋은 부모 부분을 발달시킬 수 있게 될 것이다.

여러분이 취약한 아동 양식하에 있고, 슬픈 감정을 느끼는 상황을 상상해 보라.

여러분의 취약한 아동 양식이 치료사에게 어떤 말을 들어야 기분이 편안해질까? 여러분의 건강한 성인 양식이 여러분의 취약한 아동 양식을 편안하게 하기 위해서는 무엇을 해야 할까?

____

____

____

____

____

____

여러분이 취약한 아동 양식하에 있고, 불안과 두려움을 느끼는 상황을 상상해 보라.

여러분의 취약한 아동 양식이 치료사에게 어떤 말을 들어야 안전한 기분을 느낄까? 여러분의 건강한 성인 양식이 여러분의 취약한 아동 양식을 안심시키기 위해서는 무엇을 해야 할까?

우리의 목표는 여러분의 건강한 성인 양식이 강해져 취약한 아동 양식의 욕구를 인식할 수 있게 되고, 여러분의 슬픔 혹은 불안을 스스로가 편안하게 하고 안심시킬 수 있도록 하는 것이다.

당신의 취약한 아동 양식 돌보기: 단기 행동적 · 인지적 전략

오늘 우리는 여러분이 취약한 아동 양식하에서 슬픔이나 불안을 경험할 때 쓸 수 있는 단기 전략들을 살펴볼 것이다. 양식 관리 집단에서 이 양식으로 작업하는 다음 시간에 장기 전략에 대해 중점을 둘 것이다.

	취약한 아동의 슬픔을 달래기	취약한 아동의 불안을 감소시키기
예시	나는 취약한 아동 양식하에서 슬픔을 느끼고 있다. 왜냐하면 내 친구가 방금 오늘 오후에 나를 보러 오지 않을 것이라고 얘기했기 때문이다.	나는 취약한 아동 양식하에서 불안감을 느끼고 있다. 왜냐하면 나 혼자만 외래환자 치료사를 찾지 못해 퇴원 후에 버려질까 봐 두렵기 때문이다.
단기 행동적 전략	나는 내 룸메이트에게 무슨 일이 일어났는지 이야기할 것이다. 나는 그녀에게 이것이 나를 정말 슬프게 하고 버림받은 기분이 들게 만든다고 말할 것이다. 아마 내	나는 간호 요원에게 외래환자 치료사를 찾을 수 있도록 전화해 달라고 부탁할 것이다. 함께라면, 우리는 내가 치료사의 자동응답기에 적절한 메시지를 남기도록 계획을 세

단기 행동적 전략	룸메이트는 내게 그녀도 누군가가 약속을 갑자기 취소하면 비슷한 감정을 느낄 것이라고 말할 것이다. 그녀는 오늘 저녁에는 우리 방에서 함께 즐거운 시간을 보내자고 내게 제안할지도 모른다. 만약 그녀가 그런 제안을 하지 않는다면, 나는 그녀에게 오늘 오후에 영화를 보거나 함께 요리를 하는 등 나와 시간을 보내 달라고 부탁할 것이다.	울 수 있을 것이다. 또한 나는 친구들에게 치료사의 사무실에 처음 방문할 때 같이 가 달라고 부탁할 것이다.
당신의 전략 		
예시	한 주 내내 아무도 내게 전화하지 않아서 나는 취약한 아동 양식하에서 슬프고, 사랑받지 못하고, 외로운 감정을 느끼고 있다.	나는 만약 내 룸메이트에게 청소를 분담해서 하자고 하면 그녀가 나를 싫어할까 봐 두려워서 취약한 아동 양식의 불안감에 빠져 있다.
단기 인지적 전략	나는 누군가에게 먼저 전화를 걸 수도 있고, 전화를 걸 만한 사람이 없다면 이메일을 보낼 수도 있다. 그러고 나서 치료사가 내가 말해 주고, 우리가 나를 위해 만들었던 계획을 기억해 내어, 내가 이런 감정이 들었을 때 보거나 듣던 제일 좋아하는 영화나 음악을 감상할 것이다.	나는 내 룸메이트가 정확히 그런 식으로 반응을 할 확률을 생각해 볼 것이다. 나는 또 그녀가 나를 싫어하게 된다면 생길 수 있는 가장 나쁜 일은 뭔지 생각해 볼 것이다.
당신의 전략		

당신의 취약한 아동양식 돌보기: 단기 경험적 기법

경험적 양식 작업 집단에서 우리는 취약한 아동을 위안하고 안심시키는 몇몇 기법을 연습했고, 여러분의 치료과정 동안 계속해서 시도해 볼 것이다. 이러한 기법들은 다른 사람들과 연결되기, 심상 재구성 훈련, 양식 대화 등을 포함하고 있다. 여러분의 취약한 아동 양식이 위안과 안심을 필요로 할 때 사용할 수 있는 경험적 기법들의 목록을 만들라.

예시	내가 사랑하는 사람이 나와 함께 있고 싶어 하지 않아서 내 취약한 아동 양식은 슬프고 사랑받지 못하고 있음을 느낀다.	내 친구의 어린 딸을 보살펴야 하는 것에 대해 내 취약한 아동 양식이 두려움을 느끼고 있다.
단기 경험적 기법	나는 뱃속에서 느껴지는 슬프고 사랑받지 못하고 있다는 느낌에 다가갈 것이다. 그리고 어제 집단에서 심상훈련을 할 때 내가 나의 취약한 아동 양식에게 했던 말을 떠올릴 것이다. "나는 언제나 네 곁에 있을 거야." 같은 말을 떠올릴 수 있다.	나는 내 취약한 아동 양식을 안심시키기 위해 친구가 했던 말을 떠올림으로써 내 건강한 성인 양식과 함께 양식 간의 대화를 해 볼 수 있다. "친구가 그러는데, 자기 딸은 내가 올 때마다 항상 나를 좋아했대. 또 너는 오늘 점심으로 스파게티를 만들었잖아. 아이들은 스파게티를 좋아해. 너는 네 친구의 딸에게 좋은 보호자가 될 수 있을 거고, 완벽하게 그 일을 해내지 못해도 괜찮아."
당신의 기법		

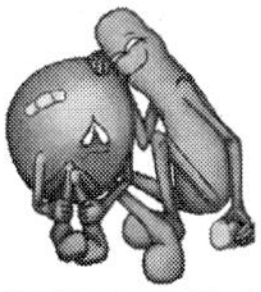

내 취약한 아동 양식을 위한 단기 양식 관리 계획

우리는 지금까지 여러분의 건강한 성인 양식이 취약한 아동 양식의 슬프고 불안한 감정을 관리할 수 있도록 하는 단기 행동적 · 인지적 · 경험적인 기법 혹은 전략들을 알아봤다.

아래에 여러분이 선호하는 전략과 기법들을 이용해 여러분이 경험한 각각의 부모 양식에 대응하는 양식 관리 계획을 만들어 보라. 이 계획표를 여러분이 변화를 위해 노력하는 동안 플래시카드나 긴급 계획으로 쓰일 수 있도록 항상 간직하라.

슬픔을 달래기	불안을 감소시키기

시도해 보면서 무엇이 당신에게 가장 잘 맞는지 알아보고 자신의 계획에 더 많은 기법을 추가해 보라.

여러분의 양식 관리 계획이 오늘 혹은 몇 주 안에 완성될 거라고 생각하지 말라. 새로운 전략들은 이 프로그램이 진행되는 동안 그것을 찾을 때마다 항상 추가할 수 있다. 우리는 여러분의 양식 관리 계획이 모든 상황에서 100% 완벽하게 작용할 거라고 말하지 않는다. 아무도 그렇게 할 수 없으니까. 우리가 여러분에게 말할 수 있는 것은 길게 보고 계속해서 노력한다면 이것이 여러분의 건강하지 못한 대처 양식이나 부모 양식이 취약한 아동 양식을 다루게 하는 것보다 훨씬 더 나은 결과를 가져올 것이라는 것이다. 양식 관리 계획은 각 특정 종류의 상황과 어울려야 하며, 계속해서 시험되고 미세하게 조정되어야 한다. 처음 계획에 다른 것을 추가하기 위해서는 치료사나 치료 프로그램 팀 또는 동료의 도움을 받아야 하겠지만, 시간이 지날수록 여러분의 건강한 어른이 이러한 모든 건강한 대처 방식 전략을 내면화하여 여러분이 그에 접근하고 그것을 사용하기 위하여 떠올리는 것은 점점 쉬워질 것이다.

양식 관리 회기 4: 당신의 화난 아동 양식 관리하기

분노는 화난 아이 양식의 가장 주요한 감정이다. 만약 여러분이 이 양식하에 있다면, 여러분은 아마 성난, 격분한, 낙담한, 짜증난 감정 등을 느낄 것이다. 하지만 여러분은 분노를 의식하지 않고 그저 아주 충동적일 수도 있다. 우리는 이러한 경우를 화난 아동 양식이 아닌 충동적인 아동 양식이라고 한다.

심리적인 문제가 있는 사람들은 어린아이가 화가 나면 그에 어떻게 반응하는지 또 그들의 화를 안전하게 분출하도록 도와주는 것을 그들에게 보여 줄 건강한 성인 모델이 없었다. 그들은 흔히 그저 화를 내는 것이 옳지 않다는 견해만을 가지기도 한다. 그래서 그들은, 그들의 화난 아동 양식을 어떻게 다뤄야 하는지 배우지 못했던 것이다.

화난 아동 양식에게 중요한 것은 분노를 보이는 것은 용납되는 일이고, 그들을 화나게 한 이유를 말해도 괜찮다는 것이다. 보통 분노를 야기하는 것은 하나의 일이 아니고, 많은, 심지어 오랫동안 비축

되어 왔던 거대한 일일 수도 있다. 이 모든 것이 표현될 수 있도록 하기 위해서는 환기할 충분한 시간이 필요하다는 점을 꼭 기억하라. 여러분의 건강한 성인 양식이 화난 아동 양식의 이야기를 듣고, 기저의 욕구에 대해서 이해하고, 진지하게 받아들이고, 그것 모두를 기억하는 것은 아주 중요한 일이다.

그 일을 하면서, 여러분은 여러분의 화난 아동에게 화를 내는 것이(심지어 가까운 사람에게 화를 내는 것도) 정말로 괜찮고 정상적인 일이라는 것을 알려 줄 수 있다. 여러분은 이것을 "나는 네가 이것에 대해 얼마나 화가 나 있는지 정말로 이해할 수 있어."라든가 "젠장! 나라도 그것에 화가 났을 거야!"와 같이 인정하는 말을 보여 줌으로써 전달할 수 있다. 감정 환기와 인정 발언이 끝난 후에는 화난 아이의 욕구가 뭔지 또 그것이 충족되기 위한 조건들로 무엇이 있는지 살펴봐야 한다. 그들이 미래의 분노에 어떻게 대처하는지, 스스로 혹은 타인과 다른 인간관계를 상처 입히지 않고 분노를 안전하고 효과적으로 분출할 수 있는지 살피는 것은 아주 중요하다. 어떤 사람들은 그들의 화난 아동 양식을 꽤 오랫동안 억제해 와서 심지어 자신의 분노 감정을 발견하는 데도 시간이 걸린다. 다른 사람들은 그들의 화를 두려워하며 그들이 화난 아동 양식하에 있을 때는 아무도 통제할 수 없다고 생각한다. 그렇기 때문에 이 일을 시작할 때 좋은 부모가 어떻게 반응하여 화가 난 아이를 도울 수 있는지에 대한 치료사의 모델을 갖는 것이 중요하다. 시간이 지나면서 여러분은 여러분의 건강한 성인 양식으로 화난 아동 양식 부분을 다루는 건강한 방식을 내면화할 수 있을 것이다.

여러분이 여러분의 화난 아동이 양식하에 있는 상황을 상상해 보라. 여러분의 화난 아동 양식에게 어떤 말을 해 줘야 주의 깊게 들을까? 여러분의 건강한 성인 양식이라면 어떻게 말을 할 수 있을까?

심리도식치료의 목표는 여러분의 건강한 성인 양식이 여러분의 화난 아동 양식이 자신의 분노를 손해 끼치지 않는 방식으로 표현하도록 돕고, 시간이 지난 후 그 분노를 건강하고 주장적인 기술들로 치환하여 건강한 어른 양식이 그것을 여러분의 개인적인 경계를 명확히 하고, 여러분의 욕구를 표현하고, 여러분의 목표에 도달할 수 있는 데 사용할 수 있도록 하는 것이다.

당신의 화난 아동 양식을 관리하기: 단기 행동적 · 인지적 전략

여러분이 화난 아동 양식하에 갇혀 있다고 느끼고, 욕구가 충족되지 않았을 때 여러분이 사용할 수 있는 자기대화와 행동을 목록으로 만들라. 지금은 여러분을 즉각적으로 도와줄 수 있는 것들에 대해 살펴볼 것이다. 다음 시간에는 장기적으로 이 양식의 강도를 감소시킬 수 있는 것들에 대해 알아볼 것이다. 한 가지 주의할 점은 만약 화난 아동 양식이 아주 강렬하다면 인지적 기술들은 그다지 효과적이지 않을 것이라는 점이다. 그럴 때는 아드레날린이 너무 많이 분비되어 명료하게 생각하는 것이 어렵기 때문이다. 화난 아동 양식을 관리하는 것은 분노를 촉발시키는 충족되지 않은 욕구들을 정확히 아는 것이라는 점을 절대 잊지 말라. 이것은 나중에 여러분이 덜 화가 났을 때 해야 한다.

	당신의 화난 아동 양식을 관리하기
예시	나는 화난 아동 양식하에 있었다. 왜냐하면 친구가 그녀의 남자친구와 시간을 보내기 위해 우리의 약속을 갑자기 취소했기 때문이다. 나는 그녀에게 소리 지르고 다시는 내게 연락하지 말라고 말하고 싶었다.
단기 행동적 전략	나는 내 복싱 글러브를 가지고 와서 신체적으로 나의 분노를 다 분출해서 기분이 좀 나아질 때까지 샌드백을 쳤다. 그러고 나서 나는 내 친구에게 네가 갑자기 연락하여 남자친구를 보기 위해 우리의 약속을 취소해서 나는 정말로 화가 많이 났다는 메일을 보낼 수 있다. 나는 언제나 그녀에게 있어 가장 마지막으로 고려되는 전혀 중요하지 않은 사람인 것 같은 느낌이 들었다. 다음에 또 이런 일이 일어난다면 나는 그녀가 그녀의 남자친구를 만나더라도 우리의 관계를 위한 시간을 따로 낼 수 있길 바란다. 나는 이 생각도 메일에 적을 수 있다.
당신의 전략 	
예시	나는 화난 아동 양식하에 있었다. 왜냐하면 우리 엄마가 엄마 친구들에게 내가 운전면허 자격증을 따는 데 실패했다고 말했기 때문이다.
단기 인지적 전략	내 화를 어딘가 분출하고 난 다음, 나는 엄마가 선을 넘었던 행동들이 무엇이 있었는지 그리고 내가 그것에 대해 어떤 행동을 취하고 싶은지 분석한다. 나는 이에 대해 엄마에게 어떤 것을 말해야 하는지 그리고 그것을 주장적이고 공격적이지 않은 방식으로 말하려면 어떤 기술들을 써야 하는지 계획할 수 있다.
당신의 전략	

당신의 화난 아동 양식을 관리하기: 단기 경험적 기법

경험적 양식 작업 집단에서 우리는 여러분의 화난 아동 양식을 관리하기 위한 일부 경험적 전략들을 연습했고, 앞으로도 여러분의 치료과정 동안 계속해서 시도해 볼 것이다. 이러한 전략들은 다른 사람들과 연결하기, 심상 재구성하기, 양식 대화 그리고 양식 역할놀이 훈련을 포함하고 있다. 여러분의 화난 아동 양식의 강도를 감소시키고 무모한 행동을 방지하기 위해 사용할 수 있는 경험적 기법들의 목록을 만들라.

예시	내 화난 아동 양식은 남들 앞에서 나를 무시한 상사를 때리고 싶어 했다.
단기 경험적 기법	나는 내 근육들이 점점 긴장되는 것을 느꼈다. 나는 내 모든 분노를 다 집어넣은 풍선을 상상한 뒤 그것을 날려 버릴 수 있다. 오늘은 내가 기분이 좀 나아지게 될 때까지 풍선을 두 개나 날려 버리는 상상을 해야 한다. 그러고 나서 치료사가 내게 필요한 것은 무엇인지 물어봤던 것을 떠올렸다. 그리고 그들은 내가 요청한 것을 존중해 주었다. 아마도 나는 이런 상황에서도 존중받고 싶다고 말하고 싶었을 것이다.
당신의 전략	

나의 화난 아동 양식을 위한 단기 양식 관리 계획

우리는 지금까지 여러분의 건강한 성인 양식이 화난 아동 양식을 관리할 수 있도록 하는 단기 행동적 · 인지적 · 경험적인 기법 혹은 기술들을 알아봤다.

아래에 여러분이 선호하는 전략들과 기법들을 이용해서 양식 관리 계획을 만들어 보라. 이 계획표를 여러분이 변화를 위해 노력하는 동안 플래시카드나 긴급 계획으로 쓰일 수 있도록 항상 간직하라.

화난 아동 양식

시도해 보면서 무엇이 당신에게 가장 잘 맞는지 알아보고 자신의 계획에 더 많은 기법들을 추가해 보라.

여러분의 양식 관리 계획이 오늘 혹은 몇 주 안에 완성될 거라고 생각하지 말라. 새로운 전략들은 이 프로그램이 진행되는 동안 그것 찾을 때마다 항상 추가할 수 있다. 우리는 여러분의 양식 관리 계획이 모든 상황에서 100% 완벽하게 작용할 거라고 말하지 않는다. 아무도 그렇게 할 수 없으니까. 우리가 여러분에게 말할 수 있는 것은 장기적으로 계속해서 노력한다면 이것이 여러분의 역기능적 대처 양식이나 부모 양식이 화난 아동 양식을 다루게 하는 것보다 훨씬 더 나은 결과를 가져

올 것이라는 것이다. 양식 관리 계획은 각 특정 종류의 상황과 어울려야 하며, 계속해서 시험되고 미세하게 조정되어야 한다. 처음 계획에 다른 것을 추가하기 위해서는 치료사나 치료 프로그램 팀 또는 동료의 도움을 받아야 하겠지만, 시간이 지날수록 여러분의 건강한 어른이 이러한 모든 건강한 대처 방식 전략들을 내면화하여 여러분이 그에 접근하고 그것을 사용하기 위하여 떠올리는 것은 점점 쉬워질 것이다.

회기 5는 행복한 아동 양식에 중점을 두는데, 목표는 양식에 접근하거나 유지하는 단기 계획을 발달시키는 것이다. 이 회기에는 다른 과정들과 같고 자신의 행복한 아동 양식이 좋아하는 것이 무엇인지에 대해 짧게 이야기 나누는 것이 추가된다(양식 관리 회기 5: 당신의 행복한 아동 양식을 발달시키기). 즐거움에 방해가 생겨나면, 어떻게 환자들의 행복한 아동 양식이 개입할 수 있을지 결정한다. 이 작업을 수행할 때 행복한 아동 양식을 방해하는 양식이 확인된 양식 인식 집단을 참고하라. 행복한 아동 양식을 위한 양식 관리 계획에서 중요한 것은 환자의 행복한 아동 양식을 촉발하는 긍정적 활동을 알아내는 것이다.

○ 양식 관리 회기 5: 당신의 행복한 아동 양식을 발달시키기

만약 여러분이 행복한 아동 양식하에 있다면, 여러분은 사랑받고 있다는 느낌이 들고, 만족스럽고, 다른 사람들과 연결되어 있는 느낌을 받는다. 또한 여러분의 주요 감정적 요구들이 충족되는 성취한, 보호받는, 칭찬받는, 가치 있는, 제공되는, 지도받는, 이해받는, 높이 평가되는, 안전한, 긍정적인, 자발적인

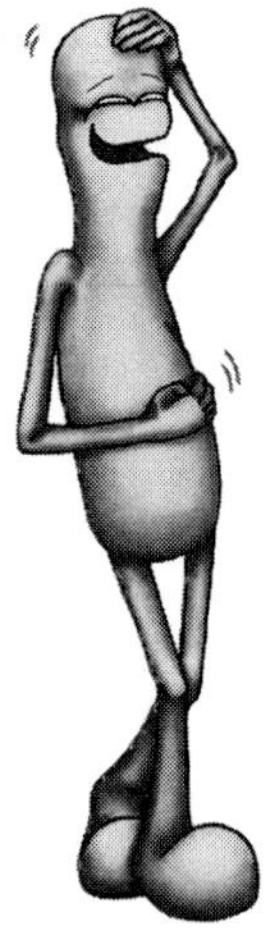

느낌이 들 것이다.

정신장애가 있는 사람들은 대부분 그들의 어린 시절에 그들을 행복하고 즐겁게 만들어 줄 지지 및 격려의 환경하에 있지 못했다. 그것이 때때로 그들이 어떤 것을 좋아하는지 모르고 그들의 인생을 위한 취미나 여가생활을 발달시키지 못한 이유이다.

행복한 아동 양식이 그들의 행복감을 드러낼 수 있고 그들을 행복하게 만드는 일을 하는 것은 아주 중요한 일이다. 여러분의 행복한 아동 양식에게 그들의 창의적인 충동이나 표현을 드러내도록 하는 기회를 주는 것은 중요하다. 건강한 성인으로서 행복한 아동을 위해 즐거움과 기쁨을 위한 넓은 범위의 가능성을 열어 두는 것은 아주 유용하다. 여러분 안의 행복한 아동과 연결되어 있어 그들이 어떤 것을 필요로 할 것인지에 대한 정보를 알고 있는 것 또한 중요하다.

어떤 사람들은 그들이 행복한 아동 양식을 꽤 오랫동안 억제해 왔기에 치료에서 즐거움과 행복감에 접근하기 위한 노력이 필요하다.

이런 이유로 심리도식치료사는 여러분 내면의 행복한 아동을 놀고,

탐색하자고 밖으로 불러내어, 여러분이 행복한 아동 양식에 대해서 더 잘 알고 놀이 감각과 재미를 발달시킬 수 있도록 도와줄 것이다. 나중에는 여러분의 건강한 성인 양식이 여러분을 위해 이 일을 배울 수 있다.

여러분의 행복한 아동 양식은 어떤 것을 즐기는가?

____

____

____

____

여러분의 행복한 아동이 밖에 나와 놀고 인생을 즐기기 위해 여러분의 건강한 성인 양식에게 듣고 싶은 말은 무엇인가?

심리도식치료의 목표는 여러분의 건강한 성인 양식이 여러분의 행복한 아동 양식으로 하여금 즐겁고 신나는 느낌을 발달시키고 취미와 여가생활에 시간을 투자하도록 하는 것이다.

행복한 아동 양식을 강화시키기: 단기 행동적 · 인지적 전략

여러분이 여러분의 행복한 아동 양식을 발달시키기 위해 할 수 있는 생각과 행동의 목록을 만들어 보라. 오늘 우리는 여러분이 행복한 아동 양식으로 들어가도록 도울 수 있는 단기 전략들을 살펴볼 것이다. 다음 시간에는 이 양식을 장기적으로 강화시킬 수 있는 것에 집중할 것이다. 이 양식이 여러분을 기분 좋게 만드니까!

	당신의 행복한 아동 양식 발달시키기
예시	나는 친구들과 시간을 보내면서 비치 발리볼을 할 때 행복한 아동 양식하에 있다.

단기 행동적 전략	나는 일이 끝나면 내 친구에게 먼저 전화를 걸어 내가 좋아하는 카페에 가서 수다를 떨 시간이 있냐고 물어볼 수 있다. 만약 그녀가 시간이 없다면 해변가의 비치 발리볼 경기장을 따라 걸으면서 누군가 근방에 있는지 찾아볼 수 있다. 운이 좋으면 다른 사람들의 경기에 참여할 수도 있을 것이다.
당신의 전략	

예시	나는 나의 행복한 순간들을 떠올릴 때 행복한 아동 양식하에 있다.
단기 인지적 전략	나는 우리가 여름에 했던 일들을 떠올리고 그 활동들이 내게 어떻게 느껴졌는지 생각할 수 있다.
당신의 전략	

당신의 행복한 아동 양식 강화시키기: 단기 경험적 전략

경험적 심리도식치료 집단에서 우리는 경험적 혹은 인지적 수준에서 행복한 아동 양식을 강화시키기 위한 몇 가지의 기법을 시도했고, 앞으로의 전 치료과정에 걸쳐서 더 시도할 것이다. 이러한 전략들은 다른 사람들과 연결하기, 게임과 놀이 그리고 다른 즐거운 것들을 포함하고 있다. 여러분이 자신의 행복한 아동 양식에 다가가 그것을 불러내어 놀게 하고 싶을 때 사용할 수 있는 경험적 전략들의 목록을 만들라.

예시	나는 쿠키와 크림 맛 나는 아이스크림을 먹을 때 행복한 아동 양식하에 있다.
단기 경험적 전략	나는 우리가 집단활동 때 했던 것 같은 심상 훈련을 할 수 있다. 나는 아이스크림 가게로 들어가 와플 콘에 초콜릿이 듬뿍 발린 거대한 아이스크림을 주문하는 내 모습을 상상할 수 있다. 나는 쿠키와 크림 맛 나는 아이스크림을 큰 세 스쿱 주문할 수 있으며, 그러고 나서 아이스크림 꼭대기에 M&M 초콜릿을 얹고 초콜릿 소스를 뿌릴 것이다. 나는 아이스크림의 냄새와 그것을 들었을 때 손에 느껴지는 기분 좋은 차가운 감촉을 느낄 수 있다. 나는 아이스크림을 크게 한 스푼 떠서 입 안에 가득 넣을 것이다. 나는 쿠키와 크림 맛, 풍부한 초콜릿 맛, M&M 초콜릿이 부서지는 느낌을 느낀다. 아, 맛있겠다.
당신의 전략	

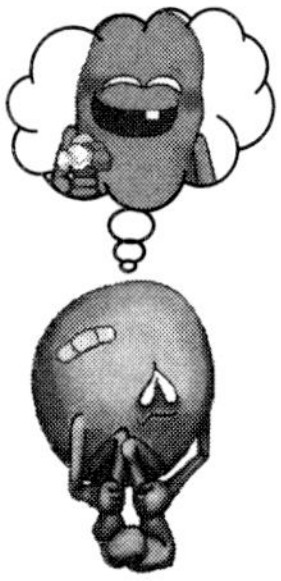

나의 행복한 아동 양식을 위한 단기 양식 관리 계획

우리는 지금까지 여러분의 건강한 성인 양식이 행복한 아동 양식에 접근하고 행복한 아동 양식이 나와 놀도록 격려하는 데 이용할 수 있는 단기 행동적 · 인지적 · 경험적인 기법 혹은 기술들을 알아봤다.

아래에 여러분이 변화를 위해 노력하는 동안 플래시카드 알리미로 가지고 다닐 수 있도록 여러분이 선호하는 기법들을 이용해서 양식 관리 계획을 만들어 보라.

행복한 아동 양식

시도해 보면서 무엇이 당신에게 가장 잘 맞는지 알아보고 자신의 계획에 더 많은 기법들을 추가해 보라.

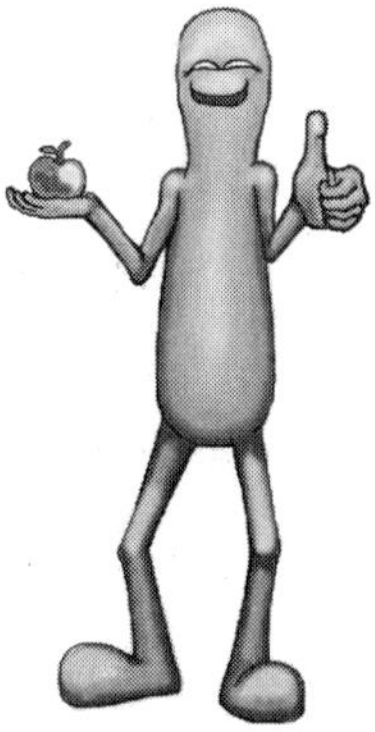

여러분의 양식 관리 계획이 오늘 혹은 몇 주 안에 완성될 거라고 생각하지 말라. 새로운 기법들을 이 프로그램이 진행되는 동안 그것을 찾을 때마다 항상 추가할 수 있다. 우리는 여러분의 양식 관리 계획이 모든 상황에서 완벽하게 100% 작용할 거라고 말하지 않는다. 아무도 그렇게 할 수 없으니까. 우리가 여러분에게 말할 수 있는 것은 장기적으로 계속해서 노력한다면 이것이 여러분의 부적응적 대처 양식이나 역기능적 부모 양식이 행복한 아동 양식을 다루게 하는 것보다 훨씬 더 나은 결과를 가져올 것이라는 점이다. 양식 관리 계획은 각 특정 종류의 상황과 어울려야 하며, 계속해서 시험되고 미세하게 조정되어야 한다. 처음 계획에 다른 것을 추가하기 위해서는 치료사나 치료 프로그램 팀 또는 동료의 도움을 받아야 하겠지만, 시간이 지날수록 여러분의 건강한 성인이 이러한 모든 건강한 대처 기법을 내면화하여 결국 그것은 자동으로 될 것이다.

회기 6은 건강한 성인 양식에 집중하며 같은 형식으로 진행된다. 이번에는 건강한 행동을 촉발하는 것을 살펴본다(양식 관리 회기 6: 당신의 건강한 성인 양식을 강화하기). 건강한 성인 양식을 위한 양식 관리 계획은 없다.

양식 관리 회기 6: 당신의 건강한 성인 양식을 강화시키기

만약 여러분이 이 양식하에 있다면, 여러분은 여러분의 취약한 아동 양식을 지지하고 인정해 줄 것이며, 여러분의 화난 아동 양식과 충동적인 아동 양식에게는 한계를 설정해 주었을 것이고, 여러분의 행복한 아동 양식은 지지하고 발달시킬 것이며, 여러분의 부적응적 대처 양식과 역기능적 부모 양식에 맞서 싸우고, 그것을 건강한 대처 전략과 합리적 기준으로 대체할 것이다.

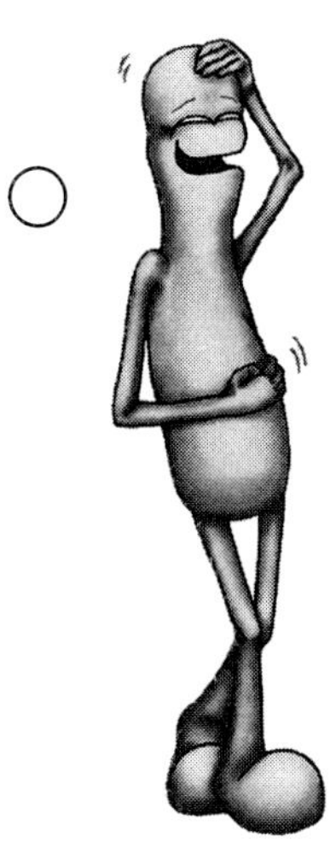

건강한 성인 양식하에서 우리는 우리의 인생을 즐기면서도 일을 성취할 수 있도록 욕구와 의무감 사이에서 균형을 찾을 수 있다. 건강한 성인 양식에서 우리는 일, 육아 및 기타 의무와 같은 성인 기능을 수행하고 성, 지적 및 문화적 관심사, 건강, 스포츠와 같은 즐거운 활동을 추구한다.

우리의 건강한 성인 양식이 가지고 있는 부분 중 하나는 좋은 부모이다. '좋은 부모'는 심리치료사나 동료 집단원을 포함해 우리가 인생에서 만난 중요한 사람들에게 받거나 내면화하게 된 건강한 부분이다.

사랑받고, 지지받고, 격려받고, 승인되고, 일관성이 제공되고, 경험된 어린 시절의 환경은 강하고 건강한 성인 양식의 발달을 촉진한다. 정신장애가 있는 대부분의 사람은 그러한 어린 시절의 환경 아래서 자라지 못했지만, 좋은 소식은 바로 심리도식치료의 환경하에서 그러한 것을 고칠 수 있다는 것이다.

집단 혹은 개인 심리도식치료에서 여러분은 치료사와 동료들의 지지와 인정을 받으면서 교정적 정서학습 경험을 가질 수 있다. 이를 통해, 여러분은 건강한 성인 양식과 연결되고 건강한 성인 양식을 발달시킬 것이다. 여러분의 실제 나이가 어떻게 되든 이 일을 하고 이익을 거두기에는 아직 늦지 않았다.

여러분의 건강한 성인 양식은 어떻게 말할 것 같은가?

1. 여러분의 부적응적 대처 양식에게

____

____

____

____

____

2. 여러분의 취약한 아동 양식에게

____

____

____

____

____

3. 여러분의 화난/충동적인 어린아이 양식에게

4. 여러분의 처벌적인 부모 양식에게

5. 여러분의 요구적 부모 양식에게

6. 여러분의 행복한 아동 양식에게

여러분의 건강한 성인 양식을 발달시키고 강화하는 것은 심리도식치료의 중요한 목표이다.

당신의 건강한 성인 양식 강화시키기: 단기 행동적 · 인지적 전략

여러분의 건강한 성인 양식을 강화시키기 위해 자신이 할 수 있는 행동 또는 생각을 나열해 보라.

이 양식하에서 여러분의 생각은 명료할 것이고 여러분은 여러분의 오래된 부적응적 대처 양식이나 역기능적 부모 양식의 방해 없이 건강한 대처 전략에 접근할 수 있다.

	건강한 성인 양식 강화시키기
예시	내가 그것에 죄책감을 느끼지 않고 겨우 한계를 설정했을 때 나는 건강한 성인 양식하에 있다.
단기 행동적 패턴 강화 전략	나는 내 할 일이 너무 많아서 여자친구를 도와줄 자원이 전혀 없다는 것을 알고 있을 때, "아니, 나는 너를 지금 도와줄 순 없어. 하지만 나중에 내가 기분이 나아지면 다시 네게 돌아갈게."라고 말할 수 있다. 나는 내 에너지를 다시 보충하는 데 좋은 어떤 것을 할 수 있도록 내버려 둘 것이다.
나의 전략	
예시	나는 스트레스를 받는 상황에서 평정을 잃지 않고 스스로에 대한 믿음을 잃지 않았을 때 건강한 성인 양식하에 있다.
단기 인지적 전략	나는 내가 얼마나 많은 상황에 잘 대처해 왔는지 생각하고 스스로 "너는 정말 잘할 거야! 이건 단지 도전일 뿐이야, 너는 이 일을 잘 해낼 수 있어!"와 같은 긍정적 지시를 내릴 수 있다.

나의 전략	

당신의 건강한 성인 양식을 강화시키기: 단기 경험적 기법

경험적 심리도식치료 집단에서 우리는 건강한 성인 양식을 강화시키기 위한 정서적 혹은 경험적 기반 수준의 몇몇 기법을 시도했고, 앞으로의 전 치료과정에 걸쳐서 더 시도할 것이다. 건강한 성인 양식은 다른 모든 양식을 관리하는 양식이기 때문에, 이러한 기법들은 여러분이 이전 심리도식치료 집단과 개인 회기에서 배운 모든 전략들을 포함한다. 여러분이 건강한 성인 양식하에 있을 때 쓸 수 있는 경험적 기법들을 다음에 적어 보라.

예시	나는 내 아이들을 돌볼 때 건강한 성인 양식하에 있다.
단기 경험적 기법	잠자기 전 동화책을 읽어 주면서 아이들을 돌볼 때, 나는 그들이 어떻게 느끼는지, 어떻게 보이는지 등의 경험에 대한 세심한 주의를 기울임으로써 이것의 기억으로 모으려고 노력할 수 있다. 나는 내가 잠자리에 들기 전 몇 번이나 이 경험을 심상으로 다시 불러와 부모의 보살핌의 증거로 받아들이도록 한다.
당신의 기법	

여러분은 여러분의 양식들을 어떻게 모니터하는지 알 것이다. 여러분은 그것들을 기록하기 위해 여러분의 양식 인식 유인물을 활용할 수 있다. 우리는 여러분의 건강한 성인 양식이 다른 모든 양식을 관리하기 위해 사용할 수 있는 모든 행동적 · 인지적 그리고 경험적 전략, 기법, 기술을 연습했다. 여러분은 모든 각각의 양식을 위한 양식 관리 계획이 있다. 그것들을 플래시카드 등으로 만들어 여러분이 필요할 때마다 인용할 수 있도록 접근하기 쉽게 하라. 그리고 여러분은 언제나 자신을 도와줄 건강한 성인 양식을 가지고 있다는 것을 절대로 잊지 말라!

회기 7~11은 남은 양식들을 위한 장기 양식 관리 계획에 집중한다. 이러한 계획은 일정 기간 더 많은 단계를 포함하며 양식을 촉발하는 기저에 있는 초기 부적응 도식의 변화를 가져올 수 있도록 한다. 양식이 바뀌면 도식 또한 영향을 받기에 장기 유인물 중 일부는 어떤 도식이 특정 상황에서의 양식 변화에 영향을 받을지에 대해 질문하는 것이다. 집단 회기의 양식은 일반적인 순서를 따르고 같은 회기 구조를 가진다. 각 양식에 대한 회기에서 장기 전략의 예를 살펴본다. 각 양식에 따른 장기 양식 관리 계획이 개발되었고 회기 유인물에 기록되어 있다. 이러한 계획들은 환자가 다음 주부터 시작하길 원하는 변화에 집중한다. 회기 외의 치료 프로그램에서 형성된 양식 관리 계획의 지속적인 사용은 치료 이후의 일반화를 지원하는 전략 중 하나이다.

양식 관리 회기 8: 당신의 역기능적 부모 양식에 맞설 장기 전략

여러분의 처벌적 부모 양식과 요구적 부모양식에 장기간에 걸쳐 맞서는 데 쓸 수 있는 보다 완전하고 영구적인 전략들을 목록으로 만들어 보라. 이러한 역기능적 부모 양식들의 힘을 감소시키는 것은 여러분의 심리도식을 변경하는 데 도움이 될 것이다.

	당신의 처벌적 부모 양식과 싸우기	당신의 요구적 부모 양식과 싸우기
예시 	여러분은 내일 중요한 면접이 있어서 스트레스를 받고 있는 상태이다. 여러분의 처벌적 부모 양식은 말한다. "너는 절대 해내지 못할 거야. 너는 저번에도 떨어졌고 이번에도 그럴 거야. 이 패배자야!"	점심시간에 동료 직원이 같은 테이블에 앉아 여러분이 한 번도 들어본 적 없는 작가에 대해 말을 꺼내자, 요구적 부모 양식은 말한다. "너는 지금 당장 이 대화를 이어 나가야 해. 만약 지금 대화에 끼지 않으면 앞으로 아무도 너를 좋아하지 않을 거야. 너는 다른 사람들이 이야기하는 작가들을 모두 알기 위해서 책을 더 많이 읽어야 해. 네가 지금 똑똑하게 말하지 않으면 너는 오늘 완전히 망신당할 거야."
장기 행동적 패턴 파괴 전략	나는 크게 말할 것이다. "아니야!" 그리고 만약 나의 처벌적 부모 양식이 그 말을 다시 하기 시작한다면, 계속해서 아니라고 말할 것이다. 나는 나의 심리치료사와 함께 역할극을 해 보며 나의 면접을 준비할 것이다. 그래서 나는 그것을 자신감 있게 관리할 수 있다는 사실을 알게 될 것이다.	나는 나의 요구적 부모 양식을 무시하고 말한다. "저는 그 작가를 잘 모르겠어요. 그는 어떤 작품을 썼나요?" 또는 "그 작가의 책을 하나 빌려 주실 수 있겠어요? 이야기를 들어 보니 정말 재밌을 것 같네요." 모든 질문에 대한 답을 완벽하게 알고 있지 않더라도 나는 충분히 대화에 참여할 수 있을 것이다.
관련 심리 도식	'실패'	'가혹한 기준'

당신의 전략		
당신의 관련 심리 도식		
예시	여러분은 금요일 약속이 취소된 것에 대해 한 주 내내 생각해 왔다. 여러분의 처벌적 부모 양식은 말한다. "아무도 널 좋아하지 않아. 이것 봐, 넌 정말 지루하고 못생겼어."	여러분은 최근 여러분이 다른 사람에게 어떻게든 관심을 주려고 하지만 흥미가 없어 다른 사람을 위한 여유가 부족하다고 느낀다. 이에 요구적 부모 양식은 말한다. "너는 언제나 다른 사람들에게 도움이 되어야 하고 지지적이어야 하며 그들의 욕구를 충족시키는 책임을 져야 해."
장기 인지적 전략	나는 내 자신에게 이렇게 말한다. "그건 사실이 아니야! 여드름쟁이에 교정기를 끼고 있던 시간은 이미 오래전에 지났다고!" 나는 스스로 내 스타일과 내 눈과 관련해 받은 여러 가지 칭찬을 떠올릴 수 있다. 나는 가장 예쁘게 보이는 옷을 입고 활기차 보이기 위해 잠을 푹 자 둘 것이다. 나를 그런 식으로 욕하는 것은 나의 처벌적 부모 양식밖에 없고, 그건 맞지 않다는 사실을 스스로 상기할 것이다.	나는 스스로에게, 친구에게 최선을 다해야 한다고, 그리고 지금 나는 충분히 많이 하고 있다고 상기할 것이다. 나에게 시간을 투자하는 것 또한 내게는 중요한 일이다. 나는 내게 가장 중요한 친구 두 명을 결정하고 그들과 시간을 보내는 데 집중할 것이다. 그리고 나 자신을 위한 시간을 보낸 다음에 시간이 남을 때만 다른 친구들의 욕구를 돌볼 것이다.
관련 심리 도식	'결함'	'자기희생'

당신의 전략 		
당신의 관련 심리 도식		
예시	여러분은 실수를 저질러서 기분이 좋지 않다. 처벌적 부모 양식은 말한다. "너는 얼간이야. 벌을 받아야 해. 오늘 저녁은 없어!"	여러분은 가장 친한 친구가 결혼식 부케를 만들어 달라고 부탁해 압박감을 느끼고 있다. 여러분의 요구하는 부모 양식은 말한다. "너는 부케를 최소한 세 개는 만들어야 하고, 그중에 하나는 무조건 충분히 좋아야 할 거야. 그러려면 밤을 새야겠지만, 모든 것을 완벽히 끝내야 하기 때문에 어쩔 수 없어. 모든 것은 완벽해야 해.
장기적 변화를 위한 경험적 기법	나는 집단 내에서 내 치료사가 읽어 주었던 좋은 부모 대본을 떠올림으로써 나의 과거 기억들을 재구성하는 작업을 할 것이고, 나의 건강한 성인 양식이 내게 "실수를 저질러도 괜찮아. 어찌할 방도가 없었잖아. 자, 이제 가서 실수를 만회할 방법을 찾아본 다음 저녁을 먹자. 스스로를 벌주는 것은 실수로부터 뭔가를 배우게 하는 것이 아니라 그저 네 기분을 나쁘게 할 뿐이야."라고 말하는 것을 상상해 볼 것이다. 나는 처벌적 부모 양식을 부정할 나의 좋은 부모로부터의 메모들을 작은 박스에 담아 매일 아침 읽을 것이다.	내 친구가 내게 자기가 지금까지 본 것 중에 내가 만든 부케가 가장 아름답다고 말했던 장면과 내가 너무 재능 있는 플로리스트이기 때문에 결혼식 부케를 만들어 달라고 부탁하게 되었다고 말할 때 얼마나 기뻐 보였는지에 대한 심상 훈련을 해 볼 수 있다. 나는 그때 위안받고 스스로 자신감을 느꼈으며 내 능력을 믿을 수 있게 되었다. 그리고 압박감에서 벗어날 수 있었다. 나의 요구적 부모 양식에 저항하는 것은 아직도 힘든 일이지만, 매일 이러한 위안감과 자신감의 감정에 다가가려 하고 이것이 내가 진짜로 하고 싶은 방법인지 더 자주 자문하는 것이 첫 번째 수순이 될 것이다.
연관된 심리 도식	'실패'	'가혹한 기준'

당신의 전략	

당신의 관련 심리 도식	

우리는 지금까지 여러분의 건강한 성인 양식이 여러분의 처벌적 · 요구적 부모 양식에 맞서게 하는 행동적 · 인지적 · 경험적인 전략, 기법 혹은 기술을 알아봤다.

여러분이 선호하는 전략들과 기법들을 이용해 여러분이 경험한 각 형태별 양식 관리 계획을 만들어 보라. 이 계획표를 여러분이 변화를 위해 노력하는 동안 장기 계획을 생각나게 하기 위해 플래시카드로 보관하라.

나의 역기능적 부모 양식을 위한 장기 양식 관리 계획	
처벌적 부모 양식	요구적 부모 양식

시도해 보면서 무엇이 자신에게 가장 잘 맞는지 알아보고 여러분의 계획에 더 많은 기법들을 추가해 보라.

여러분의 양식 관리 계획이 오늘 혹은 몇 주 안에 완성될 거라고 생각하지 말라. 새로운 전략들은 이 프로그램이 진행되는 동안 그것을 찾을 때마다 항상 추가할 수 있다. 우리는 여러분의 양식 관리 계획이 모든 상황에서 완벽하게 100% 작용할 거라고 말하지 않는다. 아무도 그렇게 할 수 없으니까. 우리가 여러분에게 말할 수 있는 것은 장기적으로 계속해서 노력한다면 이것이 여러분의 역기능적 부모 양식의 영향 아래 있는 것보다 훨씬 더 나은 결과를 가져올 것이라는 것이다. 양식 관리 계획은 각 특정 종류의 상황과 어울려야 하며, 계속해서 시험되고 미세하게 조정되어야 한다. 처음 계획에 다른 것을 추가하기 위해서는 치료사나 치료 프로그램 팀 또는 동료의 도움을 받아야 하겠지만, 시간이 지날수록 여러분의 건강한 어른이 이러한 모든 건강한 대처 방식 전략들을 내면화하여 여러분이 그것에 접근하고 그것들을 사용하기 위하여 떠올리는 것은 점점 쉬워질 것이다.

양식 관리 회기 9:
당신의 취약한 아동 양식의 욕구를 충족시키기 위한 장기 전략

여러분의 취약한 아동 양식의 욕구를 충족시키기 위한 장기 전략들을 목록으로 만들어 보라. 시간이 지날수록 더 영구적인 변화로 이끌 수 있는 전략을 선택하라. 양식이 변화하면, 그 양식들을 촉발시키는 심리도식 또한 변화할 것이며, 양식을 촉발시키는 일이 점점 줄어들 것이다.

	취약한 아동 양식의 슬픔을 달래기	취약한 아동 양식의 불안을 안심시키기
예시	나는 이따금씩 다른 사람들과 거리감이 느껴지거나 외롭다고 느낄 때 취약한 아동 양식의 슬픈 기분을 느끼고 버림받은 기분이 든다.	내가 취약한 아동 양식의 불안감을 느낄 때는 내가 뭔가를 이해하지 못해서 질문을 하지 못할 때이다.
장기 행동적 패턴 파괴 전략 	나는 즐기면서 다른 사람들도 만날 수 있는 사회 활동(예: 합창단에서 노래를 부르거나, 풋볼 동아리에서 풋볼 경기를 하거나, 노숙자 쉼터에서 봉사활동을 하는 것 등)에 참여할 수 있을 것이다. 시간이 지날수록 나는 사람들과 더 많은 관계를 맺을 것이다.	나는 질문을 해도 괜찮은 가까운 친구에게 한 번 더 설명해 달라고 먼저 물어보는 것으로 시작할 것이다. 다음은, 조금 더 바쁜 사람에게 다시 설명해 달라고 부탁할 것이다. 마지막으로, 내가 말하기 어렵다고 생각하는 사람들(예: 취업 센터의 사람, 직장 상사 등)에게 물어볼 것이다. 나는 내 안에 건강한 성인이 있기 때문에 그러한 단계들을 밟아 나갈 때 그 어떤 끔찍한 일도 일어나지 않을 것이고, 건강한 성인 양식하에서 나의 자신감을 쌓아 나갈 것임을 안다.
관련된 심리 도식	나의 관련 심리도식은 아마도 '사회적 고립'인 것 같다.	나의 관련 심리도식은 '결함/수치심'인 것 같다.
당신의 전략		
당신의 관련 심리 도식		
예시	슬픈 취약한 아동 양식하에 있을 때 나는 내가 구제불능이라고 믿게 된다.	불안한 취약한 아동 양식하에 있을 때 나는 나의 일상을 스스로 관리할 수 없다고 믿게 된다.

장기 인지적 전략	나는 내가 무기력하다는 믿음을 지지하는 증거와 그것에 반대하는 증거들로 장단점 목록을 만들 것이다. 이것은 내 스스로에게 누구든 가끔씩은 도움이 필요하다는 사실을 상기시킬 것이다. 나는 내가 무기력하다고 느끼는 상황들이 뭔지 알고 내가 어떤 도움을 필요로 하는지, 내가 그 도움을 왜 필요로 하는지 생각해 볼 수 있다. 중요하거나 반복되어 나타나는 상황들을 위해 나는 내게 필요한 기법들을 배울 수 있다.	나는 최소한 매일 한 번 할 수 있었던 모든 일의 목록을 만들 수 있다. 또 내가 아무것도 못할 것 같다는 생각이 들기 시작하면 스스로 멈추게 할 수 있다. 나는 내가 끝내야 할 일상적인 일들을 모두 목록에 적고 도움이 필요한 특정 일들이 있다면 누가 나를 도와줄 수 있을지 혹은 내가 배워야 할 것은 무엇인지 스스로 결정할 수 있다.
관련 심리 도식	나의 관련 심리도식은 '의존'이다.	나의 관련 심리도식은 '실패/무능'이다.
당신의 전략		
당신의 관련 심리 도식		
예시	취약한 아동 양식하에 있을 때 나는 때때로 외로움을 느낀다.	취약한 아동 양식하에 있을 때 나는 사람들에게 이야기하는 것이 두렵다.
장기 변화를 위한 경험적 전략	나는 치료 집단 내에서 다른 사람들과 연결되어 있는 느낌이 어떤지 심상을 통해 재경험할 수 있다. 심상을 통해, 나는 그 순간에 느꼈던 뱃속의 따뜻함을 다시 느낄 수 있다. 난 이 상상 작업을 매일 저녁 자기 전마다 하고 정말로 타인과의 연결감을 느낄 수 있도록 할 것이다. 이것은 내가 외롭거나 버림받	나는 내가 환영받지 못한다고 불안감을 느낄 때마다 아마 이것이 나의 처벌적 부모 양식이 나의 취약한 아동 양식에게 하는 말과 관련이 있다는 것을 안다. 나는 집단상담 과정에서 다른 환자가 내가 좋아 보여서 나와 이야기를 나누고 싶었다고 말했던 양식 대화를 떠올릴 수 있었다. 나는 그것을 '좋은 부모의 메시지'로서 떠올

장기 변화를 위한 경험적 전략 	랐다는 느낌이 강할 때, 편안한 기억에 다가갈 수 있도록 나를 훈련시켜줄 것이다.	리고 플래시카드에 적어 사람들과 이야기를 늘 해야 하는 직장의 내 책상 위에 올려둘 것이다. 이것은 나와 이야기하고 싶어 하는 사람이 있다는 사실을 계속해서 상기시켜 줄 것이다.
관련된 도식	나의 관련 심리도식은 '유기'이다.	나의 관련 심리도식은 '결함/수치심'이다.
당신의 전략		
당신의 관련 심리 도식		

우리는 지금까지 여러분의 건강한 성인 양식이 취약한 아동 양식의 욕구를 충족시키고 그들을 치료하는 데 도움이 되는 장기 행동적 · 인지적 · 경험적 전략, 기법, 기술들에 대해서 알아봤다.

여러분이 취약한 아동 양식으로서 슬프거나 불안의 감정을 느낄 때마다 장기적인 전략으로 쓸 수 있는 여러분의 양식 관리 계획을 기록하라. 앞으로 몇 주 동안 계획을 검토하여 평가하라. 이 계획을 여러분이 변화를 위해 작업하는 동안 계속해서 상기시켜 주고 참조하기 위한 용도로 이용해 보라.

나의 취약한 아동 양식을 위한 장기적 양식 관리 계획	
슬픔 때문에	**불안 때문에**

시도해 보면서 무엇이 자신에게 가장 잘 맞는지 알아보고 여러분의 계획에 더 많은 기법들을 추가해 보라.

여러분의 양식 관리 계획이 오늘 혹은 몇 주 안에 완성될 거라고 생각하지 말라. 전략들은 여러분의 전 생애 동안 새로 나타날 수도 있으며, 그것을 찾을 때마다 언제나 이 계획에 추가할 수 있다. 우리는 여러분의 양식 관리 계획이 모든 상황에서 100% 완벽하게 작용할 거라고 말하지 않는다. 아무도 그렇게 할 수 없으니까. 어떤 것들은 다른 것보다 더 고치기 어렵기도 하다. 다만 우리가 여러분에게 말할 수 있는 것은 장기적으로 계속해서 노력한다면 이것이 여러분의 부적응적 대처 양식이나 역기능적 부모 양식이 여러분의 취약한 아동 양식의 욕구를 충족시켜 주는 것보다 훨씬 더 나은 결과를 가져올 것이라는 것이다. 양식 관리 계획은 각 특정 종류의 상황과 어울려야 하며, 계속해서 시험되고 미세하게 조정되어야 한다. 시간이 지날수록 여러분의 건강한 성인이 그것들에 접근하는 것이 쉬워질 것이고, 여러분의 양식 관리 계획은 자동적으로 될 것이다.

양식 관리 회기 10: 당신의 화난 아동 양식을 관리하기 위한 장기 전략

여러분이 화난 아동 양식 상태에 있다는 것을 알아차렸을 때 쓸 수 있는 건강한 자기대화와 행동의 목록을 만들라. 지금은 자신의 양식을 더 영구적으로 바꿀 때 쓸 수 있는, 더 오랜 기간 할 수 있는 것들을 열거해 보라. 또한 장기적인 변화는 여러분의 심리도식을 변화시켜 줄 것이다.

	당신의 화난 아동 양식을 관리하기
예시	나는 약속이 취소될 때 때때로 화난 아동 양식하에 있게 된다.
장기 행동 패턴 부수기 전략	나는 정기적으로 헬스장에 가서 몸이 힘들지 않은 정도로 가벼운 운동을 할 것이다. 또한 다른 사람들에게 내 경계("나는 ~을 하고 싶지 않아요. 앞으로 나는 ~하고 싶어요.")를 자주 전달함으로써 나의 대인관계적 기술에 대한 작업을 할 수 있다.
관련 심리도식	'유기'
당신의 전략	

당신의 관련 심리 도식	

예시	나의 화난 아동 양식은 아무도 나에게 관심을 주지 않을 때 강한 분노를 느끼게 한다.
장기 변화를 위한 경험적 기법	나는 집단상담에서 우리가 줄다리기 게임을 했을 때의 작업을 떠올릴 수 있다. 나는 수건을 내 방의 문고리에 달고 가능한 한 힘껏 잡아당길 것이다. 왜냐하면 나는 이것이 나의 분노를 안전하게 해결할 수 있는 방법이라는 것을 알기 때문이다. 만약 내가 내 분노의 폭발적인 부분이 분출되었음을 느끼면(내가 집단에서 그 감정을 어떻게 느꼈는지에 접근함으로써 그 기분이 어떤지를 안다), 나는 주변 사람들에게 그들이 나의 욕구에 관심을 가져 주는 것이 내게 중요한 일이라고 말할 수 있을 것이다. 나는 나의 화난 아동 양식의 관심 욕구에 대해 약 2주간 지켜볼 것이다. 나는 화난 아동 양식의 욕구가 충족되었을 때 어떤 기분이 드는지 그 감정에 다가갈 수 있다. 내가 화난 아동 양식에 있다는 것을 모니터링에서 발견할 때, 이것을 하루에 한 번씩 회상할 수 있다. 이것은 내가 그저 화를 폭발시키는 것 대신에 내가 원하는 것이 무엇인지 말하는 것을 더 쉽게 만들어 줄 것이고, 다른 사람들도 내 말을 더 잘 들어줄 것이다.
관련 심리 도식	'정서적 박탈'
당신의 전략	

당신의 관련 심리 도식

우리는 여러분의 건강한 성인 양식이 여러분의 화난 아동 양식을 관리할 때 쓸 수 있는 행동적 · 인지적 그리고 경험적인 전략, 기법, 기술들에 대해서 알아보았다.

여러분이 선호하는 전략들과 기법들을 이용해 여러분의 양식 관리 계획을 만들어 보라. 이것은 여러분에게 변화를 위한 장기 계획을 상기시켜 줄 플래시카드로 쓰일 수 있다.

나의 화난 아동 양식을 위한 장기 양식 관리 계획

시도해 보면서 무엇이 자신에게 가장 잘 맞는지 알아보고 여러분의 계획에 더 많은 기법들을 추가해 보라.

여러분의 양식 관리 계획이 오늘 혹은 몇 주 안에 완성될 거라고 생각하지 말라. 여러분은 새로운 전략을 찾을 때마다 언제나 이 계획에 추가할 수 있다. 우리는 여러분의 양식 관리 계획이 모든 상황에서 100% 완벽하게 작동할 거라고 말하지 않는다. 아무도 그렇게 할 수 없으니까. 다만, 우리가 여러분에게 말할 수 있는 것은 이것이 여러분의 부적응적 대처 양식이나 역기능적 부모 양식이 여러분의 화난 아동 양식을 다루게 하는 것보다 장기적으로는 더 잘 작동할 것이라는 점이다. 양식 관리 계획은 각 특정 종류의 상황과 어울려야 하며, 계속해서 시험되고 미세하게 조정되어야 한다. 처음 계획에 다른 것을 추가하기 위해서는 치료사나 치료 프로그램 팀 또는 동료의 도움을 받아야 하고, 심지어 그것을 사용하도록 상기시켜야 한다. 그러나 여러분의 건강한 성인 양식은 단계별로 이러한 건강한 대처 기법들을 내면화하여 여러분이 그것들에 접근하고 그것들을 사용하기 위하여 떠올리는 것이 점점 쉬워질 것이다.

양식 관리 회기 11: 당신의 행복한 아동 양식을 강화시킬 장기 전략

여러분이 여러분의 행복한 아동 양식을 발달시키기 위해 할 수 있는 행동이나 생각을 목록으로 만들어 보라. 오늘 우리는 여러분이 더 오랜 기간 여러분의 행복한 아동 양식을 영구적으로 발달시킬 때 쓸 수 있는 전략들에 대해 알아볼 것이다. 이것 또한 여러분의 심리도식을 수정하는 데 도움이 될 것이다.

	당신의 행복한 아동 양식 발달시키기
예시	나는 친구들과 함께 비치 발리볼을 하면서 시간을 보낼 때 행복한 아동 양식하에 있다.
장기 행동 패턴 강화 전략	나는 내가 함께 뛸 수 있는 비치 발리볼 팀을 찾아볼 수 있다. 그러면 나는 주중이나 주말에 비치 발리볼을 많이 할 수 있을 것이다.

관련 심리 도식	나의 연관된 심리도식은 '사회적 고립'인 것 같다.
당신의 전략	
당신의 관련된 심리 도식	
예시	나는 나의 행복한 순간들을 떠올릴 수 있을 때 행복한 아동 양식이 된다.
장기 인지적 패턴 강화 전략	나는 스스로 '행복한 순간들' 벽을 만들어 행복한 순간을 찍은 사진이나 기념품들로 그 벽을 꾸밀 것이다. 나는 매일 자기 전에 그 벽 앞에 서서 그 행복했던 순간들의 정확히 어떤 것이 나를 그렇게 행복하게 했는지 생각해 볼 것이다.
관련 심리 도식	'부정성'
당신의 전략	
당신의 관련된 심리 도식	

예시	나는 쿠키와 크림 맛 아이스크림을 먹을 때 행복한 아동 양식하에 있게 된다.
장기 강화를 위한 경험적 기법	나는 친구와 함께할 때나 재밌는 영화를 볼 때와 같은 다양한 상황에서 주로 쿠키와 크림 맛 아이스크림을 먹는다. 그래서 나는 나의 행복한 아동 양식을 위해 심상으로 그 상황을 재경험할 것이다. 내가 아이스크림을 맛있게 먹는 느낌을 상상함으로써 내가 원하는 때마다 나의 행복한 아동 양식을 떠올리고 강화시킬 수 있다.
관련 도식	'정서적 박탈'
당신의 전략	
당신의 관련 심리 도식	

우리는 여러분의 건강한 성인 양식이 여러분의 행복한 아동 양식을 강화하도록 할 수 있는 행동적 · 인지적 그리고 경험적인 전략, 기법 및 기술들에 대해서 알아보았다.

여러분이 다음 몇 주간 여러분의 행복한 아동 양식을 위해 노력할 양식 관리 계획을 만들어 보라. 이 계획은 여러분이 변화를 위해 작업할 때 이것들을 상기시켜 줄 플래시카드로서의 역할을 할 수 있다.

나의 행복한 아동 양식을 위한 장기 양식 관리 계획

시도해 보면서 무엇이 자신에게 가장 잘 맞는지 알아보고 여러분의 계획에 더 많은 기법들을 추가해 보라.

여러분의 양식 관리 계획이 오늘 혹은 몇 주 안에 완성될 거라고 생각하지 말라. 여러분은 치료 기간에 새로운 전략을 찾을 때마다 언제나 이 계획에 추가할 수 있다. 우리는 여러분의 양식 관리 계획이 모든 상황에서 완벽하게 100% 작용할 거라고 말하지 않다. 아무도 그렇게 할 수 없으니까. 다만 우리가 여러분에게 말할 수 있는 것은 이것이 여러분의 부적응적 대처 양식이나 역기능적 부모 양식이 여러분의 행복한 아동 양식을 다루게 하는 것보다 장기적으로는 더 잘 작동하고 여러분을 보다 더 행복하게 만들 것이라는 것이다. 양식 관리 계획은 각 특정 종류의 상황과 어울려야 하며, 계속해서 시험되고 미세하게 조정되어야 한다. 처음 계획에 다른 것을 추가하기 위해서는 치료사나 치료 프로그램 팀 또는 동료의 도움을 받아야 하겠지만, 시간이 지날수록 여러분의 건강한 성인이 이러한 모든 건강한 대처 기법들을 내면화하여 결국 그것은 자동으로 될 것이다.

양식 관리 회기 12:
당신의 건강한 성인 양식을 강화시킬 장기 전략

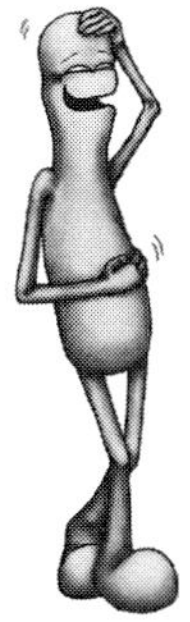

여러분의 건강한 성인 양식을 강화시킬 장기 전략들의 목록을 만들어 보라. 시간이 지날수록 영구적인 변화로 이끌 전략들을 선택하라. 양식이 변화하면서, 그것을 촉발시키는 심리도식 또한 함께 변화할 것이고, 따라서 양식이 촉발되는 일도 줄어들게 될 것이다.

	당신의 건강한 성인 양식 강화시키기
예시	나는 적절한 경계를 설정했을 때 건강한 성인 양식하에 있다.
장기 행동적 패턴 강화 전략	나는 직장 동료가 내 책상에 그녀의 커피잔을 두고 가 버린다거나 룸메이트가 화장실을 치우지 않는 것 그리고 엄마가 밤마다 전화를 하는 것 등 나를 화나게 하는 것들의 목록을 만들 수 있다. 그리고 나는 그것들이 나를 얼마나 화나게 하는지 1에서 5까지의 수 중에 정할 것이다(커피잔=3, 화장실=4, 엄마의 전화=5). 그리고 나는 가장 쉬운 일부터 선택해 직장 동료에게 어떻게 말하면 좋을지 적어 볼 것이다. 그리고 며칠간 적어 둔 것을 거울을 보면서 연습한 뒤 그녀에게 말할 것이다. 그리고 그것이 어떻게 되었는지 평가할 것이다. 그러고 난 뒤 나는 조금 더 어려운 일을 선택해서 진행할 것이다.
관련 심리 도식	'굴복'
당신의 전략	
당신의 관련 심리 도식	
예시	나 자신을 믿을 때 나는 건강한 성인 양식하에 있다.

장기 인지적 전략	나는 나의 성공과 실패에 관한 정보를 모아 휴대폰에 장단점 표로 만들어 적어 둘 것이다. 그러기 전에 내가 찾고자 하는 부분이 무엇인지 구체적일 필요가 있다(예: 직장에서 고객의 전화에 응답하는 일). 그러고 나서 월말에 그것을 평가할 수 있다. 평가 결과가 좋든 나쁘든 나는 나 자신을 신뢰할 수 있는 좋은 이유를 가지게 될 것이다.
관련 심리 도식	'실패'
당신의 전략	
당신의 관련 심리 도식	

예시	다른 사람과 내 욕구의 균형을 맞출 수 있을 때 나는 건강한 성인 양식하에 있다.
장기 변화를 위한 경험적 기법	갈등이 생길 때 단지 다른 사람의 욕구를 충족시킬 때와 비교해서 내 욕구를 충족시켰을 때 내가 어떻게 느꼈는지를 심상으로 떠올림으로써 시작할 수 있다. 집단의 욕구들이 상충되었을 때 우리 중 아무도 희생당하지 않도록 우리가 집단에서 했던 상황으로 돌아갈 수 있다. 우리는 절충 방법을 찾았다. 나는 내가 중요하다는 것을 다시 느낄 수 있다. 나는 여기에서 절충 방법들에 관해서 생각할 수 있고, 그것을 다른 사람들과 토론할 수 있다.
관련 심리 도식	'자기희생'
당신의 전략	
당신의 관련 심리 도식	

치료자 노트: 양식 관리 집단 7~12

다음은 우리가 환자들에게 양식 관리 작업을 어떻게 전달할 것인지에 대한 예시 대본이다. 이 예시 회기는 취약한 아동 양식에 관한 회기이다. 7~12회기에서 여러분은 각각의 다른 모든 주된 양식들을 이것과 비슷한 방식으로 환자들에게 전달하게 될 것이다. 여러분은 이 대본 양식을 여러분의 회기가 있는 양식으로 대체하여 사용할 수 있다. 또한 이러한 회기 중 자주 일어나는 일들을 다루는 치료자 팁도 제공되어 있다.

“ 안녕하세요, 모두 와 주셨네요! 여러분을 또 보게 되니 정말 반갑습니다. 이것은 양식을 관리하는 집단과정이며, 오늘의 집단상담에서 우리는 때때로 여러분의 욕구를 충족시키지 못하는 양식에 갇혀 버렸다는 사실을 알아차렸을 때 쓸 수 있는 특정 기술들에 중점을 두고 작업할 것입니다. 하지만 시작하기 전에, 바닥에 닿은 여러분의 발을 느끼면서 몇 번 깊게 심호흡을 해 보시고, 우리 모두와 함께 이 집단과정에 최대한 집중해 주세요.

이것은 오늘 우리가 작업할 유인물입니다. 우리는 한 번에 하나의 양식에만 집중할 것입니다. 우리가 집중할 양식은 여러분의 다른 집단과 개인 회기에서 중점적으로 다뤄질 것입니다. 양식 관리의 각 회기마다 우리는 각기 다른 양식에 집중할 것입니다. 오늘은 ‘취약한 아동 양식’ (따옴표 안을 여러분이 초점을 둘 주요 양식으로 채우세요)입니다. 이제 여러분이 취약한 아동 양식하에서 느끼는 슬픔, 외로움, 불안 또는 두려움 등과 같은 각기 다른 감정들을 떠올려 보세요.

오늘 우리는 여러분의 취약한 아동 양식의 욕구를 충족시킬 수 있게 하는 장기 전략들에 대해 작업할 것입니다. 좋아요. 자, 오늘의 유인물을 봅시다. ”

환자들에게 회기를 위한 양식 관리 유인물을 준다. 환자들이 말하는 바를 기억해 두라. 환자들의 말에 고개를 끄덕이거나 칭찬함으로써 언어적인 강화를 하라.

여기에서 환자들의 질문에 대답하고 토론 시 집단원들의 참여를 만들어 내기 위한 예시들을 자세히 살펴보겠다. 다음은 우리가 어떻게 그 예시들을 환자들에게 전달하는지에 대한 예시이다.

“ 오늘 우리는 시간이 지남에 따라 영구적인 변화가 일어날 수 있는 전략들에 대해 알아볼 것입니다. 양식이 바뀌면서, 그것을 촉발시키는 심리도식 또한 함께 바뀌면서 양식을 촉발시키는 일이 점점 더 줄어들 것입니다. 오늘 우리는 자신의 취약한 아동 양식의 욕구를 보다 영구적으로 충족시키기 위해 장기간에 할 수 있는 일에 중점을 둘 것입니다.

자, 이제 취약한 아동 양식의 슬픔을 달랠 예시들을 봅시다.

'나는 때때로 외로움을 느끼거나 다른 사람과의 거리감을 느낄 때 취약한 아동 양식의 슬픔과 버려진 느낌을 받는다.'

여러분은 이런 느낌에 대해서 알고 계신가요? 언제 그런 식으로 느껴졌나요? ”

취약한 아동 양식하에 있을 때 이런 느낌이 있었다는 것을 나타낸 모두를 인정해 주라. 고개를 끄덕이는 것 또한 그들의 참여를 이끌어 내는 방법이다. 환자들이 집단 내에서 이야기를 하기 위해서는 시간이 걸릴 수도 있으니 비언어적 참여를 포함한 작은 참여를 강화하는 것부터 시작하여 그들의 참여를 격려하는 것이 중요하다.

> 이제 이 양식에 작용할 장기적 행동 패턴 파괴 전략들을 살펴봅시다. '나는 즐길 수 있고 다른 사람을 만날 수도 있는 사회적 활동에 참여할 것이다(예: 합창단에서 노래를 하는 것, 동호회에서 풋볼 경기를 하는 것, 노숙자 쉼터에서 자원봉사를 하는 것 등). 시간이 지나면서 나는 사람들과 더 많은 인간관계를 만들어 나갈 수 있을 것이다. 관련 심리도식은 사회적 고립일 것이다.'
> 그러니까 취약한 아동의 슬픔을 달래 주고 자신의 사회적 고립이라는 심리도식에 작용하는 한 가지 방법이 사회적 활동에 참여하는 것입니다. 여러분 중에 이런 것을 시도해 본 분 계신가요? 어땠나요? 와, 정말 좋네요. 그렇다면 여러분이 자신의 취약한 아동 양식의 슬픔을 줄이기 위해 오랜 시간 작업할 수 있는 것들에는 또 어떤 것들이 있을까요? 그러고 나서 어떤 심리도식에 대해 작업해야 할까요?

만약 환자들이 다른 행동 패턴 파괴 전략을 생각해 내지 못한다면 사람들과의 접촉이 점진적으로 어려워지는 단계들을 직접 제안하라. 예를 들면 이메일, 전화, 주소록 등의 이행 대상을 이용한 것들이 있다.

> 맞아요. 다 너무 좋은 생각이에요. 이제 그것들을 다 적어 보세요. 그래서 여러분이 다음 시간에 취약한 아동 양식하에 있을 때 그중에서 추가적으로 전략을 선택할 수 있도록 하세요.

이제 다음 예시를 살펴봅시다.

'나는 내가 취약한 아동 양식하에서 슬플 때 내가 무기력하다고 믿게 된다.'

이런 양식에 대해 작업하려면 어떤 장기 인지적 전략들이 도움이 될까요?

'나는 내가 무기력하다는 믿음을 지지하는 증거와 그 사실에 반하는 증거로 보이는 장단점 목록을 만들 수 있을 것이다. 이것은 나 자신에게 누구든 가끔씩은 도움이 필요하다는 사실을 상기시킬 것이다. 나는 내가 무기력하게 느끼는 상황들이 뭔지 알고 내가 어떤 도움을 필요로 하는지, 내가 그 도움을 왜 필요로 하는지 생각해 볼 수 있다. 중요하거나 반복되어 나타나는 상황들을 위해 나는 내게 필요한 기법들을 배울 수 있다. 관련 심리도식은 의존일 것이다.'

여러분이 취약한 아동 양식의 슬픔에 대처하기 위해 쓸 수 있는 또 다른 장기 인지적 전략에는 무엇이 있을까요? 여러분은 어떤 심리도식이 작동하고 있나요? ”

만약 환자들이 다른 인지적 전략을 생각해 내지 못한다면, 상황들을 차별화하기, 요구를 명확히 하기 등을 여러분이 직접 제안해 보라.

“ 맞아요. 다들 정말 좋은 아이디어예요. 이제 그것들을 다 적어 보세요. 그래서 여러분이 다음 시간에 취약한 아동 양식하에 있을 때 다른 기법들을 선택할 수 있도록 하세요.

이제 다른 페이지를 보겠습니다.

'취약한 아동 양식하에 있을 때 나는 때때로 외롭다고 느낀다.'

장기 변화를 위하여 이 양식에 작용하여 도움을 줄 수 있는 경험적 기법에는 어떤 것들이 있을까요? 예시를 봅시다.

'나는 치료 집단 내에서 다른 사람들과 연결되어 있는 느낌이 어떤지 심상을 통해 재경험할 수 있다. 심상을 통해, 나는 그 순간에 느꼈던 뱃속의 따뜻함을 다시 느낄 수 있다. 난 이 심상 작업을 매일 저녁 자기 전마다 하고 진심으로 타인과의 연결감을 느낄 수 있도록 할 것이다. 이것은 내가 외롭거나 버림받은 듯한 감정이 강해질 때마다 이러한 편안한 기억에 다가갈 수 있도록 나를 훈련시켜 줄 것이다. 관련 심리도식은 유기일 것이다.'

여러분의 취약한 아동 양식의 슬픔을 해결하기 위하여 여러분이 사용할 수 있는 장기간의 변화를 위한 다른 경험적 기법들은 무엇인가요? 여러분은 어떤 심리도식이 작동하고 있나요?

저는 여러분이 이렇게나 많은 것을 생각할 수 있어서 너무 기뻐요. 정말로 잘하셨어요. 이제 그것들을 모두 다 적어 봅시다. 다음 시간에 여러분이 취약한 아동 양식을 작업하고 싶을 때 이 목록 중에서 각기 다른 선택지를 선택할 수 있을 거예요. ”

유인물에 있는 모든 양식에 대해서 이 작업을 진행하라. 환자들이 스스로 말하게 한 다음 차례차례 순서를 돌아가면서, 원하는 사람은 모두가 말할 수 있도록 누군가 말하면 나머지 사람에게 그 예시로 어떤 것이 있을지 물어보라.

모든 환자에 대해서 구체적이고 세밀하게 장기적 양식 관리 계획을 검토하라. 주어진 예시를 어떻게 전달하는지에 대한 예는 다음과 같다.

"이제 마지막 페이지를 보세요. 여기서 우리는 여러분의 취약한 아동 양식을 영구적으로 변화시키기 위한 장기적 양식 관리 계획을 발달시키고 싶어요. 여러분은 자신의 취약한 아동 양식의 슬픔을 경험해 보신 적이 있나요? (누가 고개를 끄덕이는지 살핀다. 한 사람을 고른다.) ○○ 씨부터 이야기를 시작해도 될까요? (허락을 기다린다.) 오늘 우리가 이야기했던 3개의 장기적 양식 관리 계획 중에 ○○ 씨가 자신의 양식 관리 계획표에 쓰고 싶은 기법은 어떤 거였나요? (이것을 취약한 아동 양식의 슬픔을 경험한 모든 환자에게 진행한다.) 그렇다면 여러분은 여러분의 취약한 아동 양식의 불안이나 공포를 경험해 보신 적은 없나요? (누가 고개를 끄덕이는지 살핀다. 한 사람을 고른다.) ○○ 씨부터 이야기를 시작해도 될까요? (허락을 기다린다.) 오늘 우리가 이야기했던 세 가지의 방법 중에 ○○ 씨의 취약한 아동 양식을 위한 장기적 양식 관리 계획에 쓰고 싶은 것은 무엇인가요? (이것을 취약한 아동 양식의 불안이나 공포를 경험한 모든 환자에게 진행한다.)"

> [집단 마치기] 모두들 오늘 정말 잘해 주셨어요! 자, 오늘의 집단상담에서의 치료 과제는 여러분의 장기적 양식 관리 계획을 다음 주 우리가 만날 때까지 적어 오는 거예요. 최대한 빈칸이 없도록 많이 적으려고 노력해 보세요. 이건 다음 주를 위한 연습 유인물입니다. 오늘 여기 와 주셔서 정말 감사합니다. 수고하셨어요.
> 조심히 돌아가시고, 남은 하루 푹 쉬도록 하세요.

이 대본은 여러분의 집단과 스타일에 맞추어 최소의 내용 수정을 하여 양식 관리 회기 7~12에 쓸 수 있다.

6. 12가지의 경험적 양식 작업 회기

심리도식치료의 요소는 경험적 작업이나 정서중심 작업에 집중한다. 이는 종종 환자 그리고 종종 치료자들에게도 익숙하지 않은 작업이기 때문에 이 장을 위한 더 자세한 치료자 예시 대본과 환자 유인물을 제공한다. 부적응적 대처 양식의 일반적 순서에서 시작한다. 프로그램의 다른 요소와 함께, 각 양식별로 2회기로 구성된다. 명확하게 하기 위해 양식별 두 회기를 동시에 언급한다.

1) 부적응적 대처 양식 회기(경험적 양식 작업 1과 7)

경험적 양식 작업 회기 1: 부적응적 대처 양식 1은 환자들이 쉽게 자신의 부적응적 대처 양식의 효과를 경험하도록 촉진하고, 양식이 자신의 욕구를 잘 충족시키는지 그 효율성을 평가하기 위해 경험적 훈련을 한다.

집단 훈련 1: 부적응적 대처 양식 1 – 경험중심 훈련

첫 번째 경험중심 훈련 회기는 동료와 짧은 산책을 하는 동안 가진 환자의 감각, 생각, 느낌에 대한 인식을 늘리는 훈련에서부터 시작한다. 이 훈련은 상대적으로 낯선 이에게 주의를 집중시키는 비구조화된 훈련이므로 그 사람의 기본 부적응적 대처 양식을 촉발한다. 환자의 경험이 무엇이든 영향을 주고 싶지 않기 때문에 환자에게 이러한 이야기를 하지 않는다. [경험중심 훈련 워크시트(경험적 양식 작업 훈련 1 – 부적응적 대처 양식 1)에 환자의 경험을 기록하라.]

치료자 대본 예시: 경험중심 훈련

"안녕하세요. 잘 오셨습니다. 이곳에 계신 여러분을 만나게 되어서 반갑습니다. 여러분도 알다시피 이것은 경험 양식 작업 집단이고 오늘 우리는 부적응적 대처 양식에 집중하게 됩니다. 우리는 오늘 두 가지 다른 치료 훈련을 하게 될 것입니다. 첫 번째는 당신의 인식에 대한 것이고, 두 번째는 우리 모두 다양한 양식을 사용하는데 그러한 양식으로 역할극을 하는 것입니다. 회기 마지막에는 부적응적 대처 양식의 대안으로 사용할 수 있는 안전지대 심상을 개발하는 작업을 할 것입니다. (치료자 2의 이름 T_2)와 제가 그것이 어떻게 되는지를 보여 드리겠습니다. 제가 여러분에게 제시할 지시와 같은 것을 치료자 2에게 제시하겠습니다. 좋아요, T_2, 예전에 해 본 적 있죠, 제게서 12피트만 떨어져 보세요. 제게로 천천히 걸어오면서 각 걸음마다 잠깐 멈춰서 느껴지는 당신 자신의 신체적 감각, 생각, 느낌에 주목하십시오. 저에게 당신이 알아차린 바를 말하지 마십시오. 다 끝난 이후 그것을 모두 적어 놓으십시오. 저는 움직이지 않을 겁니다. 제게서 3피트 정도 떨어져 있는 곳까지 오면 멈추십시오. 이 정도가 되겠죠. (지점을 가리킨다.) 자, 이제 시작해 보죠."

T_2는 앞서 설명한 훈련을 보여 준다. 치료자는 환자들이 할 경험에 앞서 훈련을 해 봐야 한다. 바로 당신 앞까지 올지도 모르는 어떤 환자를 위해 3피트 지점을 알려 줘야 한다는 것을 잊지 말라.

치료자 대본 예시

"시작하기 전에 질문 있습니까? 자, 이제 짝을 지어 보세요. 한 명은 걷고 한 명은 멈추는데 이것을 교대로 해 보세요. 가만히 있는 사람은 다른 사람이 자신을 향해 오는 걸음마다 자신의 감각, 생각, 느낌을 관찰하세요. 둘 중 한 명이 걷고 나면 멈춰서 여러분 각자가 자신이 관찰한 바를 적으세요. 그러고 나서는 두 사람의 역할을 바꿔서 다시 하세요."

훈련에서 이 부분은 15분 정도 소요된다. 사람들이 기록하는 데 많은 시간을 쓰는 것 같다면 환자들에게 시간을 통보해 재촉할 수 있다. 환자들은 일반적으로 걷거나 쓰는 데 많은 시간이 걸리지 않는다. 모든 짝이 끝나면 집단으로 모여 이야기를 나눈다.

"깜짝 놀란 사람들이 있나요? 어떤 종류의 경험을 알게 되었나요? 걷는 사람과 서 있는 사람 중 어떤 역할이 더 좋았나요? 훈련 중에 양식이 튀어나온 것을 느낀 사람이 있나요? 때때로 이와 같은 구조화되지 않은 상황과 새로운 사람이 양식 중 하나를 촉발하며 집단 내 안전한 환경에서의 양식을 배우는 것을 도와줍니다. (잠시 논의를 위한 시간을 가진 후) 모두 잘하셨습니다. 경험 양식 작업 회기에서 하는 많은 훈련이 이와 비슷할 것입니다. 기저에 있는 자신의 양식과 욕구를 알 수 있게 해 주는 다른 종류의 경험을 하는 훈련입니다. 질문 있나요?"

경험중심 훈련은 30분 정도 소요된다.

경험적 양식 작업 훈련 1 – 부적응적 대처 양식: 경험중심 훈련

여러분이 걸을 때 의식하고 있는 어떤 감각이나 생각 또는 감정이 떠오를 때마다 그 발자국 수를 여기에 기록하세요. 다른 사람이 여러분에게 걸어올 때도 똑같이 기록하세요.

집단 훈련 2: 부적응적 대처 양식 1 – 양식 역할극

다음 훈련인 양식 역할극에서는 부적응적 대처 양식의 근원과 경험적 방법이 지금 어떻게 기능하고 있는지를 보여 준다. 환자와 치료자는 양식 역할을 하면서 그들이 하는 역할의 양식 경험과 다른 양식과 상호작용하며 느껴지는 바의 두 가지를 경험한다. 참여자들이 직접 다양한 양식 자체가 되어 보면서 긍정적·부정적 효과를 경험하는 것으로 찬반 목록의 경험적 버전이라 할 수 있다. 누가 다음 훈련의 주도적 치료자가 될지를 바꾸고 싶을 수 있다. 역할극이 진행되면서 둘 다 중요한 역할을 할 것이다. 역할극 이후 논의할 때 시각 자료로 사용할 수 있는 다이어그램이 치료자 노트에 있다.

치료자 대본 예시

"다음 훈련에서 우리 모두 각 양식이 어떻게 기능하는지 보여 주고 경험하기 위해 각기 다른 양식 역할을 맡아서 역할극을 할 것입니다. 시작하기 전에 사용할 다양한 양식용 대본을 만들어야 합니다. 다양한 양식을 어떻게 이야기할지에 대한 아이디어를 적어 보는 과제를 줍니다. 그 과제를 보고 치료자 2는 대본을 화이트보드(혹은 플립차트)에 적습니다."

양식 대본 작업 시 '경험적 양식 작업 과제 1과 7: 부적응적 대처 양식 1과 2'를 참조하라. 환자들은 회기 전에 이 과제를 해야 한다. 예를 들어, 심리도식치료 집단교육 중에 과제를 받는다.

경험적 양식 작업 과제 1과 7 – 부적응적 대처 양식 1과 2: 심리도식 양식 대본

각 양식이 무엇이라고 말할 것이라 생각하는지 예시를 적어 보라.

회피성 대처 양식

과잉보상적 대처 양식

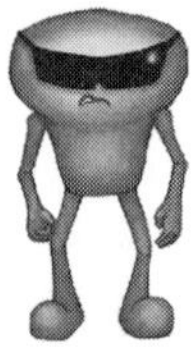

순응적 굴복자

취약한 아동

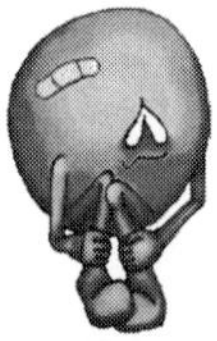

화난 아동

처벌적 부모

요구적 부모

건강한 성인

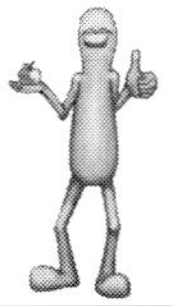

행복한 아동

환자들에게서 각 양식별로 대본의 대사를 모아서 화이트보드나 플립차트에 작성한다. 이러한 작업을 통해 환자들이 양식에 대해 잘못 이해하고 있는 부분을 서서히 고치고, 환자들에게 양식 역할극을 할 때 사용할 대본을 준다. 부적응적 대처 양식부터 시작한다. 환자 집단을 대표하는 두 가지 양식을 고른다. 너무 복잡하게 하지 말라. 기본적으로는 회피성 보호자, 순응적 굴복자, 과잉보상자이다. 치료자 1은 건강한 성인 양식을 하고 행동을 지휘한다. 이로 인해 사실상 양식 활동을 담당하는 건강한 성인 양식을 알려 주게 된다. 치료자 2는 취약한 아동 양식에 접근해 보호하고, 인정하고, 달래는 좋은 부모 역할을 한다.

치료자 대본 예시

저는 건강한 성인 양식을 하겠습니다. 이 양식은 행동의 지휘자이며 다른 모든 양식은 제 지시를 따라야 합니다. 치료자 2는 '좋은 부모' 역할을 맡을 것이며, 양식 대본으로 제시된 진술들로 취약한 아동 양식에 접근해야 하는 임무를 가지고 있습니다. 이제 다른 역할을 할 지원자가 필요합니다. 부적응적 대처 양식에 두 명, 취약한 아동 양식에 한 명, 화난 아동 양식 한 명과 훈련 시의 건강한 성인 양식 한 명과 좋은 부모 한 명이 필요합니다.

처음에는 역할을 맡을 지원자를 찾는다. 더 어려운 역할인 취약한 아동 양식, 처벌적 부모 양식, 부적응적 대처 양식으로 시작한다. 이렇게 하면 가장 어려운 역할을 먼저 배정함으로써 전혀 지원하지 않거나 가장 마지막으로 지원할 환자에게 그 역할을 배정하지 않게 해 준다. 지원한 환자에게 다루기 너무 힘들 만한 역할이라면 다음과 같이 말하면서 미묘하게 거부한다. "사라, 대신 이번에는 대처 양식을 해 볼래요? 그렇게 되면 당신이 정말 그 양식을 잘 알게 되고 우리가 하는 일에 큰 도움이 될 거라고 생각해요." 이미 취약한 아동 양식에 해당하는 환자가 취약한 아동 양식을 맡지 않도록 하라. 이는 초기 회기에서 매우 스트레스가 될 수 있기 때문이다. 통상적으로 환자들은 자신이 큰 어려움 없이 할 수 있는 역할에 자원한다. 너무 큰 괴로움이 촉발된다면 행동을 멈추고 괴로움을 줄일 수 있는 것을 하게 하라. 환자에게 이 활동은 어렵기보다는 양식을 분명하게 해 주고 심리도식치료 모형을 이해하게 돕는다. 게다가 재미난 요소도 있다.

당신의 집단에서 우세하고 대표적인 부적응적 대처 양식들을 선택한다. 처벌적 부모 양식 배우들에게 그들의 역할로 보이지 않을 수 있는 일종의 가면을 준다. 처벌적 부모 양식 역할을 맡은 환자는 자신이 그들에게 친숙하기 때문에 보통은 어려움을 느낀다고 하지는 않는다. 취약한 아동 양식의 반응을 볼 때 간혹 매우 고통스럽다고 말하기도 한다. 이는 환자가 취약한 아동 양식에 대한 연민을 가지도록 하는 경험이다. 만약 환자가 그 역할을 맡지 않겠다고 하면, 우선 도와주는 사람들 역할을 할 것인지 물을 수 있다. 환자가 여전히 거부한다면, 관찰자 역할을 맡도록 하고 어떻게 양식들이 상호작용하는지와 그 결과에 집중하도록 하거나 혹은 당신이 건강한 성인 양식 역할을 잘하는가에 대한 평가를 내리도록 하라. 환자가 이 역할만을 맡게 되면, 건강한 성인 양식 훈련을 이것으로 대체한다. 우리는 가능한 한 언제든 모든 환자가 역할을 맡길 원하며 아무리 작은 역할이라도 환자가 계속해서 연결되어 있기를 원한다.

"이제 회피성 보호자와 과잉보상자를 자원할 사람을 받아 볼까요? 처벌적 부모 양식으로부터 취약한 아동 양식을 보호하는 게 당신의 본래 일이라는 것을 잊지 마세요. 그러면 우리가 만든 대본을 이용해서 당신이 해 볼 겁니다. 처벌적 부모 양식을 할 사람과 대본을 사용할 두 명이 필요합니다. 당신과 당신이 맡은 부정적 역할에 혼란스러워지지 않도록 처벌적 부모 양식 역할 가면을 주겠습니다. 오늘 누가 취약한 아동 양식을 할 수 있을 것 같은 기분인가요? 취약한 아동 양식 역할은 어떤 기분이든 존재한다고 느낍니다. 좋아요. 고맙습니다. 화난 아동 양식은요? 화난 아동 양식은 취약한 아동 양식 욕구를 충족하고자 관심을 받으려고 노력합니다. 하지만 그 방식이 너무 극단적이고 문제에 빠지게 만듭니다. 이제 건강한 성인 양식 훈련은 저를 따라 하시고 좋은 부모는 치료자 2를 따라서 하십시오. (건강한 성인 양식 훈련을 받는) 당신은 처벌적 부모 양식에 한계를 설정하는 데 필요한 만큼 제게 힘을 빌려 갈 수 있습니다. (좋은 부모 훈련을 받는) 당신은 치료자 2를 따라 하고 치료자 2의 행동을 본보기로 사용할 수 있습니다. 자, 그럼 다들 자신이 맡은 역할 자리에 갑시다. 취약한 아동 양식은 화난 아동 양식 옆에 앉고 요구적 부모 양식과 회피성 보호자는 당신 앞에 앉되 바라보지 않은 채로 앉습니다. 처벌적 부모 양식에 집중할 수 있게 말이죠. 처벌적 부모 양식을 여기서 10피트 정도 떨어진 곳에 놓아 봅시다. 좋은 부모인 치료자 2와 좋은 부모 훈련을 하는 사람은 처벌적 부모 양식만큼 떨어져서 서로의 옆에 앉습니다. 이제 훈련 중인 각각의 여러분은 여러분의 모형 옆에 있으세요.

건강한 성인 양식을 기억하시고, 이제 저는 영화 감독과 같습니다. 제가 지시를 하거나 행동을 멈추라고 하면 제 지시를 따라야만 합니다. 건강한 성인 양식의 해야 할 일 설명 또한 마찬가지입니다. ([그림 4-1] 장면 1을 보여 주며) 어떻게 양식이 발달하는지, 어떻게 현재 기능하는지를 보여 줍니다.

처음으로 우리가 할 것은 이러한 양식들이 여러분의 아동기에 어땠는지를 설명하는 것입니다. 3을 세면 여러분 각각이 역할을 하고 보드에 쓰여 있는 대사를 말하고 만약 여러분이 원한다면 다른 문장들을 추가하십시오. 1, 2, 3, 시작하십시오. ”

이후 몇 분 동안 생겨나는 혼란이 지속되도록 두고 그 시간 동안 화난 아동 양식 그리고 처벌적 부모 양식이 더 크게 이야기하도록 감독이 격려하고 어떤 지도라도 필요하다면 하라. 그리고 행동을 멈추고 무슨 일이 일어났는지에 대해 이야기 나누라.

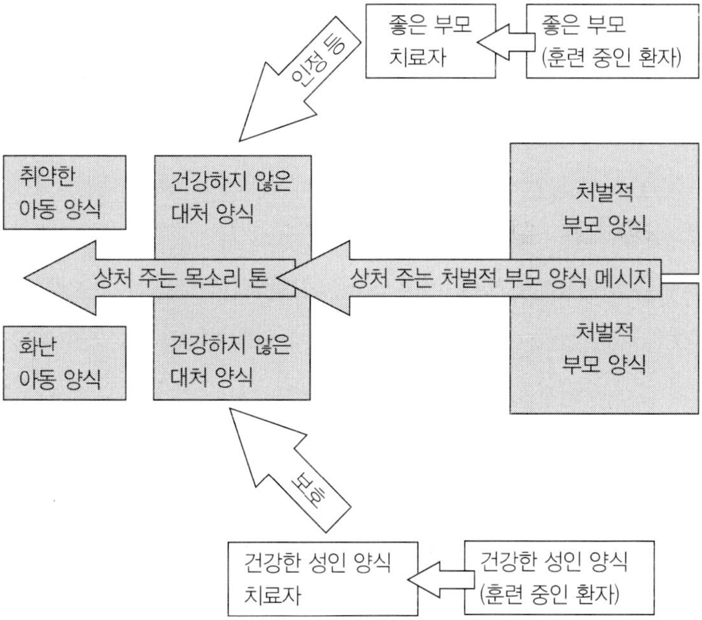

[그림 4-1] 심리도식 양식 활동에서 양식 역할극.
장면 1: 양식은 어떻게 발달하고, 현재 어떻게 기능하는가

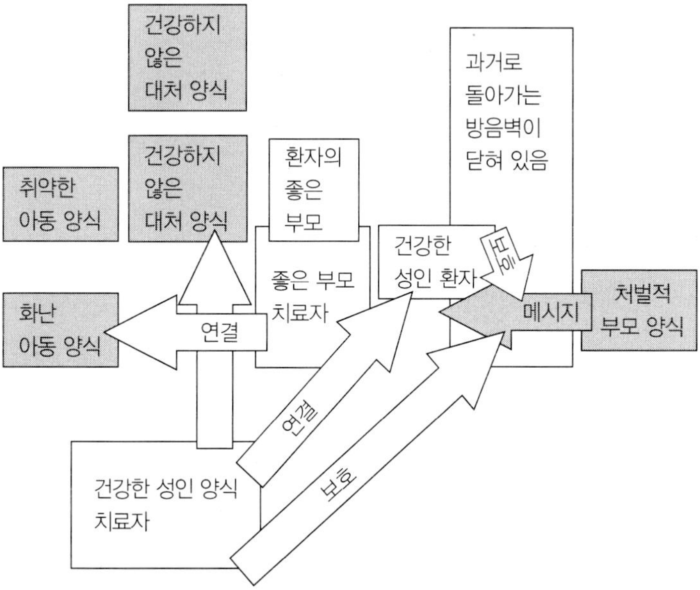

[그림 4-2] 심리도식 양식 활동에서의 양식 역할극.
장면 2: 심리도식치료 과정에서 어떻게 변화가 일어나는가

"이제 모두 멈춰 주십시오. 호흡을 하시고 무슨 일이 일어났는지에 대해 이야기해 봅시다. 취약한 아동 양식부터 시작해 보겠습니다. 당신의 욕구가 잘 처리되었습니까? 당신은 보호받았나요? 화난 아동 양식은 다른 사람이 당신의 이야기를 들었습니까? 부적응적 대처 양식은 취약한 아동 양식이 자신이 보호받지 못했다고 말하는 것을 들었습니까? 그것이 당신의 할 일이었지만 실패한 것처럼 보이는군요. 취약한 아동 양식의 말도 들었나요? 취약한 아동 양식의 욕구를 알아차렸나요? 처벌적 부모 양식–당신이 생각하기에 자신이 효과적이었나요? 좋은 부모–취약한 아동 양식이나 화난 아동 양식에 접근할 수 있었나요? 우리가 본 것이 바로 양식들이 어떻게 생겨나고 지금 어떻게 기능하는지를 보여 줍니다.

하지만 건강한 성인 양식으로서 다시 이것을 시도하기 전에 고쳐 주고 싶은 것이 있습니다. 처벌적 부모 양식들은 과거에 속해 있어 물리적으로 더 이상 존재하지 않는 것과 매우 비슷해서 그들을 여기서 내쫓을 것입니다. (처벌적 부모 양식 연기자를 방의 먼 구석으로 보낸다.) 당신의 목소리가 이제 훨씬 낮아졌네요. 당신이 과거에 머물러 있다는 것을 확실히 하기 위해 훈련 중인 제 건강한 성인 양식을 여기에 두고 갈 것입니다. (해당 환자를 취약한 아동 양식을 마주본 채로 처벌적 부모 양식 곁에 둔다.) 이제 처벌적 부모 양식이 속해 있는 곳에서 어떤 일이 일어나는지 봅시다. 여러분 모두 있어야 할 곳에서 자신의 대사를 다시 하십시오. (몇 분 동안 하도록 하고 난 후 중단시킨다.) ([그림 4–2]는 2단계의 다이어그램을 제공한다.)

그때 무슨 일이 일어났습니까? 모든 것이 전부 다 다르지는 않았습니다. 그렇죠? 처벌적 부모 양식은 떠났지만 부적응적 대처 양식은 여전히 서로를 바라보며 집중해 있습니다. 이제 그들은 단지 치료자 2가 좋은 부모가 취약한 아동 양식에 접근하지 못하게 막고 있습니다. 취약한 아동 양식이나 화난 아동 양식의 감정을 더 들었나요? (취약한 아동 양식은 아마 처벌적 부모 양식이 작은 소리로 이야기해서 조금 덜 두려웠다고 말할 것입니다. 하지만 아직 욕구가 충족되지 못했습니다.) 그래서 이제 조금 바꿔 봐야 할 필요가 있습니다. 좋은 부모가 아동 양식에 접근할 수 있도록 우리가 어떻게 할 수 있을까요? 아, 부적응적 대처 양식과 무언가를 해야 한다고 생각하십니까? (좋은 부모에게) 우리가 무엇을 해야 한다고 생각하시나요? (치료자 2가 좋은 부모로서 더 활동적이 된다.) 저는 부적응적 대처 양식이 화난 아동 양식에게서 좀 떨어질 수 있다고 생각합니다. 그러면 제가 좀 더 가까이 가지만, 여전히 취약한 아동 양식 근처에서 지키고 있습니다. 여러분이 해 보시겠어요? (부적응적 대처 양식들이 조금 싸우게 될 것이다.) ”

좋은 부모의 목표는 그녀가 화난 아동 양식의 말을 들어줄 것이라고 안심을 시켜서 그들이 움직이도록 설득하고, 그들이 생존 상황이 발생하고 다시 필요로 할 때를 대비하여 준비할 수 있도록 하는 것이다. 좋은 부모 또한 그들이 아동으로서 취약한 아동 양식 생존을 보장해 준 것을 아주 잘했다고 말하며 그것이 매우 힘든 작업이었다고 말한다. 하지만 건강한 성인 양식이 그 목적을 위해 존재하고 당신도 마찬가지이기 때문에 오늘 열심히 일할 필요가 없다고 말한다. 여기서 건강한 성인 양식인 치료자 1이 시험을 하기 위해 처벌적 부모 양식에게 더 크게 하라고 하고 건강한 성인 양식 훈련을 하고 있는 사람이 이를 다시 조용히 시키는 것을 돕는다. 이는 처벌적 부모 양식이 다시 튀어나올 수 있지만 예전과 같은 힘을 지니고 있지 않기 때문에 다시 없어지게 할 수 있다는 것을 보여 준다.

좋은 부모는 이제 화난 아동 양식과 연결되어 이야기를 듣고 그/그녀의 분노를 인정하며 화난 아동 양식에게 플리스 조각이나 수건의 끝 부분을 주고 줄다리기와 같이 잡아당겨서 분노를 발산할 수 있도록 한다. 다음은 치료자 2가 부적응적 대처 양식이 취약한 아동 양식으로부터 떨어지라고 하고 자신이 접근한다. 치료자 2는 취약한 아동 양식 가까이 가서 자신과 이어진 천의 모서리를 준다. 이 긍정적 양육 상호작용을 잠시 유지하고 좋은 부모 훈련 중인 사람은 그것을 잡아당겨서 몇 가지 것을 인정해 주는 말을 하도록 한다. (이전에 만든 대본을 추천한다.)

치료자 1은 양식을 담당한 각 환자들의 경험과 관찰한 바에 대해 심도 깊은 논의를 하도록 이끈다. 마지막으로 치료자 1은 일어났던 일에 대한 요약 정리를 제공하고 그것을 심리도식치료 변화 과정에 연결시킨다. [그림 4-3]에서는 장면 3과 보다 건강한 양식 형태를 보여 준다.

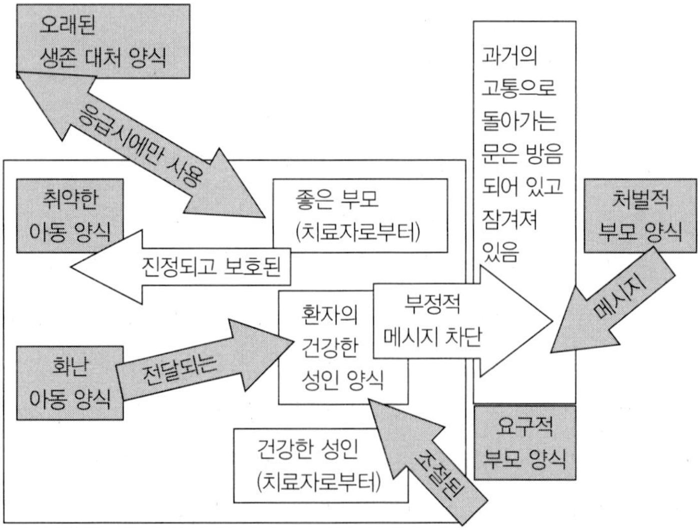

[그림 4-3] 심리도식 양식 활동에서의 양식 역할극.
장면 3: 심리도식치료의 결과

> 다시 의자를 모두 당겨 모아서 집단으로 만들고 이 경험에 대해 이야기합시다. 우리는 부적응적 대처 양식이 원래 처벌적 부모 양식을 취약한 아동 양식으로부터 멀리하기 위해 어떻게 개발되었는지를 살펴보았습니다. 이 과정이 완수되었지만 과정 내에서 실제 취약한 아동 양식이 원하는 바가 무엇인지에 대해 듣지 못했습니다. 시간이 지나면서 부적응적 대처 양식은 모든 사람을 멀리하고 처벌적 부모 양식은 물리적으로 오래전에 사라졌습니다(가끔 감소하기도 했습니다). 화난 아동 양식은 취약한 아동 양식의 욕구 또한 표현했지만 아무도 그것을 듣지 않았습니다. 좋은 부모는 부적응적 대처 양식들이 잠시 옆으로 옮겨 가기 전까지 화난 아동 양식이나 취약한 아동 양식에 접근할 수 없었습니다. 건강한 성인 양식은 그들이 주의를 기울여 이동하도록 설득시켰습니다. 그러자 좋은 부모는 아동 양식과 그들의 아동기에 좋은 부모가 했어야 할 일에 접근할 수 있었습니다. 이러한 행위가 화난 아동 양식과 취약한 아동 양식을 덜 고통스럽게 했고 그들의 과거의 욕구와 연결될 수 있도록 하였습니다. 이것이 바로 심리도식치료에서 하려고 하는 것을 여러분에게 간략하게 보여 주는 것입니다.

이 역할극 훈련은 대개 환자들에게 매우 강력하다. 역할극은 환자에게 양식들이 인지와 다른 수준에서 작동하는 방식을 이해할 수 있도록 해 준다. 환자들은 이제 이전에 이해하지 못했던 양식들에 대해 이제는 잘 알고 있다고 종종 말한다. 토론은 여러분의 집단에서 지배적인 양식에 따라 여러 가지 방향으로 인도될 수 있다. 만약 남은 시간이 있다면 역할극에서 관찰했던 부적응적 대처 양식 사용을 줄이도록 결심한 것에 대해 화이트보드에 목록을 작성할 수 있고 그들이 경험했던 바를 지지하는 인지적 개입을 제공할 수 있다.

집단 훈련 3: 부적응적 대처 양식 1 – 안전지대 심상

다른 치료 모형에서도 사용되는 고통 경감 안전지대 심상이다. 심리도식치료의 경우 다른 점은 바닷가 혹은 숲이나 다른 장면이 개인에게 안전함을 느끼게 해 준다는 가정 없이 완전히 개인화되어 있다는 것이다. 특히 경계성 성격장애와 같은 어떤 환자들은 어디서도 안전함을 느껴 본 적 없다고 말할 것이다. 심상은 취약한 아동 양식의 안전 욕구를 충족시켜야 한다.

치료자 팁

집단에게 안전한 장소는 무엇인가에 대해 설명하여 안전 장소 이미지를 떠올릴 수 있게 돕는다. JF는 그녀 할머니 집의 꽃밭에 있거나 다락에 올라가 삼나무 상자에 앉는 것이라고 말했다. 이는 대개 환자들에게 흔한 할머니 이미지를 유도한다. 하나도 생각나지 않는다는 사람을 위해 집단으로 함께 브레인스토밍한다. 수년간 경계성 성격장애 환자들에게 들은 것들의 목록은 다음과 같다. 학교, 특정 선생님의 교실, 안전한 친척, 친구의 집, 나무집, 나무 위, 등산, 캠핑 여행, 자전거 타기, 오즈와 같은 상상의 장소, 요정 대모와 있는 것, 교회 안 등이다. 모든 환자는 언제나 안전지대 이미지를 찾았고 그것은 아마도 우리가 해낼 때까지 계속해서 할 것이기 때문이라는 것을 환자들과 당신에게 정직하게 말한다. 예제로 주어진 안전지대 이미지 중 하나에서 누군가가 나쁜 경험을 했을 수도 있으며 심지어 괴롭힘을 당했을 가능성도 있다는 것을 언제나 명심하라. 만약 그러한 일이 생겨나면 '우리 모두가 다르다는 것'을 인식하는 것이 중요하며 진지하게 다음과 같은 말을 한다. "아, 정말 끔직하군요. 당신은 분명 그 장소를 사용하는 것을 원하지 않겠군요."

안전지대 이미지를 위해 우리는 Young의 기본 지침들을 다양하게 사용한다(Young, Klosko, & Weishaar, 2003). 따뜻하고 위안을 주는 목소리로, 환자에게 눈을 감거나 아래를 바라보고 어떻게 보이는지, 어떻게 느껴지는지, 어떤 냄새가 나는지, 어떤 소리가 들리는지와 같이 아주 상세하게 알아보도록 한다. 안전지대 이미지에 대해 처음으로 작업을 할 때 단지 그들이 안전하다 느끼는 지대라는 것을 기억하고, 연령이나 환자의 양식을 정하지 말라.

치료자 대본 예시: 안전지대 이미지 지침

여러분은 여러분의 취약한 아동 양식을 진정시키거나 큰 고통을 경감시키거나 회상 장면의 속상한 이미지를 교체하는 것에 여러분의 이미지를 사용할 수 있습니다. 여러분에게 안전지대로 대표되는 이미지를 마음속에서 떠올려 보십시오. 너무 밀어붙이지는 마십시오. 그냥 어떤 안전에 대한 이미지라도 떠오르게 두십시오. 영화 장면, 슬라이드, 사진 혹은 실제 기억이 될 수도 있습니다. 여러분의 삶, 상상, 책이나 영화에서부터 나올 수도 있습니다. 안전하다 생각되는 모든 것과 여러분의 이미지에 편안함을 주는 것을 가져올 수 있습니다. 자신만의 것을 만드십시오. 처음에 강한 이미지를 떠올리는 데 어려움이 있더라도 걱정하지 마십시오. 집단 내에서 이에 대해 이야기를 나누고 당신에게 도움이 될 이미지를 만드는 데 도움을 줄 것입니다.

1. 어떤 것이 보입니까?
2. 당신 자신을 볼 수 있나요?
3. 당신은 몇 살인가요?
4. 다른 어떤 것이 보이나요?
5. 어떤 소리가 들리나요?
6. 냄새가 나나요?

7. 그 장소에서 어떤 느낌이 듭니까?
8. 당신의 몸은 어떻게 느낍니까?
9. 거기에 다른 사람이 있나요? 오직 안전한 사람만이 있을 수 있다는 것을 기억하세요.

안전지대 이미지를 위한 자기대화: "나는 안전해." "나는 이 공간을 통제하고 어떤 위험도 생기지 않아." "평온함을 느껴."

당신 자신의 말을 더해 보세요. ____________________

당신의 안전지대에 이름을 붙여서 마음속에 쉽고 빠르게 가져올 수 있도록 하십시오(예: '할머니집, 집에 있는 나무집, 스미스 선생님의 교실).' ____________________

____________________ ”

환자들이 최소 하루에 한 번은 그 이미지를 연습하도록 지시한다. 그림을 그리거나 잡지의 사진을 찾거나 상징하는 것을 통해 환자들에게 그들의 안전지대 이미지를 시각적으로 자세하게 만들어 내도록 해서 정기적으로 볼 수 있는 곳에 두도록 하라.

경험적 양식 작업 과제 1과 7 –
부적응적 대처 양식 1과 2: 안전지대 이미지

부적응적 대처 양식을 건강한 대처로 대체하기 위해서는 여러분의 안전지대 이미지가 더욱 강력하고 유용해지도록 연습해야 합니다. 안전지대 이미지로 사용할 경우 다음 형식 및 상황, 양식 및 결과에 연습을 기록하십시오.

일시	상황	양식	안전지대 이미지 결과

안전지대 이미지가 한 번 만들어지면 안전 거품 대신 그것을 이용해 집단으로 짧은 훈련을 시작한다. 만약 집단이 매우 어려운 작업을 하고 있거나 어떤 방식으로 고군분투하고 있거나 집단의 연결을 강화하고자 한다면, 우리의 안전지대 이미지 속에 우리 모두의 주변에 있는 안전 거품을 추가해서 안전과 보호의 느낌을 줄 수 있다. 그러한 경우 집단관계의 공유된 힘을 언급한다. 취약한 아동 양식을 위한 이미지 변화 작업을 할 때는 이미지를 위해 집단을 추가

하는 것이 중요해질 것이다.

경험 양식 작업 회기 7-부적응적 대처 양식 2는 환자에게 건강한 성인 양식 경험을 주는 것과 부적응적 대처 양식과 상호작용 그리고 궁극적으로 취약한 아동 양식의 욕구를 충족하고 취약한 아동 양식을 보호하는 부적응적 대처 양식 기능을 건강한 성인 양식이 인계하는 것에 집중한다.

집단 훈련 4: 부적응적 대처 양식 2 - 양식 대화가 확장된 역할극

이번에는 환자들 자신의 부적응적 대처 양식 역할을 할 수 있도록 하고 다른 환자가 같은 부적응적 대처 양식 역할을 할 때에는 취약한 아동 양식 역할을 하는 기회를 주고자 한다. 모든 환자가 다른 양식을 할 수 있는 다양한 기회를 가질 수 있도록 많은 조합을 사용하는 이 회기에는 단 한 번의 훈련만을 한다. 대부분의 환자가 한 가지 이상의 부적응적 대처 양식을 가지고 있기 때문에 집단을 최소 두 가지 부적응적 대처 양식이나 만약 필요하다면 더 많은 부적응적 대처 양식으로 나눌 수 있다. 짝을 지은 환자들은 서로 부적응적 대처 양식 역할이나 취약한 아동 양식 역할을 맡을 수 있고, 치료사들은 경험 양식 작업 회기 1에 자세하게 설명되어 있는 방식으로 다른 모든 역할을 수행한다. 양식 역할극을 시작하기 전에 같은 부적응적 대처 양식을 하는 환자들을 소집단으로 나눠 부적응적 대처 양식 대본 작업을 하도록 한다. 환자들은 회기 1에서의 대본을 참고하거나 추가해서 사용할 수 있다. 환자들이 함께 작업하게 될 조합은 만들어진 대본이 없을 수 있으며 그러한 경우에는 대본을 만드는 일을 해야 한다. 필요하다면 치료자들이 도와준다.

역기능적 부모 역할에 한 명의 환자만 있으면 처벌적 부모 양식이나 요구적 부모 양식을 고르도록 하라. 이것은 남은 환자가 행복한 아동 양식을 택하도록 할 것이다. 이번에는 자원한 환자가 건강한 성인 양식 역할과 좋은 부모 양식 역할을 맡도록 한다. 한 치료자는 건강한 성인 양식 도우미 역할을 맡아야 하고 행동을 지시하고 멈추는 일을 담당한다. 다른 치료자는 좋은 부모 도우미 역할을 맡는다. 그 역할 과제는 환자가 건강한 역할을 잘할 수 있도록 치료자가 지도하는 것이다. 이러한 변화들은 환자들에게 다양한 다른 양식을 체험할 수 있도록 하는 기회를 준다.

치료자 대본 예시

"안녕하세요. 여러분 모두가 여기 함께 있어서 기분이 좋고 여러분을 보아서 행복합니다. 여러분이 알고 있듯이, 이것은 경험 양식 작업 집단이고 오늘 우리는 부적응 대처 양식에 집중하게 됩니다. 오늘 다시 양식 역할극 작업을 할 것입니다. 건강한 성인 양식이 행동을 감독하며 다른 모든 양식은 이 지시를 따라야 한다는 것을 기억하십시오. '좋은 부모' 역할은 지난 회기에 중요한 것으로 확인된 메시지와 함께 취약한 아동 양식에 접근해야 할 임무를 갖고 있습니다. 부적응적 대처 양식은 처벌적 부모 양식이나 요구적 부모 양식을 유지하는 데 중점을 둠으로써 취약한 아동 양식을 보호하려 합니다. 만약 화난 아동 양식이 있다면 취약한 아동 양식의 욕구에 열심히 반응합니다. 그럼 각각 다양한 역할의 자리로 가서 시작해 볼까요?"

치료의 이 시점에서 우리는 환자가 역할을 거부하기를 기대하지 않을 것이다. 만약 환자가 거부를 한다면 좋은 부모나 건강한 성인 양식 도우미가 될 것인지 묻고, 그것도 거부하면 관찰자 역할을 맡아서 다양한 양식이 모두 자신의 일을 효과적으로 잘하는지에 대해 점수를 매기도록 요청하라.

> 첫 번째로 우리가 할 것은 모든 양식이 자신의 일을 잘하도록 두고 무슨 일이 일어나는지 보는 것입니다. 3을 세면 여러분 각자가 역할을 맡아서 대사를 말하고 만약 더 하고 싶은 말이 있다면 하도록 하십시오. 1, 2, 3, 시작하십시오.

이후 몇 분간의 혼란이 일어나도록 두라. 건강한 성인 양식을 담당한 환자에게 각자의 역할에 맞는 양식의 음량을 지시하도록 상기시킨다. 그리고 행동을 멈추고 일어난 일에 대해 이야기한다.

> "네, 모두 멈추십시오. 심호흡을 하시고 무슨 일이 일어났는지에 대해 이야기해 봅시다. 취약한 아동 양식부터 시작하겠습니다. 당신의 욕구가 잘 처리되었습니까? 당신은 보호받았나요? 화난 아동 양식 - 다른 사람이 당신의 이야기를 들었습니까? 부적응적 대처 양식 - 취약한 아동 양식이 자신이 보호받지 못했다고 말하는 것을 들었습니까? 그것이 당신이 할 일이었습니다. 당신이 한 바에 대해 어떻게 생각하십니까? 취약한 아동 양식 - 그/그녀가 어떻게 당신을 보호하고 욕구를 충족시켰습니까? 부적응적 대처 양식 - 취약한 아동 양식의 말도 들었나요? 취약한 아동 양식의 욕구를 알아차렸나요?
>
> 처벌적 부모 양식이 더 이상 없다는 것이 어떻게 역할 연습에 영향을 미쳤나요? 처벌적 부모 양식의 강도가 줄어들었나요? 우리가 다음에 할 역할극을 위해 처벌적 부모 양식의 강도를 줄여 봅시다.
>
> 좋은 부모 - 취약한 아동 양식이나 화난 아동 양식에 접근할 수 있었나요?

지난번에 했던 역할극과 어떤 것이 다르고 어떤 것이 같습니까?

지금 우리는 양식들이 어떻게 기능하는지를 살펴봤습니다. 건강한 성인 양식이 교정할 수 있게 해 봅시다. (건강한 성인 양식을 맡은 환자에게) 당신은 무엇을 바꾸고 싶나요? 예를 들면, '처벌적 부모 양식을 문 바깥에 두고 싶습니까? 부적응적 대처 양식을 길 바깥으로 옮기고 싶나요?' 등. (이러한 교정을 한다.) 자, 이제 이렇게 바꿔서 다시 해 봅시다. 그리고 이러한 변화에 무슨 일이 일어나는지 봅시다.

(부적응적 대처 양식과 취약한 아동 양식을 맡아 보고자 하는 모든 환자가 연습할 때까지 이렇게 계속한다. 환자들에게 번갈아 가면서 건강한 성인 양식을 맡도록 하라. 필요하면 건강한 성인 양식과 좋은 부모를 맡은 환자를 지도해 주라.) ”

이 반복 역할극의 목표는 환자들이 양식 체계의 변화를 위해 양식 역할이 되어 보는 경험을 할 수 있도록 하기 위해서이다. 변화의 양상을 만들어 낼 수 있도록 치료자들은 질문을 하고 논의를 이끌 필요가 있다. 예를 들어, "부적응적 대처 양식이 멀리 떨어졌을 때 취약한 아동 양식에겐 무슨 일이 일어났습니까?" 대답은 아마도 좋은 부모가 취약한 아동 양식에 접근할 수 있었다는 것일 수 있지만, 익숙하지 않다면 그것은 매우 두려운 느낌을 받게 할 수 있다.

“ 다시 의자를 끌고 와서 집단으로 만들고 이 경험에 대해 이야기를 해 봅시다.

1. 취약한 아동 양식의 욕구가 충족되었습니까?
2. 부적응적 대처 양식이 물러나 있었습니까?
3. 처벌적 부모 양식이 사라졌습니까? 아니면, 요구적 부모 양식이 완화

되었습니까?

4. 다른 이가 화난 아동 양식을 들어 줬습니까?
5. 건강한 성인 양식이 취약한 아동 양식의 욕구를 충족시켜 준 것이 확실합니까? 건강한 성인 양식이 부적응적 대처 양식과 비교해서 더 잘했나요, 더 못했나요? 무엇이 다릅니까?

당신 집단의 욕구와 양식에 따라 논의는 여러 방향으로 안내될 수 있다. 만약 남은 시간이 있다면 역할극 내에서 관찰된 모든 부적응적 대처 양식 사용을 줄일 수 있는 방법에 대해 화이트보드에 목록을 작성할 수 있다. 환자들은 자신의 양식 경험에 대한 인식이 증가했고 건강치 못한 양식에 대한 관리가 향상되었기에 **경험 양식 작업 회기 1: 부적응적 대처 양식 1**에서 처음 시행된 훈련과 다르기를 기대할 것이다.

2) 역기능적 부모 양식 회기(경험적 양식 작업 2와 8)

역기능적 부모 양식 작업을 할 때 치료자들은 집단에서 가장 흔한 양식에 집중하거나 처벌적 부모 양식과 요구적 부모 양식 두 가지에 시간을 조금 쓸 수 있다. 두 가지 부모 양식의 다른 점은 처벌적 부모 양식이 처벌에 집중하고 높은 기준을 가지고 있을 수도 있고 가지고 있지 않을 수도 있다는 것이다. 요구적 부모 양식은 엄격한 기준과 향상을 위해 계속해서 노력하는 것으로 처벌적이지 않을 수도 있다. 당연히 많은 환자는 두 가지 양식 모두에서부터 부담을 받고 있었고 두 가지 사이에서 명확한 구분을 하기 어려워하는 경향이 있었다. 심리도식치료에서 각각 다른 접근이지만 환자에게 긍정적 가치가 없어 보이는 처벌적 부모 양식이 사라지면, 요구적 부모 양식은 자신의 엄격한 기준을 합리적 기준으로 변형함으로써 완화된다.

집단 훈련 1: 역기능적 부모 양식 1

우리 처음 할 훈련인 '처벌 실험'은 처벌적 부모 양식은 '필수적'이며 심지어 자신의 수행에 있어 도움이 된다는 많은 환자의 믿음을 반박하기 위해 만들어졌다. 이 훈련은 환자들이 배우고 많은 환자들이 믿는 것과 반대로, 수행에 있어 역기능적 부모 양식 메시지의 부정적 효과를 보여 준다. "오늘의 경험 양식 작업 집단 메시지에 오신 것을 환영합니다."와 같이 말한 이후 다음의 맥락에 역기능적 부모 양식을 시행해 보게 될 것이다.

치료자 대본 예시: 처벌적 부모 메시지

처벌적 부모 양식에 대해 이야기할 때 환자들은 종종 아이들이 무언가를 배우기 위해 '처벌은 필수적입니다.'라고 하거나 '요구와 압박'이 아이들이 더 많은 것을 성취하도록 한다고 말합니다. 이 말을 믿는 분 계십니까? (필요하다면 아래의 추가 질문들을 하라.) 조금이라도 말입니다. 아니면 그렇게 믿지만 우리가 당신이 그렇게 하기를 원하지 않는 것 같아서 손을 못 드십니까? (이 내용에 대해 5분간 짧은 논의를 한다.) 음, 우리는 오늘 수행에 있어 부모 양식의 효과에 대해 알아보는 짧은 경험을 할 것입니다.

치료자 예시 대본: 처벌 실험 - 20분

"네. 모두 짝을 지으십시오. 충분한 실험(14~20인치 정도의 둥근 나무 조각 혹은 손 위에 올려놓고 균형 잡기에 조금 어려운 정도의 다른 물건)이 여기 있습니다. 이것을 짝지은 한 팀에서 하나씩 가지도록 하십시오. 해야 할 일은 단순합니다. 1분 동안 손바닥 위에 막대를 올려놓고 균형을 잡는 것입니다. 손바닥을 평평하게 해야 하거나 혹은 당신에게 너무 쉬워서 계속해서 꼭 잡을 수 있을 수 있습니다. 둘 중 한 명이 먼저 시작하고, 처음 당신이 균형을 잡을 때, 당신의 파트너는 처벌적 부모 양식을 합니다. 즉, 파트너는 당신에게, 당신은 그것조차 제대로 하지 못하며 할 수 없을 거라는 등의 이야기를 하면서 당신이 패배자라고 말합니다. 우리는 파트너의 행위가 어떻게 당신의 수행에 영향을 미치는지 관찰할 것입니다. 다음에는, 당신이 막대의 균형을 잡으려고 할 때 당신의 파트너가 좋은 부모 역할을 합니다. 당신을 믿는다, 당신은 할 수 있다, 포기하지 말라와 같은 말로 그들이 당신을 격려할 것이라는 뜻입니다. 이러한 대사가 당신의 수행에 미치는 영향 또한 관찰할 것입니다. 둘 중 한 명이 막대의 균형을 잡는 사람을 담당하고 다른 사람이 처벌적 부모 양식, 좋은 부모를 맡고 이후 둘의 역할을 바꿔서 합니다. 당신이 끝나고 나면 다시 모여서 실험 결과에 대해 이야기할 것입니다."

논의

- 당신의 취약한 아동은 이 훈련에 대해 어떻게 느낍니까?
- 당신의 건강한 성인은 이 훈련에서 어떤 결론을 내렸습니까?
- 당신의 건강한 성인은 당신의 취약한 아동 양식이 처벌적 부모 양식으로부터 입는 손해를 제한하기 위해 어떻게 행동할 수 있습니까?

이번 경험을 상기시키고 그들의 역기능적 부모 양식 메시지에 반대하는 증거로 사용할 수 있도록 '경험 양식 작업 회기 2 – 역기능적 부모 양식 1: 처벌과 강화: 우리는 어떻게 배우는가' 유인물을 환자에게 줍니다. ”

경험적 양식 훈련 회기 2 – 역기능적 부모 양식 1: 처벌과 강화: 우리는 어떻게 배우는가

처벌적 부모는 말한다. “사람들이 실수를 할 때는 엄하게 혼나야 해! 그렇게 해야만 배울 수 있어! 그렇지 않으면 계속해서 바보 같은 실수를 하고 다른 사람에게 피해를 주거나 나를 귀찮게 하지…….”

정말 그럴까? 엄한 처벌이 실제로 유일하거나 혹은 최고의 학습 방법일까? 실제로 처벌이 어떻게 사람들에게 영향을 주는지 살펴보자. 처벌에는 두 가지 주요 형태가 있다. 즉, 아이들을 처벌하기 위해서 즐겁거나 필요한 것을 없어지게 하거나(예: 오늘 TV를 볼 수 없다, 저녁을 먹지 못한다.) 아이들에게 불쾌한 일들이 그들에게 행해진다(예: 오랫동안 조용히 앉아 있지 않으면 맞게 될 것이다). 이 두 가지 모두 아이에게 다시는 실수하지 못하도록 가르쳐 주기 위한 것이지만 처벌 방법은 다른 건강하지 않은 영향을 가져온다.

집단 내에서 우리가 한 훈련은 처벌의 단점을 보여 준다. 사람들이 처벌을 받을 때 자기 자신에 대해 나쁘다고 느끼기 시작하고 종종 무능하다고 생각한다. 다시 해 보는 것에 대해 매우 두려움을 느끼고 새로운 것을 하지 않으려고 한다. 이제 아이들을 자세히 살펴보자. 아이들은 세상을 탐험하고 그들이 좋아하는 것과 싫어하는 것을 찾아내야 하며 어떻게 작동되는지에 대한 자신의 결론을 형성해야 한다. 이는 시행착오를 통해 이뤄져야 하며 초기 양육자의 형태 내에서 안전기지를 갖는 것이 필요하다. 아이는 그들의 안전기지로부터 탐험을 하다가 도움이 필요하거나 두려워 보이는 것이 있으면 안전기지로 다시 돌아올 수 있다. 좋은 부모는 안전기지를 제공한다.

대조적으로 처벌적 부모는 이러한 것에 무관심하다(관심을 철회한다). 아동이 실제로 환경을 탐험하는 것을 불안정하게 하거나 처벌적 부모가 "저거 만지지 마. 너는 항상 돌아다니는 정말 나쁜 애구나."라고 말하면서 이를 처벌한다.

반대로 좋은 부모는 아이가 탐험하는 것을 강화한다. 예를 들어, 좋은 부모는 아이에게 관심을 표현하기 위해 시선 접촉을 하고 아이가 안기고 싶을 때 들어 올려서, "우와, 저기서 뭘 보고 있니."와 같이 이야기한다. 좋은 부모는 심지어 아이와 함께 무언가를 보러 가기도 한다. 그리고 아이가 실수를 하게 되면(예: 너무 빨리 달리기, 다치거나 울기) 좋은 부모는 더 처벌하기보다는 그들의 아이를 달래 준다.

처벌은 건강한 보호나 제한, 자연적으로 일어나는 결과와 같지 않다. 부모는 아이들의 연령에 따라 아이들에게 바깥세상에 그들의 행동이 가져오는 결과를 알려 줘야 한다. 예를 들어, "네가 상점에서 무언가를 훔친다면 경찰이 올 거야." "네가 학교를 빠지면 학교는 너에게 불이익을 주고 너는 필요한 것을 배우지 못할 수 있어." "친구에게 소리를 지르고 때리면 결국 그들은 너의 친구가 되지 않으려 해." 우리는 모두 우리의 행동에 대한 어떤 결과를 가지고 있다.

좋은 부모들은 행동의 결과에 대한 안내를 하고 아이들이 좋은 선택을 하도록 지도한다. 부모들이 어떤 행동을 싫어하면 아이들에게 그 행동을 다시 하지 않도록 말한다. 사람이나 동물이 고의적으로 상처를 받았거나 누군가의 소유물이고의적으로 망가지면, 행동을 멈추기 위한 점진적 제한이 필요하다. 치료 시 무언가 시도해 보는 것을 지지하고 필요하다면 현실적 제한이 있어야 한다.

아동기의 심한 혹은 강력한 처벌은 처벌적 부모 양식의 기초가 된다. 심하게 처벌을 받은 아이는 자신에게 처벌적이고 타인에게도 그러하며 자신의 아이들에게 그러할 가능성이 높다.

만약, 허기, 안아 달라고 하기, 도움 요청과 같은 보통 아동의 욕구가 '잘못'이라면 처벌받거나 무시받은 아이는 자신의 욕구를 충족시키거나 도움을 요청하는 행동을 하지 않도록 배울 수 있다. 이러한 경험들은 분리된 보호자나 화난 아동 양식을 발달시키는 근간이 될 수 있다.

건강한 아이의 탐험이나 호기심이 '잘못'이었다면, 이를 처벌하는 것이 불안정하거나 미발달된 정체성을 가진 성인이 되도록 할 수 있다. 그러한 아이는 자신이 무엇을 좋아하고 싫어하는지를 모르는 성인이 되어 무엇이 자신을 행복하게 하는지도 모르고 심지어 자신에게 나쁜 것이 무엇인지조차 모르는 사람으로 성장하게 된다.

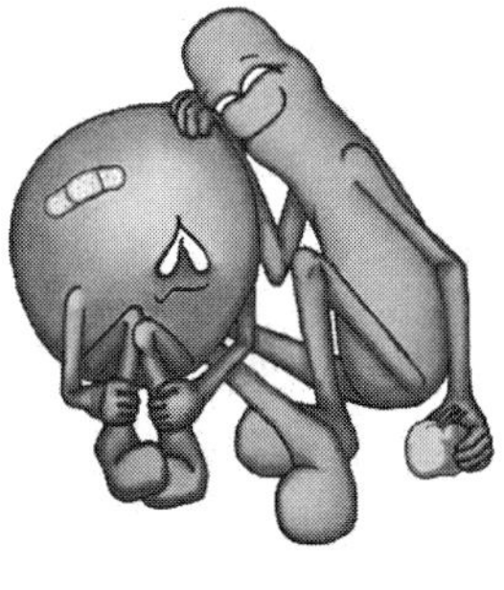

집단 훈련 2: 역기능적 부모 양식 1 – 역기능적 부모 양식 메시지 없애기

처벌적 부모 양식 가치에 대해 환자들에게 어느 정도 의심을 하게 한 이후 다음 단계로 넘어간다. 그들이 내면의 역기능적 부모 양식은 자기 자신이 아니며, 초기 경험에서 생겨났지만 어떤 작업으로 제거될 수 있는 경험을 하도록 촉진한다. 이를 경험적으로 보여 줄 수 있는 한 가지 방법은 역기능적 부모 양식을 보여 주는 형상을 만드는 것이다. 실재하는 상형물을 사용해서 많은 치료적 목적을 충족할 수 있다. 이러한 형상은 환자 자신이 아니며 보통 완벽하게 부모를 표상하는 게 아닌, 환자의 내면화된 부정적 대상이라는 심리도식치료 이론을 보여 준다. 역기능적 부모 양식을 제거하기 위한 첫 번째 단계는 역기능적 부모 양식이 환자 자신의 목소리가 아니라는 것을 이해하는 것이다. 환자는 통상적으로 형상 위에 괴물이나 악마처럼 보이는 얼굴을 그린다. 역기능적 부모 양식은 전체 사람이 아닌 양육자의 부정적 측면만으로 이뤄진 선택적 내면화라는 점을 분명하게 해 줄 수 있도록 얼굴 묘사는 사람 같지 않을수록 좋다. 이 특성은 인간처럼 보이지 않기 때문에 유용하며 그 요점은 역기능적 부모 양식은 전체 사람이 아닌 양육자의 부정적 측면만을 선택적으로 내면화한 것이라는 것이다. 이는 두 가지 이유에서 도움이 된다. 즉, 환자들은 그들의 실제 부모와 그 관계에 있는 좋은 존재와도 완전히 분리해야 한다고 생각하지 않는다. 그렇기에 유기공포가 유발되지 않고 가족 충성심 문제를 많이 겪지 않게 된다. 역기능적 부모 양식 형상은 처음에는 공포에서 시작해서 분노와 거부로 옮겨 가는 많은 감정을 떠오르게 한다.

처음에는 환자들에게 형상을 역기능적 부모 양식의 부정적 메시지를 적도록 하는 공간으로 사용한다. 이 과정은 환자의 메시지를 꺼내어 놓을 수 있는 다른 구체적 행동이다. 형상 위에 메시지를 남겨 둠으로써 이를 없애 버리는 것에 대해 생각해 보도록 한다. 양식 역할극 시 환자가 역기능적 부모 양식 역할을 맡았을 때 역기능적 부모 양식 형상을 가면처럼 사용하거나 개인 회기 시 양식 대화의 사실성을 높이기 위해 의자에 기대 놓도록 한다. 형상을 짓밟을 수도 있고 찢어 버릴 수도 있다. 경험적 집단 회기 동안 이 형상을 사용할 수 있도록 두지만 환자가 남긴 다른 메시지를 떠올리는 경우에는 보이지 않도록 한다. 치료자는 항상 회기 종료 시 형상을 치운다. 이러한 행동들은 역기능적 부모 양식이 아동 발달단계에서 이제는 상처를 주기에는 무력하다는 것을 보여 준다. '좋은 부모' 치료자는 이 역기능적 부모 양식 형상을 쉽게 통제할 수 있다. 경험적 양식 작업 회기 7 – 역기능적 부모 양식 2에서는 양식 대화 역할극에서 어떻게 형상을 사용하는지에 대해 설명한다.

치료자 대본 예시: 역기능적 부모 양식 메시지

심리도식치료 교육 회기에서 어린아이가 가지는 보통의 욕구와 이러한 욕구들이 충족되지 못한 결과에 대해 이야기했습니다. 또한 어린 시절 우리 주위의 중요한 사람들이 우리에 대해 말하고 묘사하는 방법과 이 메시지들이 부착되는 방법이 자신에게 내면화되는 방법에 대해 이야기했습니다. 이것이 맞든 그렇지 않든 상관없이 말입니다. 여러분에게 예시를 들어 보겠습니다. (너무 극단적이지 않은 치료자 예시를 하나 제시한다.) 저는 엄마에게 제가 '어렵다'는 메시지를 받았습니다. 정확히 그러한 단어를 사용했는지는 확실하지 않지만 제게는 엄마가 직접적으로 메시지를 준 것으로 기억합니다. 그 메시지를 기반으로 해서, 가까운 사람들과 문제가 있을 때마다 저는 제게 "아, 이건 내가 '어렵기'때문에 생겨나는 거구나."하고 말했습니다. 인지적 수준에서는 제 자신에 대한 핵심 신념으로 발전했고 정서적 수준에서는 그 생각을 할 때면 메스꺼운 느낌이 나게 됐습니다. 저는 어른으로서 그리고 개인치료에서 이러한 '어렵다'는 꼬리표가 실제 나에 대한 것이 아니고 어머니에 대한 것이라는 것을 이해할 수 있었습니다. 제가 분명히 말했기 때문에 어머니에게 어려웠던 것입니다. 저는 어머니를 싫어했습니다. 그래서 어머니에게 더 어려웠던 것입니다. 저는 많은 사람이 저의 그러한 성격을 높이 평가하는 것을 알게 되었지만 제 어머니는 그렇지 않으셨기에 그러한 꼬리표를 갖게 되었습니다. 그 메시지는 제 요구적 부모 양식의 한 부분입니다(요구적 부모 양식: 내가 경계하고 있는 메시지이기에 이것이 생겨나면 싸울 수 있다). 그렇기에 우리가 오늘 처음 할 것은 여러분의 요구적 부모 양식이나 처벌적 부모 양식으로부터 생겨난 부정적 메시지가 무엇인지에 대해 이야기하는 것입니다. 이후 그 메시지를 없애는 작업을 하고 싸우는 방법에 대해 배울 것입니다. ”

10분간 논의를 촉진한다. 환자들은 보통 그들 자신에 대한 부정적 메시지를 떠올리는 것을 전혀 어려워하지 않는다.

“ 이제 우리는 이러한 메시지들을 모든 집단의 역기능적 부모 양식을 보여 주는 형상 위에 적어서 상징적으로, 말 그대로 없애 버릴 것입니다.

우선 표상 얼굴을 그려야합니다. [큰 사람 형태로 잘린 천(모슬린이나 다른 비싸지 않은 천)이나 몸을 만들어 그릴 수 있는 네모난 형태의 천으로 만든다. 환자들이 형상을 그리는 작업에 참여하도록 격려한다. 하지만 그렇게 하도록 요구해서는 안 된다. 경험적 작업에서는 언제나 환자가 자신의 속도로 움직이도록 해야 한다.] 우와, 우리가 만든 괴물 같은 역기능적 부모네요. 이것은 실제 사람이 아니라 부모 양식의 형태 내에서 권위적인 인물과의 부정적 경험으로부터 우리에게 남겨진 것이기에 말이 된다고 생각합니다. 자, 이제 재미있는 부분을 해 볼까요? 처벌적 부모 양식이나 요구적 부모 양식 메시지를 이 형상에 둡니다. (치료자가 준 천에 쓸 수 있는 마커를 이용해 형상 위에 환자들이 메시지를 쓰도록 한다. 간혹 환자들이 이것을 시작하는 것에 더딜 수 있어서 우리가 시작하기도 한다. 상당히 빨리 환자 대부분이 참여한다.) ”

형상을 다 완성하면 치료자 중 한 명이 이것이 얼마나 현재 무력한지를 보여 줄 수 있다. 30분 동안 형상을 만들도록 하라.

집단 훈련 3: 역기능적 부모 양식 1 – '좋은 부모'라면 사랑하는 아이에게 할 만한 이야기

'전체적인 집단'은 우리가 사용하는 심상 재구성하기 훈련의 기초 중 하나이다.

“

치료자 대본 예시: 좋은 부모 메시지

좋습니다. 이제 우리는 메시지를 긍정적인 것으로 바꿔서 여러분의 취약한 아동 양식을 치료할 것입니다. 당신이 아이였기에 들어야 했던 부정적 메시지들을 대체할 것입니다. "경험적 양식 작업 훈련 3 – 역기능적 부모 양식1: 처벌적, 요구적 부모 양식과의 투쟁: '좋은 부모'라면 사랑하는 아이에게 할 만한 이야기를 꺼내서 몇 분간 어릴 때 사랑하는 부모님께 듣고자 했던 메시지를 적어 보세요. 사람들이 어떤 메시지를 고르는지 들어봅시다. 당신이 가장 좋아하는 것은 무엇입니까? 그 모두를 적어서 집단으로 '좋은 부모 메시지 대본'을 만들 수 있습니다. (25분간 활동한다.) ”

이 과제는 어린아이 수준의 언어로 수행되어야 한다(예: "나는 너를 있는 그대로 사랑해." "넌 내게 소중해." "네가 나의 아이라서 참 기뻐." "넌 정말 좋은 아이야." "난 언제나 널 위해 여기 있을 거야." "널 지켜 줄게." 만약 "네가 잘 해낸 것이 자랑스럽구나."와 같은 다소 어른스러운 표현이라면 이를 더 쉽게 고친다. 예컨대, "넌 그대로 잘하고 있어." 혹은 "네가 내 아이라서 행복해."와 같이 말이다). 모두 자신의 목록을 집단에 가져와서 그 메시지들을 논의한다. 언제나 누군가는 아무것도 생각이 나지 않는다고 하기에, 각자의 대사와 아이디어를 집단 작업에 사용할 수 있도록 허락을 받는다. 환자들이 각자의 선택을 공유할 때 치료자는 그것을 모두 기록해서 집합적 '좋은 부모' 대본을 만든다.

"

1. 시작하기 전에 우리 모두의 주위에 안전 거품을 둘 것입니다. 우리 모두를 위한 거품의 따뜻함과 보호감을 느껴 보십시오. 여기서 우리가 여러분의 취약한 아동 양식을 안전하게 지켜 줄 것이라는 것을 기억하십시오. 이제 여러분의 취약한 아동 양식과 연결시킵니다. 어떤 식으로든 여러분에게 잘 맞는 방법을 사용하십시오. 여러분의 어릴 적을 생각하거나 그때의 감정 수준과 연관지으십시오. 하지만 잘 연결되도록 할 수 있습니다.
2. 사랑하는 부모님이나 어린 시절 여러분을 돌봐 주었던 다른 사람으로부터 들어야 했던 것에 대해 말하고자 합니다. 모든 어린아이는 이러한 이야기를 들어야 할 필요가 있으며 들을 자격이 있기 때문에 여러분의 취약한 아동 양식이 이러한 이야기를 듣기를 간절히 원합니다."

"

그러고 나서 치료자 중 한 명이 대본을 최대한 따뜻하고 부드럽고 보살피는 목소리로 읽는다. 치료자들이 자신의 '좋은 부모' 메시지들을 더 추가한다. 대본에 대사를 더 추가하는 것은 대본을 읽지 않는 치료자에게 특별히 중요하다.

"

3. 여러분이 내 말을 잘 듣고 이러한 대사들을 잘 받아들이기를 바랍니다. 만약 처벌적 혹은 요구적 부모 양식이 방해를 하면 오직 좋은 부모만이 우리집안 공간에 들어올 수 있어서 이 양식들은 지금 허락되지 않는다고 말해서 쫓아내십시오. 여러분이 듣기 가장 좋은 것을 기억하십시오. 우리는 그 메시지로 특별한 작업을 할 것입니다. 만약 기억하기가 어렵다면 걱정하지 마십시오. 메시지들을 적어서 기억할 수 있도록 도와드리겠습니다.

(대본을 다 읽고 나면)

4. 여러분이 들은 것을 기억하면서 집단으로 천천히 돌아오십시오. 당신에게 이 훈련이 어땠는지에 대해 이야기할 것입니다.
5. 여러분의 취약한 아동 양식은 좋은 부모 메시지를 받아들일 수 있었나요?
6. 여러분이 들은 메시지 중에 무엇이 가장 좋았습니까?
7. 여러분이 듣기에 놀라운 부분이 있었습니까?
8. 문제가 있던 부분이 있었습니까?

"

집단은 각자의 경험, 어떻게 느꼈는지, 자신의 취약한 아동 양식에 계속해서 있을 수 있었는지, 무엇을 가장 좋아했는지 등에 대해 논의한다. 환자들에게 오디오테이프를 주거나 가지고 다니며 다시 읽고 들을 수 있는 대본 복사본 혹은 이 두 가지 모두를 줄 수 있다. 이 회기 이후의 과제는 하루에 한 번씩 좋은 부모 대본을 들었던 경험을 기억하는 것이다.

경험적 양식 작업 훈련3 – 역기능적 부모양식 1: 처벌적 · 요구적 부모 양식과의 투쟁: '좋은 부모'라면 사랑하는 아이에게 할 만한 이야기

좋은 부모라면 그들의 사랑하는 어린아이에게 할 만한 이야기 목록을 만들라. 당신이 들었던 혹은 아이일 때 듣고 싶었던 이야기말이다. '아이 언어'로 작성하라. 당신의 취약한 아동은 여전히 이러한 사랑, 위로, 보호, 인정의 표현을 들어야 할 필요가 있다. 예컨대, "너를 사랑해." "네가 내 아이라서 기쁘구나." "너는 대단해." 등이다. 집단 회기에서 우리는 이러한 대사들을 창의적인 방식으로 사용할 것이다. 이와 관련한 생각들을 내고 작성하라. 집단 내에서나 들었거나 치료자에게서 들었던 것 등. 어떤 것이라도 당신의 취약한 아동이 좋아했던 것이라면 편안하게 차용해 쓰라. 취약한 아동 양식을 위한 경험적 집단 회기에 사용할 목록을 만들기 위해, 짧은 기록들을 비교하고 이를 목록에 추가할 것이다.

나는 아이로서 다음과 같은 말들을 듣는 것을 좋아하고 듣고 싶다. 그리고 나의 취약한 아동 양식은 여전히 들을 필요가 있다. 원한다면 뒤쪽에 더 쓰라.
1.
2.
3.
4.
5.

여러분의 취약한 아동이 좋아하는 경험적 양식 2 집단에서 들을 수 있는 것을 목록에 추가하라.

이행 대상

환자들에게 좋은 부모 대본을 회상할 수 있도록 돕고 내면화할 수 있도록 하기 위해 환자들에게 이 훈련과 연결되는 이행 대상을 제공한다. 이행 대상을 사용하는 것은 심리도식치료 발달학습 수준에 대한 관심과 일치하며 이는 보조적인 제한된 재양육으로 이용된다. 우리는 치료자가 사용하는 향기가 있거나 혹은 향기가 있든, 없든 각 치료자의 구슬이 끈으로 묶여 있고, 그 위에 좋은 부모 메시지가 적힌 메모가 있는 부드러운 플리스 천 조각 같은 것들을 사용한다. 좋은 부모 대본이나 취약한 아동 양식을 위한 다른 메시지들은 플래시카드, 시, 노래, 그림 혹은 다른 어떠한 만질 수 있고 치료 밖에서도 사용할 수 있는 이행 대상으로 만들어질 수 있다. 환자들에게 아이로서 편안한 담요나 동물 인형 등을 사용하도록 한다. 환자들은 대개 이러한 역할을 하는 어떤 것을 가지고 있었고 많은 환자는 자신의 부모가 그것을 없애 버려 큰 충격을 받은 이야기를 가지고 있다. 환자들에게 자기 자신의 '좋은 부모 형상'에 다가갈 수 있게 되었고 발전하고 있다는 것을 말해 주라. 치료자가 제공한 이행 대상과 집단이 환자들에게 편안함을 상기시킬 수 있는데 이 편안함은 이미지 훈련 시 경험했거나 안전하고 수용적인 집단 환경 내에 있음으로써 생겨났던 것이다. 처음 취약한 아동 양식 이행 대상을 사용할 때는 환자들에게 아래에 제시된 이유를 설명해 준다. 다음은 건강한 성인 양식과 취약한 아동 양식 모두에게 잘 통하는 좋은 예시이다.

치료자 대본 예시: 이행 대상

아주 어린 아이들은 부모님이 눈에 보이지 않더라도 그들이 존재한다는 것을 아는 인지적 능력을 발달시켜야 합니다. 아이들이 '대상영속성'을 발달시키기 전까지 아이들은 극심한 분리불안을 겪습니다. 건강한 발달을 위한 다음 단계는 엄마나 아빠가 없을 때의 불안을 누그러뜨리는 부모 이미지를 떠오르도록 하는 능력을 가지고 이를 내면화하는 것입니다. 이렇게 아이들은 자기 위로 능력을 발달시킵니다. 아이들은 보통 이행 대상으로 사용하는, 부모로부터의 위로를 생각나게 하는, 침대에 밀어 넣어진 자신의 담요를 가지고 있습니다. 부드럽고 따뜻한 담요 같은 것 말입니다. 만질 수 있는 물건을 가지고 있는 것은 부모가 실재한다고 느낄 수 있게 해 줍니다. 취약한 아동 양식이 촉발될 때 고통, 두려움, 외로움, 슬픔 등과 같은 감정이 생겨나는 것을 알게 됩니다. 그리고 부적응적 대처 양식이 이어져 보편적인 아동기의 욕구가 충족되지 않았던 아동기 경험으로 돌아가지 않습니다. 우리는 여러분의 취약한 아동 양식에게 이러한 경험을 제공하기 위해 심상 작업을 할 것입니다. 여러분의 취약한 아동 양식에게도 이행 대상을 주길 원한다고 설명하면 이해가 되시죠? 이러한 이행 대상이 여러분의 취약한 아동 양식을 편안하게 하고 외부의 위안(예: 치료자, 중요한 타인)에서 점차 자신의 내부인 건강한 성인 양식으로부터 위안을 가질 수 있도록 합니다. 그렇기에 집단 내에서 이뤄지는 해당 과정 내에서 여러분은 모두 함께 다양한 표상을 만들고, 치료자들은 이를 여러분 내의 어린아이를 위로하고 안심시키는 데 이용할 것입니다. 이것이 바로 여러분이 아이였을 때 놓쳤던 것들을 어른으로서 수정할 수 있도록 하는 또 다른 방법입니다. 오늘은 집단으로 좋은 부모 대본을 발전시켰고 여러분 각자는 이것을 유지하기 위해 대본을 녹음했거나 복사본을 가지게 될 것입니다. 또한 이 훈련을 기억할 수 있도록 여러분에게 부드러운 플리스천 조각을 드릴 것입니다. 테이프를 들을 때 이 천을 사용하십시오. 행복한 아동 기간 중 한 주는 여러분이 이러한 것을 넣어 놓을 수 있는 취약한 아동 양식 위로상자나 보물상자를 만들게 됩니다. 어릴 때 이와 같은 것을 가지고 있던 분 있으십니까? 제 보물상자는 할아버지가 제게 주신 빈 담배 상자였습니다. ”

천 가게에서 부드러운 플리스 천을 사서 네모 형태로 자른다. 너무 특정 성별을 드러내는 것이 아닌 것으로, 하트 패턴이나 다른 디자인을 선택한다. 집단 내의 남성들은 보통 플리스 천을 가지고 놀리지만 남성 또한 이 천 조각을 들고 간다. 어떤 집단은 집단 공간에서 공유할 수 있도록 크게 집단용 플리스 담요를 만들기도 한다. 그리고 그 위에 좋은 부모 메시지를 적기도 한다.

경험적 양식 작업 과제 2와 8 –
역기능적 부모 양식: 훈련: 좋은 부모 대본 상기하기

오늘 집단 회기에서 여러분의 과제는:

1. 여러분의 취약한 아동 양식이 좋은 부모 대본을 듣고, 듣는 동안 자신의 플리스 천을 꺼내도록 연습하라.
2. 단지 주머니나 지갑에 플리스 천을 갖고 다니면서 여러분

의 취약한 아동 양식이 촉발되거나 자신이 위로받고 싶을 때 가끔 그것을 사용하는 것이다.

자신이 무엇을 시도했는지와 그 결과를 적으라.

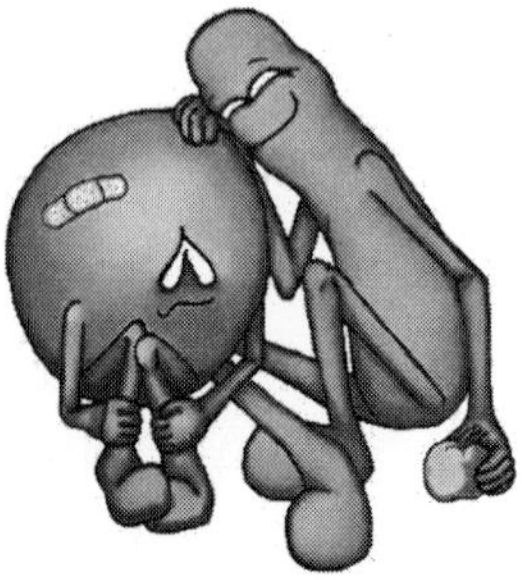

우리 환자 중 한 명은 그녀 자신을 모두 덮을 만큼 크게 좋은 부모상을 만들기도 했다. 그녀는 그 위에 우리의 이름과 그녀의 취약한 아동 양식에게 우리가 해 줬던 말을 적고 우리를 그렸다. 이것은 몸을 모두 감싸 줄 수 있는 팔이 있는 큰 사람처럼 보였다. 그녀는 그 형상이 그녀의 취약한 아동 양식을 잘 위로하고 안심시켜 준다고 느꼈다.

이 회기 과제는 이행 대상을 사용하는 것이다. 조용한 곳으로 혼자 가서 대본을 들었던 경험을 상기하고 그 경험에 대해 적어 보라.

경험적 양식 작업 회기 8 – 역기능적 부모 양식 2

집단 훈련 4:
역기능적 부모 양식 2 - 전체 집단 양식
역할극 대화

이 회기는 전체 집단 양식 대화나 환자 각자의 특정한 욕구나 내용에 초점을 맞출 시간을 주기 위한 역할극에 중점을 둔다. 우리는 양식 역할극을 더 선호하는데, 이는 구성원이 적극적으로 참여할 수 있고 각자에게 더 강력함을 느낄 수 있게 하는 집단 양식 역할극으로, 이를 통해 역기능적 부모 양식에 도전하고 역기능적 부모 양식을 사라지게 하는 심상 재구성하기를 한다. 재구성하기는 개인 회기에서 쉽게 수행된다. 역기능적 부모 양식을 추방하는 역할극은 환자의 속도에 맞춰 조정될 수 있다. 건강한 성인 양식에 거의 연결이 되어 있지 않은 취약한 아동 양식 상황의 고통스러운 환자는 아무런 나쁜 일도 일어나지 않는다는 것을 보고 관찰할 수 있다. 더 나아가 자신의 역기능적 부모 양식을 추방하는 사람이 있다는 것도 관찰할 수도 있다. 회피성, 불안 환자들에게는 이러한 종류의 대리학습이 매우 중요한 첫걸음이 될 수 있다. 환자들의 욕구에 따라 안전을 위해 환자를 치료자의 후방으로 배치할 수 있다. '추방하는 사람'을 지지해 주는 집단의 일부가 되거나 직접적으로 치료자 편에 설 수 있다. 관찰하는 동안 환자는 자신에게 필요한 정도의 안전 수준에 있어야 한다. 예를 들면, 동료 치료자나 다른 구성원의 손을 잡은 채 안전 거품에 잘 감싸져 있는 것 등이다. '추방하는 사람'은 치료자와 함께 자신의 역기능적 부모 양식에게 이야기하는 것부터 시작할 수 있다. 환자들은 취약한 아동 양식일 때 집단이라는 안전한 곳에서부터 말을 꺼낼 수 있다. 그리고 자신의 건강한 성인이 힘을 갖게 되면 전면으로 나설 수 있다. 역기능적 부모 양식과 효과적으로 싸우고 결국 역기능적 부모 양식을 내쫓게 되는, 눈으로 직접 볼 수 있는 집단의 집합적 힘의 경험은 역기능적 부모 양식의 강도를 미약하게 하는 데에 강력한 효과를 보인다. 처음에는 두려움을 가진 채 시작한 환자들이 집단의 힘을 받아서 동일한 회기에서 부모에게 건강한 성인으로 도전하는 것을 봐 왔다. 역기능적 부모 양식 역할을 할 때는 형상을 가면으로 사용한다. 역기능적 부모 양식 역할을 맡은 환자에게 남아 있는 역기능적 부모 양식 '에너지'가 절대 달라붙지 않기를 원한다. 우리는 처벌적 부모가 취약한 아동에게 받아들여져야 할 '인간이 아닌 것'으로 남겨 두고자 하며 이는 꼭 제거되어야 한다. 또한 치료자도 역기능적 부모 양식 역할을 해서는 안 된다. 치료자가 역기능적 부모 양식 역할을 하는 것은 아동 양식 수준에서 너무 혼란스러울 가능성이 있기에, 치료자는 '좋은 부모'로 있어야 한다. 역기능적 부모 양식 작업 이후 회기를 떠나기 전에 집단 구성원들이 안전감을 느끼는지를 꼭 확인하라. 환자들에게 생겨날 수 있는 안전과 관련해 만일을 위한 안전 계획을 세우라. 안전지대로 돌아온 이미지나 역기능적 부모 양식이 안전하게 갇혀 있다는 설명이 포함된 안전 거품 이미지를 길게 유지하고 회기를 끝내라.

치료자 대본 예시: 양식 대화 역할극 – 역기능적 부모 양식

안녕하세요. 여러분 모두가 여기 있어서 기분이 좋네요. 여러분 모두

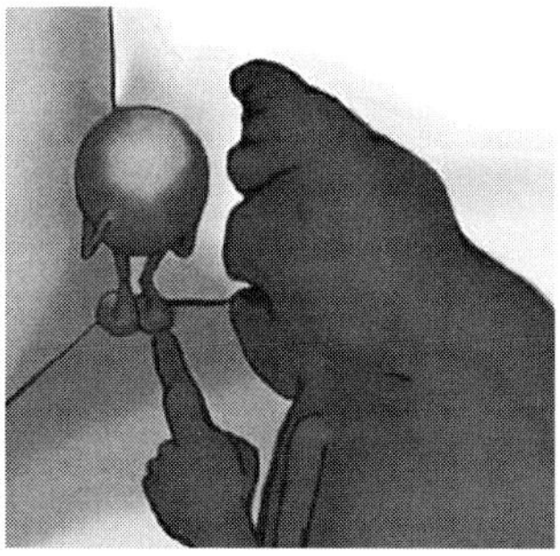

를 보게 되어 행복합니다. 아시다시피 이것은 경험적 양식 훈련 집단입니다. 오늘 우리는 양식 역할극을 다시 사용할 것입니다. 하지만 이번에는 처벌적 혹은 요구적 부모 양식을 추방할 것입니다. 이 역할극은 약간 다르게 설정되어 있습니다. 여러분 중에 이제 처벌적 부모 양식을 추방할 때가 되었다고 느끼시는 분이 얼마나 되십니까(요구적 부모 양식이 노력하겠다고 선택한 양식이라면 회기 동안 요구적 부모 양식으로 대체)? 그럼 차례로 여러분과 여러분의 처벌적 부모 양식과의 대화를 해 볼 것입니다. 당신의 건강한 성인 양식의 역량으로부터 변화를 만드는 것이 최고의 방법입니다. 여러분은 또한 여러분이 필요한 만큼 얼마든지 지지를 받을 수 있습니다. 여러분은 다른 집단 구성원들, 치료자들, 전체 집단의 지지를 받을 수 있습니다.

여러분의 처벌적 부모 양식 역할을 할 사람과 그 사람을 지지할 다른 사람이 필요합니다. 처벌적 부모 양식 역할을 맡는 사람은 형상을 가면으로 사용합니다. 이렇게 함으로써 이 역할을 개인적으로 받아들일 수도 있는 혼란을 줄이고 단순히 맡은 역할로 보이고 기능하도록 합니다.

처벌적 부모 양식을 추방하는 데에는 한 가지 이상의 방법이 있습니다. 여러분이 이것을 할 준비가 되어 있다고 느껴지지 않는다면 우리가 여러분의 모든 양식 역할을 하고 여러분은 우리가 그것을 추방하는 것을 보고 있게 할 수 있습니다. 모두들 제가 말한 바를 이해하셨나요?

누가 처음 추방하는 사람을 하겠습니까? 형상 가면을 쓰고 처벌적 부모 양식 역할을 할 수 있다고 느끼는 분은 있으십니까? 처벌적 부모 역할을 하는 사람을 지지해 줄 사람 역할을 하실 분 있으십니까? 제가 처벌적 부모 양식을 지지한다고가 아니라, 처벌적 부모 양식 역할을 하는 사람을 지지한다고 말한 것을 알아차리셨을 겁니다.
자, 이제 남은 사람들도 모두 자리를 잡아서 모두가 충분히 안전하다고 느끼도록 하고 추방하는 사람에게도 충분히 지지를 주도록 합시다. (몇몇 사람이 추방하는 사람 곁으로 의자를 옮기도록 한다.)
만약 여러분 중 누군가 자신의 취약한 아동 양식과 접촉하고 있다면 이것은 무서운 것처럼 보일 수 있습니다. 그런 식의 느낌을 받는 사람이 있다면 여기 와서 저나 치료자 2 뒤에 와서 앉으십시오. 지금 이 역할극을 할 때 모두가 안전하다고 느껴야 합니다.
좋습니다. (추방하는 사람에게) 당신의 처벌적 부모 양식에게 말하고 싶은 바를 말하십시오. (이 작업이 끝나고 처벌적 부모 양식이 대답한다. 처벌적 부모 양식이 3번까지 대답하도록 한다. 만약 필요하다면 치료자가 끼어들어서 말을 해도 되는지 추방하는 사람에게 물어본다. 치료자는 처벌적 부모 양식이 얼마나 취약한 아동 양식에게 상처를 줬는지 말하고 싶어 한다. 처벌적 부모 양식과 논쟁하지 않고 환자의 취약한 아동 양식에게 나쁜 영향을 주는 '독'과 같은 부분을 처벌적 부모 양식의 메시지에서 없앤다. 치료자가 행동을 멈추고 추방하는 사람에게로 가서 다음과 같은 이야기를 한다.) 충분히 이야기를 들은 것 같네요. 이제 오래된 (개 같은 년, 쌍놈 같은) 욕설을 버릴 시간입니다. (치료자 중 한 명이 처벌적 부모 양식으로부터 형상을 멀리 떼어 놓고 이 형상을 추방하는 사람에게 준다.) 이것을 벽이나 문 밖으로 던져 버리거나 짓밟아 버릴 수 있습니다. 당신이 하고 싶은 대로 하십시오. 이제 이것은 아무런 힘이 없

습니다. 느껴지십니까?

이 경험은 전체 집단으로 진행되며 다른 환자가 주인공이 되어 반복해서 이뤄진다. 차례가 되지 않은 사람은 다양한 형태로 주인공을 지지한다. 한 가지 예시는 다른 환자들을 위해 치료자가 처벌적 부모 양식에게 말을 하는 것이다. 이전에 언급했듯이 다른 예시는 집단을 이루도록 하고 치료자들은 모든 역할을 하는 것이다. 회기의 후반부에 치료자들은 이전에 만들었던 좋은 부모 대본을 읽는다. 과제로는 경험적 양식 작업 과제 2: 역기능적 부모 양식 1을 반복하도록 한다.

3) 취약한 아동 양식 회기(경험적 양식 작업 3과 9)

취약한 아동 양식 회기는 취약한 아동 양식을 치료하는 심리도식치료의 주요 경험적 개입인 심상 작업에 중점을 둔다. 왜 심상이나 심상 재구성하기 기술을 사용하는지 환자들에게 이해할 수 있는 언어로 설명해 주는 것이 중요하다. 어떻게 심상이 작용하는지와 그 효과를 입증한 연구와 같은 기본적 정보를 제공하고 있기에 환자들이 그것을 받아들여 시도해 볼 수 있다. 치료자들은 더 어려운 심상을 만들 수 있도록 돕는데, 이는 초기의 '즐거운' 이미지와 안전한 이미지이다. 안전 심상은 치료 전반에 있어 여전히 중요한 수단이며 삶에 있어 건강한 대처 도구이다.

경험적 양식 작업 회기 3: 취약한 아동 양식 1

치료자 대본 예시: 심상 재구성하기

우리의 어린 시절 기억은 지금 당장 일어나는 것이 아닌 이미지라고 할 수 있습니다. 이러한 이미지들은 어린 시절 있었던 일들과 연결된 지각,

느낌, 광경, 소리, 생각이 쌓여 온 것입니다. 이러한 것들이 '실제로는 지금 당장 일어나는 것'이 아니지만 이러한 이미지들은 마음속에서는 지금 일어나고 있는 것처럼 느껴질 수 있으며 이것이 정서적 고통을 일으킵니다. 심상 작업에서 그 당시 있었어야 했던 보호적이고 강력한 '좋은 부모' 이미지를 만들어 냄으로써 고통스러운 기억의 결말을 바꿀 수 있습니다. 부정적 아동기 기억이 다시 생겨날 때, 우리 모두 다시 고통과 두려움을 경험할 수 있는 것처럼 심상으로 우리 마음에 '새로운 결말'을 만들면 위로, 보호, 보살핌 또한 경험할 수 있습니다. 마음은 이미지를 올려놓으면 우리 인식의 스크린에 투영되어 나타나는 슬라이드 프로젝터처럼 작동합니다. 심상 재구성하기에서 특정 상황에 프로젝터 위에 놓여 있는 슬라이드를 바꿀 것입니다. 마치 마법처럼 들리겠지만, 이는 과학적 연구를 통한 근거를 가지고 있습니다. 심상 재구성하기는 어린 시절에 외상적 기억을 가진 사람들을 치료하는 데 효과적 방법입니다. 사건들에서 우리가 없애 버리는 가장 중요한 것 중 하나는 그 사건이 일어난 것이 우리와 관련해 의미가 있다 생각하는 것입니다. 그래서 우리가 어린 시절 보호받지 못했거나 나쁜 일이 일어났다면 우리의 취약한 아동 부분이 그것을 우리의 잘못이라고 해석하게 됩니다. 아이들은 성인처럼 이해할 수 없기 때문에, 진짜 문제는 자신이 나쁘다는 것이 아니라 자신을 도와줄 사람이 없다는 것입니다. 우리는 아동의 보편적 욕구를 가졌지만 그 욕구를 충족시켜 줄 수 있는 사람이 없었습니다. 불행히도, 여러분이 이러한 고통스러운 어린 시절의 사건들을 생각할 때마다 자신이 나쁘다는 느낌 역시 수반됩니다. 수년간의 실천으로 이를 매우 강력하게 만들었고 그에 대해서 더 이상 의문을 제기하지 않았다는 뜻입니다. 애정적이고 보호적인 좋은 부모를 가진 것으로 재구성한 기억을 경험하면 이 경험이 여러분 자신에 대한 생각에 영향을 미치게 될 것입니다.

심리도식치료 교육 집단에서, 여러분이 어린아이였을 때 자신에 대해 내린 가정에 대해 질문을 해 왔습니다. 우리의 욕구가 얼마나 충족되었는지에 따라 우리 자신과 타인 그리고 삶에 대한 신념을 형성하는 데에 영향을 미치는 것을 살펴봐 왔고, 그렇게 형성된 신념은 우리의 실제이기 때문에 여기에 의문을 제기하지 않습니다. 여러분 중 어떤 분은, 내가 나쁘거나 악마가 아니라는 것 그리고 나는 그냥 어린아이가 가지는 보편적 욕구를 지닌 아이였고 아무도 이 욕구를 충족시켜 줄 사람이 없었다는 것을 머리로는 알겠다고 말하기 시작할 수 있는 지점에 도달해 있을 수 있습니다. 하지만 우리는 또한 어떻게 해도 여러분이 여전히 나쁘다고 느끼는 것에 대해서도 이야기했습니다. 그 부분이 바로 우리가 심상 작업을 할 부분입니다. 여러분에게 내면화되어 있는 어떤 메시지나 여러분을 여전히 무가치하고 나쁘고 실패하고 너무 궁핍하다고 느끼는 부분입니다.

지금 우리의 목표는 당신의 취약한 아동 부분에게 보호, 위로, 양육, 사랑, 교육 등 아이에게 필요한 모든 것을 해 주는 좋은 부모를 제공하는 것입니다. 여러분이 압도당한 느낌을 받거나 나쁜 기억을 다시 경험하도록 하고 싶지 않기 때문에 작은 단계부터 이 작업을 시작합니다. 어떤 나쁜 일이 생겨나기 전에 고통스러운 기억들을 멈추고자 합니다. 결말을 재구성해서 이미지에서 어떤 나쁜 일도 일어나지 않도록 합니다. 또한 치료 상황 바깥에서 다시 시작하려 할 때 여러분에게 어떻게 나쁜 기억을 재경험하는 것을 멈출 수 있는지에 대해 알려 주려 합니다.

(15~20분가량의 논의를 허락한다.) ”

불행히도, 많은 환자는 그들의 취약한 아동 양식과 연결되기를 매우 꺼린다. 환자들은 통상적으로 해결되어야 하고 궁극적으로는 도전받아야 할 부분인 자신의 어린 시절에 대해 부정적이며 거절된 느낌을 가지고 있다.

치료자 팁: 취약한 아동

필연적으로 누군가는 "왜 우리가 이것을 해야 합니까?" 하고 묻거나 "전 저 아이 싫어요. 제 모든 문제의 근원이었어요. 저 아이는 나쁜 아이예요."하고 말한다. 첫 번째 질문에 대한 대답은 언제나 "당신은 이것을 해야 한다. 왜냐하면 이것이 정서적으로 벗어나는 유일한 방법이며 어린아이의 핵심 정서적 욕구(환자들의 언어를 사용하라. 얼마나 당신이 잘못 대우받았는지 또는 무시되었는지, 버려졌는지 등)가 충족된 결과로 살아갈 수 있도록 과거로 돌아가는 경험을 해서 그 부분을 치유하게 돕기 때문이다." 예를 들어, "어린아이였을 때 당신의 욕구가 충족되지 않은 것은 당신의 잘못이 아니었다. 어린아이들이 건강하고 정상적인 욕구를 충족시키고 있다면 나쁘지 않다." 혹은 "여기 당신 동료들의 취약한 아동 양식에 대해 그렇게 느끼십니까?"와 같은 두번째 질문에 보통 아니라고 대답을 한다. 이렇게 대답하면 우리는 다음과 같이 말하게 된다. "당신의 작은 아이는 나머지 우리처럼 사랑받고 보살핌을 받을 만큼 가치 있다. 우리가 지금은 처벌적 부모 양식의 목소리를 듣고 취약한 아동 양식 작업을 할 때는 더 이상 처벌적 부모 양식을 허용하지 않을 것이다. 처벌적 부모 양식 메시지들을 모두 여기서 나가도록 해야 한다."

취약한 아동 양식은 처음 안전 심상에 도달한다(경험적 양식 작업 회기 1). 그 다음은 '좋은 부모 메시지(경험적 양식 작업 회기 2)', 마지막으로 심상 재구성하기를 하게 된다. 심상 재구성하기는 환자의 아동기 기억 속의 취약한 아동 양식을 만나게 해 주며 환자의 핵심 욕구가 충족되는 방식으로 결말을 다시 쓸 수 있게 해 준다. 어린아이가 자신의 핵심 욕구를 충족시킬 수 있도록 해주는 '좋은 부모'가 필요했지만 아무도 없었던 그 상황에서부터 시작하게 된다. 환자는 취약한 아동 양식이 되어 얼어붙은 듯한 원래 느꼈던 고통을 느끼기 시작한다. 그리고 심상에서 우리는 새로운 경험과 새로운 기억을 만들어

낼 수 있는 기회를 가지게 된다. 이것은 다음과 같은 형식을 취하게 된다. 대개 아이를 보호하고 위로하며 역기능적 부모 양식에게 그렇게 대하는 것은 나쁘다며 멈추라고 말하고 나서 아이를 심상으로 안전지대로 데리고 간다. 결국, 환자가 핵심 욕구가 충족된 경험을 했기 때문에 아동기 기억들이 약해지게 된다. 환자들은 그들의 어린아이의 욕구의 타당함을 이해하고 일부 '이로움'까지 느끼기 시작한다. 환자들은 아동기의 상처가 치유될 수 있다는 것을 경험한다. 취약한 아동 양식은 언제나 유기, 정서적 박탈과 처벌과 관련한 어떤 도식을 촉발한다. 하지만 뇌의 놀라운 가소성 덕분에 그 당시에는 만들어지지 않은 치유 애착을 지금도 여전히 만들 수 있다. 심리도식 양식 변화가 일어나는 다른 방법은 경험적 '해독제'의 과정이다. 취약한 아동 양식을 치료하게 되는 다수의 양식 치료 경험은 집단 내에서 생겨나는 정서적 인정, 수용, 친절한 치료, 집단에서의 존중으로 인해 생겨난다. 아동기에 인정, 수용의 핵심 욕구가 충족되지 못해 만들어진 초기 부적응 도식을 반박하게 되는 이러한 경험들은 자신이 가치 있다는 느낌을 받게 한다.

집단의 건강한 가족 환경을 경험하거나 안전한 심상 내에서 보호, 위안, 인정, 수용, 사랑의 느낌을 경험하고 난 다음에 환자의 욕구를 충족하는 건강한 성인 양식을 이야기할 것이다. 애착과 정서적 발달에서 부족한 단계가 모두 잘 성취되고 '좋은 부모'가 내면화된 이후에야 환자들은 자신의 취약한 아동 양식 욕구를 의미 있는 방법으로 충족시킬 수 있게 된다. 장면을 바꾸는 심상 작업에 누가 들어갈 것인가(예: 아이를 보호하기 위해 투입)의 구분은 매우 중요하다. 인지치료 접근(예: DBT; Linehan, 1993)은 '건강한 성인'이 이미 환자 내에 있으며 환자 내의 자기보호를 끌어내는 작업을 하는 것이 치료의 시작점이라고 추정한다. 이전 장에서 이야기했듯이 개인, 집단 모두에게 이것은 심리도식치료의 접근이 아니다. 환자의 취약한 아동 양식이 치료자의 건강한 성인과 좋은 부모를 모델링하고 제한된 재양육 과정에서 발생하는 것들을 내면화하고 심상 작업을 하는 것은 환자가 건강한 성인 양식을 발달시킬 수 있도록 하는 심리도식치료의 아주 중요한 단계이다.

집단 훈련 1: 취약한 아동 양식 1 – 어린 시절 재구성하기
치료자의 경험

치료자 대본 예시: 집단 심상 재구성하기

여러분에게 어떻게 심상 재구성 작업이 이뤄지는지, 어린 시절 좋은 부모가 필요했지만 그 역할을 해 줄 사람이 아무도 없었던 치료자 1의 상황을 예시로 들면서 시작하겠습니다. 여러분은 상황을 잘 관찰하길 바랍니다.

이런 식으로 치료자의 자기개방을 사용하면, 처음에는 치료자의 어린 시절 상황을 연상하며 조금 가까워지게 되고 환자들의 자기개방을 촉진하게 된다. 예시를 제시하면 어떻게 심상 재구성을 하는지 환자들에게 보여 주고 환자들의 불안을 줄인다. 또한 예시를 듦으로써 우리 모두는 양식을 가지고 있다는 것을 보여 주고 치료자의 이러한 면모가 실제적이고 진실되게 보여서 관계가 더욱 발전되게 된다.

1. 여러분의 안전지대 이미지를 떠올리십시오. 거기서 1~2분 정도 머무를 것입니다. 여러분의 안전지대 이미지가 여러분을 위해 거기 있다는 것을 기억하길 바랍니다. 여러분은 오늘 회기 중 언제라도 원할 때 그 공간으로 돌아갈 수 있습니다. 좋습니다. 눈을 뜨시고 집단으로 돌아오십시오.
2. 저는 여러분에게 제 취약한 아동 양식에게 좋은 부모가 필요할 때 그 역할을 해 줄 사람이 아무도 없었던 어린 시절 이야기를 할까 합니다. 기념품 가게 바깥에서 안에 무슨 일이 일어나는지 다 볼 수 있는 큰 창문을 통해 보고 있는 여러분 자신을 상상해 보십

시오(여기에 자신의 세부 내용을 적으십시오). 저는 여섯 살이었고 가족 휴가 때 작은 기념품 가게에서 선물을 고르고 있었습니다. 저는 기대하고 있었습니다, 그 이유는 우리 엄마는 보통 때는 감정 표현을 하지 않으시지만 자신의 기념품을 고를 때는 흥분해 있으셨고 이것이 엄마와 친해질 수 있는 기회 중 하나였기 때문입니다. 제 예산으로 살 수 있는 스노우 글로브를 찾아든 순간 떨어뜨리고 말았습니다. 스노우 글로브는 부서지고 사방으로 튀었습니다. 상점 주인은 제게 소리를 쳤고 제가 갖고 있던 1달러를 내라고 했습니다. 엄마는 거기에 계셨지만 나를 돕거나 방어할 어떤 것도 하지 않았습니다. 저는 엄청 충격을 받았지만 삼촌, 사촌과 있었고 당황해서 울지 않았습니다. 제가 나쁜 아이라는 느낌과 엄청난 실수를 했다는 느낌을 받았습니다. 또한 어떤 문제가 발생하면 저 혼자일 것이라는 메시지를 받았습니다. ”

환자들이 관찰한 바에 대해 서로 집단 토의를 한다. 다른 치료자는 환자들에게 다음과 같은 질문을 한다.

“ 3. 치료자 1의 어린아이가 어떻게 느꼈을 거라 생각하십니까? 어린아이에게 필요한 것은 무엇이었다고 생각하십니까?
4. 좋은 부모라면 어떻게 행동했어야 할까요? ”

환자들에게 그 경험에 대한 어떤 질문이라도 하도록 격려한다. 또한 치료자 1이 환자들에게 현재 삶에서 심하지 않은 수준의 문제와의 연결성에 대해 이야기한다.

5. 엄청난 것처럼 보이지 않은 기억을 말했지만 저는 그것이 제 가혹한 기준 심리도식과 연관되어 있으며 오늘날 작은 실수를 했을 때조차 여전히 큰 반응을 보이는가에 대해 연관되어 있는 것을 알고 있습니다. 이에 관해 작업해 왔고 그 반응을 알아낼 수 있었지만(제 처벌적 부모 양식에 대한 좋은 예시인) 여전히 간혹 이런 일이 일어나곤 합니다.
6. (두 번째 치료자가 이 심상 작업 부분을 이끈다. 치료자 2는 집단에게 질문을 하면서 시작한다.) 현재 결말을 바꾸기 위해 집단으로서 우리가 함께 어떤 것을 할 수 있을까요? 브레인스토밍을 해 봅시다.
7. (치료자 2가 말한다.) 자, 이제 (치료자 1의 이름), 이미지 속으로 다시 들어가서 꼬마 X가 되고 이번에는 나머지 우리가 당신과 함께 할 수 있을까요? 저는 치료자 1의 엄마가 아닌 좋은 부모 역할을 할 것이고 여러분은 거기서 우리의 대본이 꼬마 치료자 1에게 어떻게 영향을 미치는지 지켜보십시오. 좋은 부모가 방어하고 위로해 줄 때 어린아이 얼굴이 어떻게 되는지 지켜보십시오. (치료자 1) 좋습니다. 이제 스노우 글로브가 부서진 직후로 돌아가 봅시다. 저는 좋은 부모로 거기 있을 것입니다. (치료자 2는 이 역할을 극적으로 연기한다.) 오, (치료자 1에게) 얘야, 너 괜찮니? 깨진 유리에서 멀리 떨어지도록 해도 되겠니? 가엾은 아가, 어디 다친 곳은 없니? 걱정하지 마, 넌 괜찮단다. 그건 사고였어. (상점 주인에게 단호하게) 그만하세요. 우리 아이에게 소리치지 마세요. 지금 아이가 당황한 거 보이지 않으세요? 얘는 아이이고 당신은 얘에게 소리칠 자격이 없어요. 그에 대해서는 저와 얘기하시죠. 제가 아이 엄마고 어떤 손해든 제가 책임지겠습니다. (치료자 1에게) 괜찮다. 얘야. 넌 잘못한 게 없어. 그냥 사고였단다. 네가 스노우 글

로브를 정말 원했다는 걸 알고 있어. 내게도 예뻐 보이더구나. (상점 주인에게) 여기 2달러예요. 1달러는 깨진 물건값이고 1달러는 우리 아가를 위해 새로운 물건 하나를 가져다 주세요. 상점 주인은 새로운 물건을 진열대 밑에서 꺼냅니다. 그리고 그 물건이 상점 주인의 손에서 미끄러져서 부서집니다. (좋은 부모 역할을 맡은 치료자 2가 말한다.) 보세요, 우리 모두 사고가 생길 수 있어요. (상점 주인에게) 다른 물건이 있길 바라지만 만약 없다면 우리가 쇼핑할 수 있는 다른 상점들도 많아요. ”

집단과 치료자들은 이미지에서 나와서 그들이 관찰한 바에 대해 논의한다. 좋은 부모가 어떻게 행동하는지, 치료자 2가 어머니 역할을 할 때 얼마나 다른 효과를 가져오는지 강조하는 기회이다. 치료자 1은 자신에게 재구성하기가 어땠는지를 공유한다. 예시에서처럼 농담을 해야 할 필요는 없다. 까다로운 작업을 수행할 시 균형을 맞추기 위해 재미있는 요소를 추가할 수 있다는 것을 보여 준 것이고 많은 환자가 저 부분을 가장 좋아한다고 말했다.

집단 훈련 2 취약한 아동 양식 1 – 전체로서의 집단 심상 재구성하기

환자 기억 재구성을 하기 위해 전환할 때 치료자와 환자가 함께 이미지에 들어가서 취약한 아동 양식과 상호작용하는 것을 관찰하는 것을 설명하는 짧은 이미지부터 시작한다.

“

치료자 대본 예시

1. 네, 당신의 취약한 아동 양식이 ‘좋은 부모’가 필요했지만 아무도

없었던 상황이었던 당신의 어린 시절 상황으로 돌아가 볼 것입니다. 당신을 위한 좋은 부모가 있어 주길 정말 바랐을 때 마음에 떠오르는 것에만 집중해 보십시오. ”

환자들의 비언어적 행동을 보고 판단해서 너무 극심한 고통이 있다면 집단에게 2분간 머물게 하거나 더 빨리 멈추게 한다. 환자들이 잠시 동안 불편한 기억과 마주치게 되겠지만 그것에 완전히 압도당하지 않을 거라는 것을 초기 작업에서 깨닫길 원한다.

“ 2. 이제 여러분의 눈을 뜨고 집단으로 돌아오세요. 그리고 여러분이 기억한 상황에 대해 이야기해 봅시다. ”

모든 이가 그들의 경험에서 나온 것들을 공유하도록 한다. 만약 누군가 생각해 내지 못하면 더 이야기하면서 생각해 보라고 제안한다. 나중에 자유롭게 기억을 추가할 수 있도록 한다. 이후 불편한 이미지로 돌아간다. 누군가 학대나 심리적 외상을 생각해 내면 실제로 나쁜 일이 생기기 이전 시점으로 돌아가도록 한다.

“ 좋습니다. 1~2분 정도 이미지로 돌아가십시오. 그리고 그 어린아이에게 필요한 것이 무엇인지 알아보십시오. ”

다시 환자들을 집단으로 돌아오게 하라. 이것은 직접적으로 욕구를 요청하는 좋은 훈련이다. 또한 환자의 심상 속에 들어가 좋은 부모 형태를 할 때 환자들의 이미지 내에서 어떤 욕구가 충족되어야 하는지 알 수 있다는 것을 보장한다.

"그러면 이제 간략하게 여러분의 이미지에 대해 말해주세요. 누가 거기 있는지, 여러분의 나이는 얼마나 되는지 등의 이야기 말입니다. 여러분의 욕구는 무엇이었습니까? 이 시점에서는 계속해서 '나' 언어를 사용해 격려합니다.
이제는 여러분이 어린아이였을 때의 같은 이미지로 돌아갑니다. 어린아이가 되어 보십시오."

"

치료자 대본 예시: 모든 집단 구성원의 취약한 아동 양식을 위해 좋은 부모 되기

제 말을 잘 들으시고 여러분의 작은 아이를 위해 다 지켜 주십시오. 제가 여러분의 이미지 속에 들어가 어린아이를 위로하고 보호하는 좋은 부모가 되는 것을 상상하십시오. 당신에게 이 좋은 부모가 마땅히 있었어야 합니다. 제가 여러분의 어린아이에게 말하는 바를 그냥 들으십시오. 제가 여기 있기 때문에 전혀 두려워하지 않아도 됩니다. 제가 여러분을 보호할 것입니다. 어린아이는 이런 식으로 혼자 남겨져서는 안 됩니다. 여러분은 소중하며 보호받기 충분합니다.
이제 여러분의 작은 아이가 가진 어떤 욕구라도 들어주기 위해 이미지 안으로 제가 들어가는 것을 상상해 보십시오. 여러분의 어린아이 욕구가 무엇이든 모두 들어줄 것입니다. 여러분의 어린아이로서의 욕구가 충족되는 경험을 해 보도록 노력해 보십시오. 이 경험에 대한 가격표 같은 것은 없습니다. 저는 어떤 보답도 바라지 않습니다. 여러분은 자신의 욕구가 충족되어야 하고 보살핌이 필요한 작은 아이입니다. 그리고 제가 그것을 여러분에게 제공하겠습니다. 여러분의 어머니, 아버지가 여러분을 항상 이해하지는 못했고 여러분에게 애정, 사랑, 보호 등이 필요하다는 것을 항상 알아주지는 못했다는 것을 알고 있습니다. 여러분은 이해와 애정 등을 받을 자격이 있다는 것을 알아야 합니다. 모든 아이가 그렇고 여러분 또한 그렇습니다. 여러분 주위의 어른들이 여러분에게 이렇게 해 주지 못했다고 해서 여러분에게는 이러한 것이 필요없다거나 받을 만하지 않다는 것은 아닙니다. 여러분의 어린아이 부분은 감정적 고통을 느끼는 부분입니다. 작은 아이는 상처받은 느낌을 받지 않고 치유되기 위해 받아 보지 못했던 보살핌과 위로의 느낌을 받아야 합니다. 이러한 일이 일어날 때 큰 고통을 느끼지는 않을 것입니다. 심상 작업은 초기 기억에 접근하는 방법이며 초기 경험으로부터 생겨난 잘못되고 나쁘다는 실패적 느낌을 고치는 방법입니다. 여러분은 나쁘거나 잘못되지 않았습니다. 여러분이 겪은 경험이 나쁘고 잘못된 것이었고 여러분이 보호받지 않았다는 것이 잘못된 것이었습니다. 아이들은 보호받아야 한다는 것을 우리 모두 알고 있습니다.

(부드러운 플리스 천을 돌린다.)

지금 여러분에게 주는 플리스 천은 여러분의 작은 아이를 위한 것입니다. 천은 우리가 아이에게 주고 싶어 하며 당연히 아이가 받았어야 할 부드러움과 위로를 상징합니다. 플리스 천을 이용해 여러분의 어린아이와 함께 했던 치료 작업을 기억하십시오. 충족되었어야 하는 욕구를 상징합니다. ”

여기에서 우리는 환자들이 자신을 바라보는 것이 아니라 어린아이가 되도록 하는 이행을 만들었다.

> 여러분이 눈을 뜨면 여러분의 어린아이가 존재하게 해 봅시다. 여기 있는 어린 친구들 안에 그 어린아이를 데려옵시다. 여기 있는 친구들은 일부러 여러분을 아프게 하지 않을 것이며 여러분이 가지고 있고 고심하는 고통을 알고 있습니다. (환자들에게 몇 분간의 시간을 준다.) 여러분이 경험한 바에 대해 이야기해 봅시다.

환자가 각자 이미지를 말하고 집단으로 경험에 대한 진행을 한다. 인지와 경험이 통합된 심상 변경 작업을 한다. 치료자는 아이가 잘못 대우받았다, 아이는 그러한 대우를 받을 만하지 않았다, 아이는 나쁘지 않았다, 아이를 너무 심하게 대한 부모가 잘못되었다 등과 같은 전반적 생각을 지지하는 주제를 이끌어 낸다. 어떤 양식의 방해를 경험했는지 물어본다(예: 처벌적 부모 양식 메시지, 분리된 보호자).

모든 재구성하기 회기의 과제는 재구성된 이미지로 돌아가는 것을 훈련하는 것이다. 환자들에게 과제에 대한 간단한 양식을 제공한다. 그렇지 않으면 과제가 잊힐 가능성이 더 커진다. 또한 환자들에게 재구성하기의 효과에 대한 증거를 모으도록 한다.

경험적 양식 작업 과제 3과 9 – 취약한 아동 양식 1과 2:
훈련: 취약한 아동 양식의 심상

1. 당신의 안전지대 이미지에 연결되는 법을 연습하고 당신

의 어린아이 부분이 거기에 있을 수 있도록 하라.

2. 당신의 취약한 아동 양식이 보호받고 보살핌을 받았다는 새로운 결말을 치료자가 말해 주는 것을 들었던 기억으로 돌아가라. 당신에게 중요했던 세부사항을 모두 채워 넣으라.
3. 당신에게 잘 작동하는 어떠한 방식으로든 자신 스스로 장면을 상상하거나 보라.
4. 만약 어떠한 처벌적 부모 양식이 떠올라 끼어든다면 거품 쪽으로 보내 버리거나 아무 소리도 새어 나오지 않는 유리 돔 아래에 처벌적 부모 양식을 두라.
5. 주머니나 지갑 안에 플리스 천 조각을 가지고 다니면서 당신이 취약한 아동 양식이 촉발될 때나 위안을 느끼고 싶을 때 사용하라.

당신이 노력한 것과 그 결과에 대해 써 보라.

경험적 양식 작업 회기 9: 취약한 아동 양식 2

긍정적인 맞춤 인사로 회기를 시작하고 환자들이 해당 공간 내에서 그들의 안전지대 이미지에 대한 그들의 연결을 확인하도록 한다. 환자들이 처음에 정서 조절과 고통 관리를 배우는 방법 중의 하나로 그것의 사용을 강화하는 것이 좋다.

집단 훈련 1: 취약한 아동 양식 2 – 길 위에 혼자 있는 어린아이

다음 심상 훈련은 우리가 환자와 취약한 아동 양식 사이의 관계를 평가하는 것과 자신에 대한 동정심을 발전시키는 것에 모두 사용된다. 또한 환자들이 그들 내부의 좋은 부모를 찾기 시작하는 과도기의 첫 단계이다. 결국 좋은 부모란 환자들의 취약한 아동 양식을 보살필 수 있는 건강한 성인 양식의 한 부분이라고 볼 수 있다.

치료자 대본 예시: 길 위에 혼자 있는 어린아이

눈을 감거나 아래를 보고 우리가 묘사하는 장면을 상상하세요. 현재 존재하는 어떤 생각, 감정 또는 양식을 그대로 알아차리세요.

1. 당신은 당신의 집을 향해 걸어가고 있습니다. 그리고 당신 앞에는 어린아이가 보입니다. 당신이 처음 든 생각은 고작 3~4세쯤 되는 아이가 혼자 돌아다니기에는 너무 어리다는 것입니다. 아이에게 가까이 다가갔을 때, 당신은 아이가 울면서 머리를 아래로 흔들고 있는 것을 알아차립니다. 아이가 당신을 봤을 때, 아이는 여전히 고개를 아래로 떨구고 있지만, 당신에게 애원하는 방식으로 손을 들어 올립니다.
2. 당신은 그 아이의 손을 잡고 '엄마를 찾아 주겠다, 너는 안전하

다.'와 같이 그 아이가 안심할 수 있는 이야기를 시작합니다

3. 당신은 그 아이를 집으로 데려가기로 결정했습니다. 그러면 그 아이의 가족을 찾기 위해 경찰에 신고할 수도 있습니다. 아이는 적극적으로 당신의 손을 잡고 당신을 따라갑니다. 우는 것을 그치고 당신을 보고 미소 짓습니다.
4. 어떻게 느끼십니까? 지금 무엇을 하고 있습니까? 아이를 보살피기 위해서 무엇을 더 할 수 있을까요? (여러분 집단에 여성, 남성이 모두 존재한다면 아이의 성별을 바꾸세요.) ”

다음 논의에서는 이 낯선 어린아이에 대해서 환자들이 사용한 다양한 좋은 부모 기술에 대해 언급한다. 그다음, 다시 한 번 그들이 눈을 감고 당신이 묘사한 이미지에 귀를 기울이도록 한다.

“

5. 다시 한 번, 당신은 집을 나섰고 길거리에 앉아서 울고 있는 어린아이를 발견합니다. 당신은 아이에게 다가가서 아이가 편안해 할 만한 것들을 말합니다. (원한다면 논의에서 도출된 것들을 사용해도 됩니다.) 이번에는 당신이 다가가자 아이가 안아 달라고 당신을 향해 양팔을 뻗습니다. 당신은 그 아이를 안아 주고 그 아이가 어린 당신임을 깨닫게 됩니다.
6. 어떻게 느끼십니까? 지금 무엇을 하고 있습니까? 그녀를 보살피기 위해서 무엇을 더 할 수 있을까요? ”

1~2분 후에 모두 눈을 뜨고 집단으로 돌아온다.

이 훈련은 상당히 정서적인 생각을 떠올리게 할 수 있다. 환자들

이 그들의 취약한 아동 양식을 보살필 수 있게 하는 첫 단계이다. 이 훈련은 환자들이 그들의 취약한 아동 양식에게 얼마나 많은 동정심을 가지고 있는지 혹은 적은 동정심을 가지고 있는지에 대한 정보를 준다. 우리의 많은 환자는 자신이 아이라는 것을 깨닫자마자 그 아이와는 아무 상관이 없기를 바랐다고 말했다. 몇몇 환자는 심지어 아이를 떨어뜨렸다고 말했다. 일부는 계속해서 아이를 집에 데려다 줄 수 있었지만, "아이가 나인 것을 안 이후로, 그 아이와 무엇을 해야 할지 알 수 없었습니다."라고 말했다. 이것은 기술이 부족해서라기보다는 오히려 자신의 취약한 아동 양식의 욕구를 충족시키기와 그들이 다른 사람들에게 사용하는 돌봄 기법들과 매칭되지 않는 변별 오류이다.

그들의 반응은 길에서 만난 낯선 어린아이만큼 욕구가 충족되지 않았고 사랑과 안락함이 필요한 그들의 어린 시절에 대한 동정심을 설명하는 출발점이 된다. 자기연민의 장애물은 그들의 아이들이 '나쁘다.' '사랑할 자격이 없다.'와 같은 잘못된 믿음처럼 식별될 수 있다.

당신은 모든 아이가 욕구 충족이 되어야 할 자격이 있고 어린 순수한 아이가 어떻게 자신의 눈에 '나쁘다'로 되는지와 같은 문제들에 관한 심리도식치료 집단교육으로부터 일부 정보를 검토할 수 있다. 훈련을 다시 하는 것은 환자들이 그들 자신의 아이 또는 사랑스러운 조카딸이나 조카 또는 손자와 같이 진정한 아이로 여기는 아이들을 보살피거나 돌보는 노력을 기울일 그들의 아이를 아는 것에 도움이 될 수 있다.

치료자 팁: 코칭

내면화 과정의 이 시점에서 우리는 필요에 따라서 좋은 부모 코치 역할을 한다. 만약 많은 환자가 그들의 어린 아이들을 돌보는데 어려움을 겪는다면, 당신은 이 훈련을 반복하고 어떻게 그들의 취약한 아동 양식을 돌볼 수 있는지에 대해 그들을 지도할 수 있다. 위로의 말을 하는 것, 숄로 감싸 주는 것, 흔들어 주는 것, 따뜻한 음료를 주는 것 등 당신이 생각하는 다른 좋은 부모의 행동에 대한 제안을 하라. 가끔씩 그들 안에 '좋은 부모가 없다.'고 말하는 환자가 있다. 우리는 그러한 환자들에게 다시 상상하게 하고 실제로 그들이 '좋은 부모'가 되도록 하기 위해서 우리가 하는 것이 무엇인지 볼 것을 제안한다. 우리는 환자들의 좋은 부모란 치료자와 환자들이 치료 프로그램에서 우리로부터 받은 제한적인 재양육을 포함해 전체 삶에 걸쳐 그들이 받은 좋은 양육을 대표하는 것이라고 본다. 좋은 부모는 건강한 성인 양식을 구성하는 벽돌이다. 각각의 상상 후에, 우리는 심상 변환 작업의 경험적 · 인지적 측면을 통합하는 집단으로서 경험하도록 진행한다. 치료사는 아이가 학대당했고, 그런 대우를 받을 만하지 않았고, 나쁘지 않았으며, 부모가 아이를 그렇게 가혹하게 대우하는 것이 잘못되었다는 전반적인 생각을 뒷받침하기 위해 주제를 추출한다.

집단 작업 2: 취약한 아동양식 2 –
심상에서 부모의 기억들을 재구성하기

치료사 대본 예시: 환자의 재구성하기의 소개

여러분 모두 6주 전에 했던 취약한 아동 회기를 기억하시고 계신가요? 우리는 저의 취약한 어린아이에게 좋은 부모님이 필요한데 주위에 있어 줄 이가 아무도 없었던 제 어린 시절의 기억을 재구성하는 작업을 했습니다. (필요하다면 그들에게 이 작업을 상기시키기 위한 다른 세부적인 이야기를 한다.) 그것이 여러분에게 좋은 부모님이 필요했는데 주변에 아무도 없었던 것과 비슷한 사건의 경험을 상기시키는 예시가 되었나요? (예시들에 대한 약간의 토론을 진행한다.) 여러분 중 우리가 저에게 했던 방식으로 여러분의 상황에서 작업해 주기를 원하시는 분 계신가요? (보통 누군가가 자원한다. 그렇지 않다면, 예를 든 환자 중 한 사람에게 그 일을 할 것인지 물어봄으로써 넌지시 이끌 수 있다.)

좋아요. 이제 우리는 치료사 예시대로 했던 것과 같은 단계들을 살펴볼 거예요.

1. 상황을 설명합니다. (그들이 '아무도 거기에 없었을 때' 부분에 도달하면, 환자들을 잠시 저지시킨 후 학대의 세부적인 경험이 모두와 공유되는 것에 대한 마음의 준비를 시키면서 '우리는 여러분이 여러분의 심리적 외상을 다시 경험하길 바라지 않습니다. 우리는 여러분의 취약한 아동 양식에게 무언가 좋지 않은 일이 일어나기 전에 잠깐 생각을 멈추고 만약 거기에 좋은 부모님이 있었다면 어떻게 그 상황이 진행됐어야만 했는지의 내용으로 그 상황의 결말을 바꾸려고 해요.'와 같이 아주 부드러운 방식으로 설명해 준다.)
2. ○○○ 씨의 취약한 아동 양식에게 필요한 것은 무엇인가요? 만약 심상 속에서 좋은 부모가 그 욕구를 충족시키려면 어떻게 해야 할까요? 계획을 짜 봅시다.
3. 좋아요. 이제 욕구로 되돌아가 봅시다. 저는 좋은 부모라면 할 만한 그 계획을 사용할 거예요. 우리는 여러분 모두가 여러분의 취약한 아동 양식이 그들을 달래고 편안하게 하기 위해 제가 이제부터 할 말들을 받아들일 수 있었으면 합니다.
4. 사람들이 모두 이미지의 연상에서 빠져나와 그들의 경험에 대해 토의했다면, 그들의 상황을 먼저 자원했던 환자부터 시작합니다.

"

"치료자 대본 예시: 재구성하기 회기를 끝내기

우리가 오늘 했던 모든 힘든 과정을 잘 끝마친 것에 대해서 감사의

> 말씀을 드리고 싶어요. 이 회기를 여러분 모두를 위한 짧은 좋은 부모 이미지 연상을 하면서 끝마치고 싶어요. 모두들 가만히 눈을 감고 여러분의 취약한 아동 양식이 치료자 2와 저의 손을 꼭 잡고 지지받고 있는 장면을 상상해 보세요. 이제 여러분을 포함한 우리 집단 구성원들의 모든 좋은 부모님이 지지해 주기 위해서 우리를 동그랗게 감싸는 것을 상상해 보세요. 여러분의 취약한 아동 양식이 모든 돌봄과 따뜻함을 받아들이고 그/그녀의 작은 손을 여러분의 손에 꼭 쥐고 그/그녀를 보살피는 메시지를 전해 주세요. 만약 그것이 어렵게 느껴진다면, 여러분은 언제나 '나는 네가 사랑과 보살핌을 받을 만한 사람이라는 것과 너의 욕구가 모두 충족될 만한 자격이 있는 사람이라는 것을 배우고 있어.'라고 이야기할 수 있습니다. ”

경험적 양식 작업 과제 3과 9: 취약한 아동 양식 1과 2는 양 회기에 모두 쓰인다.

4) 화난/충동적인 아동 양식 회기

경험적 양식 작업 회기 4와 10은 화난 아동 양식과 충동적인/자제심이 부족한 아동 양식에 집중한다. 여러분의 집단 내에서 그들의 분포 비율에 따라 각각의 양식에 상대적으로 집중하라.

집단은 화난 아동이 분노를 분출하기 위한 안전한 장소여야 한다. 화난 아동 양식이 감정을 분출할 때 절대로 취약한 아동 양식하의 환자에게로 향해서는 안 된다. 여러 가지 종류의 분노 표출 기법이 사용되어야 하는데, 그것은 치료사의 노트에 완전히 설명되어 있다. 화난 아동 양식 역할극은 반드시 모든 집단 사람이 비교적 안전하다고 느끼거나 그것을 성취하기 위한 조치들(예: 환자들은 치료자의 뒤편에 있다거나, 베개로 만든 벽 뒤에 있든가 등)이 취해진 상태에서 진행되어야 한다.

경험적 양식 작업 회기 4: 화난 아동 양식 1

치료자 팁

화난 분리된 보호자나 가해자-공격과 같은 부적응적 대처 양식으로부터 욕구가 충족되지 않을 때 일어나는 정상적이고 본능적인 분노 표현인 화난 아동 양식을 구별하는 것은 아주 중요한 일이다. 화난 아동 양식에게 있어 감정을 분출하는 행위는 치료적인 측면으로서 작용하며 그들의 욕구를 충족시켜 주도록 하는 도구이다. 화난 분리된 보호자에게 있어 감정을 분출하는 행위는 거리감만을 만들고 정작 그들에게 필요하고 치료적인 것은 공감적 직면이다. 감정을 분출하는 것은 누군가에게 직접적이고 공격적으로 이루어질 것이고 그런 경우의 치료자의 제한된 재양육적 반응은 가해자에게 한계를 설정하게 만들 것이다. 아동 양식들에 있어 화난 아동 양식과 충동적인 아동 양식은 제한된 재양육에 있어 필요한 것들이 서로 다르기 때문에 둘을 구분하는 것이 아주 중요하다. 또 충동적인 아동 양식의 행동에서 화난 아동 양식의 감정을 분리하는 것도 중요하다. 좋은 부모로서 우리는 아이와 감정에 대한 우리의 수용을 전달하려 하지만 행동에 대해서는 한계를 설정하기를 원한다.

분노는 많은 환자에게 매우 무섭다. 그들은 분노라는 말을 듣기만 해도 심리적 외상, 학대, 고통과 두려움을 연상시킨다. 그들에게 분노를 관리할 수 있는 연습에 참여하라고 요청하는 것은 엄청난 망설임, 두려움, 회의감과 만나라는 말이다. 하지만 줄다리기, 발구르기, 풍선 터트리기 게임 등은 분노를 누그러트리는 안전하고 효율적인 방식이다. 환자들은 그 움직임과 놀이가 분노를 완화시키기에 좋은 도구라는 것을 인식하기 시작할 것이고, 스스로도 그것을 밀어내고 마비시키는 것보다 훨씬 낫다고 느끼게 될 것이다. 누가 가장 큰 돼지 소리를 내는지, 누가 가장 그럴듯한 소 울음소리를 내는지처럼 소리를 내며 노는 것은 안전하고 재미있는 게임이다. 이것은 환자들로 하여금 그들의 목소리를 주장하기 위한 첫 단계가 될 수 있다. 이 놀이를 함으로써 환자들은 그들이 분노라는 감정을 느낄 때 '그만해.' '싫어.' 등의 말을 할 수 있는 법을 배우게 된다. 시간이 지날수록 환자들은 그들이 화가 나도 그들 스스로 감정의 표현을 조절할 수 있고 행동도 관리할 수 있기 때문에 아무런 나쁜 일도 일어나지 않는다는 사실을 발견한다. 아래에 있는 작업은 분노나 좌절을 완화시켜 주도록 돕거나 또는 집단이 모두 꿀 먹은 벙어리처럼 정지했을 때 집단의 에너지 수준을 향상시킬 수 있도록 도와준다.

치료자를 위한 예시 대본: 분노 훈련

저는 '분노' 혹은 '분노 행동'에 대해 설명을 좀 해 드리려고 합니다. 이 설명은 이 질문을 스스로에게 던져 보는 것으로 시작해 볼 수 있습니다. 여러분은 분노와 함께 재미있게 놀아 본 적이 있나요? 이 질문에 대해서 대개 대답이 없거나 불신감을 표할 것입니다. 어떠한 경우든 당신은 이렇게 대답합니다. '좋아요, 그렇다면, 손을 한 번 들어 주세요. 여러분 중 여러분의 분노 때문에 문제에 빠진 적이 있으신 분들은 손을 들어 보세요.' 대부분이 손을 들 겁니다. 이것을 고개 끄덕임이나 '와! 그렇군요! 그렇다면 오늘 우리는 분노와 재미있게 노는 법에 대해 알아보도록 할게요! 여러분은 모두 자리에서 일어나 주세요.'라고 말하는 것으로 인정해 주세요.

모두가 활동에 참여하고 연결되어 있도록 하면서 환자들이 다른 사람의 분노 표현으로 인해(분노 작업이 이루어지는 것을 듣거나 봄으로써) 분노가 촉발될 가능성을 감소시키기 위하여 우리는 그들이 작업에 직접적으로 참여하지 않는다면 그들에게 응원단장의 역할을 줄 것이다. 이것은 그 집단을 내부로 끌어당기고 재미있는 요소들을 더할 수 있게 한다. 작업 전반에 걸쳐 언제나 다량의 놀이, 으르렁대고 신음소리 내는 일이 있을 것이다. 환자들을 응원하며 그들이 계속해서 적극적으로 시연에 집중하도록 하라.

집단 활동 1: 화난 어린아이 양식 1 – 줄다리기

(필요한 것: 커다란 수건)

"혹시 저를 도와주실 분 계신가요? 두 명이 필요합니다. (두 명이 각자 큰 수건의 끝을 잡는다.) 이제 제가 셋을 세면 다른 사람을 의자에서 들어 올릴 정도로 아주 세게 잡아당기세요. 한 가지 규칙이 있습니다. 한 명이 의자에서 들어 올려지면 바로 멈추는 것입니다. 나머지 사람도 역할이 있습니다. 반은 환자 A를 응원하고 나머지 반은 환자 B를 응원합니다. 참여자를 위해 '이겨라, 브렌다, 이겨라.' '린다 이겨라.' 혹은 '당겨, 당겨.'와 같이 말하며 큰 소리로 응원해 주세요. '잡아당기는 사람'이 흥분하고 의자에서 이탈해 나오는 경우를 대비해 두 명의 경기 보조자가 필요합니다. 보조자는 경기자들이 자리에서 떨어지지 않는 것을 지켜보면서 계속해서 앉아 있어야 한다는 것을 상기시켜야 합니다. (모두가 제자리에 있는 이후) 좋습니다. 다들 시작할 준비 되셨죠? 1, 2, 3, 시작."

훈련 이후 '잡아당기는 사람'에게 이 훈련을 할 때와 응원소리를 들을 때 느낀 바에 대해 묻는다. 치어리더에게 응원을 하면서 느낀 바에 대해 묻는다. 시간이 허락하면 각 구성원들이 훈련을 해 볼 수 있도록 한다. 다른 선택지는 집단 구성원들이 짝을 지어 훈련을 하도록 하는 것이다. 훈련을 해 본 사람들에게 다시 피드백을 요청한다. 줄다리기 게임에서 분노를 풀기 위해 사용된 근육이 우리가 화를 내거나 신체적인 공격에 사용될 때 사용하는 근육과 동일한 것임을 지적할 수 있다. 종종 사람이 분노를 털어낼 때 어깨, 팔, 등 혹은 턱 근육과 같은 특정 근육들이 영향을 받는다. 이 훈련들은 신체 긴장을 풀어 주는 데 도움이 된다. 통상적으로 훈련 종료 시 자원자는 더욱 감정에 흔들리지 않는 느낌을 받게 되며 그/그녀가 분노 관련 훈련을 시작하면 덜 화내게 된다.

치료자 팁

이 훈련들을 준비할 때 "두 사람 모두 자신의 의자에 있어야 하며 자리에서 벗어나는 사람이 생기면 바로 종료입니다."와 같이 제한을 정해 놓는 것이 중요하다. 더 많은 사람이 줄다리기를 할 때에는 줄을 바닥에 놓아둘 수도 있다. 치료자의 관찰하에 이뤄지는 이 훈련은 분노 작업을 하면서 분노에 접근하는 안전한 훈련이다. 이와 같은 훈련은 분노를 두려워하는 환자들에게 매우 중요한다. '나쁜 일은 전혀 일어나지 않음'을 보여 주며 환자들의 분노를 약화시키는 안전한 방식으로 화난 아동 양식에 접근할 수 있는 경험이기 때문이다.

집단 훈련 2: 화난 아동 양식 1 – 공 만들기와 종이 전달하기

(필요한 물건: 낡은 전화번호부 2개, 휴지, 쓰레기통)

집단을 두 팀으로 나눠서 각 팀에 낡은 전화번호부를 준다.

> 1부분: 팀으로 작업합니다. 전화번호부 4~5장 정도로 젖은 공을 만들어 다른 팀을 이기세요. 3분 동안 진행하게 됩니다. 3을 세고 난 후 시작! (승자를 발표한다.)
>
> 2부분: 계속해서 같은 팀을 유지하세요. 각 팀은 똑같이 공 최소 12

개를 나눠 갖습니다. 각 팀에서 한 명이 나와 번갈아 가며 통에 공을 던집니다. 공을 많이 넣은 팀이 이깁니다. 잘 쓰지 않는 손으로 공을 던지세요. ”

집단 훈련 3: 화난 아동 양식 1 – 풍선 작업

이번 훈련은 분노를 발산하는 데에 도움이 되거나 혹은 일반적으로 '꼼짝 못하는' 기간에 사용할 수 있는 훈련이다. 모든 사람에게 풍선을 주고 집단 구성원들에게 풍선에 분노의 느낌과 생각(혹은 답답하게 만드는 것들)을 채워 넣는다고 상상하며 불도록 한다. 하지만 풍선을 묶지는 말라. 3을 세면 모두 팔을 펴고 풍선을 허공에 놓아둔다. 풍선이 방에서 날아다니게 되고 참여자들이 그것을 보고 웃게 될 것이다. 아무리 작은 분노라도 분출하게 되면 더 즐거운 감정이 생겨날 공간이 더 생겨나게 된다.

다음 세 가지 훈련에는 풍선이 필요하다.

집단 훈련 4A: 화난 아동 양식 1 – 풍선 터뜨리기

모든 이에게 풍선을 주고 바람을 불어 묶게 하라.

“ 당신의 의자 앞에 풍선을 두십시오. 앉아 있는 채로 발로 풍선을 터뜨리세요. 소리가 신경 쓰인다면 귀를 막으세요. ”

집단 훈련 4B: 화난 아동 양식 1 – 풍선 터뜨리기

“ 풍선을 불어서 묶은 다음 당신 앞 바닥에 두십시오. 서 있는 자세로 풍선을 터뜨리세요. ”

집단 훈련 5: 화난 아동 양식 1 – 화난 아동 양식 이미지 만들기

(필요한 물건: 헌 잡지, 가위, 풀, 포스터 판)

집단 구성원들에게 잡지에서 화난 아동 양식에 맞는 사진과 단어를 찾도록 하라. 각 환자들은 사진과 단어를 이용해서 자신의 화난 아동 양식을 보여 주는 양식 콜라주를 만들 수 있다. 환자들에게 활동 시간 30분을 주라.

“ 집단으로 다시 돌아와서 여러분의 콜라주를 보여 주고 그걸 만드는 경험에 대해 조금 이야기해 봅시다. 콜라주를 만들면서 느낀 감정, 생각에 대해서요. 당신의 화난 아동 양식에 대해 알고 있었다면 해당 활동이 화난 아동 양식에 어떤 영향을 미쳤나요? ”

경험적 양식 작업 과제 4와 10 – 화난 아동 양식 1과 2: 분노 분출 훈련

1. 회기 중에 재미있는 분노 훈련을 해 보라. 예를 들어, 방 주변의 처벌적 부모 양식 풍선에 방망이질을 하고 결국 풍선을 터뜨리거나 그 위에 앉으라.
2. 불편함을 야기하는 좌절과 분노의 순간들과 관련된 생각을 모두 풍선 속에 불어넣으라. 풍선을 옷장에 넣거나 침대 밑

(방해되지 않도록 비켜 놓을 수 있는 곳)에 두라. 당신이 원한다면 다시 가서 가져올 수 있는 곳이어야 한다.
3. 지칠 때까지 종이를 뭉쳐 만든 공을 주고받으라.
4. 아니면 회기 중 다른 훈련 하나를 해 보라.

자신이 시도했던 것과 그 결과를 적으라.

경험적 양식 작업 회기 10: 화난 아동 양식 2

화난 아동 양식은 충족되지 않은 아동의 욕구에 대한 선천적 반응을 반영한 것이다. 해당 양식에서는 이성적인 한도 내에서 사람의 말을 잘 들어주고 분출할 수 있도

록 해야 한다. 그들의 분노를 두려워하지 않으며 만약 환자 자신이 제한을 할 수 없을 때, 점차 폭력적이 되면 제한을 가하겠다고 환자들에게 명확히 말해 주는 것이 중요하다. 분노를 통제할 수 없어서 생겨난 신체적 손상과 폭력적인 분노만을 보아 왔기 때문에 자신의 분노를 두려워하는 환자들을 안심하도록 해 준다. 자신이나 자신의 가족이 폭력을 경험했기 때문에 타인의 분노 표현을 두려워하는 환자들 또한 안심할 수 있도록 해 준다. 환자들은 "갈등을 잘 해결했고 아무도 죽지 않았어요." 하고 자주 말한다.

치료자 팁: 분노 훈련

모든 이가 계속해서 함께 참여하고 있고 연결되도록 하기 위해서 그리고 타인의 분노 표현에 환자들이 촉발될 가능성을 줄이기 위해서(분노가 작용하는 것을 듣거나 보는 것), 훈련에 직접적으로 참여하지 않을 때 환자들에게 치어리더 역할을 하도록 한다.

집단 훈련 1: 화난 아동 양식 2 – 뒤로 밀며 걷기

집단 구성원들에게 비슷한 키끼리 짝을 짓도록 한다.

> 우선 첫 번째 짝지은 사람들이 시작하겠습니다. 나머지 사람 중 반은 'X'를 응원하고 남은 반은 'Y'를 응원하세요. 3을 세고 서로 등을 대고 밀기 시작합니다. 엉덩이는 쓰지 말고 다른 사람이 정해진 자리에서 벗어날 때까지 밀어내세요. (감독자가 필요하다.)

집단 훈련 2: 화난 아동 양식 2 – 처벌적 부모 얼굴

모든 사람이 풍선을 불어서 묶고 난 후, 마커를 이용해 처벌적 혹은 요구적 부모 양식 얼굴을 그린다. 모두가 끝나면 왔다 갔다 하

면서 서로 풍선을 쳐도 된다고 말해 준다. 처음에는 모든 사람이 자신의 근처에 있는 풍선들을 공중에서 지키려고 노력한다. 이 활동을 약 12분가량 하고 이후 환자들이 부모 풍선에게 하고 싶어 하는 것을 5분 정도 할 수 있도록 한다. 그리고 원 형태의 집단으로 돌아와서 풍선으로 무슨 활동을 하기로 선택했는지, 그 활동이 어떤 의미가 있는지 활동을 하면서 어떻게 느꼈는지에 대해 논의한다. 훈련 동안 어떤 부모 양식 활동을 했는지 물어보라.

집단 훈련 3: 화난 아동 양식 2 – 달걀 부수기

이것은 심상을 이용한 훈련이다. 집단원들이 달걀 12개를 가지고 있다고 상상하도록 하라. 3을 세면 그 달걀들을 벽에다 던지는 상상을 하라. 노른자가 벽에서 흐르고 주변이 엉망이 된 상상을 하라. 생각과 감정에 대해 논의하라.

(대체 훈련) 경험적 양식 작업 회기 10: 화난 아동 양식 2, 집단 훈련 4: 집단 쿵쿵거리기

풍선 30개를 불고 묶어서 모두가 동시에 터뜨리게 하라.

집단 훈련 5: 화난 아동 양식 2 – 양식 역할극

집단의 필요에 따라 다른 대체 훈련은 부적응적 대처 양식 1 양식 역할극을 준비하고 화난 아동 양식을 위주로 한다. 화난 아동 양식이 처벌적 부모 양식, 부적응적 대처 양식과 상호작용하도록 할 수 있다. 한 환자에게 건강한 성인 양식과 좋은 부모 역할을 하도록 하고 화난 아동 양식이 상호작용하도록 한다. 환자의 화난 아동 양식에 따라 매우 다양한 선택지가 시행될 수 있다.

5) 행복한 아동 양식 회기(경험적 양식 작업 5와 11)

행복한 아동 양식을 위한 경험적 회기의 주요 목표는 환자들이 좋아하고 싫어하는 것, 첫 번째 사회적 상호작용을 탐구하고 자신이 즐거움을 가질 수 있게 되는 것을 경험하는 것이다. 환자들은 종종 역기능적 부모 양식 메시지에 근거해 저항한다. 심리도식치료에서 놀이는 환자들에게 신뢰를 배우고 느끼는 안전한 경험을 제공함으로써 학대받고 감정적으로 불우한 환자들의 불신과 두려움을 무너뜨리는 강력한 도구가 된다. 행복한 아동 양식의 즐거움에 접근하는 것은 '모두 나쁘다'는 신념을 산산조각낼 수 있다. 놀이는 취약한 아동, 화난 아동, 행복한 아동의 욕구를 돌볼 수 있는 안전한 방식이기 때문에 환자와 치료자 모두에게 즐거운 경험이다. 놀이 경험은 처벌적 부모 양식이라는 감옥으로부터 잠시의 휴식을 준다.

놀이 요소는 집단 환경에 쉽게 도입될 수 있다. 심리치료 집단 내의 다수의 중첩되는 애착의 형태와 집단 결속으로 형성된 지지적 분위기가 놀이를 할 수 있는 편안한 상호관계에 도움을 준다. 통상적으로 집단 심리도식치료 작업 시 유머 있고 재미있는 접근을 한다. 놀이는 공식적 역할과는 별개로 환자와 친해지는 방법으로 치료자와 환자 간의 진실한 인간관계를 발전시킨다. 환자의 수행 및 평가와 관련된 촉발 도식들을 고려하면 장난스러움은 평가를 포함하지 않은 환영받는 교환이 될 수 있다. 심상 작업에서 놀이, 즐거움, 재미 이미지를 만들고 이러한 이미지를 안전지대 이미지와 함께 접근하는 연습을 하도록 한다.

경험적 양식 작업 회기 5: 행복한 아동 양식 1

행복한 아동 양식을 촉발하는 데 사용할 수 있는 활동들을 제안한다. 환자 수에 맞게 원하는 대로 조절하거나 자신이 원하는 대로 발전시키라. 만약 발전시켜 사용한다면, 효과가 좋은 어떤 훈련이라도 항상 새로운 아이디어를 찾고 있는 우리에게 알려 주길 바란다. 환자들은 다른 경험적 훈련을 하면서 재미를 찾는 것이 어려울 수 있다. 역기능적 부모 양식이나 부적응적 대처 양식이 촉발될 수 있다. 이렇게 되면 그에 대해 논의하고 해당 회기에서 부모를 없애거나 부적응적 대처 양식을 극복하도록 개입하는 것이 중요하다. 그렇게 행복한 아동 작업이 즐거움과 양식 개입을 포함할 수 있다.

치료자 팁: 경험적 훈련 소개하기

당신이 훈련의 소개를 어떻게 준비하는지에 따라서 성공과 실패가 좌우된다. 만약 당신이 확신이 없거나 의문이 생긴다면, 이 훈련은 당신의 환자가 골랐으며 아주 확실하게 느낄 것이라는 것을 명심하라. 그렇기에 훈련을 소개할 때 최대한 활기차고 열성적으로 하라. 우리는 환자들에게 '훈련을 하길 바란다.'라고 하는 것보다 '훈련을 하기 위해 집단에 초대한다.'가 더 효과적이라는 것을 발견했다.

치료자 대본 예시: 행복한 아동 양식을 떠올리게 하는 심상

"[시작] 여러분의 웃는 얼굴과 반짝이는 눈을 보니 아주 즐겁습니다. 여러분의 멋진 웃음 소리를 들어보세요. 어떻게 하면 그 웃음소리를 들은 다른 모든 이도 함께 웃을 수 있을까요. 여러분의 마음속 깊은 곳에서부터 나오는 웃음소리를 듣는 것을 정말 좋아합니다. 여러분이 즐거워져서 목소리의 톤이 약간 바뀌는 것을 좋아합니다. 어떤 질문을 하셔도 좋습니다. 여러분은 똑똑하고 즐거운 어린아이입니다. 여러분은 아주 소중하며 행복하고 재미나게 놀이를 할 만한 사람입니다. 여러분의 멋진 행복한 아이를 저와 함께 하게 해 주셔서 정말 감사합니다."

집단 훈련 1: 행복한 아동 양식 1 – 창의적이고 즐거운 훈련

팀 활동: 놀이는 협상하고, 만남을 갖고, 다른 사람들과 우정을 나누는 우리의 초기 경험이다. 놀이가 금지되면 사람들은 이러한 기초 발달 경험을 하지 못하게 된다. 이러한 집단 활동이 해당 경험을 할 수 있도록 해 주고 환자들의 다양한 양식 변화, 느낌, 반응에 대해 이후 논의할 수 있게 해 준다.

집단 마스코트

(필요한 물건: 일반적인 만들기 준비물, 낡은 모자, 천 조각, 스카프, 천 등)

만들기 준비물을 이용해서 집단 마스코트를 함께 만들어 보라. 당신의 상황에 맞춰 가능한 것으로 하라. 어떤 상황에는 컬러 찰흙이나 클레이 정도만 사용할 수 있을 것이고 다른 상황에서는 더 다양한 범위의 가능성을 가질 수 있다. 만약 당신의 팀에 미술치료사가 있다면 그 사람을 이번 회기에 참석하도록 초대하라. 미술치료사는 심리치료사가 회기를 이끌고 자신의 작업 공간에서 개최하도록 기꺼이 도울 것이다.

양식과 함께하는 즐거움

(필요한 물건: 오래된 잡지, 가위, 풀, 포스터 판)

집단 구성원들에게 잡지를 보면서 좋은 부모에 맞는 단어와 사진을 찾도록 하라. 환자 각자 행복한 아동 양식을 지지하는 '좋은 부모'를 대표하는 사진과 단어를 이용해 양식 콜라주를 만들 수 있다. 환자들에게 30여 분의 활동 시간을 주라.

“집단으로 돌아와서 여러분의 콜라주를 보여 주고 그것을 만든 여러분의 경험에 대해 약간 이야기해 주십시오. 만들면서 한 생각, 느낌 같은 것말이죠. 만약 여러분이 화난 아동 양식에 대해 알아차렸다면 이 활동이 화난 아동 양식에 어떤 영향을 미쳤나요?”

집단 훈련 2: 행복한 아동 양식 1 – 심상 훈련 내에서의 행복한 아동 양식을 위한 즐거움

“모두 심호흡을 하고 제 이야기를 열심히 들어주세요. 마치 여섯 살 아이가 되었다고 생각하고 활동에 참여하세요. 활동에 참여하는 동안 제 지시 사항과 여러분의 느낌에 집중하세요. (훈련을 시작한다.) 오늘 여러분 모두를 볼 수 있어서 아주 좋습니다. 여러분 모두 깜짝 놀랄 만한 일이 있습니다. 우리는 세상에서 가장 큰 엄청난 장난감 가게로 탐험을 떠날 것입니다. 우와, 저는 이게 얼마나 여러분을 들뜨게 할 것인지 알 수 있습니다. 저도 들뜹니다. 우리가 가게에 가면 여러분 각자 원하는 장난감 두 가지를 3분간 고를 수 있습니다. 돈은 걱정하지 마세요. 제가 복권에 당첨되어서 여러분 모두에게 사 드릴 수 있습니다. 자, 이제 시작됐습니다. 처음으로 우리가 들어가는 곳은 동물 인형 방입니다. 우와. 저 팬더곰 크기 좀 보세요. 거의 진짜만 하네요. 또 모든 사이즈의 테디베어가 있어요. 모두 정말 부드럽군요. 기린, 강아지, 고양이 등 여기는 정말 많은 종류와 크기의 부드러운 동물들이 있어요. 장난감 고를 때까지 2분 남았습니다. 어떤 사람들은 게임 방으로 달려가는 게 보이네요. 깔깔대는 소리, 하하 하고 웃는 웃음소리가 들려옵니다. 우와, 저기 보세요. 크고 작은 인형들로 가득 찬 인형 방이 있어요. 바비 인형, 고전 옷을 입은 도자기 인형, 마담 알렉산더, 모든 종류의 인형이 있습니다. 저기는 트랜스포머 방이 있네요. 배터리로 움직이는 차, 비행기와 트럭, 과학 조립 세트, 마술 기법과 많은 책이 있습니다. 어, 누가 급하게 디즈니 방으로 가네요. 1분 정도 남았으니 가 볼까요? 서두르세요! 우와! 모두 두 가지 장난감을 고르는 데 성공한 것처럼 보이네요. 자, 이제 우리 집단 방으로 돌아가서 당신이 무엇을, 왜 골랐는지 그리고 어떤 양식이 움직이는 것을 알아차렸을 때 어떤 느낌을 받았는지에 대해 이야기해 봅시다. ”

아래 제시한 양식에 따라 당신이 좋아하는 많은 즐거운 심상 탐험을 추가할 수 있다. 행복한 아동 회기마다 하나의 심상 훈련을 포함한다. 환자들이 떠올릴 긍정적 이미지를 가지길 바란다. 이 이미지는 고통스러운 기억이 생겨날 때 균형 잡을 수 있도록 한다. 환자들에게 긍정적 이미지를 떠올리는 훈련을 위한 치료 과제를 부여한다.

경험적 양식 작업 과제 5 – 행복한 아동 양식 1: 행복한 아동 양식을 위한 심상 훈련

행복한 아동 경험 양식 작업 회기에서 경험한 즐거움, 놀이, 행복과 같은 긍정 이미지를 떠올리는 것을 연습한다.

당신이 사용한 이미지에 대해 짧게 기록하라. 고통스러운 기억이 다시 떠오를 때 균형을 맞춰 주는 행복한 기억 모음을 만들라.

월

화
수
목
금
토
일

경험적 양식 작업 회기 11 - 행복한 아동 양식 2

집단 훈련 1: 행복한 아동 양식 2 – 창의적이고 즐거운 놀이

(필요한 물건: 만들기 준비물, 신발 박스, 꾸밈 종이, 크레파스, 마커, 리본, 가위, 풀, 단추, 스티커)

보물 상자

집단 구성원들에게 신발 상자를 목록에 있는 물건들로 꾸미게 하라. 이 상자가 집단에서의 기념품이나 소중한 작은 물건들(유품, 기억, 연결 상자)을 보관하는 데 어떻게 사용될 수 있는지 설명하라.

우리 집단은 정기적으로 환자들의 '어린아이'에게 보물인 상자를 만든다. 이 수집품들은 치료자가 바다로 여행 갔다가 가져온 조개껍데기나 부드러운 돌, 크레파스, 풍선껌, 사진, 향기 주머니, 카드 등이다. 치료자와 환자는 긍정적 지지 카드를 만든다. 환자들은 각자를 위해 긴장을 완화하는 음악 테이프, 책갈피 등 이행 대상인 것들을 만든다. 이 상자는 자신을 위로할 때 가지고 다닐 수 있도록 한 것이다. 사탕을 먹는다든가 풍선을 분다든가 등으로 환자들이 '보물'을 관찰할 수 있다. 행복한 아동을 떠올릴 때나 취약한 아동을 위로할 때 이 상자를 사용할 수 있다. 환자들은 이러한 자료가 자신의 '어린아이 부분'을 위로하는 것을 학습하는 데 도움을 준다고 보고했다. 상자 속 카드를 읽고 상자 속 물건에 대해 이야기하고 왜 자신이 특별한지 아이에게 하듯이 테이프를 틀어 주는 등으로 환자들은 자신의 건강한 성인 양식이 '어린아이'를 달랠 수 있다. 어린 시절로 돌아갈 수는 없지만 어른으로서 취약한 아동 양식의 충족되지 않은 욕구를 들어주는 것은 가능하다고 환자들에게 강조한다.

치료자 팁

어떤 환자들은 보물 상자 훈련을 어려워한다. 이 훈련이 자신의 처벌적 부모 양식을 활성화하기 때문이다. 우리는 이것을 알고 있기에 좋은 부모로서의 양식 간섭이 사라질 때까지 상자를 안전하게 보관해 준다고 제안한다. 처벌적 부모 양식을 다루기 위해 다음과 같이 심상을 사용할 수도 있다.

집단 훈련 2 : 행복한 아동 양식 2 – 역기능 부모 양식을 지우는 심상 훈련

"이것은 즐겁게 놀고, 자유롭게 탐색하며, 행복한 어린아이가 되기를 요구하는 어린이 (이름)의 시간입니다. 모든 아이는 이런 시간을 가져야 합니다. 여러분은 어릴 때 이런 시간을 가지지 못했습니다. 하지만 이것은 지금 여러분의 책임이 아니죠. 사실 저는 여러분이 여기서 빠져나오길 원합니다. 형편없는 부모 양식은 들어올 수 없습니다. 문에 '양식 경찰 집행'이라고 쓰인 게 보이지 않나요? 그러니 문 바깥으로 가서 다시 돌아오지 마세요. 여기엔 당신(역기능 부모 양식)을 위한 자리가 없습니다. 자, 이제 다시 여기는 어린이들을 위한 곳입니다. 여러분이 원하는 대로 놀이방을 달리고 뛰고 놀고 탐색하십시오. 90분은 모두 여러분을 위한 시간입니다. 만약 여러분이 원하고 치료자를 포함해 모두가 함께 할 수 있다면 게임을 준비하세요. 우리 모두 즐거운 것을 하고 무엇을 좋아하고 싫어하는지를 배울 수 있는 행복한 아동 양식을 가지고 있습니다."

집단 훈련 3: 행복한 아동 양식 2 – 행복한 아동 양식 꿈꾸던 집(드림 하우스) 심상

"모두들 심호흡을 하세요. 눈을 감고 당신의 행복한 아동과 연결하세요. 제가 하는 말을 집중해서 듣고 기억하세요. (시작) 문을 두드리는 소리가 들리네요. 문을 열어보니 '이 방의 모든 행복한 아동에게'라고 쓰여 있는 큰 상자가 보입니다. 모두 함께 열어 봅시다. 우와! 아름다운 미니어처 인형 집이네요. 기다리세요. 쪽지가 있네요. (* 이제 집단이 각 방을 원하는 대로 채우고 꾸며서 인형집을 드림 하우스로 바꾸도록 할 차례이다. 각자를 위한 개별 방이 있다.) 미니어처 상점에 가서 자신의 방을 꾸밀 물건을 고르세요. 페인트 색깔을 고르거나 벽지를 고를 수도 있습니다. 부드러운 러그도 챙기세요. 크고 푹신한 바닥 쿠션과 게임 상자도 잊지 마세요. 당신은 이젤을 원할 수도 있고 스크랩북을 만드는 테이블을 원하거나 혹은 가지고 놀 클레이를 원할 수도 있습니다. 자 이제 당신 방을 채울 게임과 장난감을 마련할 시간입니다. 어떤 것을 골랐나요? 여러분의 방이 완성된 것을 정말 보고 싶네요. ”

총 10분 동안 활동한다. 모든 사람이 자신의 방을 소개하도록 하고 경험에 대해 논의한다.

경험적 양식 작업 과제 11 – 행복한 아동 양식 2: 당신의 행복한 아동이 놀게 해 주기

1. 이 과제는 간단하고 어렵지 않다. 재미만을 위한 일을 하는 것이다. 당신이 원하면 행복한 아동 양식 집단 회기에서의 작업을 반복할 수 있다. 이 작업은 최소 20분간 지속되어야 한다.

이번 과제는 기록하지 않아도 된다. 그냥 당신 안의 행복한 아동이 놀 수 있게 하라.

1. 만약 다른 양식이 간섭을 하면(예: 처벌적 부모), 무시하고 당신의 어린아이가 마땅히 누려야 할(아이만이 아닌 성인으로서도 누려야 할) 즐거움에 계속해서 집중하도록 하라.
2. 당신의 역기능적 부모 양식에게 어떠한 좋은 부모 메시지를 제공할 것인가?

6) 건강한 성인 양식 회기(경험적 양식 작업 6과 12)

각 건강한 성인 양식 회기 중 양식 역할극에서 건강한 성인 양식 역할을 경험하는 시간을 보낸다. 건강한 성인 양식 경험적 작업의 또 다른 부분은 유능감의 경험과 치료자와 동료 집단 구성원으로부터의 긍정적 피드백을 만질 수 있는 물건에 고정하는 것이다. 미래에 이 물건이 유능감, 긍정적 피드백을 재경험할 수 있도록 일종의 자극제 역할을 하도록 한다. 우리는 여기에 '정체성 팔찌'라고 이름 붙여 사용한다. 이것은 열쇠고리나 다른 장식적 물건이 될 수 있다. 우리의 경험에서는 팔찌가 집단에서의 가치, 소중함, 수용, 소속감을 경험한 바를 상기하는 강력한 물건이라는 것을 알게 되었다. 우리 환자 중 가장 강력하게 결함 수치심 도식과 역기능적 부모 양식에 지배되던 어떤 환자들에게 팔찌가 매우 도움이 되어 왔다. 수년 후에도 환자들은 팔찌를 차거나 주머니나 지갑에 넣고 다니며 여전히 이것을 가지고 있었다.

경험적 양식 작업 회기 6: 성인 양식 회기 1

치료자 대본 예시: 소개

안녕하세요. 여러분 모두가 여기 있어서 좋네요. 여러분을 보게 되어서 행복합니다. 여러분도 아시다시피 이것은 경험적 양식 작업 집단입니다. 오늘은 건강한 성인 양식 역할과 관련된 여러 가지 훈련을 할 것입니다. 건강한 성인 양식은 모든 다른 양식과의 관계에서 중요한 역할을 합니다. 취약한 아동 양식에게는 건강한 성인 양식이 보호, 위로, 치료의 역할을 수행하며 취약한 아동 양식이 촉발될 때 좋은 부모가 됩니다. 처벌적 혹은 요구적 부모 양식에게는 건강한 성인이 처벌적 부모 양식을 없애고(만약 필요하다면 이 과정이 반복해서 일어납니다.) 요구적 부모 양식을 완화하거나 더 현실적으로 만듭니다. 오늘 우리가 작업할 것이 바로 이 두 가지 역할입니다.

집단 훈련 1: 건강한 성인 양식 1 – 취약한 아동 양식에 대한 처벌적 부모 양식과 요구적 부모 양식 메시지의 효과를 느껴 보기

이 훈련을 위해 치료자들은 화이트보드나 플립차트에 취약한 아동 양식의 간단한 얼굴을 준비해 놓는다.

1. 처벌적 부모 양식 경험적 양식 작업 회기에서 여러분은 형상에 처벌적 부모 양식 메시지를 적었습니다. 지금 여러분이 해야 할 것은 포스트잇에 여러분을 가장 괴롭히는 처벌적 부모 양식 메시지를 적는 것입니다. (치료자도 이 작업을 해야 한다.)
2. 취약한 아동 양식이 이러한 메시지를 갖는 것의 효과를 보여 주기

위해 각자 다가가서 취약한 아동 양식에 메시지를 둡니다. (치료자가 먼저 시작해서 메시지를 얼굴 바로 위에 놓아둔다. 결국은 메시지로 다 덮여서 끝나도록 한다.)

3. 무엇 같습니까? (고통스럽고 슬프거나 부적응적 대처 양식을 기대한다.)

   당신이 행동할 때 양식이 전환된 것을 알아차린 사람이 있었습니까?

4. 음, 우리의 행복한 성인 양식은 취약한 아동 양식에게 오랫동안 부담을 주는 메시지들을 봐 주지 않을 것입니다. 각자 다가가서 처벌적 부모 양식 메시지를 뜯어 없애 버리세요. (치료자는 다가가서 메시지를 잡아당겨서 극적으로 구기고 던져 버린다. 환자들이 똑같이 행동할 때 나머지 사람은 응원하도록 치료자가 유도하라.)

5. 어땠나요? 메시지를 던져 버릴 때 양식이 전환되는 것을 경험한 분 계십니까? 그 행동을 할 때 어떤 양식에 해당되었다고 생각하십니까?
6. 그래서 지금은 취약한 아동 양식이 최소한으로 보이네요.

우리의 취약한 아동 양식이 들어야 하는 바는 다음과 같습니다.

7. 훈련의 이 부분에서는 생각해 낼 수 있는 최대한 많은 좋은 부모 메시지를 포스트잇에 적는 것입니다. 취약한 아동 양식 회기에서의 좋은 부모 대본 메시지와 치료자에게 들었던 메시지를 다시 생각해 보십시오. 이것들이야말로 우리의 취약한 아동 양식이 어린아이로서 들어야 할 메시지입니다. (훈련을 위해 치료자들이 다른 화이트보드나 플립차트에 처벌적 부모 양식 얼굴을 준비해 놓

는다. 간단한 특징을 한 동그라미를 그리거나 선이나 불쾌한 입을 그릴 수 있다.)

8. 좋습니다 이제 각자 다가가서 이 메시지들로 처벌적 부모 양식을 물리칠 것입니다. 우리의 건강한 성인 양식이 할 수 있는 방법이 이것입니다. (치료자가 시범을 위해 먼저 다가간다.) '너는 내가 아주 멋진 아이였다고 말했어야 해.' '너는 나를 사랑했다고 말했어야 해.' 등입니다. (치료자가 빠르게 이 같은 여섯 가지 메시지를 말한다. 환자들이 이렇게 할 때 다른 치료자는 긍정적인 메시지들마다 환자들을 응원해야 한다.)
9. 차례로 환자들이 화이트보드에 있는 처벌적 부모 양식 얼굴로 다가가서 각자 '너는 말했어야 해, 너는 나에게 이야기해 줬어야 해.'와 같은 종류의 말을 하며 붙어 있는 포스트잇을 탁 칩니다. (다른 집단 구성원들은 지지하고 응원한다.)
10. 우리는 완전히 처벌적 부모 양식을 물리쳐서 치워 버렸습니다. 이 활동을 하는 게 어땠나요? 어떤 양식에 해당되었나요? 당신의 건강한 성인 양식과 연결될 수 있었나요?

건강한 성인 양식이 취약한 아동 양식에서 보내는 메시지

11. 좋습니다. 우리가 마지막으로 할 것은 포스트잇에 건강한 성인 양식이 취약한 아동 양식에게 말할 가장 중요한 메시지를 적고 나서 다가가서 취약한 아동 양식 주위에 그것을 붙이는 것입니다. 이 메시지가 처벌적 부모 양식으로부터 보호의 역할을 할 것입니다.
12. (환자들은 오늘 그들에게 가장 영향을 미쳤던 좋은 부모 메시지를 하나 더 쓴다. 각자 다가가서 취약한 아동 양식 얼굴 근처에 붙인다.)

집단 훈련 2 : 건강한 성인 양식 1 - 짧은 신체적 접지 훈련

"여러분은 지금 자신의 건강한 성인 양식을 알고 있나요? [만약 그렇지 않다면 이와 연결되기 위한 짧은 심상 작업을 하라.] 우리의 건강한 성인 양식을 느끼기 위한 짧은 훈련을 할 것입니다. 일어서서 여러분의 다리와 발의 감각을 느껴 보세요. 무릎을 약간 구부려서 땅과 닿아 있는 여러분을 느껴보십시오. 키가 커진 것처럼 몸을 늘려서 서서 어른인 여러분의 키를 느껴 보십시오. 천천히 심호흡을 하십시오. 여러분은 모두 아주 오랫동안 견뎌 왔고 과거를 치유할 만큼 강하고 유능한 사람들입니다. 여러분 자신의 힘을 느끼고 여러분 주위 집단의 지지를 느껴 보십시오."

경험적 양식 작업 과제 6과 12 - 행복한 아동 양식 1과 2: 당신의 건강한 성인 양식 개발하기

당신의 건강한 성인 양식을 개발하는 한 가지 주요 방식은 긍정적 사고, 미래에 대한 대처와 계획을 지지하는 것들을 강화하는 것이다. 다양한 다른 종류의 물건들이 이 범주에 해당된다. 즉, 지지적인 관계, 지지적 인물의 사진, 당신의 중요한 성격을 드러내는 사진이나 상징물, 격려 쪽지 등이 그것이다.

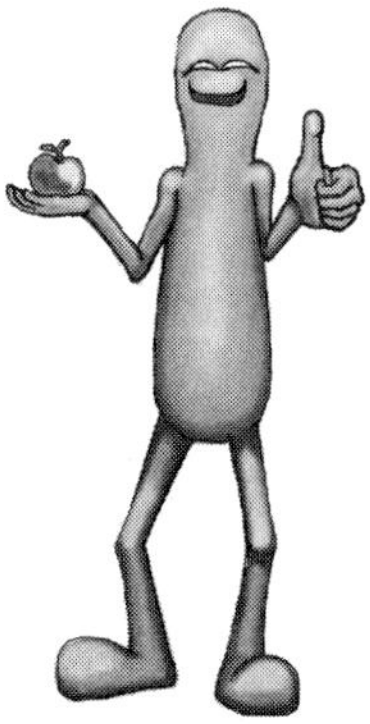

과제

다음에 제시한 '건강한 성인 강화 전략'을 최소 두 가지 이상 알아내고 시도해 보라. 당신이 선택한 것과 그것을 수행한 경험에 대해 적어보라.

1. 당신 자신이 들을 수 있게끔 기록해 놓은 타인으로부터의 격려하는 말을 크게 읽어 주라. 할 말이 없다면 사람들에게 물어보라. 팔찌에 있는 말을 사용해도 된다.
2. 건강한 대처 기술을 연습한다.
3. 촉감이 있는 물건을 잡아 보거나, 냄새를 맡거나, 긍정적인 느낌이나 생각이 떠오르는 사진을 한번 보라.
4. 당신의 집단 경험에서의 긍정적 기억을 다시 꺼내어 본다(예: 심상 재구성하기, 웹 훈련에서의 연결감, 소속감과 수용감). 당신의 마음이 마치 슬라이드 프로젝터와 같다고 상상하라. 긍정적 기억 슬라이드를 놓는다. 만약 부정적 슬라이드가 보이면, 그 슬라이드를 빼고 긍정적 슬라이드를 다시 놓는다. 머리에 떠오르는 모든 생각을 의식적으로 제어할 수는 없지만 그것을 그대로 둘 것인지 또는 다른 것으로 대체할 것인지와 같은 작업을 할 수 있다는 것을 기억하라.
5. 미래에 건강한 성인으로서의 꿈을 시각화해 보라.

• ______________________________

____

____

____

• ______________________________

____

____

____

- ______________________________________
  ____
  ____
  ____

경험적 양식 작업 회기 12: 건강한 성인 양식 2

치료자 소개 예시

"안녕하세요. 여기 여러분 모두가 있는 걸 보니 좋네요. 여러분을 보게 되어서 행복합니다. 여러분도 아시다시피 우리는 경험적 양식 작업 집단이고 오늘은 건강한 성인 양식에 집중해 보겠습니다. 오늘 우리는 양식 역할극을 다시 할 것입니다."

집단 훈련 1: 건강한 성인 양식 2 – 양식 역할극

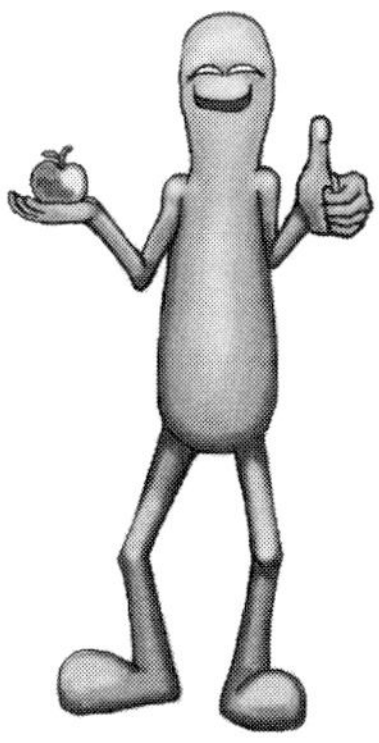

이번에는 환자들에게 건강한 성인 양식 역할을 맡도록 해서 다른 양식들을 관리하는 경험을 하도록 한다. 치료자 중 한 명이 건강한 성인 양식 조력자 역할을 맡은 채 이 작업이 진행된다. 역할연습은 전략적 지점에서 중단될 수 있다. 이 지점은 역기능적 · 부적응적 양식이 작동되고 건강한 성인 양식 역할을 맡은 환자가 어떻게 행동해야 할지 모를 때이다. 강조되어야 할 건강한 성인 양식 옵션 중 하나는 환자가 도움을 요청할 수 있다는 것이다. 건강한 성인 양식이 다른 양식들에게 치료 프로그램에서 배워 온 다양한 기술과 해결 방법을 사용하도록 상기시킬 수 있다.

다른 역할 지원자들을 구한다. 좋은 부모, 취약한 아동 양식, 화난 아동 양식, 행복한 아동 양식, 역기능 부모 양식 각각 한 명(역기능적 부모 양식에게 처벌적 부모 양식이나 요구적 부모 양식을 선택하도록 한다)과 한두 명의 부적응적 대처 양식이다. 환자가 좋은 부모 역할을 맡는다고 자원하도록 하라. 치료자 한 명은 반드시 건강한 성인 양식 조력자 역할을 하고 행동을 감독하고 중단시키는 역할을 맡아야 한다. 다른 치료자는 좋은 부모 조력자 역할을 맡을 수 있다. 이 역할 과제는 환자들이 건강한 역할을 잘 수행할 수 있도록 지도하는 것이다. 이러한 변화는 환자에게 다양한 다른 양식을 경험할 수 있는 기회를 준다.

치료자 대본 예시

> 자, 건강한 성인 양식이 행동을 감독하는 역할이고 다른 모든 양식들은 그 지시를 따라야 한다는 것을 기억하세요. '좋은 부모' 역할은 지난 회기들 동안 우리가 중요하게 탐색해 왔던 메시지들로 취약한 아동 양식에게 접근하는 것입니다. 부적응적 대처 양식은 처벌적 부모 양식이나 요구적 부모 양식을 유지하는 데 집중해서 취약한 아동 양식을 보호하려고 합니다. 만약 화난 아동 양식이 있다면 취약한 아동 양식의 충족되지 못한 욕구에 강렬하게 반응할 것입니다. 자, 이제 많은 역할을 위한 자리로 다들 가서 시작해 볼까요.

치료의 이 지점에서 환자들이 자신의 역할을 수행하는 것을 거부하지 않기를 바란다. 만약 예전처럼 환자가 하지 않겠다고 하면 환자에게 건강한 성인 양식이나 좋은 부모의 조력자가 되어 달라고 한다. 환자가 여전히 거부하면 관찰자 역할을 맡아서 다양한 양식이 자신의 역할을 얼마나 효과적으로 잘 하고 있는지 평가해 달라고 한다.

"우리가 처음에 할 것은 양식들이 모두 자신의 역할을 하면 어떤 일이 일어나는지를 보는 것입니다. 즉, 3을 세면 여러분 각자 모두 자신의 역할을 하면서 대본에 있는 대사를 하십시오. 원한다면 다른 대사들을 추가해도 됩니다. 1, 2, 3, 시작합니다."

몇 분간 혼란이 지속되도록 둔다. 건강한 성인 양식을 맡은 환자에게 각 역할의 양식의 정도를 지시할 수 있다는 것을 상기시키라. 이제 행동을 중단하고 무슨 일이 일어났는지에 대해 논의한다.

"네, 이제 모두 멈춰 주십시오. 숨을 한 번 쉬시고 무슨 일이 일어났는지 얘기해 볼까요? 취약한 아동 양식부터 시작해 보겠습니다. 당신의 욕구가 돌봐 졌습니까? 당신은 보호되었습니까? 화난 아동 양식 – 당신의 말이 잘 들어졌습니까? 부적응적 대처 양식 – 취약한 아동 양식이 말하는 것을 들었습니까? 그/그녀는 보호되지 않았습니까? 그게 당신의 일이었습니다. 당신의 수행에 대해 어떻게 생각합니까? 취약한 아동 양식 – 당신을 보호하고 욕구를 충족시키기 위해 무엇을 했습니까? 부적응적 대처 양식 – 취약한 아동 양식 이야기를 듣긴 했나요? 그의 욕구를 알아차렸나요?"

건강한 성인 양식 – 이러한 양식들이 작동하는 통상적 방식을 어떻게 바꾸려고 했습니까? 당신의 노력이 성공적이었나요? 이후 사용할 어떤 것을 배웠나요?

처벌적 부모 양식이 전체 그림에서 멀어져 있던 역할연습이 어떤 영향을 주었나요? 처벌적 부모 양식이 덜 강력했나요? 다음에 할 역할극에서는 그렇게 만들어 봅시다.

좋은 부모 – 취약한 아동 양식이나 화난 아동 양식에 접근할 수 있었습니까?

우리가 지난 번에 했던 역할극과 어떤 것이 같고 어떤 것이 달랐습니까?

좋습니다. 양식들이 기능하는 방식을 살펴보았습니다. 이제 건강한 성인 양식이 조금 수정을 할 수 있도록 해 봅시다. (건강한 성인 양식 역할 환자에게) 무엇을 바꾸고 싶습니까? 예를 들어, '처벌적 부모 양식을 문 바깥에 두고 싶습니까? 부적응적 대처 양식을 외딴 곳으로 옮기고 싶습니까?' 등입니다. (수정을 한다.)

자, 이제 다시 가서 이렇게 바꾸고 무슨 일이 생겼는지 봅시다. (원하는 모든 환자가 부적응적 대처 양식과 취약한 아동 양식 역할을 해 볼 기회를 가질 때까지 계속해서 이러한 방식을 유지한다. 환자들이 번갈아 가며 건강한 성인 양식 역할을 하도록 독려한다. 필요하다면 건강한 성인 양식과 좋은 부모 환자를 지도한다.)

"

이렇게 반복된 역할극의 목표는 환자들에게 양식 체계 변화의 일부로서 양식역할이 되어 보는 경험들을 제공하는 것이다. 치료자들은 변화를 가져올 수 있는 질문을 하면서 논의를 지휘할 필요가 있다. 예를 들자면, 부적응적 대처 양식이 멀리 떨어졌을 때 취약한 아동 양식에게는 무슨 일이 일어났는가? 아마도 좋은 부모가 접근할 수 있었지만 익숙하지 않았기에 조금 두려움을 느꼈다고 대답할 것이다.

“좋습니다. 집단으로 의자를 다시 꺼내 모으고 이 경험에 대해 논의합시다.

1. 취약한 아동 양식의 욕구가 충족되었습니까?
2. 부적응적 대처 양식이 옆으로 비켜나 있었습니까?
3. 처벌적 부모 양식이 사라졌습니까? 혹은 요구적 부모 양식이 완화되었나요?
4. 화난 아동 양식의 말이 들렸습니까?
5. 건강한 성인 양식이 취약한 아동 양식의 욕구가 충족되었는지 확인했나요? 부적응적 대처 양식과 비교해 건강한 성인 양식이 더 잘했나요, 더 못했나요? 어떻게 달랐습니까?”

집단 훈련 2: 건강한 성인 양식 2 – 구슬 교환

지난 경험적 집단에서 했던 작업인 건강한 성인 양식을 강화시키는 데 기여한 작업을 상징적으로 표현하는 것이 중요하다. 이것이 심리도식치료의 전반적 목표이다. 구슬 교환을 하려고 한다. 환자들에게 색, 형태, 크기 등이 다른 유리 구슬 한 그릇을 준다. 환자들은 간혹 이전에 치료 프로그램 과정 동안 관찰해서 집단별로 한 명씩 건강한 성인 양식을 대표하는 이를 선택했을 것이다. 또한 작은 카드에 구슬이 대표하는 바를 적어서 준비했을 것이다.

한 명씩 구슬과 카드를 받을 것이다. 이 구슬들은 다른 경험적 회기에서 받는 구슬들과 모아서 끈에 꿰어져 있을 것이다. 구슬은 팔찌나 열쇠고리, ‘걱정 구슬’을 만들기에 충분한 약 14개로, 스트레스를 감소시키는 용도로 사용한다. 구슬들은 프로그램 과정 동안 구성원과 치료자가 인식하고 관찰했던 바를 표상하는 이행 대상이다.

치료자 팁

어떤 환자들은 시선 접촉을 하는 데에 어려움을 느끼거나 구슬을 받는 것에 너무 당황했다고 이야기한다. 환자들을 그냥 받아들일 수 있도록 밀어붙이는 방법은 이것이다. 당신이 이러한 모든 긍정적인 것에 익숙하지 않기 때문에 당황스러워하는 것은 괜찮다. 하지만 이러한 것을 해 보는 것이 당신에게 중요한 경험이다.

치료자 대본 예시

"여러분이 이것을 나중에 찰 수도 있고 지갑이나 주머니에 가지고 있거나 취약한 아동 양식 보물 상자나 안전하게 어딘가에 넣어 놓을 수도 있습니다. 여러분이 바깥에서 이것을 가지고 가거나 가지고 있으면 여기서 여러분 자신에 대한 긍정적 감각과 건강한 성인 양식을 강화했던 경험을 기억할 수 있을 것입니다."

경험적 양식 작업 회기 12: 건강한 성인 양식 2의 과제는 '경험적 양식 작업 과제 6과 12: 행복한 아동 양식 1과 2'를 반복하는 것이다.

여기서 제시했던 각 집단 회기마다의 환자 유인물, 훈련, 과제는 안내 사이트 www.wiley.com/go/farrell에서 수정 가능한 양식으로도 제공된다.

5장

개인 심리도식치료 회기

개인 회기의 중점적 내용은 현재 집단 회기 내에서 집중하고 있는 양식에 맞춰 진행된다. 개인 심리도식치료 작업이 집단 심리도식치료 작업에 도움을 주고, 상호관계가 있어서 반대로 집단 심리도식치료가 개인 심리도식치료에 도움을 준다. 종종 환자들이 집단 회기에서 생긴 개인적 문제에 관련한 질문을 하게 될 것이고, 그러한 질문은 개인 회기에서 가장 잘 해결될 수 있다. 또한 환자 개인의 특정 도식이나 양식에 대한 내용 집중적 작업은 개인 심리도식치료에서 보다 세밀하게 시행될 수 있다. 환자의 심리도식치료 개념(개인 심리도식치료 2: 당신의 심리도식치료 개념화)은 양식(개인 심리도식치료 3: 심리도식치료에서 나의 목표)과도 분명히 연관되어 있고 확인된 개인의 구체적인 목표와 같이 개인 심리도식치료에서 만들어진다. 심리도식치료 개념화는 치료의 지침이며 첫 개념화를 최대한 빨리 시행해야 한다. 시간이 지나면서 회기 내에서 이러한 개념화가 점차 건강한 성인 양식에 맞추어 개선된다. 개인 회기는 어떻게 심리도식치료 작업이 환자들에게 적용되는지에 대해 가장 명확하게 알 수 있게 해 준다.

이 장에서는 인지적 행동적 패턴 파괴와 심리도식치료의 경험적 요소들로부터 가능한 35가지의 개입을 포함해 12번의 개인 회기의 개요를 서술해 놓는다. 이러한 개입들은 회기 길이와 당신, 당신의 환자의 페이스에 맞춰 단독으로 혹은 결합하여 사용된다. 개인 심리도식치료를 위한 모든 자료가 포함되어 있다(치료자를 위한 팁, 예시 소강의, 유인물, 훈련, 치료 과제). 각 회기는 제공되는 유인물이나 훈련 일지에 설명되어 있다. 자료들은 웹사이트(www.wiley.com/go/farrell)에서 각 페이지별로 컬러로 인쇄 가능하다. 〈표 5-1〉에는 이러

〈표 5-1〉 심리도식치료 회기의 환자 자료

양식	유인물	제목	페이지
전반적	개인 심리도식치료 1	심리도식치료 개념화 예시	354
	개인 심리도식치료 2	당신의 심리도식치료 개념화	355
	개인 심리도식치료 3	심리도식치료에서 나의 목표	356
	개인 심리도식치료 4	양식 용어로 문제 요약과 치료 계획 예시	358
부적응적 대처 양식	개인 심리도식치료 부적응적 대처 양식 1	당신의 부적응적 대처 양식 행동	360
	개인 심리도식치료 부적응적 대처 양식 2	당신의 부적응적 대처 양식을 위한 행동 실험	361
	개인 심리도식치료 부적응적 대처 양식 3	당신의 부적응적 대처 양식의 장단점	363
	개인 심리도식치료 부적응적 대처 양식 4	부적응적 대처 양식의 인지적 왜곡	365
	개인 심리도식치료 부적응적 대처 양식 5	나의 부적응적 대처 양식과 약속하기	369
역기능적 부모 양식	개인 심리도식치료 역기능적 부모 양식 1	과거 역할극	372
	개인 심리도식치료 역기능적 부모 양식 2	주간 긍정 계획	373
	개인 심리도식치료 역기능적 부모 양식 3	정체성 원 설명	376
	개인 심리도식치료 역기능적 부모 양식 4	요구적 부모 양식의 인지적 왜곡	378
	개인 심리도식치료 역기능적 부모 양식 5	역기능적 부모 양식과 싸우기 위한 플래시카드	384
취약한 아동 양식	개인 심리도식치료 취약한 아동 양식 1	나의 취약한 아동 양식을 위로하는 새로운 기법	385
	개인 심리도식치료 취약한 아동 양식 2	나의 취약한 아동 양식의 두려움	388
	개인 심리도식치료 취약한 아동 양식 3	아동의 욕구	391
	개인 심리도식치료 취약한 아동 양식 4	아동의 권리	395
	개인 심리도식치료 취약한 아동 양식 5	취약한 아동 양식을 위한 플래시카드	399
화난 아동 양식	개인 심리도식치료 화난 아동 양식 1	화난/충동적 아동 양식을 위한 플래시카드	401
	개인 심리도식치료 화난 아동 양식 2	나의 화난 아동 양식에 대한 다른 사람들의 반응	403

화난 아동 양식	개인 심리도식치료 화난 아동 양식 3	화난 아동 양식의 욕구	404
	개인 심리도식치료 화난 아동 양식 4	건강한 관심 욕구	407
행복한 아동 양식	개인 심리도식치료 행복한 아동 양식 1	당신의 행복한 아동 양식 불러일으키기	412
	개인 심리도식치료 행복한 아동 양식 2	나의 행복한 아동 양식이 좋아하는 것	414
	개인 심리도식치료 행복한 아동 양식 3	행복한 아동 양식을 위한 긍정적 피드백	417
건강한 성인 양식	개인 심리도식치료 건강한 성인 양식 1	건강한 성인 양식을 위한 행동 실험	420
	개인 심리도식치료 건강한 성인 양식 2	당신의 건강한 성인 양식 알아 가기	422
	개인 심리도식치료 건강한 성인 양식 3	당신의 건강한 성인 양식과 미래	424

한 자료들이 요약 제시되어 있으며 각 자료의 페이지 또한 제시되어 있다.

3장에서 논의한 바와 같이 심리도식치료를 설명한 매뉴얼로서, 환자의 양식에 따라서 개별화할 수 있어야 한다. 이 프로그램에 포함되는 새로운 내용은 정해진 순서를 따르지만 다양한 기술을 이용한 집단의 사례들처럼 치료자가 제시된 내용이나 양식만을 다루어야 하는 것은 아니다. 집단 심리도식치료에서는 심리도식치료 초심자들에게는 여기에 설명된 양식 순서를 고수하고 집중적 양식을 위해 제공된 개입 중 하나를 사용하기를 추천한다. 하지만 환자에 따라 심리도식치료 요소(인지적, 경험적 혹은 행동적 패턴 파괴) 중 어떤 것을 활용할지 당신이 선택할 수 있다. 더 숙련된 심리도식치료자는 환자의 회기 중 양식에 가장 잘 맞는 개입을 선택할 수 있다. 치료자들이 이러한 유연성을 갖기 위해서는 양식을 확인하기 위한 보다 많은 기술을 습득하고 주요 양식 개입을 위한 실습이 필요하다. 이러한 접근은 치료자가 환자의 양식에 기저한 욕구를 기반으로 하여 반응을 조절하는 것이 필요한 것처럼, 개별화는 제한된 재양육 내에서 항상 존재한다. 예를 들어, 취약한 아동 양식의 욕구를 확인하고 위로해 주고, 부적응적 대처 양식의 경우는 한계를 설정하고 공감적 직면을 하는 것과 같다. 2장의 〈표 2-3〉을 참조해 양식과 욕구에 따른 개입을 살펴보면 도움이 될 것이다.

1. 심리도식치료 개념화와 목표

심리도식치료 개념화는 환자가 이 치료모델을 처음 알게 된 심리도식치료 교육 회기에서부터 시작된다. 심리도식치료는 협동적이기에 치료자가 환자들에게 치료 초기에 심리도식치료 모델의 측면에서 환자의 문제를 어떻게 이해했는지에 대한 이야기를 시작한다. 모델의 이점은 사용자 친화적 용어를 사용하는 것과 환자들에게 그들의 심리적 문제와 증상에 대해 안면 타당성(역자 주: 전문가 아닌 일반인들이 타당하다고 생각하는 것)을 지닌 설명이 제공되는 것이다. 문제에 대한 정의와 치료의 목표를 공유하는 것이 필수적이다. 개념화와 목표는 집단 심리도식치료와 개인 심리도식치료 모두에서 논의되지만, 개인 회기에서 더 많은 내용과 병력이 공유되기 때문에 개인 심리도식치료 중 더 정교화된 심리도식치료 개념화가 이루어지며 집단 심리도식치료의 건강한 성인 양식 주에 축약된 형태로 공유된다. 마지막 심리도식치료 교육 집단 때에 완성되는 파이차트 양식 배분은 집단 심리도식치료 회기(심리도식치료 교육 회기 5: 양식 확인하기) 시에 논의되고 발전되어 온 형태이다. 3회기 내에 심리도식치료 개념화를 완료하기를 추천한다. 생각, 느낌, 행동과 관련된 양식을 당신의 환자와 함께 알아보게 된다. '개인 심리도식치료 1: 심리도식치료 개념화 예시'에서는 개념화 예시와 Arntz와 Jacob(2012)의 추가적 예시를 제공한다.

치료자 대본 예시

집단 심리도식치료 교육에서 당신이 배웠듯이, 모든 사람은 다른 형태의 도식과 양식을 가지고 있습니다. 오늘은 당신이 어떤 양식을 가졌는지,

이러한 양식들이 어떤 것처럼 보이는지를 당신과 함께 알아보려 합니다. (당신은 이제 환자에게 집단 심리도식치료 교육을 듣고 자신이 어떤 양식에 해당한다고 생각했는지를 묻고 그들의 답변에 따라 개인 심리도식치료 3: 심리도식치료에서 나의 목표 부분을 채운다. 당신의 환자가 기억하지 못한다면, 당신은 아래의 예시 대본을 사용해 알아낼 수 있도록 한다.)

선천적 아동 양식인 취약한 아동 양식, 화난 아동 양식과 충동적 아동 양식에서부터 시작할까요? 이는 정서적 고통이나 어려움을 느끼게 되는 양식입니다. (환자가 여전히 기억하지 못한다면, 각 양식에 따른 예시를 제공한다.) 당신의 취약한 아동 양식에 대해 이야기해 보시면 제가 받아 적겠습니다. (다른 모든 아동 양식에 대해서도 똑같이 하라.) 그럼 이제 우리를 힘들게 하는 역기능적 부모 양식으로 넘어가 볼까요? (만약 환자가 기억하지 못한다면 역기능적 부모 양식들의 예시를 들어 알려준다.) 당신이 느끼기에 이러한 양식 같은 경험은 어떤 것인가요? 처벌적 · 요구적 형태 혹은 두 가지 모두인가요? (당신은 양식과 과거의 경험과 연결하여야 한다. 원이나 사각형 형태의 서식 옆에 이러한 연결점들을 기록할 수 있다.)

부정적 경험에 대처하는 두 가지 주요 방법이 있습니다. 한 가지는 적응적인 방법인 건강한 성인 양식입니다. 당신이 치료를 받기 위해 온 것을 보면 이 건강한 성인 양식은 당신이 가지고 있는 것입니다. 또한 부적응적 대처 양식이라는 것이 있는데, 이는 당신이 _____을 겪었을 때 살아갈 수 있도록 도와준 방법입니다(과거의 경험과 연결하세요). 하지만 지금은 이 부적응적 대처 양식이 당신의 욕구를 적절하게 충족하는 것을 방해하고 있습니다. 집단 심리도식치료 교육 때에 기억나는 부적응적 대처 양식이 있나요? (환자가 사례를 직접 말할 수 있도록 한다. 만약 사례들을 생각해 내지 못한다면 다른 예시를 들어 주라.) 당신은 어떤 부적응적 대처 양식을 알고 있나요? 그리고 그러한 양식일 때 어떻게 반응하나요? (환자들이 설명하도록 하라. 당신이 보기에 관련성이 있는 추가적인 부적응적 대처 양식이 있다면 환자들에게 당신이 알아차린 것에 대해 말하라. 만약 환자들이 당신이 말한 그 양식이 갖고 있지 않다고 반응하면, 당신이 두 가지 가능성 모두에 대해 생각해 볼 것이고 필요하다면 다시 이야기하자고 말하라. 심리도식치료 개념화란 진행 중인 작업이며 새로운 양식이 언제나 추가될 수 있고 치료를 받으면서 연결이 명확해질 것이라는 것을 환자들에게 설명해 주라.)

또한 잊고 지나갈 수 없는 중요한 양식 중 하나인 행복한 아동 양식입니다. 이 양식에 해당하는 경험에 대해 조금 말씀해 주실 수 있나요?

당신이 중요하다고 생각하는 모든 양식에 대해 작성했나요? 이 개념화가 당신을 보여 준다고 생각하십니까? (만약 그렇지 않다면 그에 맞춰서 변경하라.) 좋습니다. 이 양식들이 심리도식치료 프로그램에서 사용되게 됩니다.

(또한 각 환자들의 심리도식치료 목표를 설정하고 이러한 목표를 양식과 연관시키라. 회기의 개인 심리도식치료 3 유인물을 사용할 수 있다.) 자, 이제 당신이 어떤 양식을 갖고 있는지 알게 되었으니 이러한 양식들을 어떻게 바꾸고 싶은지에 대해 이야기해 봅시다. 심리도식치료 집단교육 때 받았던 유인물을 보세요. 이미 배웠듯이 각 양식은 각기 다른 목표를 가지고 있습니다. 적혀 있는 목표들 중 어떤 것이 당신의 양식에 가장 잘 해당한다고 생각하나요? 해당 양식 때문에 경험했던 어려움을 살펴보세요. 어떤 부분이 변화되어야 한다고 생각하나요? (환자들이 목표를 너무 높게 설정하는 경향이 있는 부분을 주의하라. 당신의 치료 프로그램 기간 내에 성취할 수 있을 만한 목표를 세우고 목표를 성취하기 위한 단계들을 찾아보라. 이 목표들에 관련한 작업들은 지금만이 아니라 이후에도 계속해서 할 수 있다는 것을 환자들에게 알려 주라. 하지만 지금은 환자들이 지속적으로 변화하고자 하는 동기를 가질 수 있는 성취 가능한 목표를 설정하는 것이 중요하다.)

2. 부적응적 대처 양식

많은 부적응적 대처 양식 중 가장 빈번하게 사용하고 가장 문제가 되는 부적응적 대처 양식을 중점적으로 다루도록 선택하게 된다. 예를 들어, 순응적 굴복자는 불행한 삶을 만들 수 있지만 과잉보상 양식 가해자 공격은 징역 선고를 받게 할 수 있다. 이 경우 가장 심각한 손해를 입히는 후자를 더 중점적으로 다루게 될 것이다.

1) 심리도식치료 행동적 패턴 파괴 개입

(1) 부적응적 대처 양식 행동(유인물: 개인 심리도식치료 부적응 대처 양식 1)

대부분의 환자는 한 가지 이상의 부적응적 대처 양식을 가지고 있다. 당신 자신을 이해하기 위해서 당신이 어떤 부적응적 대처 양식을 사용하는지, 어떤 주요 상황들이 이러한 부적응적 대처 양식을 사용하도록 촉발하는지, 당신이 그 양식일 때의 통상적 행동을 아는 것이 중요한다. 환자들에게 대부분의 사람은 서로 다른 부적응적 대처 양식들을 가지고 있다는 것을 말해 줌으로써, 이 훈련을 처음 시작하게 되며 환자들이 했던 심리도식치료 집단 교육에서의 작업을 상기시켜 준다. 부적응적 대처 양식 행동을 찾기 위한 한 가지 훈련은 개인 심리도식치료 부적응적 대처 양식 1: 당신의 부적응 대처 양식 행동이다. 환자에게 어떤 행동에 문제가 있는지 물어보라. 예시를 들어 주고(예: 사람들과 싸움에 휘말린다, 마약을 복용한다, 여러 시간 동안 벽을 쳐다본다) 그 행동이 어느 양식에 해당하는지 명확히 한다(회피성, 복종, 과잉보상). 과잉행동(예: 밤새도록 비디오게임을 함)과 결핍행동(예: 사람들에게 말하지 않음, 지체하기)에 중점을 둔다. 많은 행동이 과도하거나 충분치 못하게 발생할 때에만 부적응적이라는 것을 명확히 하라. 환자가 가진 하나 혹은 그 이상의 문제적 행동이 발견되었고 그것이 부적응적 대처 양식의 일부라고 생각될 때, 당신이나 환자가 유인물에 기입하도록 한다. 이어 해당 행동이 일어나는 상황을 찾아보라.

개인 심리도식치료 1: 심리도식치료 개념화 예시

심리도식치료 개념화 예시
이사벨, 28세
주요우울증과 회피성 성격장애

기능적 양식
건강한 성인 이사벨:
출근하고 딸을 돌본다.

선천적 아동 양식
취약한 아동 양식
(외롭고 어린 이사벨)
- 그녀의 부모님은 그녀를 위해 시간을 쓰지 않았다.
- 오늘 그녀는 남편이 출장을 떠나야 할 때 극심한 외로움을 느낀다.

부적응적 대처 양식
회피성 보호자 양식
(겁에 질린 이사벨)
- 절대 혼자 활동을 하지 않는다.
- 사회 모임을 피한다.

과잉 보상자(완벽주의자)
- 완벽하려 노력한다.

순응적 굴복자
(만만한 이사벨)
- 그녀에게 중요한 것이라 하더라도, 파트너에게 절대 불평하지 않는다.

역기능적 부모 양식
요구적 부모 양식
- 대리학습: 엄청나게 일을 많이 하는 부모
- 이사벨이 완벽한 엄마와 아내가 되기를 강요한다.

처벌적 부모 양식
- 이사벨에게 주의를 기울여야 할 때 머리가 아팠던 보모
- 오늘 이사벨이 남편에게 무언가가 필요할 때 죄책감 유발

개인 심리도식치료 2: 당신의 심리도식치료 개념화

당신의 치료자와 치료 개념화를 하라. 경험하는 문제점이나 증상을 양식과 짝지으라. 당신의 치료 목표를 정하라. 도달할 수 있는 치료 목표를 설정하라. 또한 목표들을 특정 양식 변화와 연결시키라.

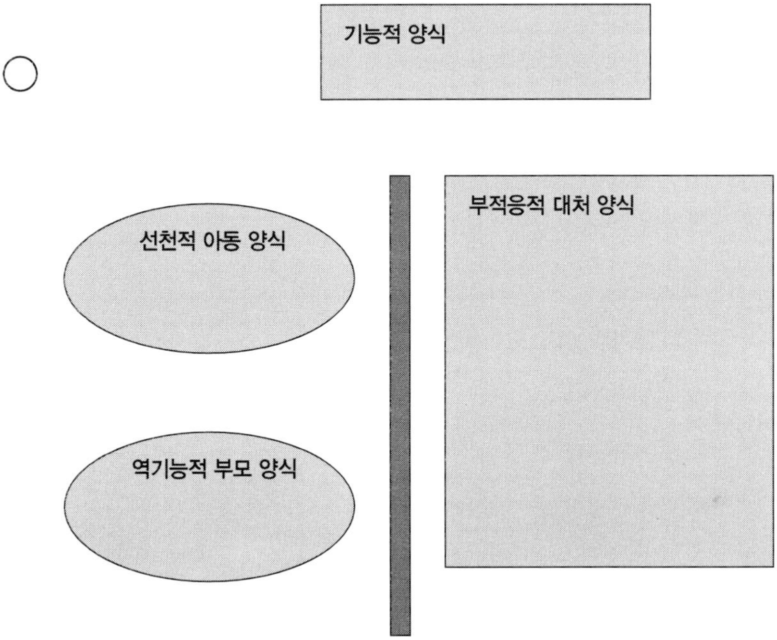

부적응적 대처 양식의 촉발 요인을 알아내기 위한 아이디어이다. 당신의 환자와 함께 일상 언어로 부적응적 대처 양식에 이름을 붙여 보라. 단지 부정적인 줄임말로 이름 붙이지 않아야 한다는 것이 중요하다(예: '나의 왕자님 양식' 혹은 '바트 심슨 양식'). 당신이 한 번 부적응적 대처 양식에 이름을 붙이고 나면, 양식을 단순히 이론적 구조가 아닌 더 개인적으로 만들어 주는 그 이름을 치료 회기 내내 사용하라.

개인 심리도식치료 3: 심리도식치료에서 나의 목표

나의 부적응적 대처 양식: ______________________

해당 양식에서 겪는 어려움: ______________________

____

해당 양식의 심리도식치료 목표: ______________________

____

○ 나의 아동 양식: ______________________

____

해당 양식에서 겪는 어려움: ______________________

____

해당 양식의 심리도식치료 목표: ______________________

____

나의 역기능적 부모 양식: ______________________

해당 양식에서 겪는 어려움: ______________________

____

해당 양식의 심리도식치료 목표: ______________________

____

○ 나의 ________ 양식: (이것은 다른 부적응적 대처 양식, 충동적 아동 양식, 역기능적 부모 양식이 되거나 혹은 건강한 성인 양식이나 행복한 아동 양식을 강화하는 것이 될 수 있다.)

나의 양식: ______________________

해당 양식에서 겪는 어려움: ______________________

____

해당 양식의 심리도식치료 목표: ____________________

____

(2) 부적응적 대처 양식을 위한 행동 실험(유인물: 개인 심리도식치료 부적응적 대처 양식 2)

다른 상황들과 사람들은 서로 다른 정도의 부적응적 대처 양식을 촉발한다. 이 회기에서는 이러한 것을 확인할 수 있을 것이다. 가장 주요한 부적응적 대처 양식부터 시작하라. 무엇이 환자가 발견한 상황을 촉발하는지를 '집단 심리도식치료 교육 회기 2: 당신의 양식 경험을 찾아보라'(4장 3절) 유인물을 사용해 확인하라. 서로 다른 정도의 부적응적 대처 양식을 이끌어 내는 상황을 알아내라. 환자와 함께 행동 실험 상황을 계획해 보라. 만약 양식 인식 집단 회기 1이 시행되었다면 양식의 다른 요소(생각, 느낌, 생리적 반응, 행동)를 알기 위해, 유인물(양식 인식 과제 1: 나의 부적응적 대처 양식을 인식하기, 4장 4절)을 참조할 수 있다. 행동 실험이 이 회기의 과제이다. 다음 회기에서는 관찰된 부적응적 대처 양식 강도의 차이와 환자가 얼마나 해당 부적응적 대처 양식을 조절하는지에 대해 논의한다. 부적응적 대처 양식을 조절해 온 방법에 대해 논의한다. 유인물 '개인 심리도식치료 부적응적 대처 양식 2: 당신의 부적응 대처 양식을 위한 행동 실험'을 보라.

2) 심리도식치료 인지적 개입

(1) 부적응적 대처 양식의 장단점(유인물: 개인 심리도식치료 부적응적 대처 양식 3)

'개인 심리도식치료 부적응적 대처 양식 3: 당신의 부적응적 대처 양식의 장단점'을 참조해서 부적응적 대처 양식의 장단점을 정리해 보라. 장점부터 시작하는 것이 중요한다. 환자의 일대기를 보면, 왜 환자들이 특정한 부적응적 대처 양식을 발달시켜 왔는지를 통상적으로 이해 가능하다.

개인 심리도식치료 4: 양식 용어로 문제 요약과 치료 계획 예시

심리도식 양식	심리도식 촉발 요인	이 양식과 관련된 당신의 문제점	어떤 양식으로 변경하였는가?	어떻게 작업하였는가?
취약한 아동 양식	• 상처 받았다. • 엄마가 나를 어떻게 대했는지 기억난다. • 학대받은 것이 기억난다. • 고함을 지르거나 못된 목소리로 말한다. • 버려지거나 무서운 느낌이 든다.	• 현재의 무언가에 상처를 입으면 오래된 많은 상처를 느낄 수 있으며, 취약한 아동 양식은 이러한 감정을 용인할 수 없다.	예: 때로 충동적 아동 양식으로 처벌적 부모양식으로 요구적 부모 양식으로	1. 욕구 확인: 신경을 쓰고 안정감과 안전함을 느낀다. 2. 도움을 청하기(치료자들, 집단): 포옹해 주거나 누군가에 나와 함께 앉아 있어 달라고 요청한다. 3. 건강한 성인에게 접속하여 도움받기. 예를 들어, 당신의 건강한 성인에 접속하기 위하여 동그라미를 하라(피질). 4. 내 건강한 성인은 부드러운 담요를 껴안고 내 곰을 포옹할 수 있다. 나는 흔들어 댈 수 있으며 할머니가 나를 포옹하고 흔들어 댔던 것을 기억해 낼 수 있다.
화난 혹은 충동적 아동 양식	• 나는 1분 이상 그 기분을 견딜 수 없는 심정이다. 나의 욕구를 지금 충족해야 한다.	• 이 양식에서 나는 자해하거나 무서운 상처받은 기분을 끝내기 위해 무엇이든 삼킨다.	충동적 아동 양식	5. 나는 안전하게 있기 위해서(내 가까이에 안전하지 않은 것과 삼킬 물건들을 가지고 있지 않을 것) 다른 사람들에게 도움을 요청할 필요가 있다.
처벌적 혹은 요구적 부모 양식	• 내 내면적 부모의 목소리로부터 내 잘못이라거나 내가 나쁘다는 말을 듣는 경우 이 변화가 촉발된다.	• 이 양식에서 나는 '약한' 느낌에 대한 처벌로 나 자신을 해친다.	처벌적 부모 양식	6. 나는 좋은 부모의 보호가 필요하다. 7. 나는 내가 괜찮다고 나를 안심시킬 사람과 내가 느끼는 것에 대해서 이야기할 수 있다. 8. 나는 건강한 성인 양식에 접속할 수 있다. 우리가 집단에서 작업했던 진정시키는 이미지를 사용하거나 좋은 부모 카드를 읽는다.

부적응적 대처 양식	• 내가 높은 강도 또는 과부하 상태에 이르면 이것이 자동적으로 발생하게 된다.	• 이 양식에서 나는 무언가를 느낄 정도로 무서워지면 나중에 스스로 상처 입을 수 있다. 나는 비현실적인 것을 느끼기 시작할 수 있다.	↓ 분리된 보호자 양식	9. 나는 내 상한 감정을 감소시킬 필요가 있다. 10. 나는 내 감정을 털어낼 수 있었다. 11. 나는 안전지대 이미지나 안전 이미지와 같은 보다 건강한 분리를 사용할 수 있었다. 12. 내가 너무 고통을 받고 있다는 인식이 요구적 부모를 중단시키기 위해서 중요하다.

우선, 부적응적 대처 양식이 유익했거나 생존에 필수적이었던 일대기적 경험을 모은다. 그리고 환자의 현재 삶을 살펴보고 지난 3개월간 부적응적 대처 양식이 유익했는지를 평가한다. 만약 환자의 삶의 상황들이 건강한 삶을 어렵

개인 심리도식치료 부적응적 대처 양식 1: 당신의 부적응적 대처 양식 행동

대부분의 사람은 다른 부적응적 대처 양식을 가지고 있다. 당신의 부적응적 대처 양식이 무엇인지, 어떤 상황이 이 양식을 촉발하는지 그리고 당신이 각 부적응적 대처 양식에 해당될 때 어떻게 반응하는지를 아는 것이 매우 유용한다.

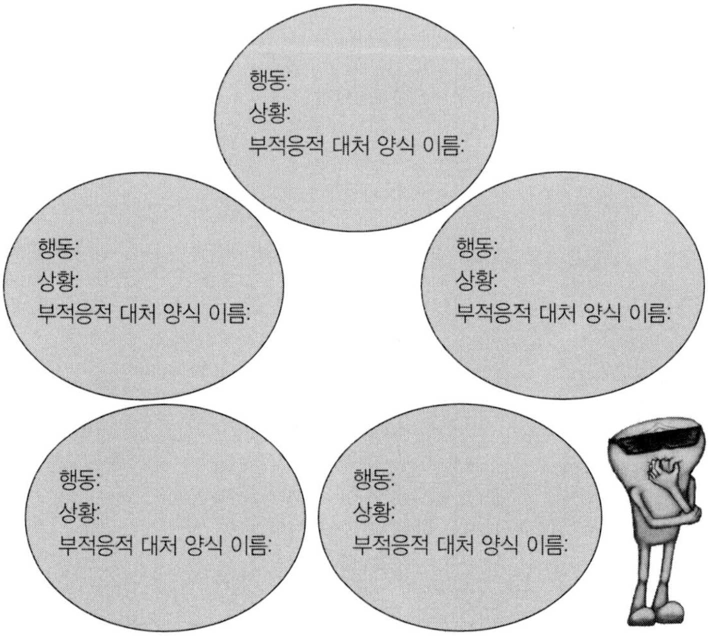

내가 가장 많이 사용하는 부적응적 대처 양식: ________________

가장 위험한 부적응적 대처 양식: ________________

개인 심리도식치료 부적응적 대처 양식 2:
당신의 부적응 대처 양식을 위한 행동 실험

다른 상황과 다른 사람이 당신의 부적응적 대처 양식을 촉발한다. 하지만 모두가 같은 강도로 촉발하지는 않는다. 그 강도의 차이에 대해 알아보자.

예시: 나의 회피성 보호자는 동료들이 아주 위험하기에 그들을 피해야 한다고 말한다. 나의 회피성 보호자는 내가 학창 시절 다른 아이들에게 괴롭힘을 당했기 때문에 다른 사람들을 피하게 되었다고 말한다.

치료자와 함께 작업했던 행동 실험은 다음과 같다.

1. 예시: 이웃과 5분간 이야기를 나누고 난 후 회피성 보호자의 강도 정도를 매겨 본다.

____

____

0 = 회피성 보호자가 없다 10 = 회피성 보호자밖에 없다

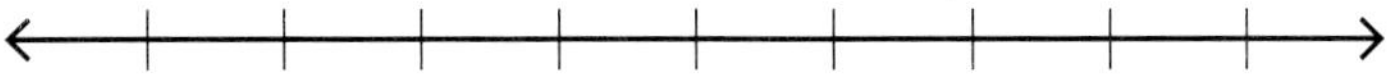

2. 예시: 병원 대기실에 있는 다른 사람과 5분간 이야기를 나누고 회피성 보호자의 강도 정도를 매겨 본다.

____

0 = 회피성 보호자가 없다 10 = 회피성 보호자밖에 없다

3. 예시: 체육 시간을 기다리면서 한 무리의 사람들과 이야기를 나눈다.

0 = 회피성 보호자가 없다 10 = 회피성 보호자밖에 없다

이 행동 실험을 통해 무엇을 배웠는가?

게 만든다면(예: 만약 환자가 원래의 폭력적 가정 내에서 살고 있다든가, 성매매를 직업으로 한다든가, 범죄적 환경 내에 살아가고 있는 것), 현재 환자들의 상황에서 생존적인 면을 고려할 때 그들의 부적응적 대처 양식을 바꾸는 것은 좋은 선택이 아닐 수 있다는 것을 명심하라. 당신이 알고 있는 것이 있다면 유익했던 부적응적 대처 양식 상황을 제시할 수 있다. 이제 부적응적 대처 양식의 불리한 점이나 단점에 대한 작업을 한다. 유인물 하단의 표에 확인한 모든 장단점 목록을 작성한다.

개인 심리도식치료 부적응적 대처 양식 3: 당신의 부적응적 대처 양식의 장단점

(이점이나 혜택 vs. 불리한 점이나 문제점)

당신의 부적응적 대처 양식은 과거, 특히 어린 시절의 어렵고 고통스러운 상황에서 살아남도록 도와줬다. 이것이 바로 지금까지도 여전히 당신에게 큰 영향을 주고 있는 이유 중 하나이다. 하지만 그것은 현재 삶에서의 당신의 욕구를 충족시키는 데에는 도움이 되지 않는다. 함께 살펴보자.

당신의 부적응적 대처 양식이 도움이 되었던 과거 상황을 써 보라.

지난 석 달간 당신의 부적응적 대처 양식이 도움이 됐던 경험을 써 보라.

자, 이제 모두 함께 모아서 당신의 현재 삶에서와 같은 강도로 부적응적 대처 양식 유지에 대한 찬반 의견을 비교해 보자.

부적응적 대처 양식 장점(이점)	부적응적 대처 양식 단점(불리한 점)

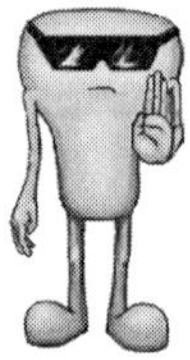

(2) 부적응적 대처 양식의 인지적 왜곡과 건강한 성인 양식의 인지적 해결책 (유인물: 개인 심리도식치료 부적응적 대처 양식 4)

'개인 심리도식치료 부적응적 대처 양식 4: 부적응 대처 양식의 인지적 왜곡' 유인물에서는 부적응적 대처 양식을 유지하도록 하는 인지적 왜곡을 알아냄으로써 부적응적 대처 양식의 인지적 측면을 살펴본다. 예시를 보라. 자신('타인이 당신을 너무 많이 알 수 있도록 해서는 안 된다, 그렇지 않으면 다른 사람들이 당신의 결함을 알아차릴 것이다.')이나 타인('타인들은 대부분 비열하며 당신이 수치심을 느끼도록 노력할 것이다. 그들에게서 멀리 떨어져 있으라.'), 관계('그냥 그들이 맞다고 말하라. 그래야 그들이 당신을 떠나지 않을 것이다.')에 대해서 환자의 부적응적 대처 양식이 어떻게 생각하는지 물어보라. 유인물의 두 번째 부분은 건강한 성인 양식이 상기시켜 줄 수 있는 인지적 '해결책'이나 현실적 점검을 살펴본다. 환자와 함께 부적응적 대처 양식 왜곡에 맞설 수 있는 해결책 집합들을 발전시키는 작업을 한다. 이 유인물은 치료 파일에 보관해 참고 자료로 활용할 수 있다.

개인 심리도식치료 부적응적 대처 양식 4: 부적응적 대처 양식의 인지적 왜곡

당신이 부적응적 대처 양식일 때 당신은 특정 필터를 통해 세상을 바라보게 된다. 이 필터는 당신의 심리도식으로 인해 왜곡된다. 부적응적 대처 양식의 인지적 왜곡이 무엇인지 함께 찾아보자.

예: '만약 사람을 믿게 되면 그들은 당신에게 상처만 줄 것이다.'가 당신의 신념 중 하나인가? 부적응적 대처 양식으로부터 나온 다른 신념들은 무엇인가?

1. ______________________________

____

2. ______________________________

____

3. ______________________________

____

4. ______________________________

____

5. ______________________________

____

건강한 성인 양식의 인지적 해결책

만약 건강한 성인 양식이 부적응적 대처 양식의 인지적 왜곡에 대한 '해결책'을 찾을 수 있는지 살펴보자.

예: '당신이 사람을 믿었을 때 사람들이 당신에게 상처 줄 수도 있다. 하지만 대부분의 사람은 상처를 일부러 주지는 않는다. 성인으로서 무너지지 않고 고통스러운 경험에 대처할 수 있다.' '당신은 당신이 어떤 사람을 신뢰하고 관계를 원할 때만 관계를 가질 수 있다. 그것은 당신에게 중요한 것이다.'

1. ______________________________

____

2. ______________________________

____

3. ______________________________

____

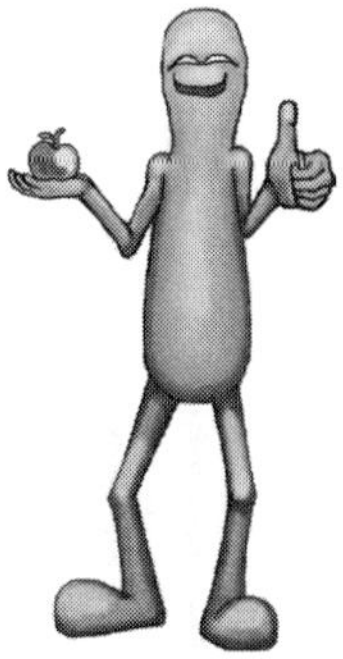

4. ______________________________

____

5. ______________________________

____

3) 심리도식치료 경험적 개입

(1) 공감적 직면

당신의 환자가 부적응적 대처 양식 상태에 있다면, 해당 부적응적 대처 양식이 이로울 때는 부적응적 대처 방식을 언급하고 이를 생애 경험들과 연결시키

라. 부적응적 대처 양식이 과거에는 보호적 목표에 도움이 되었다고 인정하되(보호적 목표의 예: 타인과의 관계를 유지하기 위해, 더 큰 고통을 겪지 않도록 하기 위해), 현재는 이 목표를 달성하는 데에 도움이 되지 않는다는 것을 알려 주라. 이러한 과정들은 환자들이 변화의 필요성에 공감하고 맞설 수 있게 한다. 심리도식치료의 공감적 직면은 당신이 환자와 충분한 친밀감이 있어야 하는데, 이로 인해 당신이 환자들에게 단순히 비판적으로 대하지 않고 최선을 다해 도와주는 일정 수준의 수용성을 지녔다고 환자들이 생각할 수 있어야 한다. 이러한 친밀감은 다음과 같은 말을 통해 강화된다. "비판적으로 이야기하기 위해 지금 말하고 있는 것이 아닙니다. 당신의 오래된 보호적 행동이 현재의 욕구를 충족할 수 없게 하는 것을 염려하기 때문에 이야기하는 것입니다." 그리고 그들의 욕구를 충족하지 못하게 하는 부분에서 그들의 부적응적 대처 양식 행동과 관련된 문제를 지적한다. 예를 들어, "저는 당신이 어린 시절 괴롭힘을 당했기 때문에 현재 새로운 사람을 만나게 되면 '회피성 보호자'의 형태가 나타나 최대한 빨리 도망가는 것을 이해합니다. 하지만 제가 염려하는 바는 그러한 책략이 친절하고 수용적일 친구를 찾을 가능성을 저해한다는 것입니다." 그리고 환자의 욕구를 충족시킬 수 있는 행동으로 수정하도록 제안한다. "새로운 사람이 안전한지 아닌지에 대한 정보를 수집하고 난 이후, 부적응적 대처 양식을 지속해서 당신을 보호할 것인지를 결정할 수 있습니다. 그러한 방식을 사용하면 안전한 사람과의 교제 욕구를 충족시킬 기회를 갖게 되고, 다른 방법은 홀로 지내는 것입니다." 또한 행동을 수정하도록 도움을 준다. "새로운 사람이 안전한지를 어떻게 결정하는가에 대해서 혹은 질문하는 역할극까지도 회기 중에 함께 작업할 수 있습니다."

> 요컨대, 공감적 직면의 단계 혹은 공식은 다음과 같다.
>
> ① 환자와의 친밀감을 강화한다.
> ② 부적응 행동에 이름을 붙인다.

③ 그러한 행동이 그들의 욕구를 충족시킬 수 없게 한다는 것을 지적한다.
④ 그들의 욕구를 충족시킬 수 있는 행동인 수정행동을 제시한다.
⑤ 수정행동을 학습할 수 있도록 도와준다.

유인물 '개인 심리도식치료 부적응적 대처 양식 3: 나의 부적응 대처 양식의 장단점'을 사용하라. 환자와 함께 검토하고 부적응적 대처 양식의 강도나 빈도를 줄일 작업을 할 것인지를 환자들이 결정하도록 한다.

(2) 부적응적 대처 양식의 양식 대화(유인물: 개인 심리도식치료 부적응적 대처 양식 5)

이 대화는 유인물 개인 심리도식치료 부적응적 대처 양식 5: 나의 부적응 대처 양식과 약속하기를 사용한다.

① 보통 사용하는 치료 의자가 아닌 두 개의 의자를 추가로 준비한다. 당신의 환자가 부적응적 대처 양식에 처해 있을 때의 상황을 알아낸다.
② 한 의자는 부적응적 대처 양식으로 정하고 환자가 자신의 부적응적 대처 양식 의자에 앉는다. 그리고 부적응적 대처 양식이 말해야 할 것은 무엇이든 말한다.
③ 다른 의자를 건강한 성인 양식으로 정한다. 당신의 환자가 건강한 성인 양식의 상황일 수 있다면, 환자에게 그 의자에 앉아서 건강한 성인 양식이 부적응적 대처 양식에게 말해야 할 것을 말한다. 만약 환자가 건강한 성인 양식으로 어떤 말을 해야 할지 모른다면, 건강한 성인 양식이 무슨 말을 할지 지도한다. 만약 환자가 건강한 성인 양식 의자에 전혀 앉을 수 없을 정도라면 자신의 평소 치료 자리에 앉도록 한다. 환자에게 당신이 건강한 성인 양식 의자에 앉아 그의 건강한 성인 양식

역할을 해도 될지 물어본다. 의자에 앉아서 건강한 성인 양식처럼 부적응적 대처 양식에게 말을 한다. 그리고 환자에게 부적응적 대처 양식이 더 응답할 것이 있는지 묻고, 만약 그렇다고 대답하면 환자가 그에 대해 이야기하고 난 후에 당신이 부적응적 대처 양식에 대답한다.

④ 건강한 성인 양식이 환자의 삶을 더욱 조절할 수 있도록 하고 부적응적 대처 양식의 힘을 낮춰야 한다는 것에 동의하는 약속에 대한 협상이나 부적응적 대처 양식에 대응하기 위한 간단한 대화를 한다. 이 단계에서 당신은 유인물을 사용할 수 있다.

⑤ 치료 의자로 돌아가서 어떻게 이 약속이 환자의 일상에 영향을 미칠 수 있을 것인지에 대해 이야기를 나눈다.

개인 심리도식치료 부적응적 대처 양식 5: 나의 부적응적 대처 양식과 약속하기

치료 시 건강한 성인 양식이 더욱 많은 통제를 하길 바란다. 그 이유는 다음과 같다.

____

____

____

____

치료 시 건강한 성인 양식은 다음의 방법으로 더욱 많은 제어를 할 수 있다.

____

____

____

____

건강한 성인 양식이 내 삶에서 더욱 많은 제어를 하길 바란다. 그 이유는 다음과 같다.

○ 건강한 성인 양식이 내 삶에서 더욱 많은 제어를 할 수 있는 방법은 다음과 같다.

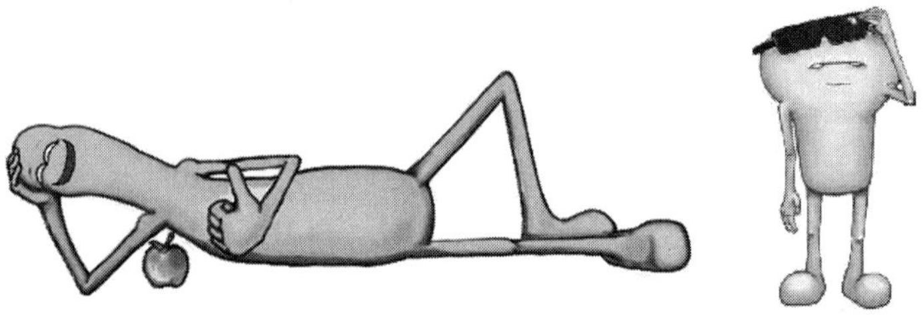

3. 역기능적 부모 양식

1) 심리도식치료 행동 패턴 파괴 개입

(1) 과거 역할극(유인물: 개인 심리도식치료 역기능적 부모 양식 1)

과거 역할극을 할 때는 아동의 관점, 타인의 관점(예: 보육자)과 같이 한 상황

내의 다양한 관점이 시행된다. 이는 대안적 설명이 정서와 인지의 변화를 가져올 수 있는 상황에만 시행된다. 이 기법을 학대적 상황이나 심리적 외상 상황에 사용하지 말라. 이러한 개입은 역할극이라는 행동으로 이뤄지지만 목표는 단순한 반복행동이 아니라 일어났던 사건의 의미에서의 심리도식 정도를 변화시키는 것이다. 유인물 '개인 심리도식치료 역기능적 부모 양식 1: 과거 역할극'을 사용하라.

과거 역할극 단계

1. 과거 역할극의 첫 번째 단계는 환자는 아동 역할, 치료자는 타인 역할을 맡아 원래의 상황을 재연한다. 역할극 이후 치료자는 환자가 다른 사람이 자신에 대해 생각하고 있는 것에 대한 어떤 추정을 하고 있는지를 검토·평가할 수 있다. 환자에게 유인물에 그의 추정들을 적도록 한다.
2. 두 번째 단계에서는 환자는 타인 역할, 치료자는 환자로 역할을 바꾼다. 이는 환자가 다른 관점에서 상황을 경험해 볼 수 있도록 한다. 두 번째 역할극 이후, 이번에는 타인의 관점부터 다시 추정들을 검토·평가한다. 환자에게 자신의 추정을 기록하도록 한다.
3. 상황 내에서 선택할 수 있는 새로운 행동에 대해 논의한다. 필요하다면 환자가 기능적 행동 방향으로 형태를 잡을 수 있도록 지도한다.
4. 세 번째 단계는 환자가 아동 역할을 다시 맡아 새로운 행동을 시험하고 치료자는 부모/타인 역할을 한다. 다시 한 번, 각 역할 관점에 따른 추정을 알아본다.
5. 다른 모든 가정을 한꺼번에 시험한다. 이 훈련의 목표는 환자에게 자신의 첫번째 가정이 언제나 맞지 않을 수 있고 가정이

어떻게 행동과 상호작용 결과에 영향을 미치는가 등과 함께 환자에게 다른 여러 관점이 있을 수 있다는 사실을 배우게 하는 것이다.

개인 심리도식치료 역기능적 부모 양식 1: 과거 역할극

첫 번째 연습: 원래 어린 시절 상황

다른 사람은 다음과 같이 생각할 것 같다.

나는 다음과 같이 생각한다.

두 번째 연습: 역할을 바꿔 보았을 때

다른 사람이 생각할 법한 또 다른 것(대체)

내가 생각할 법한 다른 것(대체)

세 번째 연습: 새로운 행동을 해 보기

모든 결론들을 살펴보라.

이 경험을 통해 당신은 이후 어떤 점을 생각해야 할 필요가 있는가?

(2) 주간 긍정 계획(유인물: 개인 심리도식치료 역기능적 부모 양식 2)

역기능적 부모 양식을 떨쳐 버리는 작업을 위한 행동 책략은 긍정적이고 성취감을 주는 활동에 참여하는 것이다. 유인물(개인 심리도식치료 역기능적 부모 양식 2: 주간 긍정 계획)은 긍정적 활동을 계획하는 회기 동안 사용된다. 예시를 살펴보고 다른 긍정적 활동들과 다음 주 중 언제 활동을 할 수 있는지 정확한 시간도 생각해 보라. 환자에게 활동하기 충분한 시간을 주어야 압박이 없다는 것을 명심하라. 환자들에게 활동에 참여한 이후 느꼈던 감정에 대해 평가해서 표에 기록하는 과제를 주라. 이후 만약 환자가 활동 이후 기분이 좋지 않았다면, 환자와 함께 어떤 양식이 긍정적 기분을 방해했는지, 추후 이러한 양식의 간섭을 줄이기 위해 어떤 책략을 사용할지에 대해 검토·평가한다. 이를 위해 양식 관리 집단의 유인물이 언급되거나 사용될 수 있다.

개인 심리도식치료 역기능적 부모 양식 2: 주간 긍정 계획

당신의 역기능 부모 양식에 대응하는 한 가지 방법은 바로 긍정적 활동을 하는 것이다. 이러한 긍정적 활동은 바로 당신이 즐기거나 당신에게 도움이 되는 것 혹은 타인에

게 긍정적인 활동을 말한다.

일	긍정적 활동	시간 계획	긍정적 활동 이후 느낀 점
예시	나와 친구들을 위해 저녁을 만들고 싶다.	오늘 저녁 8시. 7시부터 요리를 시작할 수 있다.	친구들이 내게 저녁 식사가 아주 좋았다고 말하자 기분이 좋았고 나 역시 저녁을 즐길 수 있었다.
월			
화			
수			
목			
금			
토			
일			

2) 심리도식치료 인지적 개입(유인물: 개인 심리도식치료 역기능적 부모 양식 3)

(1) '정체성 원' 설명

역기능적 부모 양식을 줄이는 작업을 할 때 빈번하게 볼 수 있는 것은 역기능적 부모 양식이 없어지면 환자들은 공허감을 느낀다는 것이다. 이것은 마치 잘못된 기초공사를 한 오래되고 노후한 집이 결국 무너져 아무것도 남아 있지 않은 것과 같아서 대체할 무언가가 새로이 세워져야 한다. 물론 역기능적 부모 양식을 치료자가 추천하는 더 강력한 건강한 성인 양식 정체성으로 건강하게 대체하도록 한다. 이러한 목적으로 유인물(개인 심리도식치료 역기능적 부모 양식 3: 정체성 원 설명)을 사용한다.

① 첫 번째 과제는 환자와 함께 환자가 지니고 있는 처벌적 혹은 요구적 부모 양식 진술을 찾아내는 것이다. 아마도 환자는 이전의 잡단 심리도식치료 회기를 통해 어느 정도 이미 알고 있을 것이다. 원 형태의 역기능적 부모 양식 진술 칸에 모든 문장을 적도록 지도한다.

② 사실 기록 칸에는 환자에 대한 기본 정보를 기록한다.

③ 새로운 긍정적 사실 칸에는 심리도식치료 동안 환자가 배운 새로운 긍정적인 부분을 작성하도록 한다. 동료, 치료자, 치료팀의 다른 구성원 등에게서 새로운 긍정적 정보를 얻게 될 수 있다.

④ '잔재'를 알아본다. 환자가 문제를 겪었던 과거 상황으로 정의될 수 있다. 예를 들어, 좋은 결정을 내리지 않음으로서, 나쁘게 행동했거나 어떤 면에서는 실패했던 것이다. 당신 자신에 대한 관점이나 당신의 정체성에 미치는 잔재들의 영향을 기록하라. 이러한 것에 대응해 치료자는 환자가 실수를 했다고 해서 유기하거나 거부하지 않을 것이라는 것을 개인적 방법으로 보여 주는 것이 중요한다. 역기능적 부모 양식을 효과적으로 해결하는 방법 중 하나는 용서이다.

⑤ 환자와 함께 '해결책'을 찾아보고 이 해결책을 반복할 수 있도록 플

래시카드로 만들어 준다.

개인 심리도식치료 역기능적 부모 양식 3: 정체성 원 설명

심리도식치료를 통해 당신이 자신만의 안정적인 정체성을 발달시키는 것을 도우며, 또한 자신에 대한 적절한 책임을 가지고 욕구를 충족시키는 건강한 성인 양식을 발달시키는 것을 돕고자 한다.

다음과 같은 종류의 정보들이 당신의 정체성에 어떻게 영향을 주는지에 대해 논의한다.

1. **처벌적/요구적 부모 양식의 진술:** 예를 들자면, "너는 실패자야." "너는 맞는 게 하나도 없구나." "넌 무조건 더 많이 해야 해." 등의 말이다. 당신의 처벌적 부모 양식 혹은 요구적 부모 양식 메시지는 무엇인가?
2. **사실:** 당신에 대한 기본 정보를 주는 사실을 말한다. 예를 들어, 당신의 성공과 성취는 어떤 것인가? 지금까지 당신은 무엇을 이뤄 왔는가?
3. **새로운 긍정적 사실:** 당신의 동료, 치료자, 스태프 등에게서 얻은 긍정적 피드백을 바로 여기에 둔다. 이것은 받아들이려는 당신의 노력으로 결국은 어린 시절부터 왜곡되었던 사실을 대체할 당신에 대한 '사실'이다. 자라면서 우리는 우리에게 중요한 부모님과 중요한 타인들의 '사실'을 받아들인다. 왜 어릴 때의 당신이 사실이라고 받아들인 것에 대해서는 다시 고려하지 않는가? 예전을 생각해 보면 당신은 지금보다 잘 알지 못했고 더 정확한 피드백을 줄 건강하고 긍정적인 어른도 없었다. 치료자나 동료들과 같이 덜 편향적인 사람들이 말하는 당신 자신에 대한 사실을 왜 받아들이지 않는가? 당신이 신뢰할 만한 사람들을 믿고 당신의 부적응적 대처 양식을 따르지 않기로 결정했다는 것을 잊지 말라.

4. **잔재:** 우리 모두는 실수를 하고, 자랑스럽지 못한 일을 하기도 한다. 당신은 실수 때문에 내리게 된 자신에 대한 결론을 여전히 '잔재'로 가지고 있으며 고생하고 있을 것이다. 이러한 당신에 대한 잔재가 무엇인지 작성해 보라. 우리 함께 그것을 살펴보고 어떻게 하면 멈출 수 있을지 알아보자.

처벌적 · 요구적 부모 양식 해결책은 다음을 포함한다.

- 부정적 신념의 토대를 알아내고 신념 내의 왜곡을 수정하거나 재평가한다.
- 과거의 실수와 화해함으로써 당신 자신을 사랑하고 인정하는 법을 배우고 자신에 대한 건강하고 합리적인 기대를 갖는다.
- 당신의 환경 내(특별히 심리도식치료 프로그램 내)에서 가능한 인정과 수용을 받아들이고 부정적 사람들이나 거절로부터 당신 자신을 보호한다.

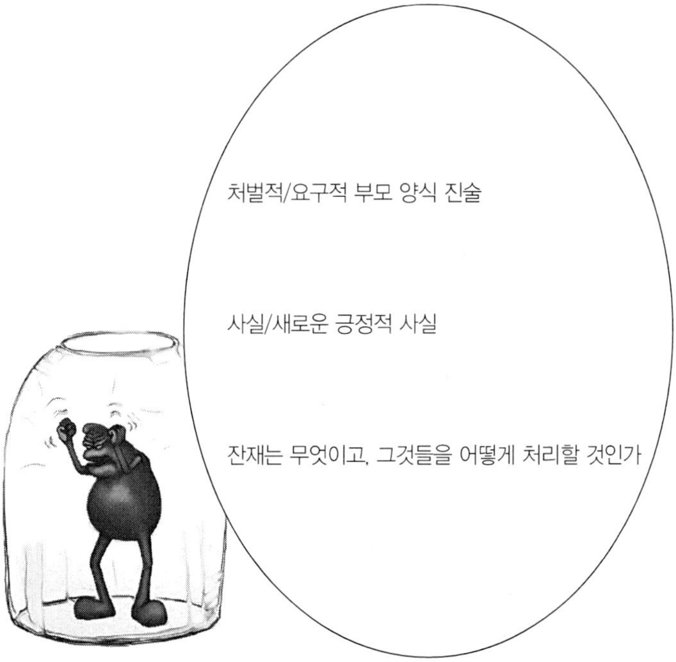

(2) 요구적 부모 양식의 인지적 왜곡(유인물 : 개인 심리도식치료 역기능적 부모 양식 4)

요구적 부모 양식은 일상의 다양한 법칙이나 계명을 설정한다. 이러한 법칙들에 따라 살아가기 위해 노력하는 것은 엄청난 압박과 불행을 가져온다. 법칙을 준수하며 환자들은 자기 자신의 목표나 꿈은 포기하거나 심지어 잊어버리게 된다. '개인 심리도식치료 역기능적 부모 양식 4: 요구적 부모 양식의 인지적 왜곡'을 사용해서 예시로 제시된 양식 메시지로부터 요구적 부모 양식의 열 가지 중요한 계명을 알아본다. 불가능한 수준의 기준을 지닌 요구적 부모 양식 법칙의 문제들과 왜곡을 확인한다. 그리고 당신의 환자가 자신만의 건강한 성인 기준을 확립할 수 있도록 돕는다. 각각의 요구적 부모 양식의 진술문에서 해결책을 찾고 그것을 적는 것은 필수 단계이다. 이후 기존의 '계명'을 대체할 새로운 '지침'에 대한 느낌과 반응에 대해 이야기한다.

개인 심리도식치료 역기능적 부모 양식 4:
요구적 부모 양식의 인지적 왜곡

요구적 부모 양식은 일반적으로 당신이 어떻게 인생을 살아야 하는지에 대해 과도하게 이야기한다.

다음과 같이 말이다.

○ "너는 너 자신의 욕구보다 다른 모든 이의 욕구를 우선해야 한다."

"완벽하게 보여야 한다."

"어떤 실수도 해서는 안 된다."

당신의 요구적 부모 양식이 당신에게 내리는 계명들을 모두 살펴보자.

1. 네가 하는 모든 것은 완벽해야 한다.

2. ______________________________
3. ______________________________
4. ______________________________
5. ______________________________
6. ______________________________
7. ______________________________
8. ______________________________
9. ______________________________
10. ______________________________

당신은 당신의 요구적 부모 양식의 법칙에 따라 살지 않아도 된다. 이제 당신의 건강한 성인 양식이 말하는 해결책이나 지침들을 적어 보자.

1. 예시: 최선을 다 하라. 그것이면 충분하다.
2. ______________________________
3. ______________________________
4. ______________________________
5. ______________________________
6. ______________________________
7. ______________________________
8. ______________________________
9. ______________________________
10. ______________________________

지금 기분이 어떠한가?

3) 심리도식치료 경험적 개입

(1) 역기능적 부모 양식을 위한 심상 재구성 훈련

심상 재구성하기는 단계별로 설명할 수 있다. 역기능적 부모 양식의 경우, 해당 양식일 때 회기에 오거나 그 양식일 때의 상황에 대해 이야기한다. 치료자는 환자가 편안한 자세로 눈을 감거나 내리깔고 심상 재구성 훈련을 하도록 심상 작업을 이끈다.

① 첫번째 단계는 이미지를 활성화시키는 것이다. 치료자는 환자가 현재 감정(혹은 취약한 아동 양식일 때의 상황 시 감정)에 접근하도록 한다.

② 현재 감정은 아동기 이미지로 돌아갈 정서 교량으로 이용된다. 환자가 아동기 이미지 상황이면, 환자가 이미지를 감정적으로 아주 두드러지게 만들도록 돕는다. 그러므로 언어를 현재형으로 유지하고 치료자는 환자가 느낀 어떤 생각, 느낌, 욕구, 신체적 감각이든 묘사하도록 한다. 그러나 환자가 심리적 외상이나 고통스러운 기억을 충분히 묘사하도록 하지 말라! 이를 다시 경험하는 것은 필요하지도 바람직하지도 않다. 오히려 그 이미지가 그 지점에 도달하기 전에 멈추고 재구성한다(어떤 나쁜 일이 생겨나기 전에 멈춰야 한다). 역기능적 부모 양식을 위한 심상 재구성 훈련에서는 보통 부정적인 애착 대상이 그림에 나타난다.

③ 외상적 사건이 시작하면 즉시 개입한다(예: "새아버지가 계단을 올라오는 게 들려요." 혹은 "선생님이 제가 멍청하다고 말할 때마다 하는 그 표정을 짓는 게 보여요." 혹은 "제 나쁜 행동 때문에 엄마가 머리 아프다고 말해요."). 환자에게 당신이 그 이미지 상황 속으로 들어가도 되는지 물어본다. 애착 대상에게 말을 한다. 그/그녀의 행동을 수용할 수 없다는 것을 명확히 하고 아동의 욕구가 무엇인지 그 욕구를 충족할 만한 가치가 있음을 명확히 한다. 만약 애착 대상이 항의하면 그/그녀의 진술을 반박하고 난 후 그들을 멈추게 한다. 만약 그렇지 않다면 아동의 욕구를 애착 대

상 없이 만족시켜 준다(예: 환자를 그 상황 바깥으로 꺼내 준다. 아동과 함께 놀아 준다). 아동에게 다른 욕구들을 물어보고 심상에서 아동의 욕구를 충족시키라.

재구성하기 변화의 단계별 치료자, 환자 역할의 역할은 다음과 같다.

① 처음 몇 번은 심상 작업을 한다. '좋은 부모'로 재구성하기를 할 수 있는 이미지에 들어간다.
② 다음 단계는 치료자의 도움하에 환자의 '좋은 부모' 부분을 취한다. 당신이 먼저 말하는 것을 환자가 듣고 환자가 자신의 '좋은 부모'로 이야기하는 것을 연습한다. 필요하다면 당신이 지도할 수 있다.
③ 당신의 지도하에 환자는 자신의 건강한 성인 양식 이미지로 들어간다. 이 지점에서 환자는 건강한 성인 양식의 일부인 '좋은 부모'를 내면화한다.
④ 강력한 건강한 성인 양식이 발전된 이후 환자는 자기 자신의 이미지에 들어갈 수 있다.

재구성하기에 대한 심리도식치료 접근의 중요한 차이점은 환자가 불러올 만한 잘 발달된 건강한 성인 양식을 가지고 있다고 추정하지 않는 것이다. 환자의 건강한 성인 양식의 강도를 평가하고 환자들에게 그들의 건강한 성인 양식을 발달시킬 수 있도록 내면화하는 '좋은 부모' 모델을 제공한다. 이는 초기 정서학습에서 생겨난 결손을 채우는 역할을 한다고 여겨진다.

심각한 성격장애를 지닌 환자의 경우는 자신의 욕구를 말할 수 없을지 모르니 조심해야 한다. 그러한 경우에는 당신이 추정하는 욕구가 충족되기 위한 창의적인 해결책을 제시하라. 아동기의 욕구가 충족되었을 때 심상 작업을 끝내라.

경험에 대한 논의와 함께 심상 재구성하기를 한다. 심상으로부터의 욕구가 여전히 특정 양식에 해당된다 하더라도, 이미지 생각해 내기에 도움이 되는 경험을 알아내는 것이 중요하다. 새로 쓴 '좋은 부모' 행동을 환자의 현재의 삶에 전환시킬 방법을 찾으라(예: “만약 당신이 현재 처벌적 부모 양식 상태라면, 심상 속에서 그러했듯이 당신의 ‘좋은 부모’로부터 부정적 처벌적 부모 양식 메시지와 싸울 수 있습니다. 어떻게 생각하십니까? 어떻게 당신의 건강한 성인 양식이 현재의 처벌적 부모 양식을 멈출 수 있습니까?”) 환자가 숙제로 심상 재구성하기 훈련 녹음을 다시 들어서 좋은 부모의 내면화를 활성화시키고 도울 수 있다. 환자들은 녹음 없이도 그들이 재구성한 이미지를 연습할 때 치료자의 목소리를 들을 수 있다고 말한다.

(2) 역기능적 부모 양식을 위한 양식 대화

① 평소의 치료 의자에 추가적으로 역기능적 부모 양식, 건강한 성인 양식, 취약한 아동 양식을 위한 의자 3개를 준비하라. 환자가 회기 중 처벌적 부모 양식이나 요구적 부모 양식의 상황이거나 환자들이 그러한 양식에 해당하는 상황을 말할 때 이러한 개입을 사용하라.

② 각 의자마다 양식 하나를 정해서 대화를 시작하라. 꼭 취약한 아동 양식 의자가 역기능적 부모 양식 의자 옆에 있지 않도록 하라. 가능하다면 역기능적 부모 양식은 불편한 의자로 하라.

③ 환자가 역기능적 부모 양식 의자에 처음 앉도록 하라. 환자에게 역기능적 부모 양식이 말해야 하는 것을 다 말하도록 요청하라. 만약 환자가 ‘나’ 혹은 ‘당신’이라는 단어를 사용할 때 어조에 유의하라. 만약 환자의 목소리가 너무 부드럽다면 통상적으로 역기능적 부모 양식이 어떤 목소리를 지녔는지를 물어보라. 보통 환자는 역기능적 부모 양식의 경우 목소리가 더 크고 더 가혹하다고 대답할 것이다. 환자에게 역기능적 부모 양식의 목소리로 이야기하라고 말하라.

④ 역기능적 부모 양식 이야기가 다 끝나면 환자가 취약한 아동 양식 의자로 바꿔 앉도록 해서 역기능적 부모 양식이 말할 때 환자의 ‘어린아이’가 어떻게 느꼈는지를 묻는다. 그 상황에서의 취약한 아동 양식의 느낌을 강조

하라.

⑤ 만약 가능하다면 환자에게 건강한 성인 양식 의자로 바꾸도록 하라. 만약 환자가 아직 이렇게 할 수 없다고 느낀다면 당신이 건강한 성인 의자에 앉아서 하는 것을 지켜보도록 한다. 이를 환자 행동을 만드는 기회로 사용하라.

ㄱ. 당신이 건강한 성인 양식처럼 행동할 동안 환자들이 치료 의자에 앉아 지켜보도록 하라.

ㄴ. 다음으로, 환자들이 취약한 아동 의자에 앉아 당신과 함께 건강한 성인 양식처럼 행동하는 것을 경험하게 하라.

ㄷ. 당신이 건강한 성인 양식을 대변하는 이야기를 할 동안 환자들을 건강한 성인 양식 의자에 앉도록 하라.

ㄹ. 당신의 지도하에 환자들이 건강한 성인 양식 의자에 앉아 이야기를 하도록 하라.

ㅁ. 최종적으로 건강한 성인 양식 의자에 앉은 환자들이 이야기하도록 하라.

⑥ 이 대화에서 건강한 성인 양식의 역할은 취약한 아동 양식의 현재 욕구를 잘 처리하는 것이다(예: "당신을 위해 저는 여기 있다. 그리고 그런 일이 일어나지 않게 할 것이다."). 건강한 성인 양식이 역기능적 부모 양식에게 그/그녀의 행동이 도움이 되지 않기 때문에 조용히 있어야 한다고 말한다. 논의를 하지 말고 역기능적 부모 양식 말을 멈추게 하라. 만약 부모 양식이 조용히 하지 않으면 그/그녀(상징적으로 그/그녀의 의자)를 방 바깥으로 내보내라. 치료자가 역기능적 부모 양식보다 더 강력하며 역기능적 부모 양식이 추방될 수 있다는 것을 보여 주는 것이 치료자에게는 중요하다.

⑦ 치료 의자로 돌아가서 경험에 대해 이야기를 나눈다. 환자의 일상생활에서 새로 배운 행동을 어떻게 실행할 것인지에 대해 알아보라. 이를 위해 '개인 심리도식치료 역기능적 부모 양식 5: 역기능적 부모 양식과 싸우기 위한 플래시카드'에 있는 플래시카드를 이용할 수 있다.

개인 심리도식치료 역기능적 부모 양식 5:
역기능적 부모 양식과 싸우기 위한 플래시카드

나는 지금 __________ 부모 양식인 상태이다. 왜냐하면 (당신이 어떻게 자신의 역기능적 부모 양식을 알아냈는지에 대해 적는다.)

예시: 처벌적 부모 양식 – 왜냐하면 나는 다음과 같은 메시지를 듣기 때문이다.

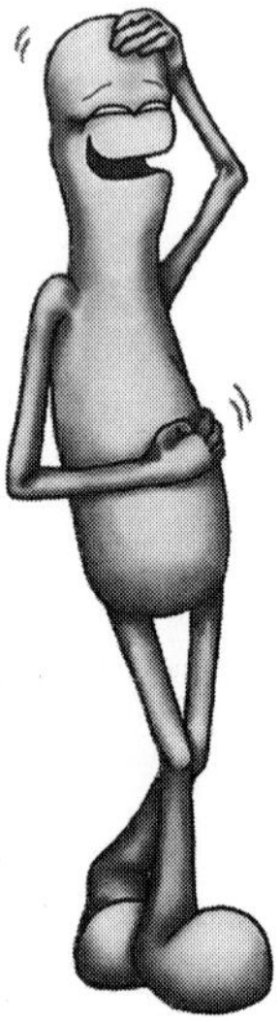

"너는 실패자이고 언제나 그럴 것이다."

____

____

____

____

나는 정말 이 메시지를 멈추도록 해야 한다.

____

____

____

____

나의 건강한 성인 양식은 처벌적 부모 양식을 조용히 하게 하거나 처벌적 부모 양식을 문 바깥으로 던져 버리는 방법으로 나를 도울 수 있다.

____

____

4. 취약한 아동 양식

1) 심리도식치료 행동적 패턴 파괴 개입

(1) 슬픈 취약한 아동 양식을 위로하는 새로운 기법(유인물: 개인 심리도식치료 취약한 아동 양식 1)

테디베어, 책, 엽서, 정사각형 플리스 천, 숄 등과 같은 다른 물건을 회기 참석 때 가져오라. 이런 물건들이(혹은 만약 필요하다면 다른 물건들도) 이행 대상의 기능을 해서 환자의 흥미를 끄는지 살펴보라(4장 6절 2의 이행 대상을 설명한 대본 참조). 환자의 취약한 아동 양식에서 무엇이 같은지 이야기 나누고, 환자가 유인물 '개인 심리도식치료 1: 나의 취약한 아동 양식을 위로하는 새로운 기법'을 이용해 취약한 아동 양식을 기록하게 하라. 또한 따뜻한 음료, 쿠키 등과 같은 것으로 위로 활동을 시도해 보라. 환자를 위로하는 활동을 알아내고 환자에게 유인물에도 기록하도록 하라. 이것은 환자가 취약한 아동 양식에 대한 참조로 간직할 수 있는 다른 유인물이다.

개인 심리도식치료 취약한 아동 양식 1:
나의 취약한 아동 양식을 위로하는 새로운 기법

나의 취약한 아동은 다음을 좋아한다.

1. 사람과 애완동물

2. 물건

① 곰인형이나 다른 안을 만한 물건

② 책

③ 엽서

④ 음료수(예: 차, 핫초코) 혹은 음식

3. 활동

(2) 나의 취약한 아동 양식의 두려움(유인물: 개인 심리도식치료 취약한 아동 양식 2)

이 훈련을 통해 취약한 아동 양식과 다른 양식들과의 연관성을 알 수 있게 될 것이다. 우선 유인물 '개인 심리도식치료 취약한 아동 양식 2: 나의 취약한 아동 양식의 두려움'에서 환자의 취약한 아동 양식이 무엇을 두려워하는지에 대해 평가해 보라. 예를 들어, 시험, 병원 가기, 가족과의 갈등, 외로움 등 많은 것이 있다. 취약한 아동 양식이 두려워하는 네 가지를 확인한 후, 환자에게 어떻게 자신의 역기능적 부모 양식이 취약한 아동 양식의 두려움에 반응하는지 물어보라. 그리고 자신의 부적응적 대처 양식은 취약한 아동 양식의 두려움에 어떻게 반응하는지 질문하라. 두려움의 기저에 어떤 욕구가 있는지 알아내라. 역기능적 부모 양식이나 부적응적 대처 양식이 실제로 아동의 욕구를 충족시킬 수 있는지에 대해 논의하라. 단순한 '예/아니요'의 대답이 아니라 왜, 혹은 왜 아닌지에 대해 논의하라. 그리고 환자에게 자신의 건강한 성인 양식(혹은 자신의 건강한 성인 양식 측면을 더 잘 받아들일 수 있다면 환자의 '좋은 부모')이 취약한 아동 양식의 욕구를 충족시킬 수 있는지를 묻고 만약 그렇다고 한다면 어떻게 그러한지를 묻는다. 건강한 성인 양식(혹은 좋은 부모)이 취약한 아동 양식의 욕구를 충족시키는 상상을 하는 짧은 심상 훈련을 환자에게 하도록 하라. 건강한 성인 양식의 일부인 좋은 부모에 대해 논의한다. 환자들은 보통 다른 사람들을 위한 좋은 부모에 접근하지만 그들의 욕구를 위해서는 그것을 사용하지 못한다. 많은 사람이 자신의 건강한 성인 양식보다 좋은 부모에 더 쉽게 접근할 수 있기 때문에 이러한 개념을 환자들이 자신의 건강한 성인 양식을 받아들이고 발달시켜 가는 이행 단계로 이용한다. 많은 환자가 건강한 성인 양식 치료를 받을 때 치료사들의 도움이 끝날 것이 두려워 좋은 부모 개념이 덜 위협적이라는 것을 알게 된다. (* 그러므로 이러한 훈련 시 개인이 가장 편안함을 느끼는 건강한 성인 양식이나 좋은 부모를 사용한다.) 환자가 심상 훈련에서 어떻게 느끼는지를 알아보라. 회기의 마지막에는 환자가 그 훈련의 이미지를 만들어 내도록 하라. 환자에게 역기능적 부모 양식 메시지에 대한 경험적 해결책의 이미지를 회상하도록 하라.

개인 심리도식치료 취약한 아동 양식 2:
나의 취약한 아동 양식의 두려움

나의 취약한 아동 양식은 다음을 무서워한다.

1. ______________________________
2. ______________________________
3. ______________________________
4. ______________________________

나의 역기능적 부모 양식은 나의 취약한 아동 양식에게 다음과 같이 말하며 대응한다.

____

나의 부적응적 대처 양식은 다음과 같이 대응한다.

나의 취약한 아동 양식 욕구는 다음과 같다. ___

나의 역기능적 부모 양식의 반응이 취약한 아동 양식 욕구를 충족시킨다.

□ 예 □ 아니요

나의 부적응적 대처 양식의 반응이 취약한 아동 양식 욕구를 충족시킨다.

□ 예 □ 아니요

당신의 건강한 성인 양식이 취약한 아동 양식 욕구를 충족시킬 수 있는가?

나의 취약한 아동 양식에게 정말 필요한 것은 ___

나의 건강한 성인 양식이 다음을 통해 취약한 아동 양식 욕구를 더 잘 충족시켜 줄 수 있다.

당신의 건강한 성인 양식이 취약한 아동 양식의 욕구를 충족시켜 주었다고 상상해 보라. 어떤 기분인가?

2) 심리도식치료 인지적 개입

(1) 아동의 욕구(유인물: 개인 심리도식치료 취약한 아동 양식 3)

이전의 심리도식치료 교육 회기를 참고해 환자의 핵심 아동기 욕구와 그것이 어떻게 심리도식과 관련되어 있는지에 대해 이야기한 것을 환자가 기억하는지 묻는다. 만약 환자가 기억하지 못한다면 모든 아동은 핵심 아동기 욕구를 가지고 있고 이러한 욕구는 아동이 정상적으로 자라나 건강한 어른이 되기 위해 충족되어야 한다는 것을 설명하라. 핵심 아동기 욕구가 적절하게 충족되지 않으면 심리도식과 양식이 발달한다. 그렇기 때문에 환자에게 자신의 아동기에 대해 이야기하고 어떻게 핵심 욕구가 충족되었는지를 말하도록 하는 것이다. 지금도 여전히 존재하는 욕구가 있다면 찾아내는 것이 중요하며 욕구를 충족시키기 위해 노력해야 한다. '개인 심리도식치료 취약한 아동 양식 3: 아동의 욕구'를 이용해 환자와 함께 개인의 핵심 아동기 욕구를 알아보고 자신의 아동기와 욕구와 현재의 경험을 작성하도록 한다. 최종적으로 환자에게 여전히 중요한 욕구와 어떻게 그 욕구를 충족하는지에 대해 요약해 준다. 그리고 다음 회기 중 하나에서 환자들이 지속적으로 그들의 욕구(취약한 아동 양식이든지 성인의 욕구든지)를 적절하게 충족시킬 추가적 방법들을 찾도록 도와주겠다는 것을 명확하게 말해 주라.

개인 심리도식치료 취약한 아동 양식 3: 아동의 욕구

모든 아동은 핵심 욕구를 가지고 있다. 이러한 욕구들은 엄청나게 중요하며 건강한 발달을 위해서는 이러한 욕구들을 충족시키는 것이 필수적이다. 사람의 중심 아동기 욕구가 충족되지 않으면 심리도식과 양식이 발달하게 된다. 다음에 제시되는 핵심 아동이 욕구 목록을 살펴보라. 당신의 아동기에 이 욕구들이 얼마나 충족되었는가? 욕구들이 여전히 존재하고 있을 때, 현재 그 욕구들을 충족시키기 위해 어떤 노력을 할 것인가?

1. 안전과 애착, 예측 가능성과 사랑

이 욕구와 관련한 어린 시절의 경험:

____

____

____

____

지금 이 욕구를 충족시키기 위한 나의 노력:

____

____

____

____

2. 자율성, 유능성, 정체성 발달

이 욕구와 관련한 어린 시절 경험:

____

____

____

____

지금 이 욕구를 충족시키기 위한 나의 노력:

____

____

____

____

3. 당신의 느낌과 욕구를 표현할 수 있는 자유

이 욕구와 관련한 어린 시절 경험:

____

____

____

____

지금 이 욕구를 충족시키기 위한 나의 노력:

____

____

____

____

4. 놀이를 할 수 있는 자유와 창의적임

이 욕구와 관련한 어린 시절의 경험:

지금 이 욕구를 충족시키기 위한 나의 노력:

5. 현실적 한계와 자기통제

이 욕구와 관련한 어린 시절의 경험:

지금 이 욕구를 충족시키기 위한 나의 노력:

(2) 아동의 권리(유인물: 개인 심리도식치료 취약한 아동 양식 4)

심리도식치료 교육의 중요한 부분은 모든 아동의 용인된 권리에 대한 정확한 정보이다. 환자들에게 이와 같이 말한다. "각기 다른 사람들은 아동의 권리가 무엇이고 무엇이어야 하는지에 대해 서로 다른 생각을 가지고 있다. 그렇기에 당신이 생각하는 아동의 권리가 무엇인지에 대해 듣고 싶다." '개인 심리도식치료 취약한 아동 양식 4: 아동의 권리'를 이용해 답변을 작성하도록 하고 이에 대해 논의 및 명료화 작업을 한다. 예를 들어, 아마도 환자는 '아동은 적절한 집에 살아야 할 권리가 있다.'고 말할 것이다. 이 경우, 당신은 적절한 집의 예가 무엇인지 물어볼 수 있다. 환자는 그 집이란 형제자매와 방을 나눠 쓸 수도 있지만 충분한 음식과 따스함이 있어야 한다고 말할 것이다.「미국 아동 권리 장전(United Nations Declaration of the Rights of the Child)」을 인쇄해서 이 권리에 대해 환자들과 점검해 보라(http://www.un.org/cyberschoolbus/humanrights/resources/chils.asp). 환자들이 몰랐던 아동의 권리가 있는지 질문하라. 보통 환자들은 이렇게 국제적으로 자세히 정리된 아동의 권리 목록이 있다는 것에 놀란다. 이러한 권리들이 환자의 어린 시절 잘 존중되었는지에 대해 논의한다. 그들의 권리가 존중되지 못했던 시대의 예시를 들어 주고, 이러한 상황들에서 그들이 배운 것이 무엇인지 논의한다. 환자들에게 왜 이것이 중요할 수 있는지 질문한다. 만약 환자들이 모른다면 그들의 권리가 존중되지 않은 것이 심리도식과 양식의 발달에 영향을 줄 수 있다고 설명해 주라. 이 회기는 환자에게 매우 감정적일 수 있기 때문에(특히 환자들에게 이 부분이 외상적이거나 방임되어 있었다면 더욱) 주의하라. 당신이 그들의 과거를 바꿀 수는 없지만 그들의 권리를 존중하고 욕구를 충족시키는 방법을 가르쳐서 환자들의 미래를 바꾸게 도울 수 있다고 말하는 것이 중요하다. 환자들은 자신의 아동기의 결손에 대해 매우 슬퍼할 것이며 치료자는 그들의 슬픔과 결손을 인정한다. 취약한 아동 양식이 필요로 하는 치유의 일부는 환자들이 아동기에 얻지 못한 것에 대한 애도로부터 나오며 그 과정에서 당신은 언제나 그들을 지지할 것이라고 말하라.

개인 심리도식치료 취약한 아동 양식 4: 아동의 권리

아동의 권리가 무엇이라고 생각하는가? 예시들을 함께 적어 보자.

1. ____

2. ____

3. ____

4. ____

5. ____

6. ____

자, 이제 「미국 아동 권리 장전」을 보자. 거기에 당신이 생각하지 못한 권리가 있는가?

____

이러한 권리들이 당신의 아동기에 존중되었는가?

___

___

___

당신의 권리가 존중받았는지의 여부에 따라 당신에게 어떤 영향이 있었다고 생각하는가?

___

___

___

3) 심리도식치료 경험적 개입

(1) 취약한 아동 양식 심상 재구성 훈련

취약한 아동 양식 심상 재구성하기 단계는 이전 역기능적 부모 양식에서 설명한 바와 유사한다. 환자는 취약한 아동 양식일 때 회기에 오거나 그러한 양식에 해당했던 상황을 말한다. 환자가 편안한 자세를 취하고 눈을 감거나 내리깔고 심상 재구성 훈련을 하도록 치료자가 심상 작업을 이끌어 간다.

① 1단계에서는 이미지를 활성화시킨다. 치료자가 환자에게 현재 감정(혹은 환자가 취약한 아동 양식일 때 상황의 감정)에 접근하도록 한다.
② 현재 감정은 아동기 이미지를 불러오는 정서 교량의 역할을 하게 된다. 환자가 아동기 이미지로 들어가게 되면, 환자가 감정적으로 두드러진 이미지를 형성할 수 있도록 도와주라. 그렇기에 현재형으로 말하고 환자가 인식하는 어떤 생각, 느낌, 욕구, 신체적 감각이든 다 묘사

하도록 하라. 재경험이 필수적이거나 바람직한 것은 아니며, 도리어 이미지가 특정한 지점에 도달하기 전('어떤 나쁜 일이 일어나기 전')까지만 재구성을 하고 이후는 멈추도록 한다. 외상적 사건이 시작될 때에는 즉시 개입하라(예: "새아버지가 계단을 올라오는 소리가 들려요." 혹은 "선생님이 저를 멍청하다고 말할 때마다 하던 표정을 짓기 시작하는 게 보여요." 혹은 "엄마가 내 나쁜 행동 때문에 머리가 아프다고 말해요.").

③ 환자에게 당신이 그 이미지에 들어가도 되는지 묻고, 그에 따라 시작하라. 아동의 욕구를 충족시켜 주라(예: 학대 방지, 안전 회복). 아동에게 또 다른 욕구가 있는지 묻고 아동의 욕구를 충족시켜 주라.

④ 심각한 성격장애를 지닌 환자는 그들의 욕구를 말하는 것이 가능하지 않을 수 있다는 점에 유의하라. 추정되는 욕구를 충족시키는 창의적 해결책을 치료자가 제시할 수 있다면 괜찮다. 아동의 욕구가 충족되면 심상을 끝내라.

⑤ 환자와 함께 치료 회기로 돌아와서 그 경험에 대해 이야기한다. 심상 작업 내에서 이로운 경험에만 집중하는 것이 중요한다. 만약 가능하다면 과제로 환자가 심상 작업 기록을 집에서 다시 들을 수 있도록 하라.

⑥ 심상 내의 욕구가 지금까지도 여전히 존재한다면 환자가 특정 양식에 해당될 때 환자와 작업하라. 심상 재구성 경험이 환자의 현재 삶에 전환될 수 있도록 도우라("만약 당신이 현재 취약한 아동 양식 상태라면 같은 방법이 지금 당신을 도울 수 있을까요? 어떻게 생각하십니까? 오늘 어떻게 하면 당신의 취약한 아동 양식 욕구를 충족시킬 수 있나요?"). 만약 환자가 충분히 강력한 건강한 성인 양식을 가졌다면 당신은 취약한 아동 양식을 진정시키는 방법으로 '재구성된 이미지'를 위해 그 양식에 접근할 것을 제안할 수 있다.

(2) 취약한 아동 양식을 위한 양식 대화

양식 대화는 취약학 아동 양식 내에 현존하는 욕구를 충족시키기 위해 사용하는 또 다른 경험적 혹은 정서 중심적 방법이다. 각 단계는 역기능적 부모 양식에서 제시된 바와 유사하다.

① 치료 의자 두 개와 건강한 성인 양식, 취약한 아동 양식, 또 다른 양식(또 다른 양식이 나타날 경우)을 위한 추가 의자 3개를 준비하라. 환자가 회기 중 취약한 아동 양식의 상황이거나 취약한 아동 양식에 해당했던 상황을 말할 때이다. 환자에게 이 상황에서 양식 대화를 해도 될지 물어보라. 의자에 이름을 붙이고, 반드시 취약한 아동 양식 의자가 역기능적 부모 양식 의자 옆에 있지 않도록 하라.

② 환자가 취약한 아동 의자에 처음 앉도록 하라. 환자에게 취약한 아동 양식이 말해야 하는 것을 다 말하도록 요청하라. 환자가 취약한 아동 양식 느낌과 욕구를 표현하도록 해야 한다.

③ 만약 가능하다면 환자에게 건강한 성인 의자로 바꾸도록 하라. 만약 환자가 아직 건강한 성인 의자에 앉을 수 없다면 당신이 건강한 성인 의자에 앉아서 하는 것을 지켜보도록 한다. 이전에 설명된 과정을 따라 하라.

④ 건강한 성인 양식은 현재 취약한 아동 양식 욕구에 주의를 기울인다("당신을 위해 내가 여기 있고 그런 일이 다시 일어나게 두지 않을 것입니다."). 건강한 성인 양식은 취약한 아동 양식의 감정을 인정해야 하며 동시에 건강한 성인 양식이 상황을 관리할 것이라고 말해야 한다("……하지만 내가 이것을 처리할 것입니다. 당신은 안전합니다."). 그 상황을 처리하기 위해 환자가 무엇을 할 것인지 건강한 성인 양식이 취약한 아동 양식에게 말하게 한다. 아동이 진정을 느낄 때까지 아동의 욕구를 충족시켜 주라.

⑤ 치료 의자로 돌아가라. 환자가 어떻게 느꼈는지 질문하라. 어떻게 새롭게 배운 행동을 일상생활에서 시행할 수 있을지 환자와 계획하라. ("만약 당신이 현재 취약한 아동 양식 상태라면, 같은 행동이 오늘 당신에게

도움이 될까요? 어떻게 생각하십니까? 오늘 어떻게 하면 당신의 취약한 아동 양식 욕구를 만족시킬 수 있나요?"). ('개인 심리도식치료 취약한 아동 양식 5: 취약한 아동 양식을 위한 플래시카드'를 이용하라.)

취약한 아동 양식 플래시카드 형식은 재구성하거나 양식 대화에 사용될 수 있다.

개인 심리도식치료 취약한 아동 양식 5:
취약한 아동 양식을 위한 플래시카드

나는 지금 취약한 아동 양식 상황이다. 그 이유는 다음과 같다(예: 나는 강력한 두려움을 느끼고 있다. 내 치료자가 다음 주에 휴가를 가기 때문이다. 두려움은 아주 거대하다).

____

____

____

나는 정말로 다음이 필요하다(예: 치료자가 떠나 있을 동안 치료자 사무실의 작은 물건을 가지고 있음과 같은 것을 통해 치료자가 돌아올 것이라는 약간의 안심이 필요하다).

____

____

____

나의 건강한 성인 양식이 다음을 통해 나의 취약한 아동 양식을 잘 돌봐 줄 수 있다(예: 치료자에게 다음 약속 때까지 치료자의 카드를 가지고 있을 수 있는지, 치료자가 돌아올 때까지 치료자 책상에 있는 조개껍데기를 가지고 있어도 되는지 물어봄으로써 잘 돌봐 줄 수 있다).

5. 화난 혹은 충동적인 아동 양식

대부분의 행동적·인지적 개입은 환자가 완전히 화난 아동 양식 상태가 아닐 때에만 가능하다는 것을 명심하라. 환자가 분노를 터뜨리지 않을 때까지만 제한적인 인지적 접근을 한다. 다른 화난 아동 양식 작업을 시도하기 전에 우선 분노를 터뜨리는 작업을 하라.

1) 심리도식치료 행동적 패턴 파괴 개입

(1) 역할극 화난 아동 양식(유인물: 개인 심리도식치료 화난 아동 양식 1)

역할극 때 필요한 유인물이 있는 것은 아니지만 플래시카드로 환자들의 기억을 상기시킬 수 있고 치료 회기 밖에서의 일반화를 촉진한다. 환자가 화난 아동 양식으로 반응하는 것을 경험하는 모든 상황에서 역할극을 사용할 수 있다.

당신이 다른 사람의 역할을 하는 상황을 설정해 역할연습을 한다.

① 우선 환자는 자신이 느끼는 모든 것을 인정하는 것에 초점을 맞춰야 한다. 이는 환자에게 "화가 나도 괜찮아. 어린 시절 나쁘게 끝이 난 비슷한 상황들을 많이 겪었기 때문에 이 상황은 너에게 매우 큰 문제야."

라고 말해 줄 수 있는 건강한 성인 양식에 접근함으로써 가능하다.

② 건강한 성인 양식이 공감적 직면을 할 수 있게 한다. "하지만 현재의 행동 방식으로는 아직 너의 욕구를 충족시키지 못했어. 너는 다른 방식의 행동을 해야 해."

③ 환자와 함께 다른 행동 방식을 찾아보고 다른 방식들을 시도해 볼 수 있다. 새로운 행동 방식이 더 적절하게 그 상황 내의 욕구를 충족시키는지 알아보려 할 때, 아마 당신은 환자가 다른 사람의 역할로 바꿔 보기를 원할지 모른다. '개인 심리도식치료 화난 아동 양식 1: 화난/충동적 아동 양식을 위한 플래시카드'를 사용해 이러한 새로운 행동들을 강화하도록 사용할 수 있다.

개인 심리도식치료 화난 아동 양식 1: 화난/충동적 아동 양식을 위한 플래시카드

나는 지금 화난/충동적 아동 양식이다. 그 이유는 다음과 같다(예: 치료자가 내말을 들어주지 않았기 때문이다).

나는 정말로 다음이 필요하다(예: 이것이 정말 나에게 중요하다는 것

을 치료자가 이해해 주는 것이 필요하다).

____

____

____

____

나의 건강한 성인 양식이 다음을 통해 나의 화난/충동적인 성인 양식을 잘 보살필 수 있다(예: 치료자에게 내가 어떻게 느끼는지를 말함으로써 잘 보살필 수 있는데, 치료자에게 소리를 지르는 것보다 어떻게 느끼는지를 말하는지가 중요하다).

____

____

____

(2) 화난 아동 양식에 대한 다른 사람들의 반응(유인물: 개인 심리도식치료 화난 아동 양식 2)

화난 아동 양식은 심각한 대인관계 문제를 야기할 수 있다. 그들의 화난 아동 양식 행동이 다른 사람들의 양식을 촉발시킬 수 있다고 환자들이 이해하는 것이 중요하다. '개인 심리도식치료 화난 아동 양식 2: 화난 아동 양식에 대한 다른 사람들의 반응' 유인물에서는 다른 사람이 어떤 양식에 해당하는지, 환자가 어떻게 자신의 건강한 성인 양식을 이용해 갈등을 줄일 수 있는지를 환자와 함께 알아볼 수 있는 다른 예시가 주어진다. 환자가 질문에 대한 답변을 적도록 한다. 두 줄은 환자의 개인적 예시를 적기 위한 공간이다.

개인 심리도식치료 화난 아동 양식 2:
나의 화난 아동 양식에 대한 다른 사람들의 반응

간혹 우리의 화난 아동 양식 행동 때문에 다른 사람들과 문제가 생긴다.

상황	화난 아동 양식 반응	타인의 반응	타인에게 해당되는 양식	건강한 성인 양식이라면 어떻게 반응하는가?
룸메이트에게 설거지를 부탁했지만 되어 있지 않았다.	룸메이트의 방으로 뛰어 들어가서 소리친다. "믿을 수가 없네. 너는 아무것도 하지 않아. 넌 그냥 게을러."	룸메이트도 소리친다. "상관없어. 넌 내가 부탁한 빨래도 하지 않았잖아. 네 존재 자체가 게을러."		
중요한 시험을 치지 않아서 엄마가 내게 화가 났다.	방으로 달려 들어가서 문을 쾅 닫는다. 문을 닫고는 소리를 지른다. "엄마 일도 아니잖아. 그냥 좀 내버려 둬."	엄마가 말한다. "아. 그러든가. 네가 졸업 못해도 난 상관없어."		
남자친구와 말싸움을 했다.	"아. 그래. 네가 항상 옳지. 안 그래? 잘났다! 우리 헤어지는 게 더 낫겠네."	"네 말이 맞아. 미안해. 네 방식으로 했어야 했어."		

2) 심리도식치료 인지적 개입

(1) 화난 아동 양식의 욕구(유인물: 개인 심리도식치료 화난 아동 양식 3)

모든 아동은 핵심 아동기 욕구를 가지고 있다는 점을 환자에게 다시 한 번 알려 주라. 어떤 욕구는 취약한 아동 양식과 더 관련이 있고 어떤 욕구는 화난 아동 양식과 더 관련이 있다. 이러한 욕구들이 여전히 환자의 현재 삶에 존재한다면 현재 욕구를 어떻게 충족시켰고 어떻게 충족할 수 있는지를 알아내는 것이 중요하다. 특별히 화난 아동 양식에게 매우 그러하다. 왜냐하면 화난 아동 양식 상황일 때 종종 욕구를 충족하고자 곤란에 빠지게 하는 방식을 사용하게 된다. '개인 심리도식치료 화난 아동 양식 3: 화난 아동 양식의 욕구'를 이용해서 개인의 화난 아동 양식 아동기 욕구를 살펴보고 환자에게 자신의 아동기와 이 욕구와 관련된 현재 경험을 작성하도록 한다. 환자들과 어떤 욕구가 여전히 중요한지, 이 욕구들을 충족시키기 위해 어떻게 노력하고 있는지에 대해 검토·평가하라. 만약 문제 영역이 있다면 다음 회기 중 하나에서 환자들이 효과적으로 욕구를 충족시킬 대안적 방법을 찾도록 도울 것이라고 설명하라(예: 개인 심리도식치료 화난 아동 양식 1 플래시카드 사용).

개인 심리도식치료 화난 아동 양식 3: 화난 아동 양식의 욕구

○ 모든 아동은 핵심 아동기 욕구를 가지고 있다. 이 욕구들은 매우 중요하며 정상적 건강한 발달을 위해 욕구 충족은 필수적이다. 화난 아동 양식은 욕구가 충족되지 않을 때 생겨나는 선천적 아동 반응이다. 다음에 제시한 화난 아동 양식과 관련한 아동기 욕구에 대해 이야기해 보자. 이런 욕구들이 아동기에 충족되었는가? 만약 이러한 욕구들이 여전히 존재하고 있다면 지금 당신은 그것을 충족시키기 위해 어떤 노력을 하고 있는가?

1. 수용

이 욕구와 관련한 어린 시절의 경험:

현재 이 욕구를 충족시키기 위한 노력:

2. 욕구와 감정의 인정

이 욕구와 관련한 어린 시절의 경험:

현재 이 욕구를 충족시키기 위한 노력:

3. 경계 존중

이 욕구와 관련한 어린 시절의 경험:

현재 이 욕구를 충족시키기 위한 노력:

(2) 관심 욕구(유인물: 개인 심리도식치료 화난 아동 양식 4)

관심은 화난 아동 양식의 합당한 욕구지만, 많은 환자는 그것을 그대로 수용하거나 충족하도록 하는 것이 어렵다. 역기능적 부모 양식 메시지(예: "너는 항상 남이 너를 돌봐 주길 원하기 때문에 남에게 짐일 뿐이다."), 부적응적 대처 양식 메시지(예: "다른 사람들에게 관심 받고 싶어 하는 너의 욕구를 보이면 그들은 너를 떠날 거야.") 두 가지 모두가 환자의 관심 욕구를 중요하고 정상적인 것으로 받아들이는 것을 방해할 수 있다. '개인 심리도식치료 화난 아동 양식 4: 건강한 관심 욕구' 유인물을 사용해 관심 욕구에 대해 논의해 볼 수 있다. 질문을 살펴보고 발생한 양식(역기능적 부모 양식이나 부적응적 대처 양식과 같은)과 환자의 답변을 연결시켜라. 마지막 질문은 건강한 방법으로 관심 욕구를 충족하는 데에 초점을 맞추고 있다. 당신의 환자가 알고 있는 건강한 방법을 알아보고 만약 환자가 아무것도 모르고 있다면 방법 몇 가지를 제시하라. 과제로 환자가 실제 삶에서 건강한 방법 중 하나를 시도해 보고 다음 회기에서 그에 대해 이야기하도록 할 수 있다.

개인 심리도식치료 화난 아동 양식 4: 건강한 관심 욕구

관심은 합당한 욕구이며 빈번하게 화난 아동 양식의 기반이 된다. 이 욕구를 충족하는 방법은 중요한다. 다음 질문들에 대해 이야기해 봅시다.

1. 당신의 관심 욕구가 받아들여졌는가?

____

____

2. 당신의 관심 욕구를 충족하기 무엇이 필요한가?

____

____

____

____

3. 어린아이일 때 당신의 관심 욕구는 어떻게 충족되었는가?

____

4. 요즘은 어떻게 충족되고 있는가?

5. 요즘 관심 욕구가 충족되지 않을 때 어떤 일이 일어나는가?

6. 관심 욕구를 건강하지 않은 방식으로 충족시키려고 한 적이 있는가, 그 방법은 무엇인가?

7. 관심을 촉구하는 건강한 방법을 알고 있는가, 어떤 방법인가?

과제

7번의 건강한 방식을 이용해 연습하고 그 결과를 기록하라.

3) 심리도식치료 경험적 개입

(1) 분노 터뜨리기 훈련

환자가 화난 아동 양식일 때, 그들의 분노를 충분히 터뜨릴 수 있는 기회를 갖게 된다는 것이 중요하다. 그러므로 환자가 화난 아동 양식이더라도 치료자는 매우 침착하게 있어야 하며, 감정을 수용하고 있다는 것을 알 수 있도록 한다. 즉, 목소리의 톤은 중립적이고 치료자는 "당신이 분노하는 또 다른 것이 있나요?" "더 말하고 싶은 것이 있나요?" 등과 같은 쉽고 간결한 질문만을 한다. 이 과정에서 치료자가 너무 공감적이지 않아야 한다는 것이 중요하다(이것이 처벌적 부모 양식을 촉발할 수 있거나 분노 표현을 억제할 수 있다). 이 훈련에서 치료자 역할은 환자의 분노와 함께하며 만약 분노 표현이 부적절하거나 위험해지면 제한을 설정해 줄 수 있도록 준비해 놓는 것이다. 분노를 터뜨리는 대신, 물건 부수기, 벽 치기, 고함치기 등의 행동을 하는 것인데, 이러한 일이 일어나서 개입을 하게 되면 재물 손괴를 야기하거나 환자의 손을 다칠 수 있게 하는 벽 대신 칠 수 있는 부드러운 물체를 주거나 필요하다면 공감적 직면을 한다. 공감적 직면의 예시는 다음과 같다. "당신이 나에게 화가 났고 내가 이야기를 들어주기를 원한다는 것을 이해합니다. 하지만 당신이 내게 소리를 치면 당신의 불만 사항을 잘 들을 수가 없습니다. 당신이 내게 원하는 바가 뭔지를 제가 알 수 있도록 목소리를 조금만 낮춰 주시겠습니까?" 환자가 충분히 자신의 분노를 터뜨린 이후에만 따뜻하고 이해심 많고 공감적인 방식으로 반응하도록 한다. 사람들이 분노를 충분히 터뜨리면 기진맥진한 상태가 된다. 자세나 몸짓을 관찰해서 환자가 그러한 상태에 도달했는지를 가늠해 보라. 환자의 현재 경험과 생애사적 경험 사이의 연결을 살펴서 이제는 환자가 취약한 아동 양식으로 이동할 수 있도록 할 시간이다. 충족되지 않은 핵심 욕구에 대한 반응으로 생겨난 화난 아동 양식 분노의 기저에는 취약한 아동 양식(취약한 아동 치료를 도울 수 있도록 함)의 고통이 있다. 예시는 다음과 같다. "당신의 화난 감정과 어린 시절 아버지에게 상처받은 것을 표현하는 것은 안전하지 못했다고 상상됩니다." 환자가 취약한 아동 양식에 해당하게 되면, 그 다음에는 치료자는 취약한 아동 양식에 제한된 재양육 기술을 사용할 수 있다. 그 다음에는 환자와 함께 어떤 분노의 부분이 생애사적으로 촉발되었고 어떤 부분이 현재 상황에 해당하는지를 분석하는 것으로, 같은 회기에서 가능할 수도 있다. 이 단계에서는 관련된 양식에 이름을 붙이는 것이 중요하다(예: 환자의 역기능적 부모 양식. 마지막에는 적극적인 분노 표현의 역할극을 할 수 있다. 5장 5절 1의 (1)의 개인 심리도식치료 화난 아동 양식 1을 사용한 역할극 참조).

(2) 화난 아동 양식을 위한 양식 대화

① 치료 의자 두 개와 건강한 성인 양식, 화난 아동 양식, 또 다른 양식(나타날 경우)을 위한 추가 의자 3개를 준비하라. 환자가 회기 중 화난 아동 양식의 상황이거나 화난 아동 양식에 해당했던 상황을 설명한다.
② 환자에게 이 상황에서 양식 대화를 해도 될지 물어보라. 양식에 이름을 붙여라. 꼭 화난 아동 양식 의자가 역기능적 부모 양식 의자 옆에 있지 않도록 하라.
③ 환자가 화난 아동 의자에 처음 앉도록 하라. 환자에게 화난 아동 양식이 말해야 하는 것을 다 말하도록 요청하라. 환자가 화난 아동 양식의 기분과 욕구를 표현하도록 하는 것을 명심하라. 강조를 위해 이러한 것들에 이름을 붙인다.
④ 가능하다면 환자에게 건강한 성인 의자로 바꾸도록 하라. 환자가 아직 건강한 성인 의자에 앉을 수 없다면 당신이 건강한 성인 의자에 앉아 있는 것을 보도록 하라. 이 장의 다른 양식에서 설명한 바와 같이 환자가 점차 건강한 성인 양식으로 옮겨 갈 수 있도록 도와주라.
⑤ 마지막 단계는 환자의 건강한 성인 양식이 현재 화난 아동 양식 욕구를 충족시키도록 하는 것이다("이것이 실제로는 괜찮지 않다는 것을 알고 있어. 네가 매우 화가 났다는 것을 알고 있어. 화를 내도 괜찮아."). 건강한 성인 양식은 화난 아동 양식 기분을 인정해야 하며 동시에 건강한 성인 양식이 필요하다면 파괴적인 행동에 제한을 할 것이라고 말한다("……화를 내도 괜찮다. 하지만 남을 때리는 것은 안 된다."). 환자가 어떻게 욕구를 생각하는지, 화난 아동 양식 행동이 욕구를 충족시키는지에 대해 건강한 성인 양식이 화난 아동 양식을 명확하게 할 수 있다. 욕구를 충족시키기 위해 환자가 무엇을 할 것인지 건강한 성인 양식이 화난 아동 양식에게 말하게 한다. 분노가 사라질 때까지 화난 아동의 욕구를 충족시켜 주라.
⑥ 치료 의자로 돌아가라. 환자가 어떻게 느꼈는지 질문하라. 어떻게 새

롭게 배운 행동을 일상생활에서 시행할 수 있을지 환자와 계획하라(개인 심리도식치료 화난 아동 양식 1의 플래시카드를 이용하라).

6. 행복한 아동 양식

1) 심리도식치료 행동적 패턴 파괴 개입

(1) 당신의 행복한 아동 양식 불러일으키기(유인물: 개인 심리도식치료 행복한 아동 양식 1)

유인물 '개인 심리도식치료 행복한 아동 양식1: 당신의 행복한 아동 양식 불러일으키기'를 행복한 아동 양식 작업을 하기 일주일 전에 환자에게 주라. 환자는 유인물 윗부분부터 과제로 할 수 있다. 과제는 즐거운 활동에 참여함으로써 행복한 아동 양식을 불러일으키는 것이다. 환자는 어떻게 하면 자신의 행복한 아동 양식이 촉발되는지 기록한다. 다음 회기에서 환자가 당신에게 그에 대해 이야기한다. 환자가 설명한 활동을 시각화하도록 도와줌으로써 치료자는 환자와 함께 심상 작업을 할 수 있다. 모든 심상 작업에서 장면을 최대한 온전하고 명확하게 그리려고 노력하라. 환자가 어떻게 느꼈는지와 느낌이 몸 안의 어디에 있는지 알고 있는가에 대한 질문을 통해 환자가 신체적 감각을 가질 수 있도록 하라. 가능할 때, 심상 훈련을 녹음해서 환자가 들을 수 있도록 하거나 환자 스스로 정기적으로 훈련을 다시 할 수 있도록 하라.

개인 심리도식치료 행복한 아동 양식 1:
당신의 행복한 아동 양식 불러일으키기

당신의 행복한 아동 양식을 불러일으키는(놀자고 불러내는) 활동을 찾아보라. 재미있는 활동인 게임하기, 재미난 영화나 만화보기, 실외 스포츠를 친구와 함께 하기, 특정 노래 듣기, 애완동물과 놀기 등을 찾아보라.

당신의 행복한 아동 양식을 불러일으키는 방법은 무엇인가?

____

____

____

____

치료자에게 행복한 아동 양식 경험을 말해주라. 치료자와 함께 당신의 행복한 아동 양식을 불러일으키는 심상 장면을 다시 떠올리려 노력할 수 있다. 최대한 또렷하게 시각화하려고 노력하라. 당신의 느낌에 집중하라. 어떤 느낌이었나? 몸의 어떤 부위에서 느껴졌는가? 당신이 미소를 짓거나 웃었나? 미소 짓거나 웃을 때 느낌은 어땠는가?

당신의 행복한 아동 이미지에 대해 기록하지 말라. 다음 날, 또 그다음 날 다시 같은 장면을 시각화하는 것을 연습하라. 당신은 심상을 통해 긍정적 정서를 느끼는 법을 학습한다.

* 이것은 즐거운 활동일 것이다. "완벽하게 시각화해야 해." 혹은 "더 연습해, 넌 이것보다 더 잘할 수 있어!"와 같이 말하는 당신의 요구적 부모가 튀어나온 것을 알아차리면 즉시 멈추고 재미있는 일(TV 시청, 다른 사람과 이야기하기, 사탕 먹기 등)을 하라. 만약 역기능적 부모 양식이 계속해서 반복적으로 나타나면 누군가에게 이에 대해 이야기하고 당신은 행복한 아동 장면이 편안하다고 말하라.

(2) 게임하기

환자에게 가장 좋아하는 게임을 치료 회기에 가져오도록 해서 함께 게임을 하라. 매우 편안한 분위기를 만들어서(예: 바닥에 앉기, 젤리나 쿠키를 준비해 놓기, 배경음악으로 라디오 틀기) 게임하는 것을 아주 긍정적인 경험으로 만들어 주라.

환자에게 매우 개인적인 경험으로 만들어 주라. 중요한 것은 환자가 이 회기 중에 치료자의 성격을 조금 볼 수 있게 하고 여기서 큰 재미를 느끼게 하는 것이다. 지금의 유일한 목표는 이 회기 중 긍정적인 장면을 만들어 내는 것이다.

2) 심리도식치료 인지적 개입

(1) 나의 행복한 아동 양식이 좋아하는 것(유인물: 개인 심리도식치료 행복한 아동 양식 2)

재미와 관련된 다른 물건들을 가져오라. 재밌는 책, 엽서, 음악, 비디오 등 가능하다면 간식과 음료도 다른 종류로 준비하라(예: 풍선껌, 차, 스무디 등). 이 중 어떠한 것이 환자의 행복한 아동 양식에 접근하게 하는지 살펴보라. 환자의 행복한 아동 양식이 무엇을 누구와 함께(예: "즐거운 피크닉을 함께 했던 친구 칼리를 좋아해요."), 그리고 행복한 아동 양식이 어떤 행동을 좋아하는지(예: 〈슈렉〉 같은 재미있는 영화 보기, 수영장에 뛰어들기, 파티에 가기 위해 단장하기) 이야기를 나누어라. 유인물 '개인 심리도식치료 행복한 아동 양식 2: 나의 행복한 아동 양식이 좋아하는 것'에 모든 사항을 기입하라.

개인 심리도식치료 행복한 아동 양식 2:
나의 행복한 아동 양식이 좋아하는 것

나의 행복한 아동 양식은 다음을 좋아한다.

1. 사람과 애완동물

2. 물건

① 재미있는 물건

② 책

③ 다른 물건

④ 음료수(예: 딸기 스무디) 혹은 음식(예: 젤리빈)

3. 활동

4. 당신이 생각하는 다른 것

(3) 나의 행복한 아동 양식을 위한 긍정적 피드백(유인물: 개인 심리도식치료 행복한 아동 양식 3)

일반적으로 역기능적 부모 양식은 행복한 아동 양식에 많은 비판을 한다. 이러한 이유로 환자들은 행복한 아동 양식이 자주 나오지 못하게 하며 심지어 이러한 양식에 접근하는 것조차도 잘 못하게 한다. 행복한 아동 양식은 지금까지 허락되지도, 격려되지도, 발달되지도 못해 온 것이다. 유인물 '개인 심리도식치료 행복한 아동 양식 3: 행복한 아동 양식을 위한 긍정적 피드백'을 이용하여 행복한 아동 양식을 위해 건강한 성인 양식의 긍정 메시지와 격려를 모아 보도록 하라. 환자들이 모든 긍정적 문장을 써 보도록 하라. 예를 들면, "당신이 주위에 있으면 세상은 내게 더 좋아 보여요." "행복한 아동 양식인 사람에게 미소를 지으면 그 사람이 내게 다시 미소를 지어요." "나는 행복한 느낌을 받는 게 좋아요. 좋은 느낌이죠."와 같은 문장이다. 당신은 또한 친구나 다른 환자 혹은 스태프가 당신의 행복한 아동 양식에 대해 긍정적으로 표현한 문장들을 모을 수도 있다.

개인 심리도식치료 행복한 아동 양식 3: 행복한 아동 양식을 위한 긍정적 피드백

당신의 역기능적 부모 양식은 행복한 아동 양식에 대해 많은 부정적 이야기를 한다. 당신의 행복한 아동 양식은 긍정적 피드백이 필요하다. 당신의 건강한 성인 양식이 행복한 아동 양식에게 어떻게 얘기해 줄 수 있을지 살펴보자.

1. 예: "나는 너의 행복한 미소를 사랑해."
2. ______________________
3. ______________________
4. ______________________
5. ______________________
6. ______________________
7. ______________________

8. ______________________
9. ______________________
10. ______________________
11. ______________________
12. ______________________
13. ______________________

14. ______________________

15. ______________________

16. ______________________

17. ______________________

18. ______________________

19. ______________________

20. ______________________

3) 심리도식치료 경험적 개입

(1) 즐거움을 위한 탐닉 훈련

다른 종류의 초콜릿이나 다른 종류의 과일과 같이 환자가 좋아하는 적은 양의 간식을 찾아보라. 당신의 환자가 섭식장애를 가지고 있다면 음식 선택에 조심하라. 조각은 매우 작을 수 있다. 환자가 눈을 감도록 하고 다른 종류의 음식을 시도해 보도록 하라. 처음에는 음식 조각의 냄새를 맡는 것부터 시작해서 조금씩 맛보도록 하라. 그리고 환자에게 지금 맛을 본 음식을 맞혀 보도록 하라.

(2) 심상 대본

환자에게 치료 회기에 삶의 긍정적 순간을 상징하는 물건을 가져오도록 하라. 그것은 사진이나 물건 또는 '당신의 행복한 아동 양식 불러일으키기' 유인물과 같은 것이 될 수 있다. 환자가 가져온 그 물건이 상징하는 긍정적 순간에 대해 이야기하도록 하라. 이러한 긍정적 순간은 꼭 환자가 행복한 아동 양식일 때의 순간이라는 것을 확실히 해 주라. 긍정적 순간은 치료자와 있을 때 혹은 어떤 집단의 동료와 있을 때일 수도 있다. 다음으로 이러한 장면을 심상 대본으로 새로 만들라.

만약 환자가 삶의 긍정적 순간을 말하지 못하거나, 당신이 환자가 행복한 아동 양식인 것을 한 번도 보지 못했다면 창의성을 발휘해서 놀이터나 놀이공원에 있는 심상 훈련을 하라. 환자가 해당 이미지로 들어가지 못하거나 어떤 활동도 좋아하지 않는다면 환자가 부적응적 대처 양식에 있을 가능성이 높다는 것을 기억하라. 이러한 일이 생기면 완료한 훈련이나 부적응적 대처 양식에 맞춘 훈련으로 돌아가라.

7. 건강한 성인 양식

1) 심리도식치료 행동적 패턴 파괴 개입

(1) 건강한 성인 양식 행동적 실험(유인물: 개인 심리도식치료 건강한 성인 양식 1)

정체성을 더욱 발달시키기 위해 환자들은 행동을 취해야 한다. 환자는 유인물 '개인 심리도식치료 건강한 성인 양식 1: 건강한 성인 양식을 위한 행동 실험'의 설명을 읽고 예시에 대해 이야기를 나눕니다. 그리고 어떤 새로운 행동을 시도해 보고 싶은지 환자와 함께 알아본다. 환자가 시도해 보고 싶은 행동과 상황을 매우 상세하게 묘사하도록 한다. 과제는 실제 생활에서 새로운 행동을 시도해 보는 것이다. 다음 회기에서는 환자의 새로운 행동과 관련된(만약 어떤 양식이 방해하고 그 결과가 긍정적 혹은 부정적이었는지, 예: 처음 입은 새 옷을 보고 동료가 해 준 긍정적 혹은 부정적 피드백) 느낌들을 알아볼 수 있다. 계속해서 새로운 행동을 알아내거나 그 행동을 시도해 보는 것에 대해 이야기 나누어라.

개인 심리도식치료 건강한 성인 양식 1:
건강한 성인 양식을 위한 행동 실험

건강한 성인 양식 행동인 새로운 것을 한번 시도해 보자. 그것은 활동일 수도 있고, 새로운 드레스일 수도 있고, 새로운 사회 기술일 수도 있다. 뭐든지 당신이 한 번도 해 보지 않은 것이어야 한다.

예: 앤의 요구적 부모 양식은 언제나 시간을 지켜야 한다고 말한다. 그녀가 시간을 항상 지키지 않는다면 끔찍한 일이 일어날 것이라고 한다. 앤의 새로운 건강한 성인 행동은 3분 지각을 하는 것이었다. 그녀는 개인치료를 위해 남자친구와의 저녁 약속과 아침 출근 시 3분 지각을 하기로 결정했다. 그녀의 행동 실험 이후 그에 대해 어떻게 느꼈는지, 3분 지각으로 어떤 나쁜 일이 일어났는지에 대해 작성했다. 무슨 일이 일어났을까? 어떤 나쁜 일도 일어나지 않았고…… 앤은 조금 늦는 것에 대해 괜찮다고 느끼게 되었다.

당신은 어떤 새로운 건강한 성인 행동을 해 보고 싶은가? 어떤 상황에서?

____

____

____

____

행동 실험 이후 어떻게 느꼈는가?

____

____

____

____

당신의 새로운 행동으로 인한 결과를 경험했는가?

___

___

___

___

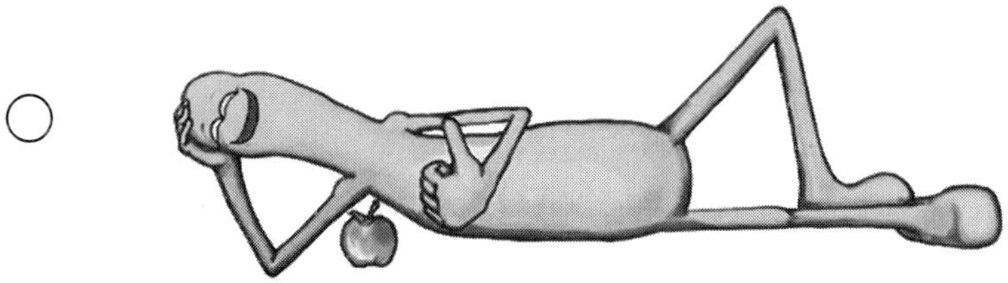

2) 심리도식치료 인지적 개입

(1) 당신의 건강한 성인 양식 알아 가기(유인물: 개인 심리도식치료 건강한 성인 양식 2)

대부분의 환자는 많은 시간을 역기능적 부모 양식과 부적응적 대처 양식에 쓰기 때문에 자신의 건강한 성인 양식에 대해 잘 알지 못한다. 이 훈련에서 환자들이 자신의 건강한 성인 양식과 정체성의 긍정적 부분을 더 잘 알게 할 수 있다. 유인물 '개인 심리도식치료 건강한 성인 양식 2: 당신의 행복한 성인 양식 알아 가기'의 첫 번째 부분에서, 환자에게 자신의 건강한 성인 양식에 대한 모든 긍정적 · 부정적 · 중립적 특성 목록을 만들도록 하라. 한 범주의 목록만을 작성해서는 안 된다. 만약 환자가 어떤 것도 생각해 낼 수 없다면 몇 가지 형용사를 제공하고(예: 관대한, 활기찬, 예민한, 시끄러운) 이러한 형용사를 적용해 환자의 친한 친구나 당신과 어떻게 비교가 되는지 해 보도록 한다. 다음은 신념에 대한 것이다. 만약 환자들이 그들이 옳다고 생각하는 것이나 자신에게 중요한 어떤 것도 생각하지 못한다면 범주들을 제공하라(예: "환경을 소중히 하는 것이 당신에게 중요합니까?" "여행이 다른 문화를 체험할 수 있는 좋은 방법이라 생각합니까?"). 마지막 부분은 무엇이 되고 싶은지에 대한 것이다(예: "직업적으로 성공을 거두고 싶다." "다정한 부모가 되고 싶다."). 간혹 원치 않는 것을 정확히 하는 것이 더욱 쉽다(예: "오만하고 싶지 않다."). 이 부분 이후 환자 자신의 정체성 중 새로운 사람이 될 수 있도록 하는 긍정적 부분을 발달시키기 위해 무엇을 해야 하는지 이야기한다. 이 또한 심상 작업으로 할 수 있다.

개인 심리도식치료 건강한 성인 양식 2:
당신의 건강한 성인 양식 알아 가기

당신의 건강한 성인 양식에 대해 무엇을 알고 있습니까? 당신이 알고 있는 모든 긍정적 · 부정적 · 중립적 특성에 대해 적어 보라(예: 여성, 갈색 머리, 배려하는, 소란스러운, 성급한, 우유부단한, 창의적인, 음악적인 등)

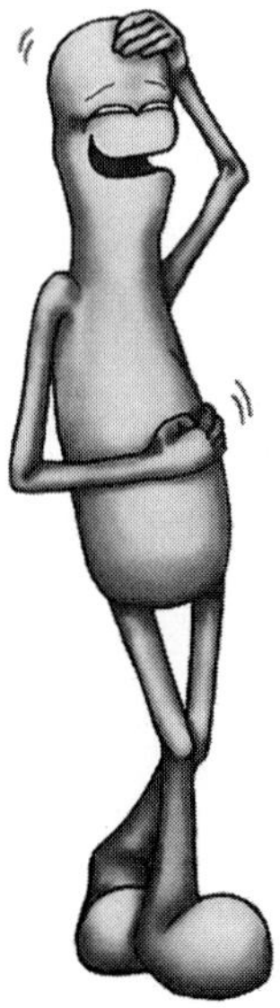

____

____

____

____

____

____

당신의 건강한 성인 양식에게 중요한 것은 무엇인가? 당신은 무엇을 믿는가?

____

____

____

어떻게 하고 싶은가(당신은 완벽할 필요가 없다는 것을 기억하라)? 때로는 원하지 않는 것을 나열하여 자신이 원하는 것에 대해 더 많이 찾을 수 있도록 도와준다.

○

3) 심리도식치료 경험적 개입

(1) 건강한 성인 양식과 미래(유인물: 개인 심리도식치료 건강한 성인 양식 3)

이 회기에서는 유인물 '개인 심리도식치료 건강한 성인 양식 3: 당신의 건강한 성인 양식과 미래'를 이용해 건강한 성인 양식의 긍정적 미래를 시각화하기 위한 심상 훈련을 한다. 치료자는 환자에게 3년, 5년, 10년, 40년 후에 자신의 삶이 어떻게 될 것 같은지 생각하게 한다. 이전에 했던 심상 훈련처럼 환자가 최대한 상세하게 장면을 시각화하도록 하고 그 일이 일어났을 때의 감정을 가늠해 보도록 한다. 환자가 부정적 느낌에 휘말리지 않도록 해야 한다. 만약 그렇게 되면 이미지를 재구성한다. 환자가 자신을 행복하게 할 삶에 집중하도록 하는 것이 중요하다(즉, 중요한 관계를 맺고 있거나, 일을 즐기거나, 여가 활동을 하는 것 등).

심상 훈련 이후 환자와 함께 현재 실행할 수 있는 구체적인 방법이나 심상 내의 삶과 가까워지기 위해 다음 주까지 할 수 있는 것에 대해 정의한다. 이러한 과정들을 밟아 가는 환자들을 당신이 도울 것이라는 것을 명확히 해 주어라.

개인 심리도식치료 건강한 성인 양식 3: 당신의 건강한 성인 양식과 미래

○ 건강한 성인이 가진 긍정적 기억들을 시각화하라. 당신의 마음이 마치 슬라이드 프로젝터와 같다고 상상해 보아라. 긍정적 기억 슬라이드를 넣어라. 만약 부정적 슬라이드가 나타나면 부정적 슬라이드를 빼내고 다시 긍정적 슬라이드를 넣어라. 우리 머릿 속에 떠오르는 모든 생각을 의식적으로 조절할 수 없지만 그것을 그대로 두거나 다른 것으로 대체할 수 있다는 것을 기억하라.

____

____

____

____

○ 미래 건강한 성인에 대한 꿈을 시각화하라. 3, 5, 10, 40년 후의 당신의 삶이 어떠하길 원하는가? 무엇이 당신을 행복하게 하는가?

____

____

____

____

당신의 미래 꿈에 가까워지기 위해 오늘 당신이 할 수 있는 구체적 방법은 무엇인가? 이러한 단계에서 도움이 필요할 것이다. 당신은 혼자가 아니며 우리가 당신의 노력을 지지한다는 것을 잊지 말라.

6장

훈련, 슈퍼비전, 연구와 맺음말

개인, 집단 심리도식치료의 만족할 만한 이행에 훈련과 슈퍼비전이 중요한 역할을 한다. 통합된 심리도식치료 프로그램 치료를 받는 환자를 보면(특별히 높은 수준의 치료과정에서) 설명되는 단어는 '도전적인' '만성적인' '복합적인' '다른 치료에서 실패한 경험이 있는'과 성격장애이다. 그렇기에 적절한 훈련과 지속적인 슈퍼비전 받기를 추천한다.

1. 훈련

국제심리도식치료협회에서 만든 기준에 따라 추천되는 최소한의 훈련과 슈퍼비전 정도가 있다. 이 매뉴얼과 치료 프로그램을 슈퍼비전 때에도 사용할 수 있다. 심리도식치료 인증에 대한 자세한 설명은 www.ISSTonline.com에서 확인할 수 있다. 심리도식치료와 집단 심리도식치료의 훈련과 슈퍼비전은 전 세계에서 사용할 수 있으며 워크숍 및 훈련 프로그램에 대한 정보 또한 ISST 웹사이트에서 확인할 수 있다.[1]

2. 슈퍼비전

일반적인 슈퍼비전 회기(최소 동료 슈퍼비전이나 방송망을 통한)에는 치료팀의

1) 역자 주: 국내에서는 사단법인 한국심리도식치료협회(http://ksta.online)에서 심리도식치료 훈련과정과 자격과정(심리도식 상담전문가 1, 2, 3급)을 개설하여 시행하고 있다.

모든 구성원이 참석해야 한다. 개인, 집단 치료를 조정하고 더 높은 수준의 치료 환경과 학제적 치료팀을 조정할 수 있기 위해서는 이것이 필요하다. 이상적으로는, 슈퍼바이저나 팀 리더가 이 회기를 안전한 장소로 정해 여기서 지지를 얻고 마주친 어려움에 대해 이야기 나누며 새로운 개입을 배우고 연습한다. 간혹 팀 내에서의 의견 충돌과 갈등이 있을 수 있다. 슈퍼비전 회기에서는 서로를 존중하고 개방적 의사소통을 하며 갈등을 줄여야 한다는 것을 기억하라.

심리도식치료 모델을 이용하며 생겨나는 몇몇 문제는 촉발되는 양식으로 인해 발생할 수 있다. 제한된 재양육 접근은 치료자가 심리도식치료 안에서 진짜인 사람처럼 존재하는 것이다. 우리 모두는 어떤 심리도식 양식을 가지고 있고, 심리도식치료를 행하면서(특별히 집단 내에서) 이러한 양식들이 쉽게 촉발될 수 있다. 심리도식치료의 가치와 심리도식치료 훈련의 중요한 요소는 치료자가 자신의 심리도식과 양식을 알기 위해 노력하고 언제 그것이 촉발되거나 작동되는지를 인식하는 것이다. 이는 인식을 하든(예: 정신역동 접근에서의 역전이) 하지 못하든 모든 치료적 접근에서 일어나는 현상이다. 또한 치료자가 자신의 양식이 활성화되었는지 알지 못했을 때, 팀과 동료 치료자의 피드백을 어떻게 받아들일지 그리고 그러한 활성화를 어떻게 다룰 것인지를 배우는 것이 중요하다.

집단 회기에서 치료자의 할 일 중 하나는 집단에 부정적인 영향을 줄 수 있다고 생각되는 양식이 촉발될 때 동료에게 알려 주는 신호를 주는 것이다. 예시로 제시할 우리 치료팀 중 공동 치료자로 자주 활동하는 두 명의 치료자의 이야기는 촉발하는 요구적 부모 양식이다. Joan은 집단 내 환자들의 작업 속도에 불만을 가지고 일주일 동안 새로운 기법을 10번 시도해 보라는 과제를 주었다. 요구적 부모 양식의 독재적 발표로 이 과제가 생겨난 이후, 집단의 대부분은 얼어붙었다. Ida가 "Joan 안에 있는 양식이 촉발되었다고 생각하지 않나요?" 하고 집단에게 말했다. 아무도 대답하지 않자 그녀는 "저는 그녀의 요구적 부모 양식이라 생각해요. Joan은 어떻게 생각하나요?"라고 말했다. 다행히도, Joan은 자신의 양식이 활성화된 것을 인정하고 동의했다. 치료자가 촉발하는 양식을 가지고 있다는 것과 이를 해결하는 경험을 제공했기에 환자들에게 좋은 배움의 경험이 되었다. 심지어 환자가 치료자에게 치료자의 양식이 활성화되었는지에 대해 물어도 된다고 말했다. 때때로 이러한 일이 일어나고 있다 하더라도, 다른 치료자에게 촉발하는 양식을 지적하는 것은 불가능할 때가 있다. 그러한 경우 슈퍼비전 회기에서 그에 대해 피드백을 하면 된다. 심리도식과 양식에 의해 생겨나는 모든 종류의 반응들은 환자 사이, 치료자 사이, 환자와 치료자 사이에서 생겨난다. 지지적인 환자 집단 분위기와 치료자들을 위한 지지적인 동료(혹은 슈퍼바이저 주도의) 모임을 발전시키는 것이 중요하다.

학제적 팀은 많은 장점을 가짐과 동시에 어느 정도의 잠재적 어려움을 가진다. 그러한 어려움 중 하나는 해당 양식에 대한 환자의 의견 충돌이 생겨나는 것인데, 양식 평가가 이뤄져야 치료의 필수 개념인 제한된 재양육을 결정하기 때문이다. 한 치료자는 환자가 취약한 아동 양식에 처해 있기에 인정과 지지를 해 줘야 한다고 하고, 다른 치료자는 부적응적 대처 양식에 있다고 보고 제한을 설정해야 한다고 하게 된다. 이는 생산적인 논의로 기능하는데, 두 치료자가 그들의 평가와 환자와의 각기 다른 대인관계 경험을 공유해서 두 치료자 모두 환자에 대해 더 깊은 이해를 할 수 있게 된다. 의견 충돌은 긴장이나 불화를 만들어 내기보다는 복잡한 상황에 대한 문제 해결책을 찾을 수 있는 기회를 가져온다. 집단 회기에서 이러한 의견 충돌이 생기면 건강한 협상과 치료자의 갈등 해결 역할이 환자들에게 건강한 모델을 배울 수 있는 대리학습의 기회를 제공한다.

환자 치료 시 서로 다른 개인, 집단 치료자가 연관되게 되면 치료자마다 다른 관계와 인식을 할 가능성이 있다는 것에 꼭 주의해야 한다. 환자는 (의식적으로도, 무의식적으로도) 다른 치료자에게 다르게 반응하며 개인 회기와 집단 회기에서도 다르게 반응한다. 환자의 기질, 흥미, 배경, 양식의 개요, 프로그램 내에서의 치료자 역할, 치료자와 환자 만남의 빈도 등의 치료자와 환자의 조화와 같은 이유로 흔히 일어나는 일이다. 이러한 모든 변수는 환자가 특정 치료자를 얼마나 편안하고 안전하게 느끼는가에 영향을 끼친다. 치료자는 이러한 다양한 상황에서 환자의 욕구를 충족시켜야 하며 자신의 느낌, 경쟁심, 질투심, 상처받음 등과 같은 것을 인식해야 한다. 슈퍼비전 회기는 이러한 주제들에 대해 논의하고 해결할 수 있는 시간이다.

3. 심리도식치료 연구

심리도식치료는 본래 J. Young 등(2003)이 개인 외래 심리치료 상황에서 성격장애와 만성 심리 문제를 치료하기 위해 만들었다. 경계성 성격장애 환자에 대한 심리도식치료의 효과는 네덜란드의 개인 심리도식치료 무작위 대조군에서 처음 확인되었다(Giesen-Bloo et al., 2006). 3년의 개인 외래 심리도식치료와 개인 전이중심 심리치료와 비교했다. 두 가지의 치료의 환자들은 경계성 성격장애의 모든 주요 증상에서 개선을 보였지만 심리도식치료의 경우 더 낮은 중도탈락률과 더 높은 회복률을 보였으며 연구 종료 시에 두드러진 개선을 보였다. 더불어 심리도식치료 환자는 전이중심 심리치료 환자에 비해 삶의 질이 더 향상되었다고 보고했다. 또한 심리도식치료는 비용 효율성을 보였다(van Asselt et al., 2008). 일반적 보건 관리 환경에서 이뤄진 네덜란드의 치료 이행 시험을 살펴보면, 경계성 성격장애의 개인 심리도식치료의 효율성과 유사했다(Nadort et al., 2009). Farrell 등(2009)은 심리도식치료의 집단 양상을 적용하여 경계성 성격장애 외래환자를 대상으로 한 무작위 대조군으로 집단 심리도식치료 모델을 시험했다. 이 시험에서는 무작위로 배정된 두 집단 중 하나에 치료에서 집단 심리도식치료 30회기가 더 추가되었다. 정신의학적 증상의 전반적 심각도와 경계성 성격장애의 증상에 의미 있는 감소를 가져오는 것을 확인했다. 이 매뉴얼에 설명된 경계성 성격장애 환자를 위한 개인, 집단 치료 회기가 들어 있는 결합된 심리도식치료 프로그램을 Reiss 등(2013a)이 시행 및 평가했다. 3번의 예비 연구에서 일반 정신병리와 경계성 성격장애의 특정 수치의 감소를 보였으며, 피험자인 환자들의 심리도식치료 프로그램에 대한 주관적인 만족도가 높은 것으로 나타났다. 개인, 집단 그리고 이 둘을 조합한 형식의 심리도식치료는 입원, 외래 치료 상황에서 모두 경계성 성격장애 환자의 치료 효율성을 입증했다.

심리도식치료에 대한 일부 연구는 다른 환자 집단에 시행되었다. 외상후 스트레스 장애를 가진 참전용사 집단에서 Cockram, Drummond와 Lee(2010)는 집단 심리외상 치료 프로그램이 포함된 심리도식치료가 외상후 스트레스 장애, 우울, 불안 증상을 줄이는 데 정적 효과가 있음을 확신했다. C군 성격장애 연구에서는 성격장애 증상과 동반 우울 회복의 경우는 통상적 치료보다 더 효과적이라는 것이 입증됐다. 기능 점수에 대한 전반적인 평가 또한 심리도식치료 집단이 비교집단에 비해서 유의하게 증가했고 심리도식치료 프로그램이 더 비용 효율성이 있었다(Bamelis, Evers, Spinhoven, & Arntz, 2013). 법의학적 집단(Bernstein, Arntz, & de Vos, 2007)과 같은 다른 집단에서의 심리도식치료 결과 연구는 진행 중이다. 특별히 집중치료 상황에서 덜 동질적인 집단으로 구성된 다양한 정신장애 환자를 대상으로 한 심리도식치료의 효과를 측정하는 결과 연구가 필요하다. Jacob과 Arntz(2013)는 발표된 경계성 성격장애에 대한 심리도식치료 연구에 대한 메타분석을 했다. 심리도식치료의 평균 중도탈락률은 변증법적 행동치료(DBT), 전이중심 심리치료(TFP) 혹은 정신화기반 치료(MBT)에 비해 매우 낮았다. 심리도식치료의 효과 크기는 치료 기간과 연관 있는 것으로 보이다. 하지만 다른 측정 도구와 같은 다른 요소가 영향을 줄 수 있기에, 이러한 결과는 신중하게 해석해야 한다. 또한 Jacob과 Arntz(2013)는 진행 중인 혼합형 C군 성격장애 환자들에 대한 연구를 기술하였다.

4. 맺음말

이 매뉴얼은 25년 동안 입원, 통원, 외래 치료 상황에서 경험한 통합된 개인, 집단 심리도식치료 프로그램을 모두 모아 보여 주는 것이다. 조사 연구의 통제된 상황이 아닌 치료 시에 생겨나는 자연스러운 치료적 상황의 목표 그리고 치료 길이와 다양한 상황의 욕구를 충족시킬 수 있을 만큼 유연한 프로그램을 설계하려고 했다. 예시 대본과 관리 팁을 제시하며 치료자 노트 부분을 최대한 분명하게 설명하려고 노력했다. 개인, 집단 회기마다 환자 유인물과 과제를 제공했다. 초보 치료자 훈련 시 이러한 자료가 엄청난 도움이 되었다. 하지만 훈련 워크숍과 슈퍼비전은 역량 개발에 있어 필수적인 부분이다. 특히나 심리도식치료와 같이 인지적·경험적·행동적 패턴 파괴 개입이 전략적으로 통합된 복합적 심리치료의 경우 더욱 그러한다. 경험이 있는 집단, 개인 심리도식치료자들은 이 자료를 유연하게 사용해 자신의 것으로 사용하길 고대한다. 이 매뉴얼을 만들며 가졌던 또 다른 목표는 결과 연구 시 측정할 수 있는 구조화된 프로토콜을 제공하는 것이다.

참고문헌

송영희, 이윤주(2012). 한국판 아동 청소년용 초기 부적응 도식 척도의 타당화. **상담학 연구, 13**(6), 2899-2917.

Arntz, A., & Jacob, G. (2012). *Schema Therapy in practice: An introductory guide to the schema mode approach.* Oxford: Wiley Blackwell.

Bamelis, L. L., Evers, S. M., Spinhoven, P., & Arntz, A. (2013). Results of a multicenter randomized controlled trial of the clinical effectiveness of Schema Therapy for personality disorders. *American Journal of Psychiatry, 170*(12), 1503-1508.

Berstein, D. P., Arntz, A., & de Vos, M. (2007). Schema focused therapy in forensic settings: Theoretical model and recommendations for best clinical practice. *International Journal of Forensic Mental Health, 6,* 169-183.

Cockram, M. D., Drummond, P. D., & Lee, W. C. (2010). Role and treatment of early maladaptive schemas in Vietnam veterans with PTSD. *Clinical Psychology and Psychotherapy, 17,* 165-182.

Comtois, K. A., Russo, J., Snowden, M., Srebnik, D., Ries, R., & Roy-Byrne, P. (2003). Factors associated with high use of public mental health services by persons with borderline personality disorder. *Psychiatric Services, 54*(8), 1149-1154.

Farrell, J., & Shaw, I. (2012). *Group Schema Therapy for borderline personality disorder: A step-by-step treatment manual with patient workbook.* Oxford: Wiley Blackwell.

Farrell, J., & Shaw, I., & Webber, M. (2009). A schema-focused approach to group psychotherapy for outpatients with borderline personality disorder: A randomized controlled trial. *Journal of Behavior Therapy and Experimental Psychiatry, 40,* 317-328.

Farrell, J., Young, J., & Shaw, I. (2011). Online manuscript. www.bpd-home-base.org/

Giesen-Bloo, J., van Dyck, R., Spinhoven, P., van Tilburg, W., Dirksen, C., van Asselt, T., et al. (2006). Outpatient psychotherapy for borderline personality dosorder: Randomized trial of schema-focused therapy vs. transference-focused psychotherapy. *Archives of General Psychiatry, 63,* 649-658.

Group Schema Therapy Mixed Personality Disorder Presentation ISST Conference N. Y. 2012.

Jacob, G. A., & Arntz, A. (2013). Schema Therapy for personality disorder-a review. *International Journal of Cognitive Therapy,* 6(2), 172-185.

Linehan, M. M. (1993). *Cognitive-behavioral treatment of borderline personality disorder.* New York: The Guilford Press.

Lobbestael, J., van Vreeswijk, M., Spinhoven, P., Schouten, E., & Arntz, A. (2010). Reliability and validity of the short Schema Mode Inventory (SMI). *Behavioral and Cognitive Psychotherapy, 38,* 437-458.

Muste, E., Weertman, A., & Claassen, A. M. (2009). *Handboek Klinische Schema-therapie.* Houten: Bohn Stafleu van Loghum.

Nadort, M., Arntz, A., Smit, J. H., Wensing, M., Giesen-Bloo, J., Eikelenboom, M. et al. (2009). Implementation of outpatient schema therapy for borderline personality disorder with versus without crisis support by the therapist outside office hours: A randomized trial. *Behavior Research and Therapy,* 47(11), 961-973.

Rafaeli, E., Bernstein, & D. P., Young. J. (2015). **심리도식치료** (*Schema Therapy: Distintive features*). (이은희 역). 서울: 학지사. (원저는 2011년에 출판).

Reiss, N., & Vogel, F. (2010). Stationäre Schematherapie bei Borderline-Persönlichkeitssörung. In E. Roediger & G. Jacob (Eds.), *Fortschritte der Schematherapie. Konzepte und Anwendungem* (pp. 217-226). Göttingen: Hogrefe.

Reiss, N., Dominiak, P., Harris, D., Knörnschild, C., Schouten, E., & Jacob, G. A. (2012). Reliability and validity of the German version of the revised Schema Mode Inventory (SMI). *European Journal of Psychological Assessment, 4,* 297-304.

Reiss, N., Lieb, K., Arntz, A., Shaw, I. A., & Farrell, J. M. (2013a). Responding to the treatment challenge of patients with severe BPD: Results of three pilot studies of inpatient schema therapy. *Behavioral and Cognitive Psychotherapy,* 1-13.

Reiss, N., Vogel, F., Nill, M., Graf-Morgenstern, M., Finkelmeier, B., & Lieb, K. (2013b). Behandlungszufiedenheit von Patientinnen mit Bordeline Persönlich-keitsstörung bei stationärer Schematherapie. *Psychotherapie-Psychosomatik-Medizinische Psychologie, 63,* 104-115.

Spinhoven, J., Giesen-Bloo, J., van Dyck, R., Kooiman, K., & Arntz, A. (2007). the therapeutic alliance in schema-focused therapy and transference-focused psychotherapy for borderline personality disorder. *Journal of Consulting and Clinical Psychology, 75*(1), 104-115.

Van Asselt, A. D., Dirksen, C. D., Arntz, A., Giesen-Bloo, J, H., van Dyck, R., Spinhoven, P. et al. (2008). Outpatient psychotherapy for borderline personality disorder: Cost-effectiveness of schema-focused therapy vs. tranference-focused psychotherapy. *The British Journal of Psychiatry, 192*(6), 450-457.

Yalom, I. D., & Leszcz, M. (2005). *The theory & practice of group psychotherapy* (5th ed.). New York: Basic Books.

Young, J. E. (1990). *Cognitive therapy for personality disorders: A schema-focused approach*. Sarasota, FL: Professional Resource.

Young, J. E., Klosko, J. S., & Weishaar, M. E. (2003). *Schema Therapy: A practitioner's guide*. New York: The Guilford Press.

Zarbock, G., Rahn, V., Farrell, J., & Shaw, I. (2011). Group Schema Therapy: An innovative approach to treating patients with personality disorder, developed by Farrell & Shaw. DVD set. IVAH: Hamburg. www.bpd-home-base.org

찾아보기

저자 소개

Joan M. Farrell, Ph.D.

임상심리학자로 미국 인디애나 의학대학 경계성 성격장애 치료연구센터의 연구 및 교육 책임자이며, 인디애나대학교-퍼듀대학교 인디애나폴리스(IUPUI)의 겸임교수이다. 국제심리도식치료협회 공인 심리도식치료 트레이너이자 수련감독자이고, 교육 및 자격관리 책임자이며 이사회 임원이다.

Neele Reiss

임상심리학자로 독일 괴테대학교 차이심리학 및 심리진단학과의 심리도식치료사이자 독일 마인츠 심리치료연구소의 책임자이다. 국제심리도식치료협회 공인 심리도식치료사이며 성인 및 집단 대상 수련감독자이다.

Ida A. Shaw, M.A.

미국 인디애나폴리스의 중서부 심리도식치료연구소의 책임자이며, 인디애나 의과대학 경계성 성격장애 치료연구센터의 선임 임상 수련감독자이다. 국제심리도식치료협회 공인 심리도식치료사이며 성인, 아동, 청소년 및 집단 대상 수련감독자이다.

역자 소개

이은희(Lee Eunhee)
전남대학교 심리학박사
상담심리전문가(한국상담심리학회)
심리도식상담전문가 1급(한국심리도식치료협회)
한국심리학회 소장학자 학술상 수상
현 경남대학교 심리학과 상담전공 교수

송영희(Song Younghee)
영남대학교 교육학박사
상담심리전문가(한국상담심리학회)
심리도식상담전문가 1급(한국심리도식치료협회)
(사)한국심리도식치료협회(https://ksta.online)
현 영남대학교 교육학과 겸임교수
　와이심리상담센터 주식회사 대표
　사단법인 한국심리도식치료협회(Korean Schema Therapy Association) 회장

심리도식치료 임상가이드
개인 및 집단 심리도식치료 프로그램을 구축하고 실시하기 위한 완벽한 자원

The Schema Therapy Clinician's Guide:
A Complete Resource for Building and Delivering Individual, Group and Integrated Schema Mode Treatment Programs

2018년 7월 25일 1판 1쇄 발행
2021년 8월 20일 1판 2쇄 발행

지은이 • Joan M. Farrell · Neele Reiss · Ida A. Shaw
옮긴이 • 이은희 · 송영희
펴낸이 • 김진환
펴낸곳 • (주) 학지사
04031 서울특별시 마포구 양화로 15길 20 마인드월드빌딩
대표전화 • 02)330-5114 팩스 • 02)324-2345
등록번호 • 제313-2006-000265호

홈페이지 • http://www.hakjisa.co.kr
페이스북 • https://www.facebook.com/hakjisabook

ISBN 978-89-997-1575-4 93180

정가 23,000원

이 도서의 국립중앙도서관 출판시도서목록(CIP)은 서지정보유통지원시스템 홈페이지(http://seoji.nl.go.kr)와 국가자료공동목록시스템(http://www.nl.go.kr/kolisnet)에서 이용하실 수 있습니다.
(CIP 제어번호: CIP2018019051)